"十二五"江苏省高等学校重点教材

新编21世纪公共管理系列教材

公共行政学

第二版

张康之　张乾友　主编

Public
Administration

中国人民大学出版社
·北京·

图书在版编目（CIP）数据

公共行政学/张康之，张乾友主编．--2版．--北京：中国人民大学出版社，2023.6
新编21世纪公共管理系列教材 “十二五”江苏省高等学校重点教材
ISBN 978-7-300-31641-3

Ⅰ.①公… Ⅱ.①张… ②张… Ⅲ.①行政学-高等学校-教材 Ⅳ.①D035

中国国家版本馆CIP数据核字（2023）第064461号

“十二五”江苏省高等学校重点教材
新编21世纪公共管理系列教材
公共行政学（第二版）
张康之　张乾友　主编
Gonggong Xingzhengxue

出版发行	中国人民大学出版社		
社　　址	北京中关村大街31号	**邮政编码**	100080
电　　话	010－62511242（总编室）		010－62511770（质管部）
	010－82501766（邮购部）		010－62514148（门市部）
	010－62515195（发行公司）		010－62515275（盗版举报）
网　　址	http://www.crup.com.cn		
经　　销	新华书店		
印　　刷	大厂回族自治县彩虹印刷有限公司	**版　　次**	2016年3月第1版
开　　本	787 mm×1092 mm　1/16		2023年6月第2版
印　　张	20.5 插页1	**印　　次**	2024年12月第2次印刷
字　　数	467 000	**定　　价**	58.00元

内容简介

由张康之教授领衔、张乾友教授联合主编的《公共行政学（第二版）》是“十二五”江苏省高等学校重点教材。本书立足于全球化、后工业化的历史背景，吸纳了公共行政研究的新成果，并对网络治理、合作治理等公共行政前沿性理论进行了系统介绍和深入分析。作为一部本土化特色鲜明的教材，本书在对西方公共行政学理论研究成果进行系统梳理和总结的基础上，聚焦中国国家治理实践，凝练中国公共行政理论创新成果，在中西理论的对话与碰撞中提炼关于公共行政活动与过程的整合性分析框架，为读者理解公共行政提供一条完整的理论线索。

本书致力于推动中国公共行政学话语体系的构建，将服务行政、引导型政府职能模式等本土理论与实践融入公共行政学的知识体系中，并进一步加强了习近平新时代中国特色社会主义思想与公共行政学知识体系的融合，强调政府职能创新对于推动中国式现代化的重要作用。

本书适合作为高校公共行政学、行政学原理、行政管理学及相关课程教材，同时也是机关事业单位工作人员系统学习行政管理知识、提升自身理论素养的理想参考书。

作者简介

张康之 浙江工商大学特聘教授，公共管理学院教授；教育部“长江学者”特聘教授（2007年），首届全国优秀博士学位论文奖获得者，享受国务院政府特殊津贴。曾任中国人民大学公共管理学院教授、博士生导师，南京大学政府管理学院教授、博士生导师，先后在国内外120余所高校任兼职教授、客座教授或讲座教授。长期从事公共管理学科的教学和研究工作，研究专长为行政伦理学和组织理论，近年来主要从事社会治理哲学与文化研究。出版《寻找公共行政的伦理视角》《走向合作的社会》《一般管理学原理》《公共管理学》《公共行政学》《行政伦理学教程》等学术专著和教材30多部，在《中国社会科学》《中国人民大学学报》《学术研究》等期刊上发表学术论文700多篇。获得高等学校科学研究优秀成果奖（人文社会科学）（一等奖1次、二等奖1次）、北京市哲学社会科学优秀成果奖（一等奖4次）、江苏省哲学社会科学优秀成果奖（一等奖1次、二等奖2次）、浙江省哲学社会科学优秀成果奖（一等奖1次）、吴玉章优秀科研奖等诸多奖项。

张乾友 南京大学政府管理学院教授、博士生导师，主要研究方向为公共行政理论。出版著作《公共行政的非正典化》《社会治理的话语重构》等多部，发表学术论文100余篇。

出版说明

现代意义上的公共行政与公共管理研究和教育始于20世纪初。时至今日，随着公共管理职业化的发展，公共行政与公共管理的研究和教育事业在主要发达国家方兴未艾。自20世纪80年代起，为了适应政府改革与公共管理人才培养的需要，我国的公共行政与公共管理研究和教育在经历了发展的挫折之后，开始了恢复和重建的工作。经过多年的发展，特别是公共管理一级学科的设置和我国公共管理硕士（MPA）教育的启动以及高校公共管理类本科专业的大量开设，公共管理已成为当代中国社会科学和管理科学领域的一个充满生机活力、具有远大发展前景的学科。

为了满足广大高校公共管理类专业的教学需要，在历届教育部高等学校公共管理类学科专业教学指导委员会的指导和支持下，中国人民大学出版社自1999年起，陆续出版了“21世纪公共行政系列教材”“21世纪公共管理系列教材”“21世纪公共事业管理系列教材”“公共管理系列教材”“公共管理核心课程系列教材”“21世纪劳动与社会保障系列教材”“21世纪土地资源管理系列教材”“21世纪城市规划与管理系列教材”等多个本科系列教材。这些教材被国内高校公共管理类专业广泛选用，并得到了公共管理学界的支持和认可，数十种教材被评为“十五”“十一五”“十二五”国家级规划教材，普通高等教育精品教材，以及各省市精品教材，为我国公共管理学科发展和人才培养做出了积极的贡献。

我国高等教育改革的进一步深化，以及新技术和新媒体的不断发展，对高校教材提出了更高的要求。为了回应这种要求，我们在广泛调研的基础上，拟对上述系列教材进行整合和提升，推出“新编21世纪公共管理系列教材”，以满足国内高校公共管理一级学科下设的行政管理、公共事业管理、劳动与社会保障、土地资源管理、城市管理、海关管理、交通管理、海事管理、公共关系学等本科专业的教学需要。

“新编21世纪公共管理系列教材”将秉承中国人民大学出版社“出教材学术精品，人文社科英才”的宗旨，从本科教育的特点出发，从公共管理教育的特点出发，为[illegible]高校公共管理类专业师生提供一套高质量的本科教材。在教材编写和内容安排上，[illegible]

21 世纪公共管理系列教材”强调基础知识、基本理论和基本技能，同时，也尽可能地体现创新性和前沿性，反映相关领域理论与实践的最新发展情况。

“新编 21 世纪公共管理系列教材”由中国人民大学、中山大学、北京大学、清华大学、复旦大学、厦门大学、武汉大学、浙江大学、吉林大学、东北大学、北京师范大学、山东大学、四川大学、西北大学等数十所国内著名大学的知名学者领衔著述，我们期望通过这种强强联合、优势互补、资源共享的方式，为国内公共管理学界奉上一套体现系统性、权威性、通用性，并兼具创新性、前沿性、启发性的精品教材。

公共管理的实践是不断发展和变化的。随着公共管理实践的不断发展，公共管理学科研究的范围、主题和内容也在不断地发展和变化。我们将紧跟公共管理学科的发展，与所有作者一起，不断对本套教材进行修订和完善。望广大读者给我们反馈信息，对本套教材提出批评和建议，以使我们能够在所有读者和作者的帮助下，与中国公共管理学科共同成长。

中国人民大学出版社

第二版前言

本教材已经历过多次修订，许多作者都曾对不同的版本做出过贡献。本次修订是以中国人民大学出版社 2016 年版为基础的。本版编写分工如下：第 1 章，张乾友；第 2 章，李圣鑫（北京体育大学）；第 3 章，毕瑞峰（中山市技师学院）；第 4、7 章，郑家昊（陕西师范大学）；第 5 章，向玉琼（南京农业大学）；第 6 章，孟薇（江苏警官学院）；第 8、11 章，陈芳（南京邮电大学）；第 9 章，张丽珍（西安电子科技大学）；第 10 章 10.1、10.2，吴玉霞（宁波工程学院），10.3，张乾友、周军（南京农业大学）；第 12 章 12.1、12.2、12.4，杨华锋（国际关系学院），12.3，张乾友。

本次修订工作由张乾友执笔进行第一轮的修改。基于公共行政领域实践变化较快、理论沉淀较慢的特点，本次修订主要对已经与实践情况不符的章节做了较大幅度的改动，具体修订情况如下：对 5.1.3“政策分析”原内容做了整体性的更换；6.1.2“中国的预算体制及其改革”根据新的改革与研究增加、更换了相应内容；删除原 6.3.2“政府内的监管”与 6.3.3“政府内监管的有效性及其成本”，新增现 6.3.2“行政问责”与 6.3.3“问责乱象及其矫治”；删除原 9.3“公共危机管理机制”，新增现 9.3“中国的应急管理体系”；删除原 10.3“虚拟政府的出现”，新增现 10.3“数字政府及其治理”；11.3“改革开放以来中国的行政改革”增加了新一轮行政改革的相关内容；本书其他地方根据当前的实践与研究做了必要修改或修正。

本教材在中国人民大学出版社是第二版，但实际上已经是第五版了。第一版由经济科学出版社出版，由张康之与李传军主编；第二版仍然在经济科学出版社出版，由张康之主编，李传军、程倩为副主编；第三版转由北京大学出版社出版，由张康之、李传军主编；第四版转由中国人民大学出版社出版，由张康之、张乾友主编。这次修订再版的是第五版，在中国人民大学出版社出版是第二版。本教材一直带有凝练中国公共行政理论创新成果、服务中国话语体系建设的意识，率先将服务行政、引导型政府职能模式等本土理论与实践融入公共行政学的知识体系之中。本次修订进一步加强了习近平新时代中国特色社会主义思想与公共行政学知识体系的融合，突出了政府职能创新在实现中国式现代化中的作用。本教材突出了观念以及话语创新的内容，在阐释某些创新的观点时，也采取了讨论和对话的形式。

公共行政学是一门成长中的学科。不仅在中国，而且在西方发达国家，这门学科的研究都不断地出现具有重大意义的新成果。一些人以为公共管理学的出现实现了对公共行政学科的替代，其实不然。这两门学科虽然有诸多交叉的方面，但作为两个不同领域的研究又是确定无疑的，在研究视角上更是有着根本性的区别，而且在表述或名称上也是不同的。公共行政（Public Administration）不同于公共管理（Public Management），但在学术界，还是有些人试图在翻译上模糊处理，这在学术上是一种不严谨的做法，对于中国公共行政和公共管理的研究以及实践都是有害的。

行政有着较为久远的历史，但公共行政是现代性的产物，只要现代化是一项持续展开的事业，只要社会治理还有着行政的方面，公共行政的研究就会进行下去。不过，社会的发展又意味着在不同的时期会留下不同的足迹，因为所遇到的问题不同。公共行政是直面社会治理现实的，需要解决时代中的问题，因而，在其构成的几乎每一个方面，都不断地发生变化。公共行政需要反映公共行政实践的变化，这门学科的教材也需要不断地修订。这本教材的前四个版本都是全新的，所谓修订，其实是重新编写。第五版可以说是一个修订版，因为所做的改动并不大。不过，我们一直关注着国内外这门学科研究的动态，随时准备修订或重新编写，目的是推动这门学科教育和研究的发展。同时，亦如往常一样，我们殷切希望使用本教材的教师和学生提出宝贵意见，以便我们不断地完善这本教材。

张康之

2023 年 5 月

第一版前言

《公共行政学》通过南京大学申报并获批立项，成为“十二五”江苏省高等学校重点教材。

我们把这本教材的编写视为一次挑战，希望把这门学科发展的最新成果吸收进来，力求为学生提供一本知识体系较为完整、站在学科发展前沿并具有可读性的教材。

本书的编写由张乾友主持，我与乾友一起拟定了提纲，然后由他去组织编写并由他对全书进行统稿，我最后做了定稿的工作。参加这次编写的作者主要有：第 1 章，张乾友；第 2 章，李圣鑫；第 3 章，毕瑞峰；第 4、7 章，郑家昊；第 5 章，向玉琼；第 6 章，孟薇；第 8、11 章，陈芳；第 9 章，张丽珍；第 10 章 10.1、10.2，吴玉霞，10.3，张乾友、周军；第 12 章 12.1、12.2、12.4，杨华锋，12.3，张乾友。

改革开放后，行政学科是人文社会科学各门类中发展最为迅速的一门科学，这是实践需要决定的。有中国特色的社会主义建设过程基本上是在政府领导下进行的，经社会发展过程中的几乎所有问题，如果没有政府的参与，都无法得到很好的解决。所整个社会的发展在某种意义上都可以还原为行政过程。而且，中国经济、社会的发是与政府自身的改革同步的，自 1982 年起，中国政府就处在一个不断地对自身加的过程中，在这一持续的和不间断的改革之中积累了大量经验，已经初步建立起特色的行政模式。对于这些，我们都希望能够在这本教材中加以反映。

一本教材不应是知识拼盘，而是需要贯穿一个完整的理论线索。也正是基则，可以让我们编写出一部具有中国特色的公共行政学教材。在编写的过程重对行政学发展百多年的西方成就的汲取，但是，我们不满足于对既有的知的罗列和介绍，而是将这些知识安排在我们所给予的理论框架中。这可以教材的特色所在。我一直认为，编写教材是难度很大的工程，虽然我们有美教材的追求，但不可能做到，唯有在一次又一次的修订中得以提高。阅读过程中给予批评，以帮助我们不断完善。

目录

第1章 导论

1.1 公共行政学基本方面概述 …… 002
1.2 行政模式的历史演进 …… 012
1.3 公共行政学发展的几个阶段 …… 021
关键术语 …… 030
复习思考题 …… 030

第2章 公共行政体系

2.1 行政体系的结构 …… 032
2.2 行政体系中的组织 …… 036
2.3 行政体系中的权力 …… 048
2.4 行政体系中的人员 …… 058
关键术语 …… 066
复习思考题 …… 066

第3章 公务员制度及其发展

3.1 公务员制度 …… 068
3.2 公务员制度发展的三种路径 …… 076
3.3 公职伦理 …… 084
关键术语 …… 089
复习思考题 …… 089

第 4 章　政府职能

4.1　政府职能的一般知识 …… 091
4.2　管理型政府职能模式的演进 …… 097
4.3　引导型政府职能模式 …… 101
关键术语 …… 108
复习思考题 …… 109

第 5 章　公共行政的行动

5.1　基于公共政策的治理 …… 111
5.2　行政决策 …… 117
5.3　行政执行 …… 128
关键术语 …… 132
复习思考题 …… 132

第 6 章　公共行政的约束与保障

6.1　政府预算 …… 134
6.2　公共行政中的法律及法治 …… 142
6.3　行政监督与问责 …… 147
关键术语 …… 152
复习思考题 …… 152

第 7 章　政府绩效管理

7.1　政府绩效管理概述 …… 155
7.2　政府绩效评估 …… 162
7.3　政府绩效管理实践 …… 168
关键术语 …… 176
复习思考题 …… 176

第 8 章　政府公共关系

8.1　政府公共关系概论 …… 178
8.2　政府的公共关系活动 …… 184
8.3　走向开放政府的改革实践 …… 193
关键术语 …… 198
复习思考题 …… 199

第 9 章 公共危机管理

9. 1 公共危机与公共危机管理 …… 201
9. 2 公共危机管理过程 …… 208
9. 3 中国的应急管理体系 …… 215
关键术语 …… 225
复习思考题 …… 225

第 10 章 电子政务与数字政府

10. 1 电子政务的兴起 …… 227
10. 2 电子政务与治理变革 …… 235
10. 3 数字政府及其治理 …… 244
关键术语 …… 249
复习思考题 …… 249

第 11 章 行政改革的实践

11. 1 行政改革概述 …… 252
11. 2 西方国家的行政改革 …… 257
11. 3 改革开放以来中国的行政改革 …… 265
关键术语 …… 274
复习思考题 …… 275

第 12 章 公共行政（学）的新理论

12. 1 民主行政理论 …… 277
12. 2 网络治理理论 …… 285
12. 3 反传统的公共行政理论 …… 295
12. 4 合作治理理论 …… 304
关键术语 …… 311
复习思考题 …… 311

第1章

导　论

人类的社会生活应当是有序的，它在总体上的无序或失序都是被作为一种异常状况来看待的，是人们所不愿接受的。但是，人类社会生活中的秩序是如何获得的？显然要归结为国家和政府。至少，当人类走出了原始的自然状态后，就是依赖于国家及其政府来提供社会秩序的。对于国家及其政府提供社会秩序的基本活动，人们是用“行政”一词来标识的。不过，在一个相当长的历史时期，人们对行政只有着感性意义上的认识，在世界各地，其基本上都是由“史官”记载下的统治者或社会治理者的施政行为，并被作为经验传递给后人。到了19世纪末，出现了一门被称为行政学的专门科学，开始从理论上总结概括国家及其政府管理自身和治理社会的经验，并在此基础上对社会治理的结构、过程和方式方法等进行科学设计。行政学作为一门科学也被称为“公共行政学”，它在20世纪迅速地发展成为一门显学，取得了极其显著的成就，而且对行政管理以及社会治理的实践产生了巨大影响。可以说，行政学在塑造公共行政的实践模式方面发挥了无可替代的作用。公共行政是管理行政的典型形态，而管理行政属于工业社会的行政模式。此前，人类在农业社会的历史阶段中所拥有的是一种统治行政模式。可以相信，人类在走向后工业社会的进程中，所应致力于建构的是一种服务行政模式。

本章重点问题

- 行政管理、公共行政和公共管理的概念
- 公共行政学的学科特征
- 公共行政学的研究内容
- 统治行政、管理行政、服务行政
- 公共行政学的发展阶段

1.1　公共行政学基本方面概述

1.1.1　公共行政学的相关概念

1. 行政管理

行政管理是由“行政”和“管理”两个意思相近的词组合而成的，其实，行政这个词本身就具有管理的含义，是指一个特殊领域或一种特殊形式的管理，或者说，是由某些特定主体所从事的管理活动。管理活动是人类社会中最为普遍的社会性活动，自从人类开始把人组织起来共同从事某一活动，或者为了某个共有的目的而开展有组织的活动，就出现了管理的问题。总的说来，只要一项活动是由多人共同进行的，就会具有一定程度的组织特征，就会包含着管理的内容。在人类社会的发展过程中，随着个人能够独立处理的事情越来越少，随着更多的事情需要人们联合起来共同应对，管理的意义也就被不断地突出来。特别是到了工业社会，随着社会化大生产的出现，假如撇开管理，就会什么事情都做不成。正是出于这个原因，在20世纪，管理活动以及专门研究管理活动的管理学引起了人们的格外关注。

行政作为管理活动的一种特殊类型是与国家及其政府联系在一起的，公共行政学所探讨的“行政”，是指政府管理自身以及治理社会的活动。在日常用语中，“行政”这个词有着很广泛的含义。在中国，20世纪80年代以前，人们几乎把与管理有关的活动都称为行政，不管这个管理是党政机关的，还是人民团体、学校以及科研机构等事业单位的或企业的。改革开放以后，随着行政管理学作为一门学科的恢复和重建，人们开始将行政管理与企业管理分开来看待。但是，作为一种历史遗迹，在部分事业单位和企业中，仍有“行政科”“行政处”的设置，在这里，“行政”所指的主要是后勤以及机关的综合事务管理。有些企业也把办公大楼称为“行政大楼”，这里的“行政”等同于“办公”一词的含义。

从汉语的词源来看，早在2 000多年前的中国古文献中，就有关于“行政”的记载。例如，《左传》中有“行其政令”“行其政事”的记载。“行政”一词最早见于《史记·周本纪》：“召公、周公二相行政，号曰‘共和’。”这里的“行政”是指对整个国家进行管理。在西方，英语中的“行政”（administration）源出拉丁文 adminatrarc，意思是“执行事务”。同时，与中文文献经常在一般性的意义上使用“行政管理”不同，在英文中，“administrative management”则是因罗斯福设立的“总统行政管理委员会”而为人们所知的一个专有名词，当学者们使用这一概念时，指的都是该委员会及其提出的著名报告，而不会在一般的意义上使用它①。所以，我们在西方的行政学文献中很少看到“administrative management”的表达式。

① 张康之，张乾友．学术史中的公共行政学概念澄明：三个基本概念的经典用法辨析．中国社会科学，2013（2）．

“行政”一词的基点在于“政”，“行”是一个动词，“政”才是所行之事，而“政”则是在国家出现之后才出现的。直到现在，人们单独使用这个概念的时候，还是把它作为国家的政务，或与国家相联系的各种事务。在引申的意义上，也是用来指称和描述与国家相关的各种存在形式。这样一来，“行政”中的“行”，实际上是与作为动词的“管理”有着同样含义的，而“行政”中的“政”则表明了行政的特殊性质，即表明行政不是一般意义上的管理，而是一种特殊形式的和有着特殊内容的管理。“行”与“政”合起来，就是管理国家政务，在扩大的意义上，包括国家的一切事务。

随着社会的发展，国家承担了更多的管理社会事务的职能。其实，在历史发展的进程中，国家的内涵和外延都在不断地变化和扩展，出现了国家机构的分化，形成了多个相对独立的职能部门，到了近代，政府逐渐被作为国家的一个相对独立的部门来加以建构，成了执行国家意志并代表国家管理社会的专门性机构。这也就是行政独立化的进程，使政府所承担起来的行政成为专门的管理国家事务和社会事务的活动。虽然政府所承担的行政具有管理的特征，但它与社会中的组织以及企业的管理又有着根本性的区别，有着完全不同的性质。正是这种区别，决定了人们把政府所承担的管理活动称作行政，或者称作行政管理，以表明它是一种特殊形式的和有着特殊内容的管理。由此看来，行政管理这个复合词所指的其实就是行政，因而，在更多的时候，人们往往直接地把“行政管理”简称为“行政”。

在公共行政学的理论框架中，“行政管理”这个概念所强调的是政府行政活动的管理内涵，并不是对行政的全部内容和性质的表达。行政包含着管理的内容，却不能等同于或归结为管理，行政的许多内容无法归入管理范畴中去。行政是政府中的机构和人员为了政府运转的有序化和条理化以及社会运行的稳定和秩序而做出的程序化、制度化的行为选择的总和。在现代社会，由于政府有着推动社会发展的职能，所以，政府机构和人员在程序化、制度化的体制框架下的行为选择，除了有谋求社会的稳定和秩序的目的之外，也包含着通过优化政府自身的运转机制和制定公共政策等手段去为社会的发展提供保障等目的。不过，行政毕竟包含着管理的内容，并有着管理的形式。尽管如此，即使在管理的意义上来认识行政，也必须指出，行政是一种特殊形式的和有着特殊内容的管理，它作为政府这一公共部门所承担的管理活动，是与企业以及其他社会组织所开展的管理活动不同的。尽管政府在开展行政活动时可以从企业以及其他社会组织的管理中借用一些技术性的工具和手段，但就行政活动的性质而言，它不同于企业以及其他社会组织的管理。

在学术界，一般认为，行政管理是指行政机关及其行政人员对国家事务、社会事务和机关内部事务的计划、组织、指挥、协调、控制等管理活动。这一定义侧重于其技术方面的特征，强调其追求行政行为效率的内涵。也有学者强调行政管理概念的普遍性的、抽象的内涵，认为行政管理的体制、机制、程序和方式、方法不仅仅属于政府，一切巨型化的组织都有着行政管理的问题。许多私营企业、跨国公司，撇开利润目标不谈，在运营的过程中，都有着大量的行政管理事务。而且，从技术性的角度看，与政府没有多大区别。

从国家和政府发展的纵向维度看，早在原始社会的后期，就出现了简单的行政管理。

在一些古老的文明国家中的奴隶社会、封建社会，甚至出现过极其发达的行政管理体制和高超的方法、技巧等。再者，谈论行政管理的问题，思维的重心是放在政府以及其他巨型组织的内部运行上的，对于政府或那些巨型组织的外部功能，是作为行政管理科学化、合理化、技术化的必然结果出现的。所以，第一，行政管理并不仅仅是指以政府为主体的管理活动；第二，行政管理也不仅仅是在现代社会才出现的一项管理活动。

公共行政学这门学科所谈论的行政管理，主要是指由政府开展的对其自身的管理活动。在行政尚未发展成为一种典型的管理行政模式之前，政府也把自身管理的方式和方法应用于对社会的管理。在这个意义上，行政管理也是政府管理社会的途径。公共行政是管理行政的典型形态，随着公共行政实现了模式化，政府对社会的管理越来越少地使用行政的手段，而是更多地使用法律和政策的手段，基本上是以宏观调控的方式实现对社会的管理。这样一来，行政管理的概念也就更多地被用来指称政府对其自身的管理活动。

2. 公共行政

公共行政作为一种行政模式是在20世纪发展起来的，它是近代政治的人民主权原则演进和发展的结果，在直接的意义上，是政治权力分化的结果。根据近代早期启蒙思想家的观点，国家权力被分成立法权、司法权和行政权三种基本的类型，并要求这三种权力之间在相对平衡的基础上实现相互制约。根据这一观点而进行的政治设置建构就变成了由三个部门来分别执掌这三种权力，政府也就成了与立法部门和司法部门平行的一个部门。在国家权力来源的问题上，启蒙思想家们的人民主权原则认为权力源于人民，是人民权利的让渡。在思考人民主权的保障和行使的问题时，19世纪的思想家们设计出了一种被称作“代议制”的权力和权利保障制度。根据“代议制”的设计原则，人民的意见通过其代表得以表达，在立法部门形成能够体现国家和人民意志的法案和政策，司法部门和行政部门对这些法案和政策予以执行，只不过它们在执行立法部门的法案和政策时是有分工的：行政部门所执行的是那些维护和保障社会常态运行的法案和政策，而司法部门则对社会常态运行中的异例进行审察并做出判决。这样一来，行政部门就成了一个相对于立法部门和司法部门的独立部门。到了20世纪，这个行政部门也就被人们习惯地称为政府。相应地，政府就不再是指19世纪及其以前的那个笼统的、在很大程度上与国家相重合的“政府”了。

至于公共行政学中的“公共”一词，主要是对行政的定义或规定，是指政府的行政管理、社会管理及其过程都是服务于公共利益的，反映公众的意志并以提供公共服务为目的。根据学者们的意见，关于公共行政可以作如下理解：（1）“公共”是相对于“私人的”或“企业的”管理来说的，它强调行政活动的主体主要是公共部门或公共服务机构，而不是私人企业或私人机构。（2）它是一种特殊的历史形态的行政管理，虽然所有的行政管理都包含着相应的职能、程序、要素、过程等方面，但不同的行政管理活动有不同的目的和性质。如封建国家的行政管理的目的和性质是巩固王权，是服务于少数人的统治的，而公共行政的目的和性质主要是为公众提供服务。（3）它是对行政的性质的规定，是指这种行政应负有社会责任和义务，其工作绩效既不能用利润指标也不能简单地用效率指标来衡量，而是必须用服务数量、质量、满足社会需求的程度等多种尺度作标准。

(4) 它是指行政的全部活动及其过程都与广大公众的利益密切相关，公众有权而且也有必要参与到行政活动中来，这种参与主要表现在公众对政府决策的影响，往往是通过一定的民意代表机构对政府行为进行约束，也通过各种渠道对政府活动进行舆论监督等。(5) 行政活动应当具有公开性，这种公开性一方面是指政府及其行政人员的工作要有透明度，让公众知晓；另一方面，是要让立法机关、司法机关、新闻媒介和公众了解行政工作的内容，随时接受检查、调查和监督。

实际上，公共行政是指现代政府特别是狭义的政府（即行政机关）管理自身、管理社会公共事务、提供公共服务的活动。“公共行政”的概念应当从以下几个方面来加以认识：

首先，对行政管理范围的确定。如上所述，行政管理的概念具有抽象性、普遍性。这样，就出现了政府中的行政管理与企业中的行政管理在性质上的区别问题。公共行政的概念是要把行政学的研究范围确定在对政府行政管理的研究方面，至于企业中的行政管理问题，则被视为属于私人行政的范畴，也就是我们常说的“管理”。

其次，对行政体系性质的确认。虽然人类历史上早已有了行政管理的问题，但只有服务于公共利益的和以满足公众需求为出发点的政府管理活动及其过程才能够被称为公共行政。也就是说，公共行政的概念把当代政府与以往那种作为阶级统治工具的行政体系及其活动区别了开来。当然，在奴隶社会、封建社会的历史阶段中，行政管理也包含着一些公益性的内容。比如，在道路、桥梁、水利工程等公共工程的建设中，政府行为具有一定的近似于公共行政的性质，但在总体上是不能够把奴隶社会、封建社会的行政管理称作公共行政的。因为，我们所列举出来的这些，并不是那个时期行政体系的基本功能，并不代表行政体系的根本性质。

再次，对行政体系外部功能的强调。在使用行政管理的概念时，所关注的是政府的行政体制、程序、运行机制及其方式、方法等，主要是对政府自身内部管理的描述。然而，公共行政的概念则要求把视线放在政府职能上，强调政府面对整个社会和全体公众提供公共服务的内容、性质和途径。在公共行政概念出现之前，行政管理的概念就可以概括出政府管理社会的特征。随着公共行政概念的出现，行政管理的概念仅仅被用来描述政府自身的管理问题了。

最后，对行政体系在国家政治结构中的地位的规定。公共行政的概念体现了政治-行政二分的原则，形成于利益集团已经成为一种基本政治现象的条件下，所要强调的是政府相对于利益集团政治的相对独立性，即不受具体的利益集团政治诉求的左右，而是超然于不同的利益要求之上的，服务于整个社会和全体公众。西方学者也把公共行政的这一特征概括为“价值中立”。

可见，相对于行政管理的概念，公共行政的概念有了一些新的内涵，对于行政学的研究范围做出了限制，增加了对行政体系的性质加以确认的内容。但是，公共行政的概念更多地表明了行政学研究重心的转移，并不回避对行政管理问题的研究。相反，由于公共行政概念有着比行政管理概念更为广阔的视野，以公共行政概念为出发点而展开的科学研究不仅包含了行政管理的内容，而且赋予了行政管理新的内涵，使行政管理能够在广阔的社会背景下认识自身和完善自身，避免陷入片面的工具主义和效率中心主义导向之中。

3. 公共管理

公共管理是20世纪后期出现的一种新的社会治理模式。这个时期，社会的复杂性和不确定性迅速增长，原先由政府垄断社会治理的局面变得难以为继，出现了非政府的、非营利的组织以及各种各样的社会自治力量，它们与政府一道共同治理社会。同时，在行政改革的过程中，政府职能实现了转变，政府的运行机制和行为模式也发生了根本性的变化，因而需要新的概念来描述这种政府与各种社会力量共同治理社会的状况。这就是“公共管理”这个概念产生的背景。所以，对“公共管理”的概念，需要从以下几个方面来加以理解：

第一，公共管理主体是多元的，除了政府这一专门性的行政组织外，还包括非政府组织、非营利组织以及其他各种各样的社会治理力量。在我国，是把政府之外的、参与到社会治理过程中来的所有组织概括地称为“新社会组织”，这事实上确认了政府与“新社会组织”合作治理的结构形态。就“新社会组织”这个概念来看，目的是要把20世纪80年代以来新出现的参与社会治理活动的组织与传统的组织区别开来，所强调的是这些新型的社会组织所担负的社会治理功能。也就是说，传统的社会组织以及企业等私人组织都是接受政府管理的组织，而新社会组织则是与政府一道开展管理社会并管理自我活动的组织。从历史上看，自从人类有了专门开展社会治理活动的机构，就都是由国家（政府）垄断社会治理活动的，其他任何一种社会力量都无权与国家（政府）分享社会治理权。现在，以政府为代表的行政体系成了多元社会治理主体中的一支力量，政府垄断社会治理的局面被打破了。所以，需要用一个全新的概念——公共管理——来标识它。

第二，在社会治理特征上实现了对参与治理的超越，用多元治理主体的合作治理取而代之。农业社会的治理是服务于阶级统治和阶级压迫的，治理者与被治理者的界限是清晰的，在很大程度上由等级身份制所规定。进入工业社会，在一个相当长的时期内，虽然政府在根据“有限政府”的原则来加以建构时表现出了对社会的尊重，给予社会一定的自由和自主空间，但全部社会治理活动仍然是由政府垄断的。即使在公众以及社会对政府有了什么样的诉求时，也是通过政治部门形成公共政策，然后再由政府付诸实施。20世纪70年代，民主行政的理念流行后，公共行政发生了一定程度上的改变，公众参与治理获得了合理性与合法性。然而，参与治理依然是在政府中心主义的格局中展开的，而且极其容易受到政府工作人员的控制和操纵，尽管它实现了对政府垄断治理的改善，也取得了良好的业绩表现，却没有实现社会治理模式的根本性变革。公共管理所意味着的是多元治理主体间的平等合作，打破把任何一种治理力量作为中心的格局，形成多元主体间的治理网络结构，相互监督、相互制约，以协商的方式在公共服务中开展共同行动。

第三，社会治理的重心发生了转移。以往，社会治理的重心被放置在提供社会秩序、维护社会稳定和保障国家安全方面。在此前提下，政府也会主动地去推动经济发展和社会进步。20世纪后期以来，虽然这些传统的政府职能依然存在，但社会治理的重心转移到了提供公共服务上来，而这些传统职能则被放到了更好地提供公共服务的保障功能的地位上。当政府的职能重心是提供社会秩序的时候，需要一个终极性的权威机构将其付诸实现，但是，当政府的职能重心转移到提供公共服务上时，政府的垄断已经变得没有必要了。而且，只有政府这一单一主体也很难将事情做好，因此，需要各种各样的社会治理力量加入提供公共服务的行列之中。由此看来，正是这种社会治理重心的转移，造就了公共管理这一新型的社会治理模式。

第四，公共管理实现了人类社会治理模式的又一次根本性变革。在农业社会王朝治理的条件下，就已经存在行政管理的问题，但那种行政管理是服务于阶级统治的，在形式上比较简单，职能也极其有限。工业革命后，建立起了现代政府，行政管理在范围、职能等方面得到了很大的拓展，在方式、方法上也得到了改变，以适应民主、法制的政治环境。到了20世纪，随着公共行政的出现，行政管理成了公共行政的一个构成部分，是公共行政模式运行的保障，也是政府职能实现的基本途径之一。现在，随着公共管理作为一种新型的社会治理模式登上历史舞台，行政管理的技术性特征会更加突出，而公共行政也被包含在了公共管理模式之中。对于公共管理而言，已经不再是指政府及其所开展的社会治理活动的总和，而是指包括政府在内的一切公共组织所共同拥有的提供公共服务的路径、方式、方法和行为的总和。

应当看到，公共管理作为一种社会治理模式还在成长之中，当前学术界对它的理解和认识也还存在很多争议，很多人还是在旧的社会治理模式框架下去提出建构方案的。但是，如果看到人类正走在后工业化的征途上的话，就会认识到公共管理作为一种新型的社会治理模式的性质，就会根据社会发展不断呈现出来的新的特征和新的要求去自觉地建构公共管理这一新型社会治理模式。

1.1.2 公共行政学的学科特征

在人们的观念中，往往认为行政学就是研究政府管理的。但是，“政府”这个概念实际上是一个政治学的概念。所谓政府，是指政议之府，正如朝廷是朝拜抑或朝议之所一样。当然，从19世纪开始，政府变成了专门性的行政机构，是以行政主体的形式出现的。其实，政府与行政的关系可以这样来认识，那就是行政行为产生于政府和由政府中的组织机构或人员来承担。行政学在政府中所看到的是一个行政体系，而不是政府本身。如果说行政学是以政府为研究对象的话，那是不准确的。因为，从行政学的视角来看，政府是以行政体系的形式存在的，行政体系是经过行政学的抽象而确立起来的研究对象。或者说，行政学并不研究政府的全部，它只研究政府的行政行为以及与行政行为相关的各个方面的内容。对于政府的政治归属问题，行政学可以不去涉猎。比如，它并不专门研究资产阶级政府的行政或者无产阶级政府的行政，它的研究更多地倾向于技术性的方面，是属于技术抽象意义上的行政。当然，公共行政学所探讨的内容包括对行政性质的规定，但这个“公共性”也是一种抽象规定，而不是政治意义上的规定。

在一个较长的时期内，行政学是作为政治学的分支学科而存在的，在世界范围内，直到美国公共行政学会于1939年从美国政治学会中独立出来，公共行政研究的学科地位才开始得到承认。但是，作为政治学的一个分支学科，行政学的研究内容必然是很具体的，有着描述性的特征。因为，它自身不需要有什么理论，它作为一个学科而能够成立的理论是由政治学赋予的。我们同意学界所认为的，在 19 世纪末 20 世纪初行政学被作为一门独立学科提了出来，但在这一时期，行政学还只是更多地引进了管理学方面的内容，而在学科的理论归属上，并没有走出政治学为它划定的界限。也就是说，行政学没有自己独立的理论建树，政府的概念成了行政学分析自己的研究对象的障碍。当政治学对政府的理论分析基本定型之后，行政学再对自己的研究对象进行理论分析似乎已显得没有必要了。正是由于行政学没有自己独立的关于研究对象的深入理论研究，才造成了在“行政学是否是一门独立学科”的问题上一直存在疑义的状况。科学界有着不成文的规矩，那就是一个没有自己独立理论的学科决不被看作一个独立的学科。行政学要想成为一门独立的学科，它就不能现成地接受政治学为它提供的政府理论，它需要把政府抽象为行政体系，并加以分析，才有可能从根本上解决行政学作为一门独立学科存在的问题。

行政学的学科尴尬还包括与管理学之间的划界不清问题。从“行政管理学”的概念可以看出，在一定程度上人们是把行政学作为管理学的一个分支学科来看待的，行政学是一门特殊的管理学科，即关于行政的管理学。根据这个思路，有的学者提出，既然行政的概念本身就包含着管理的含义，那就不应当同义反复地称之为“行政管理学”，而应当称作“政府管理学”。把行政学称作政府管理学，意思是说，政府既是管理主体又是管理对象。这在表面上看是合理的。但是，当我们深入一步就会看到，政府就如上面所说的，是一个政治学的概念，在这样一个概念下进行行政学的学科建设和研究内容的延展时，就会遇到一些无法回答的问题。比如，根据政治学的思路所建构的管理学究竟应当是一门管理学还是一门政治学。事实上，行政学时常为了自己是管理学还是政治学而发生争论，因为这关系到行政学的研究内容和方法的问题。如果说行政学是政治学或作为政治学的一个分支学科而存在的话，那么在行政学研究中就需要更多地引入政治的观念和原则，而且，如果把行政学定位在政府管理和管理政府的学科位置上，它也就势必会遇到必须加以回答的政治问题。但是，称之为政府管理学实际上又是把它作为一门管理学来看待的，它会因为政府的政治内涵而无法成立。

在 20 世纪管理学的发展中，一个最为典型的特征就是排斥价值因素的干扰和根据科学的原则来进行管理学的学科建构。在某种意义上，政治学与管理学是两门相去甚远的科学，政治学与管理学各自有着独立的学科标准和方法论原则，而且这些标准和原则是相互冲突的。虽然在 20 世纪后半期政治学出现过科学化的努力，有的学者试图建立所谓政治科学，但这种努力并未得到广泛认同，而且事实也证明这种努力是不可能取得具有实质性意义的成果的。与此同时，管理学的发展中也有管理文化学派的理论出现。可是，管理文化学派至多也只是提出了在管理中要重视文化因素，注重人的价值观念对管理过程的影响，提出了不同文化类型中的管理问题，但管理学家们从来也未准备建立不同文化类型的管理学，至今我们也无法设想所谓美国的管理学或日本的管理学。总之，政治学的管理学化和管理学的政治学化都是不可能的。

在这种情况下，如果让行政学在政治学和管理学这样两个学科之间做出妥协，那也是不可能的，至多只能出现这样的局面，那就是以行政学家的个人取向来确定行政学的学科位置。比如，当一个行政学家在研究行政学的时候站在为统治行政辩护的立场上时，他就会更多地运用政治的思想方法来解决行政学中的问题；当行政学家以管理行政的视角来研究行政学的时候，他就会根据管理学的学科标准和方法论原则去建构行政学。但是，统治行政和管理行政作为人类行政发展史上的两个阶段或两种行政模式都具有历史性，它们都不是人类行政的终极模式，在人类的未来，必将会有一种新型的行政模式取代它们。所以，无论从政治学的立场上还是从管理学的角度去建构行政学，都是不可取的。行政学在历史上的不同阶段与政治学和管理学的渊源关系，并不是行政学作为政治学或者管理学的充分证明，它只是证明了行政学曾在一个时期是作为政治学的分支学科而存在的，在另一个时期是作为管理学的一个分支学科而存在的，它在自己的发展过程中有着独立化的进程，它在今天已经表现出了作为一个独立学科存在的可能性。

当然，对于行政学，也有人认为，它是一门边缘学科或交叉学科。这种观点其实是很不负责任的。所谓边缘学科、交叉学科这样的概念，都是那种不愿对新兴学科做出深入研究而又要对学科进行定位时的托词。我们可以说，任何一门学科在其刚刚出现的时候，都具有边缘性和交叉性，但它的边缘性和交叉性都是它初生时期的“胎毛”，一旦它走向成熟，就会脱掉这些“胎毛”。或者说，我们无法把任何一门成熟的学科称为边缘学科或交叉学科，只是当这门学科还不成熟的时候，我们才这样临时性地描述它。行政学的发展迄今为止还具有边缘性和交叉性的特点，但这种边缘性和交叉性不是应当加以强化的特性，而是应当在学科发展中逐渐通过学科自己研究对象和研究范围的确定并通过自己独立的理论建构来加以消除的特性。

行政学是否是一门独立的学科，首先取决于它是否有自己独立的研究对象。我们不同意把行政学仅仅看成是研究政府管理的，因为这样一种看法往往会把行政学的研究对象与政治学的研究对象相混同。同样，我们提出统治行政与管理行政的概念时，也是要强调人类的行政历史有过统治行政的历史时期和管理行政的历史时期，在人类的未来，将会是一种既不同于统治行政也不同于管理行政的服务行政。如果说管理行政在行政的发展中取代了统治行政的话，那么管理行政也会因其自身的历史性而被服务行政所取代。所以，不能因为我们正处于一个管理行政的时代，就把行政学简单地看作管理学，或管理学的一个分支学科。这也就决定了行政学既不应当像政治学那样把政府作为一个完整的对象来加以考察，也不应当像管理学那样主要通过对管理过程和管理行为的分析来进行自己的学科建构。行政学需要从政府这个存在着的实体中抽象出行政体系的概念，需要通过对行政体系的分析来确定行政体系的合理性结构，把握行政体系运行过程中的内部的和外部的机制。当然，我们处在一个管理主义泛滥于社会科学的一切领域的时代，在行政学的研究中更多地接受管理主义的洗礼也是难以避免的。我们的愿望是，在接受管理主义洗礼的过程中依然把行政学作为一门独立的学科来加以建构。

鉴于行政学与政治学和管理学的渊源关系，它在形成和发展的早期阶段曾经从政治学和管理学那里汲取了丰富的营养，这对于行政学的成长是至关重要的。在行政学今后的发展过程中，它还会不断地从政治学和管理学那里学习和借鉴它们的理论和方法。同样，在行政学的当代发展过程中，它也不断地从法学、经济学、社会学、心理学等各门学科当中汲取有益的因素。而且，我们发现，在各个国家中都有一大批原先学习和研究其他学科的学者不断地加盟到行政学的研究中来，为行政学带来了其他学科的理论和方法，这对于推动行政学的发展是有益的，也正是这个原因，行政学才成为一门当代显学。但是，我们也必须看到，行政学从其他学科中学习和借鉴所有有价值因素的行为并没有推动行政学朝着边缘化、交叉化的方向前进，反而更加促进了行政学的成熟，使它作为一门独立学科的特征更加凸显了出来。

总体看来，近代以来或者说在整个工业社会的历史发展过程中，科学分化是人类认识史上的一个最为基本的特征。正是在近代的几百年历史进程中，分化出了我们今天所看到的各门学科。就公共行政学形成和发展于20世纪而言，它是科学分化走向成熟时的产物，也是科学分化的结果，它表明人类有一门专门性的学科去认识政府中的行政体系及其运行过程。在人文社会科学的体系中，公共行政学出现得较晚，是在政治学、社会学和管理学等学科的边缘地带成长起来的一门科学。所以，与许多传统的学科有所不同的是，这门学科一开始出现的时候，就具有了多学科交叉的特征。在一个很长的时期内，公共行政学的研究内容具有跨学科的特征，公共行政学的研究方法基本上是从政治学和社会学等学科中直接借用而来的。特别是在20世纪管理学科迅速发展的科学研究背景下，公共行政学的研究与管理学的研究在很多情况下是界限不清的，是处在一个相互推动的过程中的。管理学的几乎每一个新的理论和每一项新的进展，都会在公共行政学的学科领域中产生影响，管理学中的一切新的研究方法都会迅速地反映到公共行政的研究中来。

虽然在整个20世纪都没有真正解决行政学的学科定位问题，但这门学科的发展还是取得了巨大的进展，而且对20世纪政府及其行政的建构都发挥了积极的作用。20世纪后期，公共管理的兴起使行政学的发展迎来了新的机遇，行政学研究的范围得到了重新界定，行政学的研究内容也不断突破政府活动的框架，从而延伸到一切公共组织之中。就公共管理是一种新型的社会治理模式而言，公共行政将被包容在公共管理之中，以往的政府通过公共行政治理社会的状况将得到根本性的改变，公共行政将成为一切公共组织实现公共管理的保障。因而，公共行政学的研究将在公共管理的学科体系中展开，成为研究公共管理体系多元主体关系以及内部运行的专门性学科。

1.1.3 公共行政学的研究内容

公共行政学是一个系统化的理论和知识体系，有着独特的由各种范畴组成的研究领域。在这方面，不少研究者提出了自己的观点，其中较具代表性的有：

伦纳德·D. 怀特（Leonard D. White）将公共行政学的范畴归纳为四大部分，即组织原理、人事行政、财务行政、行政法规。他的这一观点见于他所著的美国第一本大学教科书《行政学导论》，对其后的行政学研究产生了很大的影响。

卢瑟·古利克（Luther Gulick）和林德尔·厄威克（Lyndall Urwick）合编的《行政科学论文集》提出了著名的“七环节”理论，即计划（planning）、组织（organizing）、人事（staffing）、指挥（directing）、协调（coordinating）、报告（reporting）、预算（budgeting），简称“POSDCoRB”。其中计划理论后来逐步发展成为设计理论，为新的决策科学的创立做好了准备。

张金鉴试图用更为细致的分类法表述公共行政的研究范围，提出了15M理论：目标

(aim)，指公共行政活动应具有明确的目标，公共部门总是围绕着达到这些目标而展开活动；计划（program），目标确定后，公共部门需制定切实可行的计划以保证目标的实现；人员（men），指选定公共行政人员，按照计划有步骤、有系统地推进工作；经费（money），指公共行政活动需要足够的运作经费；物财（material），要备齐公共行政计划所需的各种设备、工具、物品和材料，并进行妥善的管理；组织（machinery），指为实现公共行政的计划和目标，要对人、财、物进行有效的组织；方法（method），需要运用系统的程序和有效的方法开展公共行政活动；指挥（command），强调公共管理活动中正确英明的领导非常重要；激励（motivation），即要用一定的手段激发公共行政人员的积极性和创造力；沟通（communication），在公共行政活动中沟通人们的认识、感情、心理和意见等，促进团队精神的形成；士气（moral），保持公共行政人员旺盛的斗志、饱满的精神状态；和谐（harmony），保持公共行政组织系统内部以及管理人员之间的和谐一致；及时（time），指在达成目标和完成公共行政计划时把握时机；空间（room），公共行政活动要适应社会文化、历史背景乃至地理环境；改进（improvement），指要根据日益变化的客观条件不断改进公共行政的政策、原则、方法，加强公共行政的适应性，以保证目标的实现。

其实，公共行政学是以行政体系及其运行为研究对象的，是在研究行政体系及其运行机制的过程中寻找优化国家与社会公共事务管理以及提供公共服务途径的科学。也就是说，行政体系及其运行机制就是行政学的研究内容。从行政体系的结构来看，它主要包括三个方面：（1）由行政体制、行政组织、行政机构、行政人事资源等要素构成的客观结构系统；（2）由行政权力、行政法律、行政政策、行政管理方法等要素构成的主观结构系统；（3）由行政意志、行政义务、行政责任、行政人格等要素构成的价值结构系统。这三个系统在总体上的动态平衡是行政体系健全的标志，而它们的协调运行则表现为行政体系的功能。

公共行政学显然是一门理论性与应用性相统一的科学，其研究内容和范围随着社会的发展而变化。最初，公共行政学主要研究法律对行政的规范，比如1893年美国学者古德诺（F. J. Goodnow）所著的《比较行政法》一书便是从法的角度研究行政活动的。到20世纪初，公共行政学研究内容扩大为行政组织、人事行政、财务行政、行政法规等。如今，不仅有对各级政府、各个政府部门在行政过程中所遇到的普遍性问题和一般规律所进行的研究，还有对政府各职能部门行政活动的特殊规律以及不同区域、不同层级的行政活动的特殊规律的探讨。随着社会治理主体的多元化，非政府组织以及公众参与等问题也成为公共行政学研究的主要内容。未来，公共行政学将会把多元社会治理主体的合作治理保障问题作为其探讨的重心，即在公共管理的框架下去研究公共组织内部的运行和管理问题，去梳理公共组织间的关系和互动机制。

公共行政学所要研究的是国家与社会公共事务由谁来管、为什么管、如何管等问题。从这个思路出发，我们可以进一步推演出公共行政学的研究内容应当包括公共行政主体、公共行政客体、公共行政环境、公共行政过程等几个主要的方面。第一，公共行政研究需要厘定本学科所使用的基本概念、研究内容、发展历程以及研究方法等。第二，公共行政主体的研究所要界定的是国家和社会公共事务由谁来管理的问题，这方面的研究主要集中在对行政组织、行政体制、行政人员、行政道德、公务员制度等的探讨上。第三，公共行政的客体研究主要解决政府应该管什么的问题，通常也被看作关于政府职能定位问题的探讨，主要探讨的内容包括：政府职能的大小、强弱问题，政府与立法机关、司法机关的权力划分问题，政府与社会、市场、社会组织以及公众的关系问题等。第四，公共行政的环境研究主要探讨的是制约公共行政开展活动过程中的客观制约因素，其中也包括对他国成功经验的学习和借鉴等问题。而公共关系则是政府处理与环境关系的主要手段，今天已经成为行政活动中的一项日常性内容。第五，公共行政的过程研究主要是把公共行政当作一个动态、变化、发展的对象来加以认识，在行政过程越来越表现为政策过程的前提下，主要涉及的是行政决策、行政执行等方面的内容，在行政过程必然是一个行动过程的意义上，又涉及对行动约束因素的探讨。在现代社会，由于公共行政的环境处于变动的过程中，社会的复杂性和不确定性迅速增长，危机事件频繁发生，从而使危机管理和应急管理研究成为公共行政研究的一项重要内容。同时，随着信息技术的进步，电子政务与数字政府也成为近年来各国的实践潮流与研究热点，它们呈现出了当代社会治理模式向数字化转型的趋势，因此吸引了越来越多的学术关注。

公共行政反映了近代工业社会效率追求的精神，致力于通过科学化和技术化的方式去提高行政管理的效率，同时，也以行政管理的效率去促进政府外部职能实现上的效率，进而推动整个社会的发展。20 世纪后期以来，绩效管理研究的发展是这一思路的展开。但是，公共行政的公共性质又决定了关于它的研究必须在提出改进政府工作效率方案的同时也注重社会公平如何获得的问题，努力从公共行政的制度、运行机制以及行政人员的行为等多方面和多层次去探讨公共行政在维护与保障社会公平方面所发挥的作用。近些年来，“民主行政”以及各种各样的公众参与治理方案的提出，特别是在公共行政学研究对政府行政过程公开性、透明度等方面的关注，都反映出对公共行政公平、公正问题的思考，目的是要造就出既有效率又能提供公平和公正的公共行政。

人类社会处于一个持续的发展过程，社会发展中的每一项进步都包含着对政府的新的要求。在农业社会的历史阶段，虽然任何一个王朝都不会在新的社会要求中去改变其统治的性质，但在行政管理方面总会去谋求一定的改变；在工业社会，政治和行政管理都处在不断变化之中，作为行政部门的政府变革，往往是引发政治变革的起点。应当看到，从严格受到政治控制的行政管理到在政治-行政二分原则的基础上建立起来的公共行政，是近代行政发展的一项积极成果。现在，人类社会正在告别工业社会的历史阶段，开始走上后工业化的道路，在这样一次从工业社会向后工业社会的历史性社会转型中，必然要求公共行政以及整个社会治理模式都发生一场深刻的变革。因而，以改革为主题的行政发展是当代以及今后一个较长历史阶段的重要主题。

1.2 行政模式的历史演进

1.2.1 统治行政

根据马克思主义的唯物史观，国家是阶级矛盾不可调和的产物，而国家的产生是出于维护社会秩序的目的，它必然要通过行政管理去达成这一目的。因而，行政管理是国家治理社会并提供社会秩序的一个基本途径。也就是说，有了国家也就有了行政管理。尽管行政管理活动是与国家联系在一起的，但行政管理活动的性质在人类历史上的不同阶段却是不同的。在整个农业社会的历史阶段中，行政管理在性质上属于统治行政的范畴。随着人类走出农业社会而进入工业社会，行政管理的性质也发生了根本性的变化——从统治行政转化为管理行政。现在，人类正走向后工业社会。在这一次人类历史的伟大转型过程中，将会告别管理行政，从而用一种服务行政取而代之。

恩格斯在《家庭、私有制和国家的起源》一书中指出，在原始社会，人们的组织形式依据血缘关系的远近亲疏而构成了氏族、胞族、部落乃至部落联盟。通过这些组织，人们进行共同的经济生活，商议共同事务。尽管以现在的眼光来看，这些共同事务是非常简单的，但也必然存在协调人们彼此间关系的内容。特别是在发生了与外族人的战争时，更会涉及动员氏族成员、协调氏族整体等重大事务。这些都可以看作某种意义上的组织活动，包含着协调与指挥等方面的内容。在一定程度上，氏族本身就是一种组织形式。从现有的考古资料来看，一般说来，在氏族组织内部都形成了一定的组织机构。比如，作为氏族组织典型的决策机构——议事会就是一种对氏族中的重大事务进行决策和安排的机构。

大约在原始社会末期，随着剩余产品的出现，原来被杀死的战俘有可能被当作生产的工具——奴隶而存活下来。随着生产的发展，一旦社会成员能够从事个体生产，劳动工具、生产资料以及劳动产品的家庭拥有甚至个别拥有也就成为可能。自由民因无法养活自己的家庭而借债并最终沦为奴隶的现象也随之发生。这样，社会日益分化为三种具有不同身份的社会成员：奴隶、奴隶主、自由民。随着奴隶的增多，奴隶与奴隶主之间也就产生了等级对立，奴隶与奴隶主之间的矛盾冲突也逐渐成为社会的主要矛盾，并日益尖锐。为了维护自己的利益，镇压奴隶的反抗，奴隶主就必然会动用原来用来同外族作战的共同体武装力量，致使那些原来用以处理共同事务所必需的权力异化为奴隶主阶层及其代表的权力，出现了奴隶主占有权力并服务于统治的状况。同时，在奴隶与奴隶主的对立中，奴隶主被整合成了一个阶层或阶级，出现了这个阶层或阶级的共同利益，并通过建立专门的机构来维护这种利益。其中，这些机构的最为基本的职能就是维护阶级统治和镇压奴隶的反抗。如果对这种状态进行分析的话，可以看到，在出现了阶级反抗的条件下，是由国家的暴力机构承担起镇压被统治阶级的职能，而在平时，则是由一些日常的管理机构去执行阶级统治的职能，主要以获得和维护统治秩序为目标。在一定程度上，这些执行阶级统治职能的机构也会以各种各样的方式去照顾被统治者利益的最低限度的实现，以保证统治秩序不因被统治者的无法生存而受到挑战，而更为根本的还是出于统治利益实现的可持续性的目的。

恩格斯对国家的产生做了精辟的论证："国家是社会在一定发展阶段上的产物；国家是承认：这个社会陷入了不可解决的自我矛盾，分裂为不可调和的对立面而又无力摆脱这些对立面。而为了使这些对立面，这些经济利益互相冲突的阶级，不致在无谓的斗争中把自己和社会消灭，就需要有一种表面上凌驾于社会之上的力量，这种力量应当缓和冲突，把冲突保持在'秩序'的范围以内；这种从社会中产生但又自居于社会之上并且日益同社会相异化的力量，就是国家。”① 国家及其日常管理机构实质上是统治阶级的工具，而表面上却充当着全社会的代言人，成为凌驾于社会之上的权力机构。正如恩格斯所指出的：“由于国家是从控制阶级对立的需要中产生的，由于它同时又是在这些阶级的冲突中产生的，所以，它照例是最强大的、在经济上占统治地位的阶级的国家，这个阶级借助于国家而在政治上也成为占统治地位的阶级，因而获得了镇压和剥削被压迫阶级的新手段。”②

虽然不同历史类型的国家有着不同的行政模式，但里格斯（Fred W. Riggs）将人类社会早期的奴隶制社会和封建制社会中的行政模式统称为农业社会的行政模式。其特征是：经济水平主要由农业生产力所决定；政治与行政不分，权力来源于君主；实行世卿世禄的行政制度，行政官吏在政治和经济上成为特殊的阶级；政府与民众较少沟通；土地的分配和管理是政府的重要事务；行政风范带有严重的亲族主义色彩；行政活动以地域或土地为基础，行政的内容主要是维持政令的统一。也就是说，农业社会的行政完全从属于政治，是政治统治得以实现的工具。

奴隶制国家是人类历史上出现的第一个剥削阶级专政的国家。奴隶社会的经济基础，是奴隶主不仅占有全部生产资料，而且还占有生产者——奴隶本身。在这种生产关系中，奴隶主享有一切特权，不仅可以占有和买卖奴隶，而且可以随意杀戮奴隶，而奴隶只不过是奴隶主会说话的生产和生活工具。这种统治和压迫结构必然引发尖锐的阶级矛盾和斗争，甚至会以大规模的奴隶暴动和奴隶起义的形式出现。奴隶主阶级如何才能维护自己的统治？当然需要有一个完整的行政组织体系去承担起这一职能。当人类进入封建社会后，阶级统治的性质和形式都发生了一定程度的变化，学者们之所以能够在奴隶制社会和封建制社会之间做出区分，是因为这两个历史阶段有着很大的不同。但是，就阶级统治结构而言，这两个历史阶段及其两种制度是有着很大的共同性的，因而，这两个历史阶段中的行政都可以被归入统治行政的范畴中去。所以说，封建社会中的行政可以被看作奴隶社会的行政的历史延续，在封建社会中，行政作为政治统治的直接工具这一特性并没有改变，只是掌握行政的统治阶级不同而已。

封建社会生产关系的特征在于：土地由享有一定特权的大土地所有者占有；劳动者耕种大土地占有者的土地，并以“劳役”和“实物”的形式将维持家庭生产和生活以外的剩余劳动无偿交付给土地占有者。也就是说，在封建经济关系中，土地占有者和农民处于剥削和被剥削的对立地位，这就决定了封建社会的主要矛盾是农民阶级与大土地占有阶级之间的矛盾。历史上层出不穷的农民起义就是这一矛盾激化的表现。在这种经济基础之上所建立的封建制国家，必然是生产关系中占统治地位的大土地占有阶级从政治上对农民阶级实行专政、压迫和维持其阶级统治。应当看到，世界上一些农业社会较为发达的地区在封建社会这个历史阶段中已经有了较为庞大的行政体系和较为发达的行政管理方式。以中国为例，在隋唐时期就建立起了以分工-协作为特征的行政体系，其“六部二十四司”的行政机构设置已经很好地把阶级统治内容转化为日常管理活动，并实现

---

① 马克思，恩格斯．马克思恩格斯选集：第4卷．2版．北京：人民出版社，1995：170.

② 同①172.

了有效的职能分工。

总的说来，无论是在奴隶社会还是在封建社会，行政管理都理所当然地是国家实现其阶级统治的工具，行政活动的基本内容就是承担起统治和压迫的功能。当然，此时的行政机构甚至还没有从政治权力机构中分化出来，这是一种“混权”的状态，在严格的学术意义上，还很难对行政管理和政治统治进行区分。我们是在政治过程与行政过程分化了的语境中将其称作“统治行政”的。也就是说，在整个农业社会，统治阶级为了秩序的目的而建立起了统治行政模式。

统治行政模式是形成于王朝治理条件下的一种较为低级形态的行政管理模式。根据马克思主义的观点，国家是阶级矛盾不可调和的产物，是阶级统治的工具。在国家与政府尚未分化的条件下，其行政管理所承担的也是统治职能，所要贯彻的是统治者的统治意志，所维护的也是统治者的根本利益。在这一时期，行政管理的基本特征表现为：一是“混权”状态，政治权力与行政权力之间尚未出现分化，更不用说存在近代以来的行政权、立法权与司法权的分化了。二是集权管理，最高权力集中在国君一人之手，其官员所掌握的权力都是来自国君的授权并且他们对国君效忠；相应的，国家机构也没有中央与地方的区分，朝廷之外的一切统治或管理机构都无非是朝廷的派出机构。三是依靠权力治理国家和运用权力统治社会，即便存在管理的内容，也是依靠权力进行的。虽然也在一些地区出现了一些所谓的法律规则，但那些被称为法律的东西其实都是权力意志的体现，与现代法律有着根本性的区别，更不是治理社会的终极依据。四是权力运行具有明显的“权术”和“权谋”特征，从根本上说，权力不受任何明文的规则体系的限制，也不受其他力量的制约。虽然在自上而下的授权过程中有着平衡权力的要求，但这种平衡更多地取决于权术和权谋。

1.2.2 管理行政

近代以来，在社会分化的总的历史趋势中，国家的分化尤其显著，不仅国家机构、权力和职能发生了分化，而且国家原有的政治与行政的混沌状态被打破，进入了政治与行政分化的进程。在这种分化的过程中，国家的统治职能和管理职能处在一种此消彼长之中。不过，在近代社会的前期，国家的统治职能还一直处于主导地位，同时，国家的管理职能也在量上悄悄地增长。这种量的变化，终于在19世纪末20世纪初引起了质的变化，以致国家的管理职能上升到了主导地位。这样一来，国家的统治职能的实现也总是通过管理职能的实现而实现的。只是在一些特殊的情况下，即在出现了管理危机的时候，国家才开始动用国家机器，才表现为传统统治形式的强制性特征。即便如此，这种强制性行为的目的也在于重建管理秩序。所以，近代社会的行政发展是朝着告别传统的统治行政而走向现代管理行政的方向的。

工业化是与城市化同步发生的，社会化大生产和人口流动从根本上动摇了农业社会的区域性统治结构，而市场经济的发展则提出了平等自由的要求。在这种情况下，以等级控制为特征的统治秩序失去了得以存在下去的基础。同时，社会变得复杂化了，社会事务日益增多，也需要进行分门别类的管理。所以，需要在国家职能中分化出一个专门承担社会管理并提供管理秩序的机构，因而，专业化的行政部门出现。根据资产阶级启蒙思想家的思考，国家权力主要由三个方面构成，即立法权、司法权和行政权，这三类权力需要由三个部门分别执掌并实现平衡，使其能够发挥相互制约的功能。在此意义上，行政部门是以同立法部门和司法部门相平行的地位而加以建构的。在社会治理的意义上，所实现的是与立法部门、司法部门间的分工和协作，即在提供社会秩序方面有分工：立法部门通过立法确定社会秩序的形式以及提供这种秩序的途径；司法部门通过执行法律、审查和制止破坏社会秩序的行为而发挥保障的功能；行政部门则通过日常管理的方式提供社会秩序。这样一来，行政部门就被定位在承担一个国家日常管理的角色上了。

从历史上看，随着自由市场经济取代自给自足的自然经济，在市场中活动的经济主体可自由地开展活动和平等地进行竞争。与此相适应，政府的社会管理奉行“政府要好，管事要少”的信条，尽可能少地干预经济以及社会事务，私人领域中的事务主要依靠亚当·斯密所谓的“无形的手”（市场机制）来加以调节。同时，资产阶级政治是被定位在保障公民自由、平等、民主权利上的，此时的政府也从属于这一政治要求，其职能的重心依然表现在政治职能方面，即通过政治统治方式镇压封建残余势力的反抗，维护资本主义的生产资料私有制，巩固新生的资产阶级政权，而在其他的社会生活以及经济活动方面，所发挥的是“守夜人”的作用。随着资产阶级政权的巩固和资本主义制度的完全确立，资产阶级政府在经历过一段镇压工人阶级反抗的历程后发现了资本家与工人阶级共生的必要性，逐渐地学会了运用管理的方式去化解和处理资本家阶级与工人阶级的矛盾。

19 世纪后期，资本主义的发展进入了垄断阶段，早期资本主义的“自由放任”政治原则和政府的“守夜人”角色不再适应这一时期社会政治经济发展的要求。而且，在市场经济的推动下，整个社会在各个方面都日益复杂化。比如，在经济领域，经济危机的出现和周期性爆发，尤其是 1929—1933 年世界经济大危机的总爆发，对整个资本主义世界产生了极大的冲击。这就使市场机制难以有效地发挥调节作用，从而提出了政府介入市场的要求。然而，由于资本主义已经发展到了这样一个地步，恢复到农业社会的那种统治形态已经完全不可能了，即使政府打破了早期自由主义有限政府的梦想而参与到经济社会的运行中去，也必须承认和尊重社会已有的自由和平等权利。因而，在手段选择上只能选择法律的和政策的方式，在治理特征上只能以管理的形式出现。在很大程度上，政府对社会以及经济生活的介入是以宏观管理的方式进行的，而且发展出了一系列诸如预算、税收、发行公债和银行利息等宏观管理的手段，去实现对整个社会的影响。美国 20 世纪 30 年代的罗斯福“新政”就是通过这种方式去应对经济危机的，并取得了巨大成功，从而为世界各国所效仿。

在政府告别了“守夜人”的角色而全面介入社会生活中之后，实际上在一定程度上实现了国家的管理化，使整个国家开始拥有了一定的管理色彩。当然，资产阶级的代议制政治体制和民主制度经历了几百年的实践而变得非常稳固，尽管出现了一些学者所说的“行政国家”状态，但资本主义政治的根基并未发生动摇，反而由于行政职能的扩张而强化了政治与行政相分离的历史趋向，使行政的政治色彩变得更淡一些和管理色彩更浓一些。一方面，作为国家行政部门的政府通过各种各样的手段承担起管理社会的职责；

另一方面，政府为了承担起和不断改进对社会的管理职责，也需要不断地改善自身的管理，因而，政府的管理特征得到了日益强化。所以，这一时期的行政可以称为管理行政。

我们既已拥有的公共行政是管理行政的典型形态，它的产生可以追溯到19世纪末，即追溯到英国文官制度的出现和美国《彭德尔顿法案》的通过，而作为学科的公共行政学的建立则是以威尔逊（T. W. Wilson）于1887年发表的《行政之研究》一文为标志的。威尔逊在《行政之研究》中所提出的政治-行政二分法是关于公共行政的最著名的规定，而这一方法恰恰是对当时行政建构实践经验的总结，也是政府追求管理化的反映。因为，在《彭德尔顿法案》通过之前，美国所实行的是一种“政党分肥制”，政府及其行政都因胜选的政党而异，一个政党在大选中获胜，也就意味着去组建一个完全属于该政党的政府，其行政也因此发生了很大变化，政策以及政府工作缺乏连续性。这是一种政治与行政不分的状态，政党政治的动荡，时时反映在了政府及其行政之中。《彭德尔顿法案》的基本精神就是终结这种状态，要求建立一个独立于政党政治的稳定的文官体系，不因政党的更替而中断政府工作。这实际上也就是要求政府管理化的做法，即把管理的问题与政治问题分开，要求政府的行政被作为管理而不是政治来加以认识，政府希望应尽可能地专注于管理而不受政治的干扰。威尔逊的贡献就在于对这一实践进行理论提升，提出了政治-行政二分法，后来，古德诺则将之明确表述为：“政治是国家意志的表达，行政是国家意志的执行。”自此以后，如何实现政府行政管理的高效化问题也就成了理论界和实践界所共同关注的焦点了。所以说，虽然近代政府的出现已经意味着管理行政取代统治行政的进程开始了。可见，对于政府及其行政的管理化具有标识意义的事件则是《彭德尔顿法案》的通过，而在理论上的明确规定则是由威尔逊做出的。这可以看作管理行政进入其典型形态的起点。

比较统治行政与管理行政，可以发现：

第一，统治行政是秩序导向的，获得社会秩序是其基本追求，一切行政活动都是为了维护社会的安定，而其实质则是通过秩序的获得维护统治阶级的利益。管理行政则是效率导向的，它要求排除政治的干扰无非是为了获得管理国家以及社会事务的效率，特别是在定位于国家意志执行的角色上时，唯有效率才是第一位的。

第二，统治行政是在“忠君事主”的原则下展开的，在权力自上而下的分配和运行中，使主观意志贯穿于整个行政过程，一切行政事项的取舍和处理都取决于权力意志，特别是取决于君王的最高意志。管理行政在效率追求中更加注重科学性和技术化手段的选择，要求按照科学理性的原则开展行政活动和处理一切问题，最为显著的是通过科学的分工-协作体系建构去实现行政活动的科学化，以求排除行政人员个人的人格因素对行政活动的影响。

第三，统治行政作为权力意志发挥作用的过程还表现在对权力的倚重上，可以说是完全借助于权力去开展一切行政活动的，行政集权与政治集权是一体性的。管理行政是在政治民主的政治环境下产生的，虽然行政体系以及行政过程也具有集权的特征，但它是在政治民主前提下的行政集权。更为重要的是，管理行政有着严密的规则体系与之相伴随，行政集权及其运行是受到规则体系的制约和规范的。

第四，统治行政作为王朝治理的途径是服务于王室利益的，至多也是服务于统治者的共同利益的。在这个社会历史阶段，整个社会是由不同的“共同利益”群体构成的，不同的共同利益群体之间是矛盾的和对立的，此一利益共同体与彼一利益共同体之间在利益得失上是成反比的，它们之间基本上不存在某种可以抽象的共有因素。在管理行政得以产生的近代以来的社会中，由于社会化大生产以及市场经济的原因，整个社会的不同构成要素被置于一个相互影响的互动过程之中，虽然也存在不同的阶级和不同的利益群体，但它们之间却拥有某种可以抽象的共有因素，那就是公共利益。因而，在管理行政在“政治-行政二分”原则之下开展行政活动的时候，被要求服务于公共利益的实现。也正是在此意义上，它也被称作“公共行政”。

当然，管理行政毕竟是产生于阶级社会的，资产阶级和无产阶级的矛盾与对立决定了这种行政不可能真正地维护和实现公共利益，不可能在实现社会公平正义方面做到平等地对待一切社会成员。所以，它所具有的公共性仅仅停留在形式方面，而在实质的意义上，它依然是服务于资产阶级的剥削和压迫的，在根本上，是资产阶级利益实现的工具。到了 20 世纪后期，它的这一性质暴露得更加清晰了，因而在社会治理上陷入了困境。也就是说，管理行政在社会治理的过程中不仅无法消除社会矛盾和对立，反而因为制造了更为悬殊的贫富差距而使整个社会陷入危机状态。特别是在出现了经济危机、金融危机以及其他社会危机的时候，管理行政的作用往往表现在通过政策以及其他的宏观调控手段去让穷人替富人“买单”。同时，20 世纪后期以来，随着社会的复杂性和不确定性的迅速增加，管理行政赖以成立的原则和开展行政活动的方式方法，也都暴露出其不再适应的特征。这表明，管理行政的历史合理性已经受到挑战，人类社会正在走进一个全新的历史时期，需要一种新的行政模式去取代管理行政。

1.2.3 服务行政

习近平总书记指出，“发挥我国哲学社会科学作用，要注意加强话语体系建设……要善于提炼标识性概念”①。服务行政就是中国学者在建设中国特色公共行政学话语体系中提出的一个重要的标识性概念。服务行政是正在生成中的一种新型社会治理方式，也是公共行政的一种新形态，或者说，是公共行政发展的一个新阶段。人类社会的发展经历了由农业社会到工业社会再到后工业社会的变迁，相应地，其社会治理模式也经由统治型社会治理模式演变为管理型社会治理模式，并必将走向服务型社会治理模式。“在公共管理中，控制关系日渐式微，代之而起的是一种日益生成的服务关系，管理主体是服务者，而管理客体是服务的接受者。所以，这是一种完全新型的管理关系，在这种管理关系的基础上必然造就出一种新型的社会治理模式，是一种服务型的社会治理模式。”② 服务行政就是服务型社会治理模式的一个重要组成部分。虽然在服务型社会治理模式中政治与行政开始重新走向融合，特别是在多元社会治理主体合作治理社会的条件下，行政的手段不再是基本的和主要的社会治理方式，然而，治理体系及其各个构成要素自身的

---

① 习近平．习近平谈治国理政：第 2 卷．北京：外文出版社，2017：346.

② 张康之．公共管理伦理学．修订版．北京：中国人民大学出版社，2009：8.

管理依然会以行政的面目出现。但是，这个行政不再是管理行政意义上的行政了，而是一种新型的服务行政。

关于服务行政的构想可以从以下几个方面进行：

第一，服务行政是服务导向的行政而不是控制导向的行政。无论是统治行政还是管理行政，在实现行政职能的过程中都是以控制为导向的，属于控制导向的行政，只不过统治行政在内部职能与外部职能的实现上都是通过权力控制的方式，而管理行政在内部职能的实现上通过权力控制并辅之以法律和政策的手段，在外部职能的实现方面则主要以法律和政策的方式加以控制。总的说来，治理者与被治理者之间的关系是一种控制者与被控制者的关系。服务行政正如其名称所示是一种服务导向的行政，不仅在行政主体与行政客体的关系上是以服务为导向的，而且在行政主体内部也是以服务为导向的，如果说还存在组织层级的话，那么自上而下的层级关系也从控制转向了服务。当然，也会存在权力以及法律、政策等因素，但它们都只是作为服务的保障因素而存在，而不是作为控制手段被使用的。

第二，服务行政是公正导向的而不是效率导向的行政。应当看到，统治行政也不是效率导向的行政。同样，统治行政也不是公正导向的行政，虽然在统治者内部也会存在公正要求，而且被统治者也会呼吁统治者公正地对待不同的被统治者，但在统治者与被统治者之间，不存在公正的问题，他们之间的等级关系决定了公正的观念不可能生成。管理行政在理论上是能够推导出公正的问题，因为，管理行政的从业者无非是公民，但管理行政并不能真正实现社会公正，反而是用普遍性的法律和政策制造形式公正，用形式公正掩盖实质上的不公正。管理行政的效率追求是其最为突出的特征，无论是在国家意志的执行方面，还是在促进社会发展方面，都有着强烈的效率中心主义趋向。管理行政由于没有找到提供社会公正的途径，因而，它所表现出来的效率并不能达成公众满意的结果，在很大程度上，它的效率是没有意义的。事实上，管理行政由于周期性地遇到政府规模膨胀、分工不合理、职能界限不清和官僚主义等问题，经常性地陷入无效和低效的困境之中。服务行政并不是效率导向的，而是把提供社会公正放在首要位置上。由于它提供社会公正的目标是明确的，所以，能够获得管理行政求而不得的效率，会成为最有效率的行政模式。

第三，服务行政是"社会本位"的行政而不是"政府本位"的行政。统治行政是服务于阶级统治的，虽然在农业社会还没有严格的现代意义上的政府，但朝廷及其派出机构是可以被看作行政主体的，行政活动是由这个主体承担的，贯穿着这个主体的意志。我们所讲的"官本位"，指的就是农业社会统治行政的状况。管理行政在行政人员职业化以及完整的规则体系的约束下有效地消除了"官本位"的影响，但在政府与社会之间，政府本位的色彩依然是比较浓重的。而且，在近代资本主义的文化和语境下，像"公众参与"等概念都清楚地表达和描绘了"政府本位"的状况。社会治理活动被认为是政府的本分，而公众只不过是在必要的时候参与其活动，去表达一定的看法，至于这种参与是否有意义，则不在考虑之列。尽管从"官本位"到"政府本位"的发展是人类社会治理史上的一大进步，但它们都必然会造成社会治理者与被治理者的割裂和对立，会引发权力的异化和腐败的滋生。服务行政的主体是多元化的，服务者与服务的接受者之间并没有严格的界限，在此时此地是服务者，在彼时彼地又是服务的接受者；针对某一对象是服务者，而相对于另一对象又是服务的接受者。在这样一个多元互动、角色转换的服务体系中，一切都是以服务的接受者为本位的。对于政府而言，是以社会及其公众为本位的；对于其他的社会治理力量而言，只有始终以“顾客”的要求为转移，在不断改善其服务水平的过程中，才能获得生存空间。

第四，服务行政是开放式的行政而不是封闭式的行政。统治行政是一个纯粹的权力运行体系，权力的封闭性决定了只有统治阶级的成员才能进入这个体系，才能做官，而广大的平民是不被允许进入这个权力体系的。当然，中国的隋唐开“科考”在一定程度上意味着“布衣”也可以进入权力体系中为官，但那是极其有限的，从根本上对贵族为官的状况没有什么影响。管理行政发生在政治权利得到普遍承认的时代，从理论上讲，一切具有公民资格的人都可以进入政府并成为行政人员，而在实际上这却是不可能的。虽然行政活动被认为是一项职业活动，但行政秘密无处不在，即使在公众参与的理念深入人心的时代，行政秘密也是不允许对公众开放的，更不用说职业化的行政活动是一门专业性极强的技术，排斥了公众的参与。服务行政是在社会充分组织化和社会治理充分社会化的条件下出现的，对于服务行政而言，政府不再垄断社会治理，多元化的社会组织都承担着社会治理的职责，发生在政府以及所有承担社会治理职责的组织中的行政过程，都必须是开放的。只有开放的行政，才能保证治理主体之间的合作是积极有效的。所以，服务行政必然是一种具有充分开放性的行政。

第五，服务行政实现了法治与德治的统一。统治行政是依靠权力而开展的行政，也就是一种具有“权治”性质的行政。虽然在中国古代也提出了“德治”要求，但其关注点主要停留在对治理者道德修养和素质的要求上，在具体的治理过程中，是缺乏德治保障的，特别是在道德知觉与权力意志发生冲突的情况下，权力的行使往往会踢开道德的要求。管理行政被要求在“依法行政”的原则下开展活动，体现了法治精神。管理行政赖以展开的前提是官僚制组织，根据官僚制组织理论，行政的“价值中立”要求必须排除一切人格因素的影响，即祛除“价值巫魅”。因而，在行政过程中，道德价值也在排除之列。管理行政所接受的仅仅是成文的规则规范，往往把道德看作一种不可靠和不可操作的因素。所以，管理行政根本不可能提出德治的要求。服务行政不同，服务的具体性决定了法治只是一个基线，法律也只是一种基本的保障因素，在具体的服务过程中，必须根据道德知觉去开展活动，必须去积极地探索服务行政过程中的道德保障问题，必须去创造性地建构起道德制度，实现服务导向下的德治。

服务行政作为一种行政方式不仅是指政府中的行政，还包括一切承担社会治理职能的组织自身管理活动。但是，服务行政方式的建构需要以服务型政府建设为起点。在从工业社会向后工业社会转型的过程中，在服务行政取代管理行政的历史性变革过程中，政府在社会治理中将会在一个相当长的时期内处在支配地位上，政府会发挥着引导和驱动社会发展的作用。在这种情况下，政府改革需要首先确立起服务型政府建设的目标，只有当政府实现了向服务型政府的转型，只有当政府中的行政活动具有了服务行政的性质，才能对其他参与到社会治理过程中来的社会组织的内部管理产生影响，才能使这些组织的内部管理也具有服务行政的性质。反过来，社会组织中的内部管理实现服务行政化，也会对服务型政府建设产生推动作用。

总之，公共行政是在行政的统治职能和管理职能此消彼长中生成的，是近代政治和行政发展的必然结果。在近代社会早期，西方各国大都通过资产阶级革命建立起了资本主义国家，与这种国家形态相伴随的是不同于封建王室的现代政府，但此时的政府往往被称为“消极政府”或“有限政府”，也就是说其作用是有限的，主要体现在维护公民自由平等等基本人权方面，即保护个人财产、提供基本的社会秩序以及国防等公共产品，对于来自社会的要求，政府也总是处于一种简单的应答状态。19 世纪中后期，资本主义的自由竞争开始逐渐为垄断所取代，因垄断而造成的许多社会问题都超出了社会自身的调节程度，需要政府出面来加以解决。与此同时，行政所承担的统治职能已经降到了极低的程度，而社会管理职能则迅速增长。因为资本主义垄断是由资本家阶级的活动所造成的，决定了资产阶级的政府不可能通过行政手段去实施对资本家阶级的统治，而是改变了行政的性质，使行政的管理色彩逐渐地增强。管理相对于统治的区别在于：管理可以尽可能地模糊阶级立场和性质，可以戴上科学化的面具，可以以规则的名义对任何特殊的要求加以限制。所以，此时的行政开始具有了公共行政的形式。这也说明，管理行政实际上是公共行政的另一个称谓。如果说近代的管理行政有一个生成过程的话，那么管理行政则是公共行政的一个面相。公共行政在进一步发展中不会仅仅停留在形式公共性的意义上，还会获得实质公共性，这决定了公共行政在获得实质公共性的过程中将超出管理行政的范畴，从而转化为服务行政。服务行政是公共行政的更高级形态，是对工业社会这个历史阶段的公共行政的超越。在技术的层面上，服务行政将继承工业社会这一历史阶段公共行政发展的全部积极成就；在性质上，服务行政将是一种全新的、将成为具有实质公共性的公共行政。

1.3 公共行政学发展的几个阶段

1.3.1 建构阶段

作为一门科学的行政学是 19 世纪末 20 世纪初的产物，威尔逊的《行政之研究》是这门科学产生的标志。此前，在启蒙思想家们的著作中，关于政府中的行政现象已经得到了一定程度的关注。在这一时期，一些被后人认为属于行政学研究的基本原则和理论前提实际上都已经确立了起来。从启蒙时期的权力分类学说中可以看出，当时把国家权力分为立法权、行政权和司法权并由三个部门分别掌握，已经包含了“行政是一个相对独立的领域”的认识，其逻辑结果就是可以对这个相对独立的领域进行专门研究。只是由于那个特殊时期的人们面临着繁重的政治制度设计任务，才没有对行政加以专门研究。尽管如此，许多思想家还是出于政府制度设计的目的而对政府机构的构成、行政组织的特征、行政权力的结构、运行机制以及人事行政等方面的问题作了探讨。在此过程中，德国和法国在财政学与城市管理方面的研究取得了许多成果。但是，学术界一般认为，行政学被作为一门学科提出来是威尔逊的贡献。的确，威尔逊发表在 1887 年《政治学季刊》上的《行政之研究》第一次提出了要把行政管理作为一个独立的领域来加以研究的意见，并确立了政治-行政二分的原则，而作为一门学科被建立起来，则包含着更多学者的贡献。其中，如果把马克斯·韦伯（Max Weber）的官僚制组织理论和泰勒（F. W. Taylor）的科学管理理论放置在威尔逊的政治-行政二分法之下来认识，就会看到，它们基本上构成了一个完整的行政学的研究框架。

在《行政之研究》中，威尔逊通过回顾行政领域研究的历史，指出了行政与政治的不同，认为有必要建立一门独立的行政科学，去研究政府能够做什么以及如何以最高的效率和最低的成本去做这些事情。在对这一问题的回答中，威尔逊为行政学的研究确立了一个大致的范围，认为行政学需要研究人事问题、组织问题和一般性的管理问题，应当把注意力集中在组织的有效性和效率问题上。但是，学术界在谈到威尔逊的时候，对他为行政学确定的研究范围和提出的理论并未给予过多的关注，而是对他提出的政治-行政二分原则给予了更高的评价，认为这一原则的提出为行政学这门学科的出现提供了基本前提。在威尔逊之后，古德诺的行政学研究基本上是对威尔逊的政治-行政二分原则的进一步阐发。其实，古德诺在1900年出版的《政治与行政》一书中是把威尔逊的“政治与行政不同”的思想作为一个无须证明的前提而加以接受的，并在此前提下展开自己的论述，进一步阐释了“政治是国家意志的表达，行政则是这种意志的执行”“政治主要与政策的制定相关联，而行政则是对政策的执行”等观点。古德诺还补充道，行政是完全可以避开政治的纷乱和冲突的，是可以被作为一个纯粹技术性的领域来加以建设的，它在对国家意志和政策的执行中所需要的是合乎技术标准，并追求最高的效率。

马克斯·韦伯通过他的官僚制组织理论对行政学的建构做出了特殊贡献。韦伯在官僚制组织方面的研究，使威尔逊所确认的行政领域变得清晰了，有了一幅清晰的组织构图，从而为威尔逊所说的行政职能的实现提供了一个实实在在的载体。或者说，韦伯的官僚制组织理论把威尔逊的思想变成了可以实施的方案。如果说威尔逊提出了建立行政学这门学科的话，那么韦伯则因其在组织理论方面的贡献而可以被看作把行政学作为一门学科建立起来的人。正是韦伯所提出的理想官僚制组织，使行政学所要研究的一切基本的方面都包含于其中了。而且，韦伯关于理想官僚制组织是建立在“合理-合法”权威基础上的理论设定，也正是行政学所要遵循的普遍原则。在落实到实践中去的时候，技术合理性追求、工具理性、层级节制、权责明确等原则也确实对政府的组织以及运行机制建构产生了巨大影响，并促使政府逐步走上了依法行政的道路。

在早期的行政学理论体系建构中，泰勒的科学管理理论是一个重要的组成部分。如果说威尔逊确认了行政学的领域并提出了政治-行政二分法，韦伯提供了一个组织框架，那么微观层面的操作和运行方面的问题则是由泰勒的科学管理理论等来加以解决的。1911年，泰勒发表了他的《科学管理原理》，1916年，法约尔（H. Fayol）发表了《工业管理与一般管理》，它们是管理学史上的重大事件，不仅是一场实践上的科学管理运动，而且意味着作为科学的“管理学”的创立。对于行政学来说，它们也同样是重要的事件。因为，行政学只有在有了科学管理理论时，才从根本上与政治学区分了开来，行政过程也才能够被作为政府中的管理过程对待。所以说，行政管理中的诸多技术性问题是因为泰勒和法约尔这一代管理学家的贡献而得以解决的，正是这一管理学方面的贡献，使行政学真正成为一门学科。总之，泰勒和法约尔所代表的这场科学管理运动对管理的机制和过程、管理的原则和方法等都做出了深入而全面的探讨，而这些方面恰恰满足了行政相对于政治的独立化之后的科学化、技术化追求，即与威尔逊的构想高度契合。因此，行政学直接地把科学管理运动的这些成就引用到行政学的理论建构中来了。

最早对公共行政学这门学科的内容进行系统研究和阐述的是美国学者怀特与威洛比（F. Willoughby），他们分别于1926年和1927年出版了《公共行政导论》和《公共行政原理》，行政学知识体系的系统化阐述正是以这两本大学教科书为标志的。这两本教材与1930年美国加州大学教授费富纳（J. M. Pfiffner）所著的《公共行政学》，被誉为公共行政学的三部经典教材。1937年，美国学者古利克和英国学者厄威克共同编辑出版了《行政科学论文集》。该书包含了能够准确反映当时研究成果的一系列重要论文，成为行政科学研究上的一部具有里程碑意义的著作。

从学术活动来看，1930年，国际行政科学学会在西班牙首都马德里成立。从此，行政学引起了世界各国的普遍重视。1936年，美国总统罗斯福在“新政”时期成立了总统的行政管理委员会，行政学家在国家宏观政策过程中开始发挥重要作用。1939年，美国公共行政学会正式成立，表明公共行政学作为一门学科在理论体系建构和学术队伍建设两个方面都走向了成熟。总的说来，这一时期的公共行政学研究所取得的成绩就在于确立了这门学科的独立地位，厘定了研究对象和内容以及应遵循的一般原则和基本方法，并将效率中心主义的精神灌注到了这门学科之中。

1.3.2 行为主义阶段

在两次世界大战的间隔期，公共行政学逐渐成长为一个拥有较为完整的理论体系的学科，其范围包括行政管理的体制、组织、结构、职能、决策、人事行政、财务行政等各个方面。这一时期的理论研究和学术探讨主要是围绕着那些不变的和普适性的管理原则、严格的等级制度、非人格化的管理活动、静态的组织结构、固定的管理程序、以工作为中心的管理方式、提高效率的途径，以及命令-服从机制等问题展开的。但是，这一时期的公共行政学研究遭遇了来自行为科学的挑战。在一定程度上，行为科学对这一时期公共行政的研究产生了决定性的影响。上述可见，在公共行政学建构初期就包含着效率中心主义精神，行为科学将行政学的这一方面进一步地激发了出来，促使行政学走向了对行为方面的关注，并通过行为研究去提高效率。随着行为科学理论引入行政学研究中并得到这一学科中的研究者的普遍接受，公共行政学的发展获得了这个阶段所特有的特征，因而，学术界一般认为公共行政学的发展经历了行为主义阶段。

行为科学的出现可以追溯到20世纪二三十年代的早期人际关系学说。1927—1932年，美国哈佛大学教授梅奥（E. Mayo）等人进行了著名的“霍桑实验”，这项实验证明：(1) 工人是“社会人”而不是“经济人”；(2) 金钱不是唯一的激励因素，存在社会和心理等方面的激励因素；(3) 除了正式组织之外，非正式组织也发挥着非常重要的作用；(4) 新型的领导者所具有的不是以工作为中心的技术技能，而应拥有以人为中心的社会技能。在第二次世界大战前，关于霍桑实验的研究报告在实际运用中其实没有引起广泛的重视，但是，它帮助人们认识到了传统管理理论的不足之处，促使人们关注人际关系问题。这也就是后来行为科学兴起的重要原因。

梅奥以后，行为科学-人际关系学说得到了迅速的发展，受其影响，管理理论领域相应形成了一系列新的学说及理论观点，出现了马斯洛（A. H. Maslow）的需要层次理论、赫茨伯格（F. Herzberg）的激励-保健因素理论、麦格雷戈（D. McGregor）的 X－Y 理论、卢因（K. Lewin）的团体动力学、弗鲁姆（V. H. Vroom）的期望理论、斯金纳（B. F. Skinner）的强化理论、阿吉里斯（C. Argyris）的不成熟-成熟理论、坦南鲍姆（R. Tannenbaum）和施密特（W. H. Schmidt）的领导方式连续统一体理论、布莱克（R. R. Blake）和穆顿（J. S. Mouton）的管理方格法等等。这些理论和学说的提出，使行为科学一度成为社会科学中的一个很大的亮点，对包括公共行政学在内的几乎所有社会科学门类都产生了巨大影响。在行为科学-人际关系学说的影响下，许多行政学者开始使用行为主义的观点和方法研究行政管理现象。其中，以西蒙（H. A. Simon）为代表的行为主义行政学较具影响。在西蒙行政学理论的思想来源中，值得一提的是行为主义政治学。20 世纪三四十年代，芝加哥大学是美国行为主义政治学研究的中心，在此形成了著名的“芝加哥学派”。西蒙当时在此学习，他从行为主义出发来研究行政学和组织问题。

根据行为主义的观点，在社会研究领域中，要了解社会现象，就必须从人在实际生活中的行为入手，而这些行为是可以用科学的方法去观察、分析、实验并获得可靠结论的。比如，行为主义政治学认为，政治学可以通过解释和预测等而成为一门经验科学，它的目标是建立系统的、经验的理论；政治学研究应以理论为方向，理论应与经验事实相一致，应该严格区分事实问题与价值问题；政治分析应以个人、群体和组织的行为为焦点，而不应以政治制度为焦点。西蒙在行政学研究中借鉴吸收了行为主义政治学的观点和方法，在研究方法上注重观察的客观性和测量的可靠性，主张把价值问题与事实问题严格区分开来，认为一切假说必须经过经验检验，强调以人的实际行为为研究中心，等等。

西蒙的著述甚丰，其中以分别出版于 1947 年与 1960 年的两本著作《行政行为——行政组织决策过程的研究》与《管理决策新科学》最具代表性，他的行政学说或者说决策学说的基本理论基本上都包含在了这两本书中。西蒙的研究主要包括：（1）提出了“管理就是决策”，认为决策过程和决策行为存在于一切组织的行政管理过程之中。（2）研究了决策行为的心理环境，借助于心理学的研究成果对决策本身和决策过程以及程序进行了科学分析。（3）主张与“完全理性”“寻求最优”的“经济人”不同，“行政人”是在“有限理性”的范围内运用相对简单的经验方法，按照“满意原则”挑选决策方案并进行决策的。（4）对程序化决策和非程序化决策进行了区分与分析。（5）从决策的角度，对权威、信息沟通、效率、认同、组织目标和组织系统、信息处理技术等问题进行了分析与研究。由于决策是一切政府组织和行政管理过程中的重要活动，西蒙的研究无疑对公共行政学的发展产生了十分重要的影响。

1.3.3 公共政策阶段

二战后的社会发展进入一个政府主导的阶段。一方面，政府的行政过程沿着罗斯福

“新政”模式所开辟的道路前进，深入经济运行和社会发展之中去进行干预；另一方面，社会发展把更多大规模的事项、普遍性的问题、影响面宽的任务摆到了政府面前，让政府原先的运行方式和处理问题的方法都变得不再适应，从而不得不去寻求新的路径。其具体特征表现为，不是通过直接的行政管理的手段而是通过公共政策的手段去解决问题。事实上，20 世纪 60 年代至 70 年代，许多西方国家先后出现了诸如暴力犯罪增加、经济停滞、环境污染、能源短缺、失业扩大等问题，在诸如住房、卫生、社会保障、公共交通等领域，也是问题丛生。面对这些问题，政府通过行政管理行为去加以解决变得既没有效率，也无法取得理想的效果。因而，开始更多地通过公共政策的途径来加以集成化解决。与此同时，管理学中关于决策机制的研究以及社会学中定量分析技术的应用，都取得了很大进步，也影响到了公共行政研究，使它能够非常方便地学习和借鉴这些学科中所取得的研究成果。或者说，管理学、社会学等学科已经为公共行政学中的公共政策研究提供了知识上的和技术上的准备。所以，20 世纪 60 年代也就成了公共政策研究最为“红火”的年代。在公共行政学的发展史上，一般也认为这一时期出现了一场“公共政策运动”。

公共政策运动应当被看作公共行政发展史上的一个阶段。但是，在公共政策运动中，也包含着把公共政策研究作为一门相对独立的科学来加以建构的倾向。所以，一些从事公共政策研究的学者往往倾向于使用“政策科学”的概念。最初把“政策”与“科学”直接联系起来加以使用的是美国政治学学者拉斯韦尔（Harold D. Lasswell）。人们通常把他和勒纳（Daniel Lerner）合著的《政策科学：范围与方法的新近发展》（1951）一书作为现代政策科学发端的标志。拉斯韦尔之所以提倡政策科学，根据他自己的描述，是因为当时的政策研究分布在社会科学的诸多门类中，显得非常零碎，因而需要对之加以整合，形成一门专门的和完整的政策科学。他认为，政策科学或社会科学中的政策方向可以超越社会科学的零碎的专门化，从而形成一门全新的、统一的社会科学。在该书中，拉斯韦尔非常强调政策取向研究的重要性，并认为社会科学家应从政策过程与政策内容两个方面来探讨问题。在后来的著作中，拉斯韦尔继续致力于政策科学的研究，特别是在《政治科学的未来》（1963）一书中，他明确地指出，应当把政策科学看作重建政治科学的主要方向，呼吁政治科学家致力于这方面的研究，特别是应集中关注政策制定中选择理论的研究，更多地关注政策和社会问题。

在公共政策研究方面，较有影响的学者有：（1）耶鲁大学的经济学家林德布洛姆（C. E. Lindblom）。林德布洛姆长期研究公共政策，1959 年，他在《公共行政评论》杂志上发表的论文《“渐进调适”的科学》（The Science of Muddling Through）被认为是渐进主义决策理论的代表作，该文对政府决策过程的理性模式做了深入的分析。林德布洛姆认为，大多数政府决策并不是基于完整信息做出的理性决策，而是为了响应短期政治条件而做出的，完整的政策制定过程往往是由一系列渐进式决策构成的。林德布洛姆的核心思想是，政策制定不取决于政策制定者的意愿，而是取决于具体的事件和环境。（2）以色列耶路撒冷希伯来大学教授德洛尔（Y. Dror）。1967 年，德洛尔在《公共行政评论》杂志上发表了《政策分析员：政府机构中的一种新的职业角色》一文，这是一篇非常重要的文献，在其后的五年内，他又在这篇文章的基础上写作和出版了多部政策科学方面的论著。德洛尔强调政策分析是一种综合运用多种学科和多种方法的更高级的知识形式，它的特点在于集中研究公共决策和公共政策的制定过程，从而扩大了决策和政策制定的范围，强调创造性的、新的政策备择方案，要求广泛运用各种知识、模型和方法，重视对未来的长远预测，并提出政策分析应当是灵活的和系统的等观点。

在实践上，20 世纪 60 年代也是美国政府积极吸收和采用政策科学研究成果尤显突出的时代，联邦政府在面临大型的、复杂的国策问题时往往求助于政策科学家，也积极地应用政策科学研究成果去处理各种各样的问题，在政策科学家的帮助下解决了诸如国防、空间探索等领域中的许多问题。这也使得政策科学引起了世界各国政府的普遍重视。70 年代，政策科学被普遍接受且得到迅速发展。其间，不仅涌现了大量的有关政策科学的专业性的研究咨询机构和学术刊物，而且政策科学无一例外地成了各工业发达国家主要大学的 MPP 项目进修课程。在整个 70 年代，政策科学的理论和技术不但在许多国家得到了广泛应用，而且由于其所蕴含的潜力和普遍的适用性，也在私营部门得到了推广和应用，以至于许多专门致力于政策研究和政策咨询服务的机构——智库成长起来。

1.3.4 新公共行政阶段

20 世纪六七十年代，公共行政学以及政府中的管理面临着许多挑战，当时担任《公共行政评论》主编的沃尔多（Dwight Waldo）甚至认为公共行政学正处在一个“革命的时代”。基于这一认识，沃尔多于 1968 年召集了一个主要由青年学者参加的会议。该会议得到锡拉丘兹大学麦克斯韦尔学院的赞助，并在锡拉丘兹大学的明诺布鲁克（Minnowbrook）会议中心召开。会议的成果集中反映在马利尼（Frank Marini）主编的《迈向新公共行政：明诺布鲁克观点》（1971）、沃尔多的著作《处于动荡时期的公共行政学》（1971）以及弗雷德里克森（H. George Frederickson）的《七十年代的邻里控制》（1973）和《新公共行政学》（1980）之中。会议的目的被确定为：鉴别公共行政学应该研究的问题，并提出要把公共行政学的研究重点放在如何迎接 20 世纪 70 年代的挑战上。这次会议被后来的学者们视为“新公共行政运动”的开端，也可以说意味着公共行政学发展史上的一个“新公共行政”阶段的开始。

概括地说，新公共行政理论的主要观点集中在以下几个方面：（1）新公共行政理论在批判主流行政学的效率经济观的基础上提出价值考量的要求。在新公共行政理论看来，公共行政不仅仅是执行政策的工具，行政人员也同时开展决策活动，而且这种决策影响着公民的福祉，其目的应当是创造人类的幸福，承担起更广泛的社会责任。所以，公共行政应当重视价值观的引导作用。同时，新公共行政运动也对公共行政的研究提出了相应要求，认为学者应在专业知识和才能的基础上开展价值判断，应当把公共行政的价值问题放在优先考虑的位置上。（2）主张社会正义和社会公平。新公共行政理论认为，实现社会正义和社会公平是公共行政的根本目的，也是新公共行政学的理论基点。正是这一点，使新公共行政与传统的行政学区分了开来。与原先单纯重视效率的公共行政理论不同，新公共行政理论主张把社会公平作为行政原理和政府目标的一部分，并作为政府基本的价值标准之一。（3）主张改革的、入世的、与实际过程相关的公共行政学。新公共行政理论主张，公共行政的研究应适应现代社会的要求，应在研究领域乃至研究方法上做一次飞跃。在对公共行政研究领域的界定上，新公共行政主张跳出研究行政程序的狭窄圈子而进行“趋向相关”问题的研究，即应当把研究的重点转移到与社会环境相关、与公众相关、与政策相关、与政府及其官员相关的问题上来，而不应当仅仅关注那些与学术相关、与理论相关、与思辨相关、与研究方法相关的问题。(4) 主张构建新型的政府组织形态。新公共行政理论认为，当代公共行政发展的动力来源于对行政组织进行变革的需要，传统公共行政研究中的封闭体系的观念必须让位于开放体系的观念，应以高度的公共责任感关注民主社会中的政策问题。(5) 主张突出政府行政管理的“公共”性质。新公共行政理论指出，公共行政的根本特性就是它的“公共性”，公共行政是建立在信念与价值之上的，必须包含对公共利益的回应，必须强化公民精神和服务理念。(6) 倡导民主行政的理念。新公共行政不仅期待政府能够通过观念与行为的转变去解决社会中存在的尖锐矛盾，更期待着公共行政发展进入一个全新的境界，即在当代民主社会中建立民主行政模型。新公共行政理论将民主视为一套价值观，认为民主行政应当把公众需要和利益诉求作为行政体系运转的轴心，认为公众的权利或利益应高于政府自身的利益，政治民主只有在具有民主属性的行政过程中才能得到实实在在的体现。在 20 世纪 90 年代后期，新公共行政理论的民主行政主张开始得到了发扬，登哈特（Robert B. Denhardt）通过公众参与机制的设计而将其转化为现实，并得到了很多学者的追捧。

新公共行政所提出的价值观念在公共行政发展史上打上了深深的烙印，特别是它对社会公平和正义的呼吁，在促进社会项目被平等地分配给那些需要者的公共行政实践中发挥了很大的影响，在改革公共政策制定方式方面也起到了一定的作用。1974 年，《公共行政评论》组织了“社会公平与公共行政专题论文集”，以期增加人们对社会公平的理解。然而，必须看到，新公共行政理论是包含着许多空想成分的，许多理论构想并没有在现实的实践中转化为制度性设置。但是，在公共行政的研究中，新公共行政理论所突出强调的公共行政价值问题则得到了广泛和持续的探讨，也使得此后的公共行政研究者更加重视把公平与效率结合起来考虑。这在理论上，可以看作包含着某种程度的向近代早期启蒙精神回归的内涵，对于纠正公共行政学这门学科形成以来更多地强调技术性因素的管理主义倾向来说，发挥了积极作用。

1.3.5 新公共管理阶段

20 世纪 70 年代末 80 年代初，西方国家掀起了声势浩大的针对政府部门的改革浪潮。首先在英国由首相玛格丽特·撒切尔发起了被称作“私有化运动”的改革，随后在美国出现了所谓的“里根革命”。这场改革运动的主要目标是：反对低效和浪费，实行私有化；以市场取代官僚组织，将企业管理方法引入政府管理；在行政管理中引入竞争机制；在公共服务中坚持顾客导向；等等。后来，学者们也开始研究和思考这场政府改革运动的内容和性质，并出版了一些案例描述性的著作去总结改革经验和提出新构想，从而形成了被人们称为标志着公共行政发展史上一个新阶段的“新公共管理运动”。

与科学发展史上的许多被称为“运动”的历史事件不同，新公共管理运动是一场先有实践后有理论的历史运动。从实践上看，它着重要解决的是三个方面的问题：第一，重新调整政府与社会、政府与市场的关系，减少政府职能，以求政府“管得少一些但要管得好一些”；第二，尽可能地实现社会自治，鼓励社会自身的自我管理，也就是利用市场和社会力量来提供公共服务，以弥补政府自身的财力不足；第三，改革政府部门内部的管理体制，尽可能多地在一些政府部门中引进竞争机制，以提高政府部门的工作效率和公共服务质量，从而使政府彻底走出财政危机、管理危机和信任危机的困境。虽然不同的国家在改革中选择的路径和采取的措施有所不同，但共同的方面表现在对精简机构、削减政府职能、放宽规制、压缩管理、政府业务合同外包、打破政府垄断和公共服务社区化等措施的运用。

起初，新公共管理并不是一场统一的运动，既没有统一的理论，也没有统一的名称，各国的情况不同，所选择的理论基础也有差别。到了后来，学者们介入对这场运动的思考之中，并根据这场改革运动的特征和目标取向把公共选择理论、新制度经济学和新保守主义确认为这场改革运动的理论基础，同时也承认公共物品、交易成本、委托-代理人、学习型组织等理念对新公共管理有着较大的影响。至于“新公共管理”这个名称，则是由英国学者克里斯托弗·胡德（Christopher Hood）发表于《公共行政》杂志 1991 年第 1 期上的一篇文章中提出来的。新公共管理运动的基本精神是：（1）政府不应该是一个高高在上的、自我服务的官僚机构，而应该是一个为公众服务的机构；公众作为为政府提供税收的“纳税人”是政府的顾客，理应享受政府提供的良好服务，公共部门有义务提高公共服务质量。（2）为了提高公共部门的服务效率，政府有必要引进私人部门的管理方法，因为私人部门具有比公共部门更优越的管理创新能力、管理方式、管理手段、服务理念、服务质量和效率，所以，政府需要向私人部门学习。（3）政府管理应回应顾客的要求，倾听顾客的意见，建立明确的服务标准，以实现改善公共服务的目的。总之，政府应是一种企业型政府，像企业那样尊重顾客，按照顾客的需求提供服务。而且，公共服务不应只考虑投入，而应更重视产出，重视服务质量。

随着学者们的介入，新公共管理运动被推向了一个高峰，也使这场改革运动被描述为一场“重塑政府”的运动。这个时期，具有代表性的著作主要有美国学者戴维·奥斯本（David Osborne）和特德·盖布勒（Ted Gaebler）的《改革政府——企业家精神如何改革着公营部门》一书。在这本被称作 20 世纪 90 年代美国联邦政府改革蓝图的著作中，勾勒出了一种新的政府形象：起催化作用的政府，掌舵而不是划桨；社区拥有的政府，授权而不是服务，服务由社区提供；竞争性的政府，把竞争机制注入提供服务中去；有使命感的政府，改变照章办事的组织；讲究效果的政府，按效果而不是按投入拨款；受顾客驱使的政府，满足顾客的需要，而不是官僚的需要；有事业心的政府，有收益而不浪费；有预见的政府，预防而不是治疗；分权的政府，从等级制到参与和协作；市场为导向的政府，通过市场力量进行变革。

1.3.6 后新公共管理阶段

起于 20 世纪 70 年代末 80 年代初的新公共管理运动迅速席卷全球，也使公共行政研究者变得空前活跃起来，从而为公共行政学的知识体系增添了许多新的因素，特别是为公共行政学提供了“以市场为原则”的新质。但是，大致从90年代中期开始，新公共管理运动在实践中暴露出了许多问题，许多改革措施开始发生逆转。比如，解规制（deregulation）变成了再规制（re-regulation），私有化也转向了逆私有化，以美国地方政府为例，公共服务外包在1997年达到顶峰，从2002年开始则明显下滑①。尤其是2008年金融危机之后，越来越多的学者开始揭露和批判新公共管理运动背后的意识形态宣传，质疑政府对市场原则的依赖，并要求对政府在社会治理中的合法地位重新正名。在此过程中，提出了一些新的以政府为中心的治理理念，如整体性政府（whole-of-government，joined-up government，holistic government）、合作式公共管理（collaborative public management）与合作治理（collaborative governance）、网络治理（network governance）、无缝隙政府（seamless government）、新公共服务（new public service）、新公共治理（new public governance）、软治理（soft governance）、公共价值（public value）、新韦伯主义国家（neo-Weberian state）等。这些新理念及其指导下的改革虽然未完全否定新公共管理的基本原则和成果，却要求对这些原则的限度和效度进行谨慎的审察。所以，在这些新的理念指导下的改革一方面继承了新公共管理运动的许多成果，另一方面也从一种更全面的视角出发来思考公共管理中不同行动主体间的角色、功能和关系，结果就形成了一个后新公共管理的改革时期。在公共行政研究中，也出现了一个后新公共管理阶段。

在新公共管理运动所实行的市场化改革阶段，以政府为对象的理论研究基本被边缘化了，在一定程度上加剧了公共行政学的身份危机。在后新公共管理时代到来的时候，以政府为研究对象的行政学理论获得了喘息之机，在反击市场化理论的过程中开始对政府及其与社会间的关系做出新的建构。也正是在这一阶段中，随着非政府组织的成长，诸多社会力量加入社会治理过程中来，成为社会治理主体或准主体，因而使探讨政府与各种各样来自社会的治理力量之间的关系成为理论热点。同时，由于后新公共管理改革并未明确否定新公共管理的基本原则，尤其没有否认它所取得的成果，所以，市场化理论也仍然活跃于学术舞台上。后新公共管理阶段的公共行政研究呈现出了多元化的趋势，在不同方向上探索着人类社会治理的前行道路。这是一波新的浪潮，正推动着行政学的研究走向空前繁荣。

社会治理主体的多元化是新公共管理运动带来的一种全新的现象，这在人类历史上是从未有过的。后新公共管理阶段的公共行政研究正是基于这个现实展开的。尽管这一阶段的公共行政研究相对前一阶段更加强调政府在公共管理中的重要性，但同时，也没有哪一种理论能够忽视甚至无视社会主体在公共管理中的角色和功能。所以，这一时期的公共行政研究大都突出了公民参与和部门间合作等内容。学者们的关注重心虽然重新回到了政府，却不再把政府视作一个封闭的系统，而是把政府纳入一个开放的过程之中。进而，学术研究的焦点也不再是政府自身的结构、体制和运行机制，而是更多地关注政府与社会主体间的关系，并基于这种关系来重新思考政府在开放的公共管理过程中的角

① 孙珠峰，胡伟．后新公共管理时代钟摆现象．南京社会科学，2013（9）．

色定位和模式重构等问题。

在后新公共管理阶段，理论研究的一个重要现象就是哲学上的后现代主义理论被引入行政学研究之中，并对公共行政研究产生了巨大影响，从而使公共行政研究更加注重话语的问题，事实上，也营造出了公共行政研究的多元语境。由于新公共管理运动激烈地抨击传统上一直为公共部门所珍视的诸多价值因素，在很大程度上造成了公共性失落的局面，后新公共管理阶段的公共行政研究对此做了矫正，从而重新突出了公共性、合法性等现代民主政治的基本主题。具有代表性的就是“黑堡学派”的继承者们以各种方式重申了《黑堡宣言》中的基本主张。与此同时，现象学、女性主义、社群主义等哲学和政治思潮也在公共行政研究中产生了重要影响，呈现出了公共行政研究主题的多元化，并形成了众多理论流派。不过，理论以及研究主题的多元化也增加了对话的困难，以至于学者们发现，共同的话语平台正在走向消失，虽然公共行政的研究者变得空前活跃，而且国际性的学术会议也处处开花，但几乎所有的国际学术会议都似乎是一些相对固定的学者组成的小圈子的频繁聚会，这在某种意义上可能是公共行政研究者之间认同危机的一种表现形式。同时，随着全球化时代的到来，世界各地都开始出现自主性的公共行政理论，从而使主要产生于美国的传统公共行政学受到了日益严峻的挑战。尤其是2008年的金融危机以来，公共行政研究的话语权已经开始发生位移，在这个暂时被称为后新公共管理阶段的“无名时代”（Time Without a Name），非西方的行政理论正逐渐走近世界学术舞台的中心，并将在很大程度上改写公共行政学的知识图谱。

关键术语

行政管理　公共行政　公共管理　公共行政学　统治行政　管理行政　服务行政　官僚制组织　行为主义　公共政策　新公共行政　新公共管理

复习思考题

1. 简述行政、公共行政的概念。
2. 简述行政管理的概念。
3. 简述公共管理的含义。
4. 简述行政体系的概念。
5. 简述公共行政学的概念。
6. 试论公共行政学的学科特征。
7. 试论公共行政学的研究内容。
8. 试论统治行政、管理行政和服务行政。
9. 试论公共行政的发展阶段以及发展趋势。

第2章
公共行政体系

公共行政体系是由主观结构系统、客观结构系统和价值结构系统三个子系统构成的，行政体系的良性运行并能够达至善治的目标，取决于这三个子系统在总体上的动态平衡。行政组织是行政活动的依托，也是行政管理的对象，它有自己的特殊性。行政组织的构成要素以及组合方式表现为行政组织的结构，并构成了组织功能上的差异。行政权力是行政管理的依据，即使在依法行政的原则下，离开了行政权力，行政管理也无法开展。行政权力在形式上是依据行政层级进行配置的，而在性质和功能上，则表现为抽象行政权力和具体行政权力。行政权力关系以及行政权力的运行从属于行政效率目标的实现，不同行政组织有不同的行政权力关系结构模式。行政人员是一个特殊的职业群体，行政人员的职业责任和道德责任直接关系行政管理目标的实现。

本章重点问题

- 行政体系的结构
- 行政组织的类型和结构
- 官僚制组织
- 行政权力的存在形态
- 行政权力关系
- 行政人员的职业特殊性
- 行政人员的职业责任
- 行政人员的道德责任

2.1 行政体系的结构

行政体系即行政管理体系存在于人类文明史中的每一个阶段，但作为一个相对独立的社会生活领域，或者说，作为一个专司社会治理的领域，则是在现代社会才有的。最早的行政体系是伴随着国家的产生而出现的，是国家的诞生提出了设立稳定的经常性机构管理国家和社会事务的要求。早期的行政体系与国家是一体的，那时的行政管理几乎就是国家的全部对内职能。18 世纪出现了行政体系独立化的迹象，启蒙思想家在制度设计中提出建立由立法体系、行政体系和司法体系构成的社会治理体系。从 19 世纪 80 年代开始，行政体系逐渐成为国家治理体系中的一个相对独立的部门，并得到了迅速发展，而且具有了公共行政的属性。20 世纪的行政体系基本上可以作为公共行政体系来加以认识。

公共行政体系是公共部门的一个组成部分，而且是公共部门中的核心部门。体系与结构并存，任何一个体系都有一定的结构。公共行政体系是适应社会政治、经济、文化等各个方面的存在与发展要求而建立起来的，是专门的国家和社会公共事务日常管理系统。公共行政体系的结构包括三个主要方面：（1）由行政权力、行政法律、行政政策、行政管理方法等要素构成的主观结构系统；（2）由行政体制、行政组织、行政机构、行政人事资源等要素构成的客观结构系统；（3）由行政意志、行政义务、行政责任、行政人格等要素构成的价值结构系统①。这三个系统在总体上的动态平衡是行政体系系统结构的总体，也是现代公共行政体系健全的标志，它们的协调运转状况则会反映在行政体系的系统功能上。

2.1.1 行政体系的主观结构系统

行政体系的主观结构系统是由行政权力、行政法律、行政政策和行政管理方法等属于精神形态的主观要素构成的各种关系的总和，它是行政体系的主观形式。在广义上，行政体系的主观结构系统也应包括占支配地位的政治观念、思想意识形态和文化心理结构等因素。在严格的意义上，这些方面都应归入黑格尔的“客观精神”范畴中，但在行政体系拟人化的意象中，我们将它们规定为主观结构系统的要素。在人类的不同历史阶段，主观结构系统的形式有很大的不同。在农业社会的统治行政体系中，主观结构系统最突出的表现形式是以权术和权谋为特征的行政管理方式、方法。在工业社会的管理行政体系中，形成了法律、公共政策以及科学的行政管理方式、方法等，它们使主观结构系统成了可以进行专门考察的对象，在对它们的研究中也发现它们是一个包含着复杂结构的系统。所以，可以将其看作行政体系中的一个有着某种或某些结构的子系统。

在某种意义上，行政体系是以人为主体、以权力为核心、以法律规范和政策调节方

---

① 张康之．公共行政中的哲学与伦理．北京：中国人民大学出版社，2004：5.

式为主导的国家与社会事务管理系统。在行政体系中，人是行政组织和机构的基本要素。但是，只有支配行政行为的思想观念等才是行政体系主观结构系统的构成要素。对于个体来说，行政权力是一种客观力量，而行政权力在本质上又取决于行政管理客体的主观认同。行政权力在行政组织内部是以岗位和职位所代表的权威形式出现的，而在行政组织作用于外部的时候，则代表了政府的权威。行政法律和政策是客观的社会关系的反映，是统治意志及其观念的形式化。行政管理方法则是对行政管理客观规律的认识，也是前人经验的凝结。在行政体系的主观结构系统中，各要素之间是相互联系、相互影响和相互补充的。权力需要得到法律的支持并由法律来加以确定，而法律则需要借助于权力来加以执行和从权力的支持中获得作为行政规范以及社会规范的权威。政策是临时性的法律，是法律的具体化，在更多的情况下，是作为法律的有效补充而存在的。同样，行政管理方法又是权力、法律、政策等因素在应用中的综合体现。

行政体系的主观结构系统具有灵活性和变动性的特征。行政关系、行政行为的状况会不断地反映到行政体系的主观结构上来。在一般情况下，行政体系的主观结构系统是在保持自身基本不变的前提下对行政关系、行政行为进行调整的。但是，现实社会生活的千变万化总是不断地向既定的行政关系、行政行为提出挑战，要求它们不断地通过自身的改变适应现实社会生活的需要。这种变化达到一定程度时，就会提出改变行政体系主观结构的要求。因而，行政体系的主观结构系统是积极的、活跃的不稳定结构，行政体系的变化、发展总是首先表现为其主观结构系统的变动。

广义上的行政体系主观结构系统还包括政治观念、思想意识形态和文化心理结构等内容。但是，这些因素与权力、法律、政策、管理方法等在行政体系主观结构系统中的地位是有区别的。尽管政治观念、思想意识形态和文化心理结构必然会贯穿于权力、法律、政策、管理方法之中，但在行政体系的主观结构系统中，它们处于深层，是决定行政体系主观结构整体性质的因素。当行政体系主观结构的变化带动了这些因素变化时，也就意味着行政体系主观结构系统的根本性质的变化。一般说来，在这些因素未发生变化的情况下，行政体系主观结构系统的变化具有很大的回旋空间。也就是说，行政体系主观结构系统的变化最终必然会导致政治观念、思想意识形态和文化心理结构的变化。不过，在这种变化发生之前，行政体系主观结构的变化是有很多工作可以做的。通俗地讲，在权力、法律、政策和管理方法等层面上所进行的行政改革，并不会立即反映到政治观念、思想意识形态和文化心理结构上。只有当权力、法律、政策和管理方法等层面上的变革达到了一定的临界点，政治观念、思想意识形态和文化心理结构等才会迎来变革的时机。

2.1.2　行政体系的客观结构系统

行政体系的客观结构系统是行政体制、行政组织、行政机构和行政人事资源等物质性的客观要素之间关系的存在和运作方式，是行政体系的客观形式。行政体系的这些客观形式在实质上是行政体系的主观结构系统要素的“物化”。广义地讲，行政体系的客观物质因素，甚至政治生态环境，也都是行政体系客观结构系统的构成要素。因为这些客观物质因素以及政治生态环境影响和制约着行政体系的客观结构，行政体制的选择、行政组织的建立、行政机构的设置、行政人事的状况等，都在很大程度上取决于行政体系的客观物质条件的状况。行政体系客观结构系统的各要素各自以其他要素的存在为前提，每一要素都制约和影响着其他要素。一个国家选择民主的或者集权的行政体制，都会影响到行政组织、行政机构和行政人事资源的配置等方面的状况。反过来，行政组织、行政机构和行政人事资源的配置也决定着行政体制的性质，行政体制的优劣也必须通过行政组织、行政机构以及行政人事资源配置等要素体现出来。因此，行政体制、行政组织、行政机构、行政人事资源等要素之间的相互联系和相互影响构成了一个动态的、系统的整体。

行政体系的客观结构系统首先是由社会物质生活条件决定的。自国家产生以来，行政体系的客观结构系统就因社会经济形态的变化而变化。在生产力水平比较低、物质生产发展水平不高的情况下，行政体系的客观结构系统也是非常简单的。此时不可能产生精致、复杂的客观结构系统。专门化组织的建立和行政机构设置都是社会以及物质生产分化的结果，现代社会化大生产促使社会分工越来越细，专业化程度越来越高，因而孕育了庞大而又复杂的行政体系，行政体系的客观结构系统也变得越来越复杂和精致。而且，只有这样，才能适应管理和调节现代社会化大生产的需要。现代科学技术手段的应用，可以促使行政体系朝着规模日益缩小的方向发展，促使行政体系的客观结构系统朝着简单化的方向发展，但从实践来看，这一点并未得到证明。

客观性是行政体系客观结构系统的基本特性。同时，行政体系的客观结构系统又是行政体系最基本的形式，特别是对于现代公共行政而言，它的客观结构系统在形式化方面得到了充分发展，可以说是行政体系发展史上最为典型的状态。行政体系客观结构系统的客观性主要是指行政体制、行政组织、行政机构和行政人事资源等都是客观性的物质存在。而且，行政体系客观结构系统的状况和性质，也是由社会经济结构的状况与物质水平直接决定的。从行政体系的历史演进来看，处于相同或相近生产力水平的国家，它们无论在根本的社会制度上有多大的差别，在行政体制、行政组织、行政机构、人与事的安排等方面都是可以相互借鉴的，具有同形化的趋势。一个国家在向其他国家学习先进的行政管理经验的时候，主要就是学习其行政体系客观结构系统方面的东西。在一定程度上，一个国家的行政体系的客观结构系统是可以被移植到另一个国家的。

行政体系主观结构系统与行政体系客观结构系统之间也是相互制约和相互规定的。行政体系的客观结构系统是其主观结构系统的物质前提或物化了的形式，而行政体系的主观结构系统则是其客观结构系统的精神内容。客观结构系统是行政体系中相对稳定的因素，是主观结构系统的表现形式；行政体系的主观结构系统既是客观结构系统的内容，又是行政关系、行政行为的形式。在行政体系的客观结构系统和具体的行政关系、行政行为之间，主观结构系统所起的是中介和桥梁的作用。行政关系、行政行为都产生于一定的行政体制、行政组织和行政机构之中，是以一定的人与事为载体的。但是，行政关系、行政行为在何种程度上是有序的和合理的，则取决于行政权力、行政法律、公共政策和行政管理方法的状况。

2.1.3 行政体系的价值结构系统

行政体系的价值结构系统是由行政意志、行政义务、行政责任和行政人格等基本要素构成的一个调节系统，这些要素以行政主体为载体，并借助于行政主体而形成一个统一的整体。行政体系的价值结构系统是行政主体与行政客体之间的价值关系的稳定形式，深藏于行政体系的客观结构系统和主观结构系统之中。行政意志、行政义务、行政责任和行政人格等要素是隐藏在各种行政关系和行政行为之中的，并每时每刻都发挥着重要的调节作用，从而弥补其他行政关系的缺陷和不足。如果存在行政价值关系失常的问题，就必然会导致行政组织的协调不畅、机构臃肿、行政效率低下和腐败泛滥等“病兆”。发现行政体系的价值结构系统并加以深入研究，可以为行政道德的建设以及充分调动行政系统中人的积极性找到现实的出路。

虽然行政价值关系隐蔽地存在于其他行政关系之中，却拥有自己的横向网络和纵向层次结构。理解行政体系的价值结构系统，需要从作为整体的行政主体——行政组织和作为个体的行政主体——行政人员以及行政主体与行政客体的关系入手。

第一，行政组织是行政体系中最主要的实体性因素，是一个从中央到地方层层设立和都做出了部门分类的组织体系。整个国家就是一个组织体系，行政体系也是一个组织体系，在行政体系的每一个层级上，又有许多被分类为不同部门的组织，因而存在上下沟通、左右协调、密切配合的纵向的和横向的组织关系。

第二，行政组织活动或行政行为是由行政人员来执行的，没有行政人员也就无所谓行政组织。不仅行政组织间的沟通、协调和配合依赖于行政人员去执行，而且行政组织内部存在的分工与协作的关系、领导与被领导的关系、决策与执行的关系，都是由行政人员承载并反映到行政人员的活动与职责上来的。

第三，行政组织的存在与发展需要具备一定的物质条件，这个物质条件主要是指人事资源。人事资源的组织和调配、人事关系的调整、职务的升迁与晋级以及人事考评和鉴定等，都是行政组织自我调整和自我完善的重要内容，也是行政组织自我更新的常态行为，会影响到行政体系中的几乎所有关系。

第四，行政体系并不是社会生活中唯一的系统，一切行政关系和行政行为都是发生和存在于具体的社会环境之中的，因而存在行政主体与行政环境之间的关系。来自环境的要求和压力，会反映在行政体系的组织目标和日常任务中，行政体系的目标和任务需要逐级分配并由行政人员来承担和落实。行政人员的价值观念和取向，会对承担、落实行政体系的目标和任务产生重要影响。

第五，担负着国家和社会公共事务管理职能的行政组织是一个集结了权力的组织，它所拥有的权力总是直接或间接地支配着社会生活的各个方面，而权力往往又要落实到具体的行政人员手中。因而，权力的运行方式，对社会财富的分配、社会生活的安定、政治观念的认同等都有着重大的影响。因此，行政意志、行政义务、行政责任和行政人格发挥着重要的调节作用。

行政法律规范和政策意向在调整上述关系方面表现出了自觉的、有意识的特征。但是，行政法律规范往往是一些一般性的和原则性的规定，对于丰富多样和灵活具体的行政关系、行政行为而言，法律规范是不可能无所不及的，必然会存在某些规范不到位的方面。而且，对法律的理解和执行也在很大程度上取决于行政意志、行政义务、行政责任和行政人格的状况。制定公共政策往往是因应法律的不足而采用的手段，公共政策是针对法律规范调整之外的临时性和特殊性问题而制定的。但是，一项政策的出台，必然意味着它要解决的问题已经在行政体系的运行中和在社会生活中造成了很大的影响，所以政策总是相对滞后的因素。比较而言，行政意志、行政义务、行政责任和行政人格等价值要素不同，它们在调节行政关系和行政行为方面表现出了先在性、灵活性、具体性的特征，能够在任何需要它们的时候出场并发挥作用。

在行政体系的价值结构系统中，行政意志、行政义务、行政责任和行政人格等要素是相辅相成的，总是以系统整体的形式在行政关系和行政行为中发挥着调节作用。由于行政主体在行政体系中的地位不同，他（它）往往会使行政体系的价值结构系统的某一要素凸显出来，但行政主体绝不可能选择某一要素而摈弃其他要素，选择了其中一个价值要素也就意味着接受了行政体系的价值结构系统的整体。比如，行政意志的强弱，本身就是行政义务感、行政责任意识和行政人格的综合体现。所以，行政体系的价值结构系统是其各要素互动共存的有机整体。

由于行政价值关系存在和包含于其他行政关系之中，因而，其他行政关系的改变也必然会引起行政价值关系的变化。一种新的行政体制的确立、行政组织和机构的最新调整、行政人事资源的配置方式的改变、行政权力关系的变动、新的行政法律和政策的出台、行政管理方法上的变革等，都必然会引发行政价值关系的新变化。反过来，一种新的行政价值关系的出现，又会反作用于其他行政关系。所以，在行政体系的各种行政关系中，包含着行政价值关系因素。或者说，行政价值关系是贯穿于一切行政关系之中的内在作用机制。就行政体系的总体而言，行政价值关系也是行政体系的基本内容。行政价值关系可以通过行政体系的主观结构系统对行政体系的客观结构系统发生影响，而在行政体系的主观结构系统和客观结构系统之中，也都包含着行政价值关系。所以，行政体系的主观结构系统、客观结构系统以及价值结构系统间的相互影响和相互作用都会通过价值关系得以实现。

2.2 行政体系中的组织

2.2.1 行政组织的概念

组织是人们开展社会生活的基本途径，通过组织，人们得以联合起来采取集体行动，从而克服单个人所不能克服的困难。在现代社会，组织的地位尤显重要，没有组织，也就没有社会。组织是联结人与社会的中介，是社会的细胞和基本单元，也是人们实现共同目标的基本工具。美国管理学大师德鲁克（Peter Drucker）曾经指出："社会已成为一个组织的社会。在这个社会里，不是全部也是大多数社会任务是在一个组织里和由一个组织完成的。”① 在我们今天这样一个组织化的社会中，行政组织是一切组织类型中最引人注目的组织形式。

1. 行政组织的含义

组织是人们为了实现某一特定目标而按一定方式联合起来的有机整体。对于组织的认识，可以从“静态”“动态”“心态”“生态”四个角度进行。组织结构可以看作“静态”的，它又分为形式和内容两个方面。形式是内容的依托，而内容往往又决定了组织采取何种形式。组织的功能是“动态”的，组织只有在其每个职能部门的功能得到发挥的情况下，才能使组织的存在和发展得以维持下去；组织也只有在整体上发挥了自己所应发挥的功能时，才能够实现自己的近期和长期目标。“心态”指的是组织文化和群体心理，它是组织功能得以延伸的基础。组织是由人组成的，组织中的成员作为组织职能的执行者是使组织功能具体化的关键要素，组织成员是组织中的行动主体。就组织作为行动主体而言，也是由组织成员承担的和建立在组织成员行动的基础上的。组织成员在行动中必然会有着某种心态，而且组织在整体上也有所谓组织文化以及群体心理等因素。“生态”指的是组织所在的环境，组织总是存在于一定的社会环境之中的，这个外部环境既是制约因素，也为组织的运行提供必要的空间，并为组织的发展提供各种各样的机遇，是组织所需资源的来源地，或者说，是与组织处于一种“能量”交换的过程中的。

行政组织是指以政府机构及其人员所构成的实体性形式出现的，是为了实现行政目标而按照一定权责关系组合在一起的具有合理结构的行政管理和社会管理活动体系。在我国，行政组织包括各级人民政府及其内设部门、职能部门、直属机构、办公机构、办事机构和派出机关及其成员等。它们依照法律的规定建立，拥有一定的行政职能和职权，在国家机构序列中被当作“行政单位”来看待，其成员按照国家公务员制度进行管理。

对行政组织的认识，可以从以下四个方面进行：

（1）从静态角度看，行政组织有相对稳定的组织结构，主要是指国家的行政机关，由相互联系和依次展开的职位、岗位构成。这些职位、岗位的排列构成了一个纵横交错的网络，形成一个分工-协作体系。在横向层面，对行政职位和岗位进行区域性的划分，就组合成了一定的行政部门；在纵向层面，根据分工的线索而形成上下互动的序列，是与行政部门和行政层级直接联系在一起的，反映了相应的职能关系、层级关系和权责关系等。

（2）从动态角度看，行政组织本身就意味着一个国家与社会事务管理的过程，是处在一个不停息的运动过程中的。行政组织以及它的每一个部门和每一个成员，都在其职能和职责实现过程中证明自己的存在，无论是依法行政还是依靠权力去作用于社会或其相对人，都使整个行政组织表现为一个变动不居的系统。

（3）从心态角度看，行政组织受行政人员的责任心、荣誉感、工作态度、组织观念、合作观念、服务意识以及一系列心理因素的影响和制约，是一个具有某种心态特征的群体心理系统。

（4）从生态角度看，行政组织是全方位面向其环境的开放系统，政治的、经济的、

---

① 德鲁克．后资本主义社会．上海：上海译文出版社，1998：52.

文化的因素都随时对它产生影响，而且，行政组织自身就构成了一个开放性的生态系统，由若干子系统组成，并与特定的环境相互依存，受特定环境的影响和制约，是一个不断适应环境并能自我调整的有机体。

2. 行政组织的特征

在现代社会中，行政组织是最为发达的组织形式，一方面，它是存在于公共领域中的担负着日常治理任务的组织；另一方面，它又具有一般社会组织共有的特征。总的说来，以政府形式出现的行政组织在性质上属于公共组织，是公共领域中的行动者。因而，行政组织具有诸多不同于一般经济组织和社会组织的特性。行政组织的本质特性可以概括为以下几个方面。

（1）公共性。行政组织是公共组织。当然，农业社会在组织化程度还很低的情况下也存在一定的行政组织，但农业社会的行政组织是作为实现少数人利益的工具出现的，是不具有公共性的，也不能从公共性的视角出发去进行考察，根本不适合使用公共性的概念去把握它。到了近代社会，随着公共领域与私人领域的分化，整个社会都实现了组织化，出现了各种各样的组织。所以，在近代以来这样一个组织化的社会中，需要在组织所在的领域中去认识它。一般说来，存在于公共领域中的组织可以称作公共组织，而存在于私人领域中的组织则可以笼统地称作私人组织，因其功能不同，又可以分为经济组织和社会组织。组织目标、组织职能等都是由其所在的领域决定的，行政组织是存在于公共领域中的公共组织，它与私人领域中的那些以营利为目的的组织根本不同，是服务于公共利益的，具体表现为提供公共产品，因而具有公共性。也就是说，行政组织的目的在于实现公共利益，行政组织中的人员是公职人员，行政组织的职能体现在对国家以及社会公共事务的管理中。

（2）政治性。在国家的政治生活中，行政组织是政治生活主体中的一个重要组成部分。在农业社会，政治与管理尚未分化，行政组织本身既是政治主体也是管理主体。近代以来，随着政治与管理的分化，行政组织的管理职能不断地增强。但是，行政组织依然担负着国家政治生活的职能，是国家机构的重要组成部分，它通过管理而服务于国家政治，并把国家的政治意志落实到管理行动中来。就行政组织是政府的组织形式而言，它本身就是一个相对独立的政治实体，是凌驾于一切利益集团和利益阶层之上的政治实体。虽然行政组织的行动具有更多的管理色彩，但其内容和目标都具有强烈的政治性，是不可能把行政组织与国家的政治生活分离开来加以认识的。国家政治是行政组织的政治生态，同时，行政组织也是国家政治生态链上的一环。

（3）执行性。在近代以来的政治发展过程中，特别是在两党制和多党制国家中，政党政治对行政组织的日常活动有着极大的影响。为了适应近代社会发展中分工-协作的需要，增强行政组织的管理功能，在19世纪后期，开始了行政管理专业化的进程，建立起了专业化的文官体制，以确保行政执行从属于效率目标。同时，在理论上也提出了政治-行政二分原则，因而，作为行政组织的政府被定位在执行者的角色上，即执行国家政治部门所做出的决策，以便行政组织的行政管理活动更少地受到政党政治的干扰，或者说，把政党政治局限在纯粹政治的领域，在政治的领域中形成决策后再交由作为行政组织的政府去加以执行。由于作为行政组织的政府被定位在执行者的位置上，因而具有执行性的特征。

(4) 权威性。作为国家机构的重要组成部分，以行政组织形式出现的政府拥有国家权威。实际上，在国家作用于社会的过程中，日常性的管理乃至统治活动都是由政府执行的，国家在使政府承担这些职能时，赋予其相应的权威，政府是依据国家权威去开展活动的。在近代以来的社会，随着法制建设取得了积极进步，行政组织的权威是由法律确认和规定的。同时，行政组织的权威还具有相对于一切社会力量的垄断性和唯一性，政府是唯一代表国家承担对社会的日常管理职能的组织，凡属于政府职能范畴的因素，都必须由政府承担，其他社会组织即使代表政府去承担一些公共服务的职能，也必须经过政府授权，并接受政府的监督和管理。

(5) 法治性。以政府形式出现的行政组织所掌握和行使的都是公共权力，这种权力在根本上是服务于公共利益的实现的，行政组织的存在和运行只有公共目标，任何私人目标的介入都会对行政组织的性质造成冲击，从而使公共利益受到损害。但是，在权力的行使过程中，显然是包含着行政权力侵犯公民、法人和其他社会组织合法权益的可能性的，有的时候，甚至是在公共利益的名义下对公民、法人以及其他社会组织的合法权益造成侵犯。因而，权力的行使需要有统一的标准和依据，这种标准和依据就是法律。行政组织必须服从法律的严格管制，依法行政，依法设立行政组织机构和严格按照法律办事，并承担法律责任。

2.2.2　官僚制组织

1. 权威类型与官僚制组织

在人类历史上，行政组织有一个发生发展的过程，官僚制组织是行政组织的典型形态。当然，在现实中并不存在严格意义上的官僚制组织，也就是说，官僚制组织是一种理论抽象。但是，现代社会中的几乎一切组织都是在官僚制组织模型的基线中展开的，都包含着官僚制组织的内容。在现代组织中，行政组织是最为趋近于官僚制组织的，行政组织的体制、机构设置以及运行机制也被看作最能代表官僚制组织的组织形式。

“官僚制”(bureaucracy) 一词源于 18 世纪中期的法文，最早使用这一术语的是法国经济学家德古尔内 (Jean Claude Marie Vincent de Gournay)。官僚制作为一个学术探索的主题则是与马克斯·韦伯的名字联系在一起的，他在《世界经济通史》《儒教与道教》《经济与社会》等一系列著作中对官僚制的发生与发展进行了研究，从而使“官僚制”一词成为专门指称一种组织类型的概念。在中文翻译时，因具体的历史条件所限，翻译成了“科层制”。“科层”只是官僚制的一个特征，因而这种翻译是不准确的。在政府中，官僚制发展得比较完善。但是，当我们使用官僚制一词来描述组织时，不应仅限于行政组织，其实，现代社会中的几乎一切组织都具有官僚制的特征，只是在官僚制色彩的浓淡上有所区别。也就是说，现代社会中的一切组织都是以官僚制组织为原型建构起来的，是官僚制组织的各种变形。

官僚制组织是一种建立在合理-合法权威基础上的、体现了工具理性的等级控制组织体系，它拥有一整套严密的程序化的命令-服从关系和职务等级系列，每一职位上的工作人员都按照组织规则而不是按照个人偏好行事，因而能够使组织以一个整体出现，并能够使管理的技术效能最大化，从而实现高效率。在论述官僚制的时候，韦伯区分出三种权威类型。在韦伯看来，任何组织都是以某种形式的权威为基础的，权威可以消除混乱，带来秩序。其中，包含着三种典型的权威及其支配类型，即"传统型""魅力型""合理-合法型"权威与支配类型。

传统型权威是一种较为古老的权威形式，这种权威主要根源于习俗、惯例、经验、祖训等。在由传统型权威支配的社会中，统治者依照传统形成的组织规则来治理臣民，人们对长官的服从是来自传统赋予长官的固有尊严。魅力型权威又称为超人权威（charisma），中文也根据发音将其译为"卡里斯玛"，是指建立在非凡人格、英雄气概、创业奇迹的基础上的一种权威，一般表现为诸如对领袖个人魅力的崇拜。在农业社会，一般说来，一个王朝的奠立者会拥有这种魅力型权威，而其后继者往往拥有的是传统型权威。合理-合法型权威又称为法定权威，是建立在相信规章制度和行为规则的合法性的基础上的。在现代法治社会中，一般说来，组织中存在的是合理-合法权威。上述三种权威构成了三种不同形式的支配类型的基础，而三种不同类型的支配方式又是通过三种不同类型的组织形式展开的。因而，在三种权威的基础上，实际上出现了三种不同的组织类型。

魅力型组织的权威基础是领导者个人的人格魅力，"建立在非凡的献身于一个人以及由他所默示和创立的制度的神圣性，或者英雄气概，或者楷模样板之上"[①]。在魅力型权威支配的组织中，领导者被视为"具有超自然的或者超人的，或者特别非凡的、任何其他人无法企及的力量或素质，或者被视为神灵差遣的，或者被视为楷模，因此也被视为'领袖'"[②]。在韦伯看来，先知、救世主、政治领袖就属于具有这种权威的神秘人物。然而，在这一权威类型的组织中，领导的权威仅仅是来自领导者个人的人格，组织成员对命令的服从仅仅是基于领导者个人的感召力和鼓动力。因此，就这种组织的长期存续来看，往往显得并不稳固，经常出现"人存政举，人亡政息"的现象。在政治组织和宗教组织中，都经常可以看到领袖死后争当"正宗"继承人的现象，从而使组织走向分裂。

在传统型组织中，命令和权威的基础是先例和惯例，其合法性是"建立在一般的相信历来适用的传统的神圣性和由传统授命实施权威的统治者的合法性之上"[③]。在传统型组织中，从前经常发生的事情被看成是神圣的，并由此确定各类人以及团体的地位和期望，"统治者是依照传统遗传下来的规则确定的，对他们的服从是由于传统赋予他们的固有尊严"[④]。当魅力型组织通过世袭的方式使具有超凡魅力的领袖权力得到继承时，原领袖的超凡魅力便成为组织的惯例确定下来。此时，对新领袖而言，起作用的不再是领袖的人格，而是其担当的角色。传统型组织中领袖的权威是以对传统文化的信仰和尊重为基础的。传统型组织有"世袭制"和"封建制"之分。在实行"世袭制"的传统组织中，

---

① 韦伯．经济与社会：上．北京：商务印书馆，1997：241.

② 同①269.

③ 同①.

④ 同①251－252.

“公之子恒为公，士之子恒为士”，官员只是领袖个人的奴仆，从领袖那里获得报酬。在实行“封建制”的传统组织中，官员则对自己的领袖保持着一种传统的忠诚关系，但他们拥有自己的收入来源，享有更多的自主权。

合理-合法型组织是建立在相信组织章程所规定的制度和规则之上的，它以组织内部的各种规则为权威的来源和基础。在这种组织形式中，人们服从领导者的命令是出于对组织规则以及规章制度的信守，规则代表了一种大家都遵守的普遍秩序。被领导者对领导者的服从与领导者个人的品质、能力、学识关系不大，他们在规则面前有着平等的地位，都要受到组织规则的约束。“团体的成员服从统治者，并非服从他个人，而是服从那些非个人的制度，因此仅仅在由制度赋予他的、有合理界限的事务管理范围之内，有义务服从他。”① 官僚制组织是拥有合理-合法权威的现代组织类型。韦伯把它看作现代社会占主导地位的权威制度，认为它具有合理性，可以作为实现某些既定目标的手段。韦伯认为，官僚制组织就像一架精心设计的机器，旨在执行某些功能，而机器上的每一个零件都在机器发挥最大功能的过程中起着各自的作用。

2. 官僚制组织的特征

韦伯把以合理-合法型权威为基础的组织称作“官僚制”，亦即“官僚制组织”。他认为，官僚制组织是效率最高的组织形式，它排除了个人情感等非理性因素的影响，符合“现代文化的特性，特别是它的技术的—经济的基础，恰恰是要求效果的这种‘可预计性’”②。政府、军队、宗教团体以及企业都普遍采用了这种组织形式。的确，官僚制组织是一种“理想类型”（ideal type），是高度理性化的组织形式，具体体现在以下几个方面：

（1）有着正式建立的持久而统一的规则系统。其规则表现为法律法规、章程和制度，它们是合乎理性的，组织的运行所依靠的是非人格化的法律、章程和制度而非人的魅力和传统。组织团体的成员必须尊重这些规则，不允许在活动和交往中带有人情化的因素。

（2）有着明确的职权范围的行政机构。组织的机构由一些岗位和职位组成，岗位和职位的划分是按照劳动分工原则进行的。组织根据分工的要求规定每一岗位和职位均有特定的权责范围，任职者的职责权限以法规的形式严格地固定下来，权力的行使方式和前提条件也是由规章制度明确规定的。

（3）岗位与职位都需要按照等级原则进行管理。官僚制组织是一个拥有层级的体系，各种公职或职位都是按照权力等级组织起来的，表现为职位系列并形成一个明确的指挥链条，实行层级节制。任何机构都有固定的监督和监察制度，下级机构有权向上级机构投诉或提出异议，上级机构则有权决定如何处理这些争议。

（4）通过规则实施对组织成员的控制。组织中的一切活动都以组织规则为依据，即便是上级对下级下达命令，也需要合乎规则的规定。每一组织成员都在运用规则而开展活动，或者说，在开展每一项活动时都必须遵守规则。为了能够学会并习惯于应用规则，就必须对组织成员进行专业培训。在正常情况下，只有证明接受过专业培训且成绩合格

---

① 韦伯．经济与社会：上．北京：商务印书馆，1997：243.

② 同①296.

者，才有资格参加到组织中来，并被授予一定的岗位或职位，被正式承认为组织成员。

（5）组织中的物资资源分为行政管理物资和生产物资，必须完全分开管理。公共部门中的组织以及许多不从事物资生产活动的组织所要管理的主要是行政管理物资。无论是存在于公共领域还是私人领域中的组织，组织成员都不占有组织的物资资源，组织所拥有的财产都应该和私人财产完全分开，职务运作场所（办公室）和生活场所（住所）也应遵循完全分开的原则。

（6）任职人员不能有任何把职位占为己有的意图和行为。每一职务都被赋予相应的权力，但"职务的占有一般并不是让官员为了占为己有的目的效劳的，而是服务于保障在他的职务上的纯粹事务的（独立的）、只受准则约束的工作"①。任职者必须保证其行为不带偏私，不把个人好恶等情感因素带入职务活动中，秉持价值中立，按照法律和规章制度行使权力，做到"公事公办"。

（7）行政管理实行文书和档案管理。组织的规则或规章，组织中的讨论、动议和随后的决议，以及形形色色的指令，都要形成书面文件，用文字固定下来。档案必须与组织成员一一对应，使行政管理活动有据可查，也保证办公机关成为组织的核心。

由于官僚制组织强调分工-协作和层级管理，在结构上呈现出"左右分科，上下分层"的特点，有一个类似"金字塔"的组织层级结构形式。韦伯认为，官僚制组织是一种具有很大优越性的组织，"正如精密机器在系列化生产中取得成功一样，这种方式也注定会成功，官僚体制会扩展到一切组织中去。它首先是在普鲁士军队中建立起来的，接着便传播到公共管理机构中去，最后又强加给医院、私营企业、压力集团、工会、政党、教会、学校、大学，等等"②。随着韦伯的官僚制理论的传播，政府也得以在组织方面实现自觉，开始按照官僚制理论的要求加以建构，从而使政府在 20 世纪能够解决"人民希望解决的基本问题……提供了人民需要和期望的基本的、简朴的、千篇一律的服务"③。在 20 世纪 30 年代的"大萧条"和第二次世界大战的严重危机时期，官僚制组织因运转高效和目标明确而被人们广为接受。

然而，自 20 世纪 60 年代起，官僚制组织开始受到越来越多的批评，以沃伦·本尼斯为代表的学者认为，官僚制组织用来对付内部环境（协调）和外部环境（适应）的方法已经完全脱离了当代社会的现实，表现出了一系列根本性的缺陷，如：妨碍个人的成长和个性的成熟；鼓励盲目服从和随大流；忽视非正式组织的存在，不考虑突发事件；陈旧过时的权力和控制系统；缺乏充分的裁决程序；内部沟通和创新思想受到压制、阻碍和畸变；由于互不信任和害怕报复而不能充分利用人力资源；无法吸纳新的科学技术成果或人才；扭曲个性结构，使职工变成阴郁、灰暗、屈从于规章制度的"组织人"④。官僚制的负功能越来越受到各界的关注，如何解决官僚制的负功能也就成为学者研究和讨论的新主题。在公共行政研究中，新公共行政运动、新公共管理运动都提出了摒弃官

① 韦伯．经济与社会：上．北京：商务印书馆，1997：245.

② 迪韦尔热．政治社会学：政治学要素．北京：华夏出版社，1987：172.

③ 奥斯本，盖布勒．改革政府：企业家精神如何改革着公营部门．上海：上海译文出版社，1996：15.

④ WARREN G B. Organizational developments and the fate of bureaucracy. Industrial Management Review, 1966：41－55.

僚制的口号，后现代公共行政理论也要求把重心放在解构官僚制方面。不过，需要指出的是，尽管理论界与实务界都要求摒弃官僚制，但直到今天，在社会生活的几乎所有领域，官僚制仍然是一种支配性的组织原则，对于公共行政学来说，官僚制也仍是一个无法绕开的研究对象。

2.2.3　行政组织的类型和结构

1. 行政组织的类型

（1）根据管辖的地域范围，行政组织可以分为中央行政组织、地方行政组织和基层行政组织。在我国，中央行政组织即国务院，管辖范围涉及全国，是最高国家权力机关的执行机关，统一领导全国各级行政机关的工作。地方行政组织是指地方各级人民政府（省、市、县）及职能部门。基层行政组织是指城市中的街道、农村中的乡以及兼具城乡二元特征的镇，也包括这些基层政府的派出机构。

（2）按照权限性质，行政组织可以分为一般权限机关和专门权限机关。一般权限机关管理全国或一定地区内的全面性、综合性行政事务，统一领导各行政部门的工作。各级人民政府就是典型的一般权限机关，如我国《宪法》规定：县级以上地方各级人民政府依照法律规定的权限，管理本行政区域内的经济、教育、科学、文化、卫生、体育、城乡建设事业和财政、民政、公安、民族事务、司法行政、计划生育等行政工作，发布决定和命令，任免、培训、考核和奖惩行政工作人员。专门权限机关是指在全国或一定地区内管理某一项或几项行政事务的行政组织。各级政府的职能部门就是典型的专门权限机关。国务院各部部长、各委员会主任负责本部门的工作；召集和主持部务会议或者委员会会议、委务会议，讨论决定本部门工作的重大问题。各部、各委员会根据法律和国务院的行政法规、决定、命令，在本部门的权限内，发布命令、指示和规章。

（3）根据功能和作用的不同，行政组织可以分为领导机关、职能机关、监督机关、辅助机关、咨询机关和派出机关。领导机关是各级行政组织的中枢部门，对辖区内的重大行政管理问题进行决策，并负责指挥督导决策的实施。职能机关是分管专门行政事务的机构，它服从领导机关的意志，在其管辖范围内负责各部门的事务及其他社会事务。监督机关是指对行政机关及其管理活动进行监督检查的机构，主要任务是促使行政机关及其工作人员依法行政、忠于职守。辅助机关是指为了使行政首长或职能机关顺利开展工作而设立的承担服务性和辅助性工作的机构，主要分为综合性的（如国务院和地方政府的办公厅）和专业性的（如各机关的人事部门和财务部门）、政务性的（如政策研究室）和事务性的（机关事务管理局）等。咨询机关是一种特殊的辅助机关，专门给领导机关出主意、做参谋，主要由权威专家和学者组成，有时也会吸纳一部分退休的、经验丰富的资深政府官员参与。咨询机关的工作具有独立性，不受政府政策和行政首长意志的干扰。派出机关是指一级政府或政府部门按管辖地区授权委派的代表机构，如省级政府下设的地区行政公署，县级政府派驻到乡镇的各种所、站等。一般情况下，派出机关没有独立的法律地位，它以派出它的政府或部门的名义行使行政权力，其行为的法律责任也由派出它的政府或部门承担。

（4）根据组织承担的任务性质的不同，行政组织可分为常规组织和任务型组织。常规组织所承担的是确定的或通过某种技术手段可以实现程序化处理的任务。由于常规组织承担的任务是经常性存在和重复性出现的，所以，组织自身是以政府的常设职能部门的形式出现的。在我国政府中，各类政府工作部门和直属机构基本都属于常规组织。任务型组织承担的是非常规性任务，这些任务具有一次性出现、复杂性较强、急迫性程度较高等特点，承担这类任务的组织通常具有临时性和灵活性的特点。就任务型组织性质而言，完全是以任务为导向的组织，是根据任务需要而设立的，也会因任务的消失而解散。在改革的特殊时期，任务型组织常常成为打破常规组织行为僵化、推动改革创新和加强顶层设计的重要手段。在我国，任务型组织往往以各种各样的“委员会”“办公室”“领导小组”的名称出现，凡冠以这类名称的政府部门，一般都可以看作任务型组织，都属于临时性的设置。也许这些部门存续时间较长，但就其性质而言，则是任务型组织，说明其承担的任务并未消失。在现实中，往往存在设立容易解散难的问题，一个任务型组织一旦设立起来，就会固守其所拥有的权力不放，从而长期延续下来，并导致机构的臃肿。

（5）根据组织的决策负责体制的不同，行政组织可以分为首长制与委员会制等行政组织类型。首长制行政组织是指行政组织最高决策和管理权力由行政首长个人行使并负责的组织体制。组织内其他参与决策的管理者地位处在行政首长之下，只起到咨询建议的作用，没有最终决定权力与责任。我国《宪法》规定，国务院实行总理负责制。各部、各委员会实行部长、主任负责制。委员会制行政组织是指行政组织的决策权及管理权并不由某个领导所拥有，而是平均由一定数目的委员所组成的委员会共同行使。委员会的决策，通常会按协商达成一致的原则来进行。瑞士政府就是委员会制行政组织的典型。我国政府中的组织基本上实行的是首长制。

2. 行政组织的构成要素

行政组织的构成要素包括职能目标、职位、职权、职责以及人员等。其中，职位是最基本的要素，是行政组织结构的支撑点和联结点，一系列的行政职位经过排列组合，形成一个行政工作单位，众多的行政工作单位构成一个工作部门，再由诸多工作部门组成一级政府，依次展开，构成了整个国家的政府系统。总的说来，行政组织是由多种要素构成的，这些要素可以从不同角度进行分类：第一，实体性要素（硬件）和非实体性要素（软件）。前者包括行政机构、行政人员、行政设备和资金等，后者包括职能目标、权责划分、职位分类与配置、运行程序、管理方法、法律规范等。第二，物质要素、结构要素和运营要素。物质要素包括人员、经费、物资等，结构要素包括职务、部门、权力等，运营要素包括领导、决策、控制等。第三，有形要素和无形要素。有形要素是组织构成的物质条件，包括实现预期目标所需实施的工作、工作的人员、必备的物质条件、权责结构；无形要素是组织构成的精神条件，包括共同的目标、工作的主动性和积极性、良好的沟通网络和制度、和谐的人际关系等。

一般认为，行政组织的构成要素可以归结为以下几个方面：

（1）组织成员。在一切组织中，人都是首要的因素，首先呈现给我们的是组织成员，组织目标的实现和组织任务的完成，都离不开组织成员的共同努力。组织成员的素质及其组合方式，也就是组织成员以什么样的方式进行分工协作，直接影响到行政组织的效能，因此，组织成员是行政组织的一个重要因素，以至于许多理论强调组织管理以人为核心的意义。

（2）物质要素。物质要素包括行政组织赖以存在的载体如场地、房屋、办公设备、经费等。其中，行政经费是物质要素的核心。物质要素配置过当，不仅会影响国家对社会公益事业的投入，而且会引发机关崇尚奢华的习性；物质要素配置不足，则可能妨碍机关日常工作，抑制行政组织正常功能的发挥。

（3）职能目标。行政组织的目标是管理公共事务和协调公共利益关系。围绕着这一组织目标，政府及其每一个部门都必须对其职能范围进行界定，明确组织的工作任务与活动领域。这是因为，职能范围是组织目标的具体化，它决定着组织规模、内部职位设置等方面的内容。

（4）机构设置。机构设置是对承载组织权力的一系列特定机构的确立和界定过程，是建构组织内部分工-协作体系的行为。机构设置必须依据行政目标并按照一定法制程序来进行。

（5）职位（岗位）设置。职位（岗位）设置是指对一定机构内的职位（包括职级、职数、职责等）的确定。职位是行政组织运行最基本的要素之一，职位设置保证了组织权力的流动和组织资源的整合与分配。

（6）权责划分。权责划分是指对行政组织中各个部门、层次、成员之间若干从属、并列关系的确认，是保证组织角色明晰化的基本手段。行政组织强调有权必有责，职责与职权密切相关，谨防有权无责或有责无权，通常也称为“权责一致”。

（7）法制规范。行政组织必须建立一整套的法制规范。这些法制规范是以书面文件等形式出现的，对组织构建、组织行为、运行程序等进行严格的规范，对组织成员具有普遍的约束力。

（8）技术和信息。行政组织构成要素中的技术不仅指组织活动过程中所采用的科学技术，也包括组织决策原则、方式在内的管理技术以及“政治技术”。信息是组织活动不可缺少的因素，信息传递的途径和方式也是组织各部分相互协调的途径和方式，组织过程在一定意义上是一个信息收集、整理、传递、反馈的过程。

3. 行政组织的结构

组织结构是“组织各部门及各层级之间所建立的一种相互关系的模式”①。一般说来，行政职位的组合方式可以分为纵向组合和横向组合，行政职位的纵向组合形成了行政组织的纵向结构，而横向组合则形成了行政组织的横向结构。

（1）行政组织的纵向结构。为了管理的方便，行政组织设有若干层级，有着从中央到地方的呈金字塔形的结构。行政组织的上下层级关系构成了行政组织的纵向结构，有宏观与微观之分。宏观上的纵向结构是指各级行政组织间的层级关系。如我国的行政组织可分为中央行政组织和地方行政组织两大层次。在实践中，地方行政组织一般有四个层级，即省级（包括省、自治区、直辖市、特别行政区）、地级（包括地级市、地区、自治州、盟）、县级（包括市辖区、县级市、县、自治县、旗、自治旗、特区、林区）、乡

① 张润书．行政学．台北：三民书局，1976：145.

级（包括区公所、镇、乡、苏木、民族乡、民族苏木、街道）。微观上的纵向结构是指行政组织内部的工作层次关系，如我国的国务院内部按职能分工，设有部、司（局）、处等三至四个层级；省级政府内设有厅、处、科等二至三个层级。行政组织的纵向结构要求下一级必须服从上一级的领导、指挥、命令与协调，其目标也必须与上级保持一致。行政组织的纵向层级结构保证了行政组织权力的垂直分布，保证了政令和指挥的统一，确保了行政的效率；各级组织目标明确、责任清楚、行动迅速，有助于因地制宜地做决策。同时，各级首长全面负责本层级内的管理工作，也有利于培养全面的行政管理人员。

（2）行政组织的横向结构。随着社会的发展和科学技术的进步，需要纳入政府管理的事务越来越多，分工也越来越细，为适应行政管理的专业化和技术化的需要，行政组织的横向分工日益增强。现代社会，任何一个国家行政组织为完成其行政任务，都必须在纵向结构的基础上进一步地进行科学合理的横向分工，以适应各级政府承担不同职能的需要。这种横向分工构成了行政组织的横向结构，也叫作行政组织的部门化。部门化是指同级行政组织之间平衡分工的构成形式，实质上是对行政职能目标的分解，同时也是一种分权。按照职能分工设计的横向结构，有利于行政人员迅速掌握专门业务；从上到下的归口管理，有利于形成统一的方针政策，便于社会事务的有序管理；各级领导明确分工，各司其职，则有利于发挥行政领导的专业优势。当然，在现代社会，政府职能的广泛性和复杂性不断增加，部门分工的相对性也越来越明显，许多工作都需要几个部门共同配合、协调合作才能完成。因此，加强政府的综合协调职能，扩大行政部门间的横向联系，也成了行政组织发展的重要内容和主要趋势。

4. 行政组织结构变革的新趋势

自从有了组织以来，金字塔式的层级结构就一直是我们用来组织自己和管理社会的基本形式，以官僚制组织为代表的层级结构是近代社会特别是工业社会历史阶段中的典型组织结构形式。20 世纪 60 年代以来，社会发生急剧的变化，社会的复杂性和不确定性成为我们时代的基本特征，社会越来越呈现出非线性发展的性状，“严谨的旧的独裁机制已日薄西山，因为这些机制是为有秩序、变化缓慢及几乎静止的世界设立的。组织的含混性、不确定性和不规范性已经成为正常情况。我们必须确立新的工具和新的组织结构以对付这个不断动荡的世界”①。在这种历史背景下，行政组织的结构呈现出一些新的特征。

（1）组织的扁平化。扁平结构是相对于等级结构而言的，是指通过减少中间管理层次和裁减冗员而形成一种扁平的组织结构。在传统的组织结构中，中间层的主要作用是进行信息的上传下达，把组织中的相关信息加以整合、放大并传递给他人，充当“信息传递员”的角色。信息技术的迅速发展使得社会各层面的活动量急剧增加，知识流也大大加速。时间的压力也要求组织做出快速反应的决策，以适应形势的发展。而传统的等级制度严重地阻碍了组织的反应行为和决策速度。现代信息技术特别是网络通信技术为组织结构的扁平化提供了一种可能，它使得行政管理更为自动化和简洁化，中间管理层的减少更有利于信息的传递，也有助于增强组织的反应能力。组织结构的扁平化减少了决策与行动之间的延迟，使组织能力更加柔性化，也提高了政府回应社会的能力和效率。

① 利维特．管理心理学．北京：中国人民大学出版社，1989：382.

（2）组织的网络化。奈斯比特（John Naisbitt）用等级制度的打破和网络组织（network organization）的形成概括了组织发展的未来趋势。网络组织的特点是通过人与人、人群与人群互相联系的沟通途径来实现组织目标的。与金字塔式的层级结构相比，网络组织的优点在于：第一，容易获得信息，并可以促进人与人之间的沟通。第二，可以提供一种官僚制组织无法提供的东西——横向联系。网络组织结构恰如"一个编结技术不甚高明的渔网，有许多大小不同的结节或网眼，彼此之间直接或间接相连"，"未来的机构将以网络组织为模式建立自己的管理系统。这些系统将设计成为能够提供横向及平行，甚至多向重叠的联系"①。第三，网络组织可以为满足人们的情感需求创造条件。"网络组织使权力从垂直变成平行，个人因而得到极大的自由。网络组织将权力赋予个人，而网中人则会彼此教育。"②

（3）组织的弹性化。组织需要根据外界环境的变化以及自身的条件而不断地进行结构调整，以往那种僵化的金字塔形的科层组织结构已经难以适应快节奏的后工业社会的发展需要，新的组织形式应该具有一定的弹性。弹性的组织结构不仅可以减少政府中的常规部门的设置，降低组织运行成本，还可以避免行政组织的僵化，能够较为灵活快速地根据现代动态环境及组织目标的变化而变化，具有很强的适应能力。弹性化的组织结构不仅能够适应时代的变化和更好地满足特殊群体的利益要求，而且能够迅速地解决问题、完成特定的公共职能和提高组织的效能。

（4）组织的虚拟化。网络技术的普及使得传统的政府职能可以延伸进家庭或私人生活空间中，传统行政组织的边界线、组织层次等都将消失，呈现出有形的组织向无形的组织发展的趋势。因而，直接的权力控制变成了间接的制度控制，权力权威变成了制度权威。这在很大程度上是以行政组织结构虚拟化的形式出现的，它是组织间所建立起的声像网络系统联系在组织结构上的体现③。政府可以借助网络来完成许多服务，抛弃行政组织机构的物理实体，而在电子虚拟空间中则保留行政组织的架构和功能。当然，并非所有的行政组织都能实现虚拟化，只有那些常规性、程序性和同质化程度比较高的公共事务管理，才较为容易实现虚拟化。

（5）组织的团队化。组织团队化就是从层级制垂直结构转向以"团队"为中心的过程化组织模式。20世纪后期以来，在私人部门中，团队的使用变得越来越频繁，在公共部门中，行政组织团队化也已经呈现出趋势化的迹象。从理论上看，行政组织的团队化可以让组织成员打破原有部门界限，绕过原来的那些中间管理层次，直接面对公众而去实现组织的总体目标。在行动上，可以造就出一种群体合作的优势，从而赢得组织的高效率。行政组织的团队化将造就一种新型的组织结构，会使行政组织呈现出目标明确、以任务为中心、角色清晰的特征，能够在发挥团队作用的过程中实现"一站式"的公共服务，并使行政具有更多的服务特征。

---

① 奈斯比特．大趋势：改变我们生活的十个新方向．北京：中国社会科学出版社，1984：201－203.

② 同①210.

③ 尹钢，梁丽芝．行政组织学．北京：北京大学出版社，2005：64.

2.3 行政体系中的权力

2.3.1 行政权力概念与类型

权力是生成和存在于社会的等级落差之中的一种社会支配力量。在农业社会，社会本身就是一个等级系统，因而，权力作为一种支配力量，也是普遍存在于社会的每一个角落的。到了工业社会，根据自由、平等理念建构起来的社会在政治学的意义上消除了人们之间的等级落差，然而，一切组织都存在职位和岗位落差。在职位和岗位落差之中，也就存在权力以及权力支配过程。行政组织是典型的官僚制组织，它的层级结构决定了权力支配行为及其过程在行政组织中是普遍存在的。而且，权力既是行政的驱动力，也是行政组织目标实现的保证和基本途径。

行政权力是国家政治部门通过一定的程序授予行政机关的一种用于行政管理和公共事务管理的强制性力量，是行政管理的生命线。静态地看，行政权力是行政组织中职位和岗位关系的体现，它通过职位和岗位上的人而将其转化成一种现实的支配力量。当职位和岗位间的关系以人的形式出现的时候，权力主体与客体的关系也就生成了。一定职位或岗位上的人掌握权力，并对相对应的其他人进行支配，受支配方就成了权力客体，处于被动的和服从的地位。但是，行政体系是一个运动着的实体，而且行政管理活动都是时时发生在行政体系之中的，所以，对行政权力也需要有动态的认识。动态地看，行政体系整体上以及它内部的全部运动都根源于行政权力，行政权力既是驱动行政体系运动的一种推动力量，又是受到行政人员、机构等争夺的资源。在一定程度上，行政组织无非是一个权力运行体系，它的各个部门及其人员按照“支配-服从”的模式在权力链条中寻找、确定自己的角色和位置。在这个角色定位的过程中，各个部门及其人员之间总是围绕行政权力的获取、分配、维持和行使而相互作用与相互影响的。

儒旺纳尔（Bertrand de Jouvenel）认为，权力关系有三个属性，即广延性、综合性和强度①。正如人们用货币来衡量物品的价值一样，人们也常常用这三个指标来衡量权力的大小。一是广延性，即服从权力的人数的多少。服从的人数多，就说明权力大；反之，权力就小。二是综合性，即权力所有者能够调动权力对象的活动领域，换句话说，就是权力对象的全部活动受到权力控制的比例和范围。在权力对象的生活中，如果权力对象的一言一行都受到权力的制约和控制，权力的综合性就强，权力行使者拥有的权力就大；反之，如果权力对象的许多行为或生活内容不受权力的控制，权力的综合性就弱，权力行使者拥有的权力就小。三是强度，即在权力控制的领域内，权力行使者对权力对象的控制程度具有强弱上的不同。有的则直接规定具体价格。如果只规定价格上限，权力的强度越大，权力行使者的权力就越大；反之，权力就越小。

---

① JOUVENEL B. Authority：the efficient imperative // FREDRICH C J， et al. Authority. Cambridge：Harvard University Press，1958：160.

行政权力可以根据不同的标准划分出不同的类型，常见的关于行政权力的类型划分有以下几种：

（1）根据行政权力受约束的程度，可以将行政权力分为羁束性权力和自由裁量权力。羁束性权力是指行使范围、程度和方式均受到法律法规的严格限制的行政权力。自由裁量权力是指法律法规只限定了行政权力的边界，对于在什么情况下将行政权力行使到何种程度，则由行政机关或行政人员酌情决定。

（2）根据行政行为的模式，可以将行政权力分为行政立法权、许可批准权、行政确认权、行政监察监督权、行政制裁权、行政强制权、行政司法权。行政立法权是指行政机关享有的依法制定和发布具有普遍约束力的规范性文件的权力。许可批准权是指行政机关对公民、法人和其他社会组织的某种活动予以许可或批准的权力。行政确认权是指行政机关享有的对于某种事实或资格予以证明的权力。行政监察监督权是指行政机关享有的对公民、法人和其他社会组织在社会生活中遵守法律、法规以及行政命令的情况进行检查、监督的权力。行政制裁权是指行政机关拥有的对违反法律、法规和行政命令的公民、法人和其他社会组织予以惩罚的权力。行政强制权是指行政机关对不履行法定义务或行政命令的公民、法人和其他社会组织采取强制措施，迫使其履行法定义务、遵从命令的权力。行政司法权是指行政机关依法对某些纠纷或争议进行裁决的权力。

（3）根据权力存在和发生作用的基础，可以把行政权力分为报酬性权力、制度性权力、知识性权力。报酬性权力的基础是行政权力的主体对于资源的控制，而这些资源正是客体所希望得到的东西。行政主体一旦控制了这些资源，也就控制了获取资源的途径，从而拥有了相应的权力。制度性权力的基础是行政组织结构所赖以运行的制度规则，包括一些象征性的规范，是一种通过规章制度迫使行政权力客体按照主体的意愿去行动的权力类型，行政权力客体是因为对制度权力的服从才获得了存在及其行为的合法性。知识性权力来源于专业技术和信息等知识性资源占有的优势，是行政体系中的专家权力。

（4）根据权力的层次，可以把行政权力分为中央权力、地方权力和基层权力。中央权力主要服务于对整个国家和社会事务的宏观管理与调控，使国家的政治、经济、文化得到全面发展。地方权力则注重结合本地区实际，发挥承上启下的功能，加速地方经济发展，造福本地人民，并为全国的发展做出本地区的贡献。基层权力的工作重点在于执行，贯彻执行上级政府制定的政策、法律法规以及下达的各种指令。

（5）根据权力发生作用的性质，可以把行政权力分为直线权力、职能权力和参谋权力。直线权力是上级行政主体对下级行政主体的统辖权。职能权力是因行政管理横向分工而形成的，表现为部门或领导职位上的人对其分管的下级和事务的领导权力。参谋权力是指为领导机关或领导者提供咨询和建议的权力。

（6）根据行政权力管理的内容，可以把行政权力划分为政治管理权力、对外行政权力、经济管理权力、文化管理权力和社会管理权力。关于政治管理权力，根据政治-行政二分的原则，似乎不被学者认同。但是，在现实的政府存在与运行过程中，行政组织的政治职能是不言而喻的，行政组织不仅对整个社会进行政治方面的管理，甚至会通过服务的方式而对政治部门的活动加以管理。就行政组织开展政治管理也得到政治部门的授权而言，它与政治-行政二分的原则并不冲突。

2.3.2 行政权力的特征

1. 行政权力的政治特征

根据政治-行政二分的原则，政治权力与行政权力是不同的，政治权力是决策权力，行政权力则是执行权力，是由政治权力所确定的，是执行政治决策的权力。但是，行政权力与政治权力又是密切联系在一起的，是相互影响的权力。在国家的权力体系中，政治权力与行政权力一道构成了一个整体。

行政权力与政治权力间的关系主要表现在两个方面：其一，行政权力必须以政治权力为依据，是由国家的政治机关通过宪法等基本法律而赋予行政机关的权力；其二，行政权力反过来又是国家政治职能以及公共事务管理职能得以实现的根据，国家的绝大部分职能需要通过行政权力和借助于行政权力加以实施。所以，政治权力与行政权力之间是一种相互依存和相互支持的权力关系。

在农业社会，行政权力来源于最高统治者的授权，具有明显的人格化特征。在现代社会，行政权力的获得往往是通过法律的途径，是由宪法或其他基本法律明确规定的，即使没有在宪法等基本法的基础上做出明确的规定，也必然是由代表国家意志的最高权力机关通过一定的方式和程序授予行政机关的。行政权力是行政组织中的机构、部门和人员贯彻与执行国家意志的必要工具，是政府内部的行政管理和政府对社会进行管理的合法性资源。由于行政权力来源于国家政治机关，所以，它是国家意志的体现。行政权力作为执行国家意志的权力，在本质上是一种具有公共性的权力，公共性是行政权力的合法性基础。行政权力不仅需要具有合法性基础，也离不开强制的手段。行政权力以国家强制力为后盾，行政权力的客体如果不服从，行政权力的主体可以依法使用强制力使之服从。

国家的经济体制和政治体制对行政权力具有决定性作用。经济体制和政治体制的变化往往使行政权力的范围、大小、强弱等发生变化。行政权力还取决于国家与社会的融合程度，换言之，取决于作为社会基础的人民群众管理国家的能力大小和他们参与国家管理的程度。当国家行政权力的真正主人——广大人民群众日益成熟起来并且越来越多地参与政府行政管理活动的时候，国家行政权力的范围将逐渐缩小，行政权力将越来越被人民群众的社会自治力量所代替。党的十八大以来中国的简政放权行动，正是基于当前经济社会发展做出的放权于民、还权于社会的改革。

2. 行政权力的管理特征

在国家的权力体系中，行政权力更多地具有管理的特征，概括起来，现代行政权力的管理特征主要表现在以下几个方面：

（1）公共性。这种公共性主要体现在：第一，行政权力是公共利益实现的工具，是属于一个国家中的全体社会成员的权力，是一种公共权力。第二，行政权力具有超脱性，在行政机关行使行政权力的时候，往往需要超脱于某一个人或社会阶层、利益集团，成为凌驾于社会之上的权力。第三，行政权力具有全局性，在行使行政权力的过程中，不能局限于特定个人或集团所关注的问题，而应着眼于社会中全局性的事务，或处理那些关系整个社会秩序的基本问题。

（2）执行性。行政权力属于派生性权力，是一种执行性权力，必须执行赋予其权力的公民或国家民意代表机关的意志，使政治意志具体化并付诸实施。行政权力的主体直接依据国家法律法规获得以及行使行政权力，因而必须执行国家权力机关的意志，并且以执行权力机关的意志为目的。行政权力的行使必须在法律的框架内进行，并对政治权力机关负责。当然，行政权力也有决策功能，但这种决策权不同于立法决策权或政治决策权，而是在立法权力的输出功能完成之后发挥作用的，行政决策属于国家立法（政治）权力输出过程中所进行的具有执行意义的决策。根据管理学中的决策理论，行政决策属于关于手段的决策，而不是关于目的的决策。

（3）有限性。在现代社会，虽然行政权力广泛地渗入社会生活的各个领域，“行政国家”的存在也是不争的事实，但这并不意味着行政权力没有边界。实际上，行政权力的范围是受到严格限制的，在社会事务管理上，行政权力被严格限定在公共领域。凡公民个人或私人组织无法承担的事情，政府才有资格去承担，行政权力存在的价值在于只做个人以及私人组织无法做到的事情。政府的基本任务是尊重和保护个人的生命、财产、自由不受侵犯，保障社会成员自我发展。行政权力不仅作用范围有限，而且实施行政权力的方式和手段也是有限的，需要按照一定的程序进行控制，需要限制掌权者恣意、专断地行使权力，需要排除权力行使过程中的偏见和不必要的社会影响，需要促使参与各方互相配合、相互制约，保证权力行使者在责任的约束下进行活动。

（4）系统性。行政权力既是一个完整统一的体系，也具有唯一性。行政权力的系统性是与行政组织的系统性密切联系在一起的，一个国家的行政系统应当是完整的，是从中央到地方以及分布到每一个角落的完整体系，对于政府应当承担起来的公共事务管理也必须是周延的。同样，在一个国家内，拥有和行使行政权力的组织系统只能是一个。由于行政权力作用方向和方式的特殊性，权力的集中和统一就成为行政权力的固有特点。相应的，行政权力的运行必然具有单向性，即行政权力在上下级之间、主客体之间，具有“不可逆”性。上下级之间是命令与服从的关系，主客体之间是支配与被支配的关系，不存在讨价还价的余地。

（5）动态性。行政权力的动态性可以从宏观和微观两个方面进行考察。从宏观层面看，随着国家历史形态、治理理念、行政环境等因素的变化，行政权力与其他公共权力的关系以及行政权力的范围、大小、强弱等都在发生着或剧烈或迟缓的变化。从微观层面看，行政权力会表现出一种自然增长甚至恶性膨胀的趋势，会不断地在其运行中得到强化，只有每隔一段时间通过机构改革和体制调整等方式对行政权力进行矫正，以求将其保持在一定的限度内。行政权力的运行是沿着自上而下的放射结构展开的，且每经过一个层级，其放射都要扩大一定的范围；在各层级的权力行使者希望扩大权力的本能冲动下，行政权力就具有一种无限延伸的能力。随着社会的发展，社会中需要加以管理的内容和对象都呈现出不断增长的势头，行政权力也就随之扩大，这样，又自然会带来行政权力结构的变化，形成连锁反应。

2.3.3 行政权力的结构

1. 行政权力的纵向结构

行政权力的纵向结构在行政学上也称为行政授权体系，是根据行政组织的结构特征而对行政权力进行自上而下分配的方式。如果把行政权力放置在与政治权力的关系中，往往是把行政权力看作政治权力的授权结果。在行政体系自身之中，行政权力则是一个依据一定的程序，通过自上而下的途径层层授权的体系。由于行政授权，行政权力才是以一定的结构形式而存在的权力体系。

行政权力的纵向结构或者说行政授权是行政权力的纵向分配方式，是与行政组织的纵向分工联系在一起的。行政权力的这种结构形式服务于行政体系上下一致、各尽所能、按照既定政策实现行政目标和完成行政任务的目的。行政管理以及由行政体系担负的公共管理是一个社会中最为复杂和最为繁重的事务，处理这些事务需要一个庞大的组织体系来承担，特别是在现代社会，行政组织越来越朝着巨型化的方向发展。对于这样的行政组织或行政体系，上级与下级之间、领导与部属之间，都存在分工与协作的问题。而这种上级与下级、领导与部属之间的分工与协作，恰恰是通过行政授权的方式实现的。

对于管理活动来说，分工与协作是以上级对下级、领导对部属指派任务为起点的，当上级对下级、领导对部属指派任务时，也必然相应地给予他们完成任务的权力。否则，他们的工作就无法展开。这种因任务而授权的行为，在行政体系的运行中，已经成为一种程序化的活动了。行政管理和公共事务的管理都已经被分成不同的类型，行政组织也根据这种分类而分成不同的机构和部门，每一机构和部门都是专门负责处理某一类型的行政管理或公共事务管理的，即使在同一机构和部门内部，不同的行政人员也有着明确的分工。这样一来，行政授权就不再表现为一种活动，而是表现为一种程序和方式，是制度化的授权方式。通过这种行政授权，上级与下级、领导与部属的分工就成了上级机构或领导者专门从事指挥和监督的活动，下级机构或部属则具体地从事某一方面的工作，并定期向上级机构或领导者进行工作汇报，接受上级机构或领导者的监督。

2. 行政权力的横向结构

行政权力的横向结构是行政权力在同级行政机构、部门和行政人员之间的制度化分配方式，是行政权力合理配置的一个重要方面。如果说行政权力的纵向结构属于行政授权的问题，那么行政权力的横向结构则是行政权力在机构之间、部门之间以及行政人员之间进行分配的问题。在现实的行政管理过程中，行政体系的各个机构之间、部门之间以及行政人员之间，都存在着追求自身权力更大化的要求，它们都会争取得到有关方面的支持以获得更多、更大的权力。这样一来，就存在一个如何在各个机构、部门和行政人员之间进行权力配置的问题，以及如何保证权力行使的范围能够边界明确、衔接无隙，使它们之间既不交叉重叠，又不存在空隙。所以，需要重视权力的横向结构的研究，以实现权力横向配置的科学化、合理化。

行政权力的运行过程在很大程度上就是行政主体分配和行使权力的过程。对于现代公共行政而言，权力根据职能和调整对象的不同而被分成不同的类别，同一行政机构中的权力被分配给不同的职能部门，即便同一部门中的权力也需要进行再分配，最终落实到由具体的个人来加以执掌和行使。行政权力的分类就是行政权力横向结构生成的依据和基础。

认识行政权力横向结构的目的是要进一步提高行政权力的协调性，并找到进一步整合行政权力的途径，以便行政权力能以一个整体的形式发挥作用，从而防止行政权力功能上的交叉重叠、矛盾冲突和作用边界不衔接等问题。从动态的角度看，行政权力的纵向结构是相对稳定的，它是与行政体制联系在一起的，行政权力的横向结构则是处在不断调整和变化之中的。一般说来，当行政体系出现不适应管理实际的要求时，总是首先调整行政权力的横向结构，以此方法来达到行政权力横向配置的合理化。各国政府频频进行的内阁重组和机构改革大多属于这个方面的调整。行政权力的内部制约机制也主要存在于行政权力的横向结构之中。在权力制约的意义上，来自行政体系内部的制约机制主要是建立在行政机构、部门和人员之间的，反映为同一个层级上的权力之间的约束和平衡机制。

2.3.4　行政权力的存在形态

行政权力是一个复杂的体系，其结构也非常复杂，关于行政权力的纵向结构和横向结构的划分，只是从形式的方面对行政权力做出的描述。深入一步就会发现，行政权力是由两种性质和功能上都不尽相同的权力构成的整体，它们分别是抽象行政权力和具体行政权力。也就是说，行政权力在整体上所具有的是一个极其简单的二元结构，抽象行政权力是一种存在形态，而具体行政权力则是另一种存在形态。行政权力的总体性质来源于抽象行政权力与具体行政权力的统一和协调，如果行政权力体系出现不和谐的问题，那必然是由抽象行政权力与具体行政权力之间的不协调造成的。行政权力作为一个相对独立的权力体系，是抽象行政权力与具体行政权力的对立统一体，抽象行政权力与具体行政权力的对立统一关系，也就是行政权力结构的实质性内容。

1. 抽象行政权力

抽象行政权力是指行政体系中的那些法律制度化的权力，是一种规范的、有着充分的法律制度保证的权力。可以说，抽象行政权力是一种理念性权力，是行政组织根据自己的存在理念而确立起来的权力。在一定的政治体系中，政治制度的本质决定着抽象行政权力的性质。一般情况下，它是通过法律制度或类似于法律制度的规章制度等形式而对它的性质、存在形式和运行机制做出明确确认的权力。由于它是法律制度或规章制度所确认的权力，所以会作为一种强大的力量反过来为权力主体的存在和发展提供基本保障。在现实中，它是一种稳定地以制度化的方式发挥作用的权力。本来，在行政主体个人这里，一旦掌握和行使权力，就会助长人的非理性方面的张扬，而抽象权力的存在则能够在抑制掌握和行使权力的个人的非理性方面发挥无可替代的作用。

抽象行政权力的主体主要是以整体形式出现的行政组织，因而具有较多的政治性和公共性。首先，抽象行政权力直接来源于政治权力，是国家权力在公共行政领域的体现。其次，抽象行政权力又是一种服务于公共利益的权力。抽象行政权力通过法律固定下来，是合法化、合理化、普遍化甚至神圣化的权力，这种权力提供的是基本的社会利益格局和权力主体与权力客体之间基本的权力关系框架，也是基本的组织规范力量。

在抽象行政权力中，包含着一个国家的政治理想等方面的内容，所以，抽象行政权力是一种应然的权力。在组织结构的确立和权力体制的设计中，人们首先要做的就是努力对这种权力加以规范，从而使抽象行政权力表现为一种规范化和制度化的权力。抽象行政权力是以制度形式存在的控制力量，以程序化的方式发挥着作用。抽象行政权力的作用方向是一个行政组织发挥作用的总方向，也是一个行政组织中自上而下的功能实现的总方向。但是，在现代社会，权力的支配作用不应是单向的，不应完全自上而下地发挥作用，因为公众可以对权力的行使实施监督。所谓在权力的运行中应当广泛吸纳公众的参与，也就意味着公众能够支配权力的执掌者。这一点已经成为现代社会制度文明的标志，也是所有政治文明国家所极力倡导和实施的。在这个总的框架下，下级对上级、下属对领导者有权力监督意义上的逆向权力支配关系。但是，无论是自上而下的作用方向还是自下而上的作用方向，都是制度化的设置，会以成文的法律或规定出现，都属于抽象权力的范畴。

在抽象行政权力的实际运行中，有许多因素制约着权力发挥作用的方向。其中，最为根本的还是权力体制和权力主体两个方面。抽象行政权力一般表现为权力主体集团对权力客体集团的权力。也就是说，抽象行政权力实质上是一个社会中或一个组织中的制度化的权力，是由法律政策所规定的和由组织结构所确立的权力。权力体制的健全是要实现权力运行指向预期目标的客观性，即保证权力的运行及其功能的发挥具有可控性。为了实现这一点，一般都采取完善法制的途径，即加强立法、完善制度，建立有效的权力制约机制，以保证权力沿着预定的轨道运行。

综上所述，从现实的权力体系来看，抽象行政权力具有这样几个方面的特征：第一，就权力主体而言，抽象行政权力的主体是行政权力体系中的组织及其部门，属于组织及其机构所拥有的权力，权力主体也只有通过法律、政策、规章、制度等手段才能获取和拥有这种权力。第二，就权力的存在形式而言，抽象行政权力往往公开表明自己的性质，并通过法律制度等所有可以运用的手段来突出强调自己的性质和维护这种性质不受侵蚀。第三，就权力的作用范围而言，抽象行政权力的作用范围是与整个权力体系的作用范围相一致的，整个权力体系在应然的意义上深入到什么地方，抽象行政权力也就在这些地方发挥作用。由于抽象行政权力是以法律、政策、规章、制度的方式来发挥作用的，所以，它的作用方式是规范的，作用力是稳定的和抽象的，作用途径是固定的。第四，就作用效果而言，由于抽象行政权力是一种理念性的权力，是以一定的思想体系为自己的理论基础的，是在对一个社会中的文化做出现实考量的前提下建立起来的，特别是它作为一个理性的存在物，能够根据自己的作用对象和环境的需要及时调整与改变自己的能力。所以，它一经建立起来，就具有充分的合理性和合法性，能够得到整个社会的广泛认同。

2. 具体行政权力

具体行政权力是指行政体系中的那些存在于一定的法律制度框架下的由个人或个性化的机构或部门所执掌的并用来处理一切具体事务的权力。具体行政权力在发挥作用的时候，可能会有两种结果：一是，它可以与抽象行政权力的功能和目标相一致，用来为权力所属的行政组织或社会服务，为公共利益服务；二是它也可以成为权力执掌者表现自己的意志或谋取私利的工具。比如，人们常说的所谓政府的自利性，就表现在具体行政权力的行使过程中，而按照抽象行政权力的要求，政府是不会存在所谓自利性的问题的。

当行政体系所拥有的是一个集权体制的时候，这个体系中的几乎所有权力在总体上可能都更具有具体行政权力的色彩，具有很大的随意性。在法律制度比较健全的社会中，行政权力的规范化程度较高，可以得到有效制约，因而其抽象权力的特征较为突出一些。也就是说，抽象行政权力与具体行政权力之间的关系会因行政体制的不同而有所不同。虽然任何一个行政体系中都包含着抽象行政权力和具体行政权力，但这两种权力会因不同的行政体制而不同。一般说来，迄今为止，没有一个政府能够达到抽象行政权力与具体行政权力相平衡的状态，甚至认真探讨过如何处理抽象行政权力与具体行政权力之间的平衡关系问题。在法治政府，抽象行政权力处于相对强势的地位，因而权力运行较为规范，但行政体系的运行往往显得灵活性不足，特别是在突发事件面前，显得被动和回应能力不足；在权治色彩较浓的政府中，具体权力处于较为强势的地位，行政体系显得具有较大的灵活性，能够因势而变，却总会时时受到权力运行不规范的困扰，而且滥用权力、腐败等问题显得尤其突出。

抽象行政权力与具体行政权力之间存在一种相互转化的关系。在抽象行政权力和具体行政权力之间，存在不断从抽象行政权力向具体行政权力转化的过程。反过来，具体行政权力也会向抽象行政权力转化。当具体行政权力的实际支配力量得到普遍认同，为制度所接纳并获得理论论证时，就实现了具体行政权力向抽象行政权力的转化。在行政组织的运行中，抽象行政权力一般需要转化为具体行政权力后才能够在行政管理过程中发挥作用。在一定程度上，抽象行政权力具有静态的特征，而具体行政权力的动态特征则比较突出。因此，也可以把具体行政权力看作抽象行政权力功能实现的途径。但是，在抽象行政权力向具体行政权力转化的过程中，会存在权力性质发生改变的可能性。如果在从抽象行政权力向具体行政权力转化的过程中没有出现权力性质的改变，那么具体行政权力与抽象行政权力的目标就是一致的，具体行政权力所发挥的就是正向功能，成为抽象行政权力功能实现的途径；相反，如果在从抽象行政权力向具体行政权力转化的过程中出现了性质的改变，那么具体行政权力所发挥的就是负向功能，表现为抽象行政权力的异化，与抽象行政权力目标和功能的实现都是相背离的。

法律制度对于抽象行政权力的存在和运行有直接的决定意义，对于具体行政权力的存在和运行所发生的影响则是间接的，甚至在许多情况下是无效的。具体行政权力是抽象行政权力的现实化，抽象行政权力是具体行政权力的形式，是具体行政权力发挥作用的理性框架。所以说，抽象行政权力是理性的和规范的，而具体行政权力则在很大程度上取决于权力执掌者，权力执掌者的感性存在对于权力的运行产生很大影响。抽象行政权力是一种应然的权力，是根据某种理念而应有的权力，因而人们在行政组织结构的确立和权力体制的设计中，总是极力要对这种权力加以规范。而且，这种权力与行政组织的职位有一致性，职位的高低也就意味着权力的大小。人们在行政组织结构中所思考的权力，就是这种应然的权力。但是，作为应然的权力只是一种可能的权力，是一种可能发挥作用的权力。具体行政权力则不同，是一种现实地运行着的权力，这种权力直接地与权力的执掌者和调节对象联系在一起。

一般说来，权力越大，它的控制力也就越大。可是，在具体行政权力和抽象行政权力的区分中可以看到，只有具体行政权力才是一种直观的控制力量。当然，抽象行政权力也是一种控制力量，但抽象行政权力作为一种控制力量只是理论上的设定，是以制度的形式存在的控制力量，是以程序化的方式发挥作用的。一旦权力为具体的人所执掌，在处理具体问题上发挥着特殊的作用，也就成为一种具体行政权力了。所以，虽然在行政权力结构确立的过程中要求遵循职权相符的原则，但在行政权力的实际运行中，人们常常可以看到这样一种现象，那就是权力与职位并不总是呈现正相关关系。在某些方面，职位的高低意味着权力的大小；在另一些方面，可能恰恰相反。比如，在处理某一具体事务时，可能一个处长的权力会远远大于部长，一个处长希望要办的一件事，他可以找出无数个理由来说服其上级；如果还是这件事情，部长希望办，而一个处长不愿意办，他也可以找出无数个理由将其拖而不办。我们常说的“县官不如现管”就反映了这一情况。正是由于这个原因，我们常常看到，越是处于高职位上的人在处理具体问题上越表现出一种无奈的状况；相反，一些人职位虽然不高，但在行使权力方面却能够把权力所蕴含的力量发挥得淋漓尽致。在这种情况下，我们很难严格地说谁的权力更大。其实，这种职位与权力不一致的现象，就是根源于抽象行政权力与具体行政权力的不同，是由抽象行政权力与具体行政权力不一致造成的。

与抽象行政权力相比，具体行政权力具有这样几个方面的特征：

第一，就权力主体而言，具体行政权力的主体是行政组织中的管理层或个人。如果说具体行政权力的主体可以是一个机构或部门的话，那么这个机构或部门也必定是个性化或人格化了的，是个体化了的权力主体。政府中的行政人员个人在行使权力的时候，都是通过把抽象权力转化为具体权力而加以行使的，由于他们处于一定的职位上而拥有一定的职权，这个职权在他获得的时候还是以抽象行政权力的形式出现的，但是，在他开始掌握和行使这种权力的时候，就开始将行政权力具体化，转化成具体行政权力了。因而，他在行使行政权力的时候是能够展示自己的能力和道德素养的，也能够按照一些“潜规则”去办事。在许多情况下，权力主体为了提升办事效果，会倾向更多地使用权术和权谋。

第二，就权力的存在形式而言，具体行政权力极力淡化或隐藏自己的根本性质，极力表现出处理具体事务上的因事而行，以解决问题的效果为直接目标。在很多情况下，具体行政权力突出反映出执掌这种权力的个人风格，具有人格化的特征。比如，一个行政职位上的权力在理论上说是稳定的，其前任与后任所执掌的是同样一种权力，应当是无差别的。但是，在现实中，我们几乎时时处处都可以看到，同一个职位上的人不同了，其权力行使方式以及所展现出来的功能是有巨大差异的。前任官员可能会在这个职位上无所事事，而后任官员可能会把这个职位上的权力发挥到极致。所以，具体行政权力是具有很大弹性的权力，会表现出因人而异的情况。

第三，就权力的作用范围而言，具体行政权力的作用范围是整个权力体系作用范围的每一个具体的部分或环节，只有一切具体行政权力作用范围的总和才构成了整个权力体系的作用范围。具体行政权力的作用方式是灵活的，会因掌握这种权力的人而异，具体行政权力的作用力的大小强弱也是这样，一定岗位和职位上的人的能力和素质决定了具体权力的行使方式。特别是在领导岗位上的人，其能力和素质对具体权力的行使有着决定性的影响，所谓领导艺术，指的就是具体权力的行使状况。在一个行政体系中，在既定的体制、制度、组织结构以及物质因素不变的情况下，其职能发挥到何种程度，主要取决于具体行政权力的行使，行政人员的创造性也主要体现在具体权力的行使上。如果说抽象行政权力发挥作用取决于制度的话，那么具体行政权力的行使则是由执掌者和行使者的能力与素质决定的。

第四，就权力的作用效果而言，由于具体行政权力是由个性化的人或组织机构、部门来行使的权力，受到权力主体思想文化素质和道德素养的影响，因此权力主体的好恶、积极还是消极的人生态度、认真负责还是粗枝大叶的处世精神，都决定着这种权力发挥作用的效果。特别是当权力主体滥用权力甚至以权谋私时，他手中所掌握的具体权力就完全异化了，就与整个权力体系发生了矛盾，在实质上，也与抽象行政权力之间发生了矛盾。从一些后发展国家的情况来看，往往是由于具体行政权力在行使的过程中出现了问题，才导致了政府的合法性危机，甚至使整个社会陷入失序的状态，也把整个政治体系拖入合法性危机的地步。在行政组织运行的现实中，人们所关注的腐败问题、以权谋私行为等，在抽象权力的层面上是找不到问题所在的，没有任何一种权力制度在设计的时候会为腐败和以权谋私行为留下空间。这些问题，是发生在具体行政权力行使过程中的。具体行政权力的执掌者和行使者的道德状况决定了权力发挥正向功能还是负向功能，是否与抽象行政权力的性质和目标相一致。

在学术研究中，学者们往往乐意于谈论权力制约的问题，更多地重复表述西方三权分立和相互制衡的原则。其实，三权分立理论所提供的权力制衡方案只在抽象权力的制约方面有效，而对于具体权力而言，无论是行政权力还是其他国家机构的权力，都无法在三权分立理论中找到合适的制约方案。就行政体系而言，在其运行中绝大多数问题的出现都是由于具体行政权力的执掌和行使缺乏切实可行的方案带来的。在这方面，因为存在理论探讨的空白，所以在实践上也就无法确立起理性的和科学的权力执掌与运行方式。

3. 行政权力关系

行政权力关系是最重要的行政关系，行政体系运行是由行政权力驱动的。如果把行政体系比作一台机器的话，行政权力则可以比作驱动这台机器运行起来的“能源”。在行政权力的运行中，人们一般将行政组织与行政相对人之间的关系称为外部行政关系，而将行政组织各部门、机构间的关系以及行政组织与其所属公职人员之间的关系称为内部行政关系。

行政权力关系有两层内容：其一是行政体系内部组织与个人、行政领导者与被领导者之间的支配和服从关系；其二是行政机关和人员在行使行政权力的过程中与社会组织及公民之间的支配和服从关系。因而，行政权力关系是一种非对称的“支配-服从”关系，在具体的情境中，组成权力关系的双方在地位上总是不平等的。其中，拥有行政权力的行政机关总是处于支配和控制地位，而另一方则处于被支配和被控制的地位。

行政系统内部的行政权力关系通常由行政组织法、人员编制法、公务员法等法律所规定，具体包括：第一，中央政府和地方政府的权力关系；第二，政府与职能部门之间的权力关系；第三，部门与部门之间的权力关系；第四，行政组织与公务员之间的权力关系。

外部的行政权力关系主要指的是行政机关在行使行政权力时与行政系统以外的社会单元（如企业组织、事业单位、人民团体、公民个人等）之间产生的权力关系。从性质上看，这些关系可以分为管理权力关系和监督权力关系。管理权力关系是指行政机关依法对公民、企业组织、事业单位、人民团体等进行行政管理时所产生的权力关系。行政机关执行的是国家意志，享有对后者的命令、检查、监督、奖惩、强制执行的权力，后者必须遵从。管理权力关系是行政系统外部权力关系的主要方面。监督权力关系是在管理权力关系基础上派生的一种关系。行政机关依法对公民、企业组织、事业单位、人民团体等进行行政管理和行使行政权力的同时，也依法接受后者的监督。后者有权对行政权的滥用、错用进行检举、申诉和控告。各国都根据自己的政治和行政制度进行了相关的制度设定。我国的政治、法律和行政体制也为处理这类问题设置了信访、行政复议和行政诉讼等制度。

在行政系统内部和行政系统与外部环境之间，围绕着行政权力的划分、运行和行使，产生了多维度的行政权力关系。在传统、经验和环境的影响下，许多关系的内容、形式被固定下来，从而成为一种习惯或正式制度。一般情况下，人们将其称作行政体制，其实质指的就是行政权力体制。所以，行政权力体制无非是指行政系统中有关权力关系的习惯和正式制度。从行政权力关系的角度看，行政权力体制就是行政权力关系的系统化的运行机制。首先，它是行政系统内部权力的结构性联系。其次，它是各行政机构、人员在行政权力体系中的地位，以及他们之间互动的方式及规则。最后，它是在行政机构与其人员的互动中产生的，表现为制度化行为规则；反过来，这些规则也制约着行政机构和人员的互动行为。

2.4 行政体系中的人员

2.4.1 行政人员及其社会地位

在当前的行政学文献中，行政人员主要是指近代以来的政府工作人员，随着文官制度的建立，则主要是指公务员。在一般管理学的文献中，也把私人部门中从事组织内部管理工作的人称作行政人员，用以与直接从事经营和生产管理工作的人相区别。在公共管理这一新型社会治理模式出现之后，行政人员的含义发生了新的变化。在理论上，或者说在公共管理的典型形态中，行政人员是指政府以及非政府组织等一切公共组织中从事组织内部事务管理工作的人员。在今天，公共管理作为一种新型的社会治理模式正在生成之中，政府在社会治理中的中心地位尚未根本改变，所以，行政人员主要是指政府中的工作人员。

行政人员的社会地位在不同时代有着巨大差异。在社会分工还不甚复杂的农业社会，政府的行政活动更多地体现出统治行政的特征，行政人员是统治阶级进行阶级统治和维持社会稳定的工具，代表着统治阶级的利益。农业社会的行政人员本身也是统治阶级的附属，其官阶爵位和俸银的授予发放，更多地被认为是来自统治阶级的恩赐，因此，无论其手中掌握的权力有多大，都必须绝对服从给予其身份地位的最高统治者。农业社会的行政人员作为一定的社会阶层，是身份群体与职业群体相统一的一种形态。农业社会的行政人员，严格意义上不属于皇族和贵族所代表的统治阶级一极，也不同于处于受压迫、被奴役的农民所代表的另一极，行政人员处在这种对立的身份之间，他因职业而获得身份，或因身份被授予官职，成为身份群体和职业群体的统一体。在古代中国，改朝换代的频繁发生和身份变更的无常，也会让人们更看重官吏的职业，而与官吏职业相联系的身份，也为社会所羡慕，形成了强烈的官本位意识。

人民主权理论是现代社会的一项最基本的民主原则，强调主权属于人民，既不属于上帝也不属于君主；国家机关的权力来自人民，受人民监督；政府应当为人民工作，对人民负责，否则，人民可以改组政府，罢黜官员。人民主权理论下的行政人员也往往被称作人民的公仆。在理论上或理念上，行政人员手中所掌握的权力来自人民的授权，这种权力的性质是公共权力，权力的行使要符合公共利益的追求，对人民负责。现代社会中的行政人员，遵循的就是人民主权理论的逻辑。行政人员是国家行政权力的实际执行者，代表国家管理公共事务，并承担相应的管理责任，其身份和社会地位的获得有着明确的法律规定：第一，行政人员由国家依照有关法令特别选用，一经选用即成为行政人员；第二，行政人员必须依法开展行政活动，所从事的是公务；第三，行政人员对国家负有忠诚的义务，行政人员的身份一经确定，就与国家发生特别的权利义务关系，就必须以国家利益为其行为的出发点，尽心竭力为国家服务；第四，行政人员在执行公务的过程中代表国家权力，其职权范围以国家权力的管理范围为限，必须接受国家及其代表的指挥，对其职权范围内的工作，不论其数量和质量，均应妥善处置。

现代行政人员所扮演的是一种职业角色，在进入公职系统之前，他是普通公民，只有当他经过正当法律程序进入公共行政部门，才有资格去扮演行政人员的角色，承载某种行政职务关系。在此过程中，他一方面接受了国家的授权，担任了一定的公职，享有国家赋予他的相应职权，履行该职位所规定的法律义务；另一方面，无论他担任多高的行政职务，其作为普通公民的身份并没有因为行政职务关系的形成而丧失，他在履行公职之外，仍享受法律规定的公民的基本权利，需要履行法律规定的基本义务。

行政人员的公民身份与职业角色决定了他的行为具有二重性：一方面，他作为公民有着个人行为上的自由，可以以个人名义从事民事法律活动，其行为所代表的是个人，不具有强制性，其相应的后果由自己承担，受普通法律的管辖；另一方面，行政人员的职业角色又决定了他是公职人员，以国家行政机关的名义从事公务活动，其职业行为必须体现国家意志，所产生的行为后果由所属的国家行政机关承担，即便出现过错行为，也是先由国家行政机关承担对外的责任，尔后适用内部程序对行政人员进行追责。由于行政人员所从事的职业具有特殊性，一般说来，行政体系都会通过相关规定而赋予行政人员行政职权和行政优益权，可以按单方面的意志构成与被管理者的法律关系，在该行政行为被依法撤销前，可以推定为有效，并继续执行。区分行政人员的行政行为和个人行为的主要标准是看行政人员是否以行政主体的名义去做出行为选择。以行政主体的名义所做出的行为选择，代表的是行政主体意志，就是行政行为；以个人名义做出的或凭着个人的情感好恶等做出的行为选择则属于个人行为，不是合乎行政职权的行为，与行政职权的行使无关。

2.4.2 行政人员的职业特殊性

行政人员是公共行政这一领域的从业者，属于专门开展行政管理活动的职业群体。不过，承认行政人员是一个特殊的职业群体是晚近的事，在理论上将行政人员看作一个独特的群体是在文官制度被提出之后。是否把行政人员看作一个特殊的职业群体，决定着是否对行政人员有着特殊的要求和规定，也决定着行政人员是否会有特定的群体自觉。

人的身份制的解体是现代社会不同于传统社会的一个最重要的特征，在现代社会中，职业化的管理者取代了传统的“臣民”或“仆人”。韦伯认为，现代政治的发展产生了两种类型的职业官员：一方面是专业官员，另一方面是政治官员。韦伯这里所指的专业官员就是从事行政管理工作的专业人员，即行政人员。韦伯认为，行政人员作为专业性的、职业化的管理者具有十个方面的特征：（1）个人是自由的，仅仅在事务上服从官职的义务；（2）处于固定的职务等级制度中；（3）拥有固定的职务权限；（4）根据契约受命，即（原则上）建立在自由选择之上；（5）根据专业业务资格任命（不是选举）——在最合理的情况下，通过考试获得的、通过证书确认的专业业务资格；（6）采用固定的货币薪金支付报酬，大多数有权领取退休金；（7）把他们的职务视为唯一的或主要的职业；（8）可看清自己的前程：职务“升迁”根据年资或政绩，或者两者兼而有之，取决于上司的评价；（9）工作中完全同“行政管理物资分开”，个人不得把职位占为己有；（10）接受严格的、统一的职务纪律和监督①。

在韦伯的思想里，行政人员应该拥有充分的技术理性，严格按照形式合理性的要求去执行管理任务。行政人员是根据法律和规则承担自己在官僚体制中的职责，而不是以最高统治者的指示和命令行事，这是防止统治者滥用权力的法宝。行政人员执法中的非人格性和中立价值更能保持行政管理秩序的稳定。在某种意义上，正是有了行政人员这一职业化的管理者，才保证了行政管理活动的科学性，有效地推动了人类治理活动的进步。但是，作为职业化的管理者，行政人员和其他管理者有着很大的不同，他所从事的活动是与公共权力紧密联系在一起的，公共权力的使用需要贯彻秉公执法、“一视同仁”的原则。这在政府垄断社会治理的条件下，是对行政人员所做出的最为理想的规定。然而，对于公共管理而言，社会治理活动在复杂性与不确定性条件下展开，就很难使用既

① 韦伯．经济与社会：上．北京：商务印书馆，1997：246.

定的规则和程序来开展社会治理。此时，行政管理职业活动的特殊性就被凸显了出来。

行政人员的职业特殊性首先在于这种职业的公共性。行政人员掌握着公共权力，并在公共管理的职业活动中行使这一权力。这种公共权力来自社会又凌驾于社会之上，并且对几乎整个社会生活有着支配的能力。公共权力是与行政人员的职业联系在一起的，正是公共权力赋予了行政人员的职业特殊性，使行政人员与其他职业的从业者不同。行政人员与公共权力之间的特殊联系又决定了行政人员有可能获得窃取、占有和不当使用这种权力为自己谋取利益的机会。也就是说，公共权力是一种公共力量，而且这种公共力量是在其他任何一类职业活动中都不存在的，其他任何一类职业的从业者也都不可能像行政人员这样依据公共力量去开展活动。正是这一点，凸显了行政人员职业的特殊性。行政人员作为掌握着公共权力的职业群体是每日每时都受到整个社会关注的群体，在一切既有的公共行政体系中，行政人员的行政行为都有着明确的规范和行为准则。但由于行政管理是一种不受市场调节的职业，没有竞争的压力，所以，行政人员不可能像其他职业的从业者那样自然而然地生成职业意识。为了维护公共行政的公共性不受破坏，为了保证行政行为的健康，为了促进行政人员的职业道德意识的生成，需要强调公共行政领域的特殊性，需要把行政人员作为社会整体中一个相对独立的、特殊的职业群体突出出来。

行政人员的职业特殊性还在于这种职业是服务于公众、服务于全社会的，是服务性的行业。在公共行政体系中，公共权力与行政人员之间的职业性联系赋予了行政人员与其他职业人员之间的差别。按照社会契约论的观点，政府的合法性来源于民众的委托，政府应该履行这种契约，保护全体民众的公共利益，否则，民众有权收回委托，选举新的政府。因此，政府应该为民众服务，而且要提供尽可能好的服务。行政人员作为民众和社会的服务者，应该正确对待手中的权力，不得为自己谋取私利。也就是说，应把获取和掌握公共权力作为更好地满足民众需要、更好地服务于社会的手段。

行政人员的职业特殊性也在于这一职业的政治性和权威性。政府是国家的行政机关，在行政机关中担任公职和行使公共权力的行政人员，其专门业务就是“行政”，而公共行政活动在本质上反映和体现着国家意志的要求以及价值追求。所以，处理行政事务的行政行为也必然具有政治性的内容和特征。同时，公共行政是以国家的名义进行的，代表国家并以国家强制力为后盾，一切管理对象都对行政机关及其工作人员的管理行为有服从的义务。这又使行政行为具有了权威性的特征。但是，公共行政活动本身也必须依法进行，做到“有法可依、有法必依、执法必严、违法必究”。

行政人员的职业特殊性还反映在对这一职业有着特殊的从业要求上。对行政人员特殊的从业要求体现在两个方面：一是法律要求，二是道德要求。法律是他律，道德是自律；法律主外，道德主内。两者既有区别，又有联系，行政人员应主动将这两个方面的要求统一起来。对行政人员的法律要求体现在让行政人员按照宪法和法律的规定去开展社会治理活动，正确地执行宪法和法律，同时保证执法过程本身的合法性。对行政人员的法律要求既是政府合法性的必然追求，也是行政人员从业的法律尺度。行政人员必须成为法律的执行者，这是其从业的首要条件，他必须站在政府的立场上，用法律的手段、方法和法律的精神去确保法律本身的权威性、严肃性。但是，仅仅依靠法律不能解决所有的问题，且法律本身的严肃性和稳定性也使得法律存在严重的滞后性，在当前社会充满复杂性和不确定性的条件下，又对行政人员提出了道德要求，即行政人员的职业活动必须满足行政道德标准。在行政人员的道德要求中，无私是首要的标准，只有做到无私，才能公正廉洁地行使公共权力，才能适应公共行政的职业需要。同时，行政人员还要不断地提高道德水平，超越法律、规章和制度的约束，成为自主的人，从而把公共行政的理念和原则内化为他的道德规范，弥补外在规范的不足，确保公共价值的实现。

2.4.3 行政人员的职业责任

在现代汉语中，责任包括两个方面的基本含义：一是分内应做之事，二是没有做好分内应做之事而产生的过失（不利后果）。前者是积极的解释，后者是消极的结果。和责任密切相关的概念是义务，责任和义务既相区别又有联系。一般认为，义务偏重于强调外在性的客观要求，责任更偏重于强调把这种外在性的客观要求内化为主体的主观道德自觉意识。义务是责任的外在形式，责任是自觉意识到的义务。义务强调“应该”，而责任更强调“必须”。职业责任是行业和从事一定职业的人们对社会及他人所必须承担的职责和义务，包括职业团体的责任和从业者的责任两个方面。行政人员的职业责任是行政人员在公共行政活动中对社会及他人所必须承担的职责和义务。行政人员的职业责任是发挥行政人员的岗位职能、完成行政任务和实现行政目标的责任，也是行政人员遵守行政规则程序、承担职权范围内社会后果应负的责任，同时，还是实现和保持行政系统的不同岗位之间的有序协调的责任。

行政人员所承担的职业责任包含三个方面的内容：一是由法律以及具有法律性质的规章条例或组织的规则、政策、职业准则等所规定的责任，这种责任在性质上应当属于法律责任。二是在岗位、职位结构上形成的责任，或者说是由于组织的纵向和横向结构赋予行政人员的责任，这种意义上的责任可以看作狭义的行政责任。三是行政人员对法律责任和行政责任的认识，是内化到行政人员的自觉行动中的责任，也受到行政人员道德意识的影响，这种责任可以看作道德责任。一般来说，从公共行政学角度讨论的行政责任是狭义的行政责任。

在具体的行政管理活动中，行政责任体现为一种职务责任，即对工作负责。行政管理是运用权力进行有效组织的过程，在这个过程中，与权力运用相适应的就是职位、职务和职责的统一，权力与责任相互制约，有权无责和有责无权都不可能有效地履行职务，只有当权力与责任统一时，职务的履行即行政管理才有效果。所以，责任作为对行政管理者行使权力的一种制约措施，本身就是一种管理方法或手段，也是贯穿和体现在其职务行为中的。如果行使行政权力的行政主体没有相应的责任或权责不相对等，那么行政主体就可能滥用权力，导致管理失效。从行政管理过程看，明确行政责任是进行有效行政管理的重要前提和保障。所以，它是行政管理过程中的一种制度和措施。

行政人员的职务责任具体表现为：第一，勇于担当责任，而不推脱乃至逃避责任。对于自身职责范围内的事务，决不推诿，决不拖拉。第二，认真负责地履行公务，一丝不苟地做好分内的工作，对于自己所做的工作决不马虎了事、敷衍塞责、得过且过。第三，勤奋工作，尽心尽力多做工作，多办实事好事，多出政绩或业绩。第四，不安于现状，不墨守成规，不甘于平庸，积极探索工作的规律，开拓创新。第五，脚踏实地，真抓实干，要有务实的工作作风，追求工作的实绩实效。

行政人员在行政组织中有着不同性质的职位，即领导职务和非领导职务。基于此，行政人员的行政责任可以分为行政首长责任和行政岗位责任。行政首长责任是一种领导责任，在我国表现为行政首长负责制。我国《宪法》第86条和第105条对行政首长负责制作了专门的规定。行政首长负责制就是对行政领导者职务、责任和权力进行充分认定以便进行有效管理的一种制度，包括规定行政首长的职责、职权行使的依据与方法等内容。它既是一种行政领导体制，又是一种行政责任制。所有的行政责任制度都需要行政首长去领导、组织实施。因此，首长负责制是行政责任制的灵魂。从责任形式上看，行政首长既要承担政府的责任，又要承担职务与职权所带来的责任和义务。从性质上看，行政首长既要承担法律责任，又要承担一般行政责任。从行政责任制的其他形式看，行政首长负责制是其他形式的行政责任制得以存在的前提。

行政岗位责任是规定政府机关中所有工作岗位的职、权、责、利关系的行政管理制度，它的核心内容是要求在日常工作中确立起科学而合理的职、权、责、利关系，保证这些关系在行政管理实践中得到贯彻落实。行政岗位责任是行政工作责任的重要内容和主要形式，它与行政组织责任相关，是一个问题的两个方面。行政组织责任是对政府机构而言的，它调整各级人民政府及其内部机构的职、责、权、利关系，其核心是解决各级政府机关上下左右之间的工作关系，因此，它也被称作“行政机关责任”。行政岗位责任则是调整政府机关所有工作岗位的职、责、权、利关系，它揭示的是政府机关中各个职位自身的特殊要求，并意图整合各职位相互之间的工作关系。

在行政组织的权力责任链条中，只要行政人员不处于最高层或最低层，他都有自己的上级和下级。行政人员直接对组织的上级负责，贯彻上级的指示，服从上级的指挥，也要为他们下属的行为负责。下级服从上级，这是官僚制的本质要求。另外，上级也必须指示自己的下级行事，给他们提供完成工作所需要的资金和各种各样的必要条件，为了职责分配和执行监督而适当地授权给下级。反过来，他们也为自己的下级如何使用所需要的资金和如何实施所授予的权力而负责。行政人员给下级授权必须遵循“授权留责”原则，亦即行政人员不能因为将特定的权力授予下级而推卸自己的责任。

同时，行政人员的行政责任又受到法律责任的规定。根据“有权必有责、用权受监督”的要求，行政人员作为依法行使国家行政权力的人员，必须依法履行其行政职责，并为其违法失职行为承担必要的法律责任。任何人一旦选择了公共行政作为其职业，成为行政人员，就必须对法律负责。公共行政活动是对法律的执行活动，没有行政人员对法律的负责，公共行政对法律的执行也就无从谈起。对法律负责也就意味着行政人员的行为都要在法律的规范范围之内进行，这是由行政人员职业角色决定的一种责任形式。当然，基本的法律责任包括拥护宪法的义务，特别是通过遵守法律和行政法规体现出来。所以，对法律负责，在本质上就是要为公共利益服务而不是为行政人员自身的利益服务，因为法律是公共意志的体现。此外，行政人员的职业责任还来自组织的规则和政策、职业准则等这些正式法律之外的规则。

2.4.4 行政人员的道德责任

道德责任是指从业人员在履行职责的过程中由于违反职业道德而受到的同行的批评、社会舆论的谴责或自我良心的谴责。这是从业人员承担职业责任的一种最基本的方式。进一步说，行政人员的道德责任是指行政人员在行使公共权力、管理公共事务的过程中负有的道德义务以及违反道德义务所应承担的否定性后果。它包括两个层次的含义：一是社会对行政人员履行行政义务时所提出的道德要求的总和；二是行政人员在行政活动中，自觉意识到社会对自己提出的各种道德要求的正当性、合理性，并视其为自己的内在道德需要，表现为对社会、对行政活动应尽的义务和责任。

责任都具有道德内涵，但并不是所有的责任都能被称为道德责任，只有那些具有"应当"之内涵的责任才是道德责任。道德责任应该具备两个条件：一是可以进行善恶评价，这是道德责任的现实基础，也是道德责任的实际内容。任何道德责任的履行都会涉及利益关系的处理，因而都会被予以善恶评判。行政人员的道德责任以回应社会需要、维护公共利益为善恶评价标准。二是履行这些责任时行为主体具有意志自由。道德责任是行政人员自觉自愿承担的义务。行政责任和法律责任都是外在于行政人员和通过他律机制来发挥作用的，而道德责任则通过行政人员的信仰、意识和信念的强化将外在要求转化为高度的职业道德责任感和自律意识。道德自律所特有的这种转换功能，表明了道德责任在本质上是一种自律性的责任。从这种意义上讲，道德责任是一种积极的责任。

行政人员的道德责任广泛地存在于行政人员以及全体社会成员的意识之中，依靠社会舆论、传统习惯和内在信念来评价。也就是说，道德责任贯穿于行政责任和法律责任之中，并构成了行政责任和法律责任的基础。而且，行政人员的道德责任并不完全限定于行政管理活动这一特殊领域，而是渗透和贯穿于行政人员社会生活的方方面面。比如，西方国家的官员因政治丑闻、经济丑闻、生活丑闻和任职前的不道德行为而引咎辞职就说明了这一点。不仅如此，行政人员所有的法律责任或行政责任都会引起道德责任，但道德责任并不必然引起法律责任或行政责任。

行政人员的道德责任是抽象性与具体性的责任的统一，站在不同的角度可以做出不同的概括。一般说来，行政人员的道德责任至少体现在以下几个范畴之中：

(1) 公正。公正既是对行政人员的行为要求，也是对行政组织、行政体系及其制度的要求。作为一项道德责任，公正的要求意味着行政人员必须办事公道，不徇私情，平等对待不同身份、民族、性别和不同宗教信仰的行政相对人。目前，公正的要求和约束还主要表现在法律责任的规定上。当然，在一切社会规则体系中，法律公正的要求都代表了公正的典型形态，但这并不意味着法律的公正要求是公正的唯一形式。众所周知，法律的公正有时是无法面对一些新生事物和一些社会特例的。另外，法律所追求的也主要是形式公正，在实质公正方面，恰恰是法律规定所无法达到的。所以，法律公正还不是完整意义上的公正。在行政管理活动中，还需要行政人员的道德公正对法律公正做出补充，行政人员的道德公正与法律公正一道，才可以构成完整意义上的公正。这不仅要求行政人员意识到自己的责任之所在，成为遵纪守法的模范，还要在法与情、法律公正与道德公正相冲突时，能够正确地分析产生冲突的根源，做出正确的行为选择，特别是通过自己的创新活动来协调这种冲突。

（2）仁爱。仁爱指的是与他人相与为友的德性，是一种超越亲情的普遍的爱。在爱的同时，要求理性地节制自我，以宽容的形式对待他人。仁爱表现出对行政体系及其行政人员的平等和合作的要求。行政人员道德责任的“仁爱”根源于行政人员自爱的德性，但又不仅仅是一种德性，而是他的职业本性所决定的职业责任。在公共行政中，仁爱意识来源于行政人员的自觉，是他在将外部行政责任内化为个人的职业责任感以后所表现出的认识自觉和行为自觉。同时，仁爱又是行政人员必须承担的责任，行政人员对自身道德责任的自觉，反映了行政管理职业活动的必然要求。也就是说，对于行政人员来说，做到仁爱是他的责任，他必须认识到这一点。如果他未意识到仁爱，在实践中逃避了仁爱的责任，他就有可能在行政管理活动中重物轻人、重效率轻公正，从而背离了公共行政的公共精神。

（3）求实。求实的基本内涵是尊重科学、追求真理、尊重实际。作为行政人员的道德责任，求实要求行政人员尊重事实，做到一切从实际出发，大胆地坚持真理，无畏地修正错误。求实还要求行政人员以科学的态度对待生活和工作，说老实话，办老实事，做老实人。在实际的行政管理过程中，经常会存在某些欺上瞒下的不良行为，从而要求必须把求实当作行政人员的责任来对待。特别是在民主行政、行政信息公开、公众参与机制建立和健全的情况下，求实越来越成为公众对行政人员的职业要求。求实不仅是行政人员的行为作风和态度，而且是行为标准，是对行政人员从业的职业要求。遵照求实理念的要求，行政人员要实事求是地对待管理中的一切问题，创造性地去解决所有社会治理问题，脚踏实地，真抓实干，远离和反对一切虚假浮夸行为；要从实际出发，尊重事物的客观规律，坚持真理和捍卫真理，在权力与真理相矛盾和相冲突的时候，站在真理的一边，站在客观事实和实际需要的一边，而不是顺从权力违背良心。

（4）宽容。所谓宽容，就是对他人的宽厚容忍。宽容首先是处理人际关系的一种和平友善的态度，反映了主体对客体人格的充分尊重的心态，这种态度或心态又必须体现在他的行为之中。当代社会是一个异质性的和多元化的社会，人与人、群体与群体之间的差异会越来越突出。在行政体系内部，各个群体、组织机构之间是互动的，这些互动也有着形态、速度、特质和结果上的差异。在这种情况下，公共行政活动肯定是建立在人与人、群体与群体之间的差异的基础上的，特别是在现代公共行政普遍追求多样性、追求放松规制的条件下，必然会要求行政体系宽容对待相关的人和事，行政人员也必然会感受到这种来自社会的宽容压力。这就要求行政人员必须宽容地对待行政管理过程中涉及的人与人、群体与群体的差异，并进一步把这些差异转化为合作体系中积极的互补因素。因此，行政人员必须以宽容为自己的职业素养。

（5）节制。节制是指人的自我节制，是一种通过人的道德理性而使人的生活、活动和各种各样的行为道德化的德性。行政人员也会有着“经济人”的一面，面对着各种利益诱惑，同时，作为公共行政管理者，由于执掌公共权力而承受着权力的诱惑。所以，对行政人员而言，在权力和利益面前，必须做到节制，才能在公共利益的实现方面有所作为。在公共行政中，节制是行政人员的责任，它首先要求行政人员遵纪守法，这是行政组织和行政人员开展行政活动的起点。节制还表现为对物欲和权欲等的节制，是对自我的欲望进行审查和清理之后使那些合理的欲望得到满足的同时限制和约束不合理欲望的方式与途径。作为道德责任的节制赋予了行政人员两个方面的支配能力：一是使行政人员获得支配他人的理性化的能力，实现与他人的有效合作；二是使行政人员能够理性地支配自我。实际上，行政人员也只有理性地对待自我、合理地支配自我，才能理性地待人处事，才会在工作中有更好的积极效果。这种节制是经由慎思而实现的自我控制，是对一切"过"与"不及"的调整和矫正。

关键术语

行政体系　主观结构　客观结构　价值结构　行政组织　官僚制组织　行政权力　抽象行政权力　具体行政权力　行政权力关系　行政权力的纵向结构　行政权力的横向结构　行政人员　职业责任　道德责任

复习思考题

1. 简述公共行政体系的构成。
2. 简述行政组织的类型、特征和构成要素。
3. 试述行政组织结构变革的新趋势。
4. 试述官僚制组织的特点。
5. 试述行政组织的纵向结构及其功能。
6. 试述行政组织的横向结构及其功能。
7. 试述行政权力的结构。
8. 简述抽象行政权力与具体行政权力的关系。
9. 试述行政人员在公共行政体系中的地位和作用。
10. 论述行政人员的职业特殊性。

第3章

公务员制度及其发展

行政人员是行政组织中具有能动性的主体，他们作为一个独特的职业群体而行使着公共权力和履行法定的职责。因而，对他们有着严格的从业要求，其职业能力、政治立场、文化信念、道德素养等，都直接或间接地影响着行政管理活动的质量。在公共行政组织人力资源管理的科学化和法制化探索中，形成了公务员制度，为行政管理活动提供了有力的人的因素的保障。公务员的职业特殊性必然反映在对公务员职业责任的特殊要求上。为了规范公务员的行为，不仅要通过外部制度建设，也需要通过公共行政中的伦理机制去发挥自律作用。公务员制度作为人类社会治理文明的有益成果，反映了现代政府管理科学化、民主化和法治化的必然趋势，解决了行政管理主体建构的根本性问题。公务员制度的建设与发展，对于保持国家政治秩序的长治久安、促进行政人员的选拔任用、提高政府的行政管理和服务水平，都有着重要意义。

本章重点问题

- 公务员制度的基本内容
- 公务员制度发展的科学路径
- 公务员制度发展的政治路径
- 公务员制度发展的伦理路径
- 行政伦理与行政道德

3.1 公务员制度

3.1.1 行政组织中的人力资源

“人力资源”的概念最早是在1954年由彼得·德鲁克在《管理的实践》中提出并加以明确界定的。人力资源是与物质资源相对应的概念，具体指储存在人体内的、能按一定要求完成工作的体能和智能资源。这些体能和智能由人的感知、气质、性格、兴趣、动机、态度、能力等素质和知识、技能综合而成，它们通过先天遗传和环境教育过程而形成，也包括由人构成团体乃至整个组织时所产生的整体特性和效力。它们构成了完成特定工作或活动所需要的基础，决定了完成工作或活动的质量和速度。人力资源包括数量和质量两个方面，人力资源数量是指劳动适龄人口、未成年就业人口和老年就业人口的总和。人力资源质量是指人力资源所具有的体力、智力、知识和技能水平以及劳动者的劳动态度。与人力资源数量相比，人力资源质量更为重要。

人力资源管理，是指运用现代化的科学方法，对与一定物力相结合的人力进行合理的培训、组织和调配，使人力、物力经常保持最佳比例，同时对人的思想、心理和行为进行恰当的诱导、控制和协调，充分发挥人的主观能动性，使人尽其才、事得其人、人事相宜，以实现组织目标。用“人力资源管理”概念取代传统的“人事管理”或“人事行政”的概念，体现了建立全新管理理念的考虑。“人力资源”概念的引入是“以人为本”管理理念的具体体现。以人为本就是把人当成组织中具有活力、能动性和创造性的因素，这有别于传统人事管理中将人视为机器与体制的附属物的观点。把人力当成资源，就会将工作的重点放到提高人的素质、开发人的潜能上。

行政组织是行使国家行政权力、管理国家行政事务和社会公共事务的机构体系。在现代社会中，行政组织是社会各种组织中规模最大的组织，其管辖的范围涉及社会生活的各个方面和领域，行政组织管理水平的高低将直接影响到整个社会的发展水平。在行政组织中引入“人力资源”的概念，很大程度上得益于企业人力资源管理成功实践的启示，是对传统行政组织人事管理的一次重大革新，有助于建立科学完备、运转协调的行政组织人力资源管理体系。行政组织中的人力资源管理具有两重含义：一是指各个行政机关和部门内部的微观人力资源管理工作，如录用、晋升、考核、工资等，带有一定的技术性和执行性特征；二是指国家的宏观人力资源管理活动，主要是指国家人事部门通过一系列法规、制度和措施对公共行政人员的管理，偏重于组织、计划、指挥等带有设计性、统筹性的人事工作。因此，行政组织的人力资源管理，是国家的人事机构或部门为实现行政目标和社会目标，通过各种人力资源管理政策和手段对行政人员所进行的制度化和法治化管理。其主体是国家专门的人事管理机构或部门，在我国主要是指国家人力资源和社会保障部以及各级地方政府中的人力资源和社会保障厅、局等。

人力资源管理从属于一定的行政目标和社会目标，是公共行政组织赖以活动的基本条件。公共行政组织只有重视和加强行政队伍建设，才能保持自身的高效运转，更好地履行其行政管理职能，完成各种组织目标和社会目标。这是因为，行政组织是一种结构严密、规模庞大、人员众多的组织体系，对行政人员的管理需要有一套系统、科学、统一、严格的制度和标准。这些制度是靠法律、法规建立起来的。这里主要介绍的是行政组织的人力资源管理，主要包括以下四个方面的内容：

第一，行政人员的录用。主要包括确定各类人员的合理编制和比例结构，确定人员补充、职位空缺、任职条件、选配方法和程序等，对候选人员进行选择、取舍和分配，控制组织成员调入、调出等各项工作。录用是为行政组织选拔人员的重要环节，它直接关系能否事得其人，关系整个行政人员队伍的素质和结构是否合理，关系人事行政的其他环节。

第二，行政人员的培养。行政组织的环境和职能处于不断变动之中，会不断地对行政人员的素质和能力提出新的要求。现代组织应是“学习型组织”，而组织中的个人应树立终身学习的理念。所以，行政人员需要通过在职培训、脱产培训、进修、学历教育等多种形式实现素质和能力的提高，激发其工作的积极性、主动性和创造性。

第三，行政人员的使用。任何资源都是在使用中发挥其价值的，人力资源管理的直接目的在于合理使用人员，最大限度地提高行政人员的使用效益。合理使用人员对于行政组织的生存和发展具有至关重要的意义，只有做到人尽其才，才能做到物尽其用、财尽其力，才能使组织得到长期的和可持续的发展。行政人员的使用需要以岗位责任制、考核制度、奖惩制度、晋升机制等制度设置为保障。

第四，行政人员的保障。根据组织平衡理论，组织只有在对有贡献的成员提供满足需求的条件并确保其贡献与满足相平衡时，才能抵消成员对组织的离心力，从而提高组织效率。行政人员的保障就是关于行政人员的工作、待遇、报酬、福利等方面的保障，人事行政工作需要为行政人员的工作创造良好的组织环境和工作条件，保持其工作安心和稳定，其中主要包括工资制度、社会福利和退休制度等。

在公务员制度建设中秉持人力资源管理理念亦具有时代特征，会随着社会的发展和时代的更换而发生变化。因为，公务员的人的属性是必须得到重视的，是不应完全在科学思维中把人看作资源。如果单纯把人当作类似于自然资源的因素，仅仅重视人作为资源的价值，就会忽略人的其他价值，从而把公务员形塑成类似于机器部件的因素。所以，在今后的行政改革和公务员制度建设中，应逐渐寻求对人力资源管理的替代性理念。

3.1.2 公务员制度简史

“公务员”亦称文官，是对政府官员的泛称。相应地，公务员制度则是直接起源于英国的一项政府工作人员管理制度，亦称“文官制度”。第一次世界大战后，西方主要资本主义国家普遍引进和实施了公务员制度，但在不同的国家中，有着很大的差异。例如，法国和日本几乎将所有公职人员都称为公务员，而英国文官则只限于中央政府系统中的事务官。从20世纪70年代开始，各国也都大量增加了通过任命方式聘用的公务员，这类官员通常被称为“政务官”。在考察公务员制度中的公务员时，主要是以“事务官”及其管理制度为对象的。总的说来，西方国家的公务员主要是指通过非选举程序（主要是通过竞争性考试）而被任命担任政府公职的工作人员。公务员是政治与行政系统中的一个特定的群体，在国家政治生活和社会生活中占据着特殊的地位，发挥着特有的作用。

各国为了加强对公务员的有效管理，提高行政效率，逐步形成了一系列相关的规章制度。这些制度对公务员的考试、录用、考核、奖惩、待遇、晋升、调动、退休以及分类管理等均做出了系统的规定，从而形成了较为完备的公务员制度，如德国的《联邦官员法》、法国的《公务员总章程》、美国的《彭德尔顿法案》、日本的《国家公务员法》、中国的《公务员法》等。概括说来，公务员制度是一种现代人事行政制度，它通过制定法律和规章，对公务员进行依法管理，是人事行政制度化、法治化、科学化管理的较为完备的形式，是人事行政的核心内容，体现了人事行政发展的一种趋势。

西方主要国家的公务员制度创立于19世纪末20世纪初。这一时期，资本主义从自由竞争阶段进入了垄断阶段，政府角色则由先前自由放任的“守夜人”转化为积极干预社会经济生活的“管理者”。政府角色的转变对政府工作人员提出了新的要求，即要求政府建立起现代文官制度来实施对政府工作人员的管理。总的说来，就是建立起这样一种文官管理制度：（1）实行文官常任制，不因政党选举引起的轮替而影响文官的去留，以此保证政府职能得到连续、稳定的执行；（2）实行功绩制，不是根据文官的出身或党派身份，而是根据文官的功绩去决定奖励和晋升，以保证有一支精干、高效的文官队伍；（3）对文官实施依法管理，以保证文官自身管理的常规化、有序性和合理性，也就是说，建立起体制完备、机制健全的职业文官管理制度。就公务员制度的建立而言，尽管每个国家建立公务员制度的具体原因和时间不尽相同，但强化政府职能和保证有一支稳定的文官队伍的要求则是大致相同的。

真正具有现代意义的公务员制度首先产生在英国。早在19世纪30年代，英国就在财政部等几个主要政府部门设立常务次官，产生了不受党派影响、不与内阁共进退、长期任职的事务官。自此，“政务官”与“事务官”之分得以确立。1833年，英国开始在政府各部实行官职的考试补缺制度，通过竞争择优录用职位空缺人员。1848年，英国财政部成立了以屈威廉为主任的备忘录起草委员会，内容之一就是，为了节省经费、确保高效率，对财政部的机构状况、功能配置及其运行机制进行调查。后来，调查的范围广泛涉及公务执行中的几乎所有问题。1853年调查终结，诺斯科特和屈威廉二人执笔撰写了名为《常任文官制度的构成》的报告，即著名的《诺斯科特-屈威廉报告》，标志着现代公务员制度设计初具雏形。

《诺斯科特-屈威廉报告》的主要内容有：第一，废除官职恩赐制，实行公开竞争考试制。第二，行政事务分为决策类和执行类，根据不同的事务类型采取不同的考试方法。第三，对决策文官的考试，主要考察其一般知识的基本掌握，而不实行专门技能的考试。这个报告于1854年2月提交国会讨论时，被处于多数的保守势力所否决，但克里米亚战争一开始，即暴露出传统吏制的种种弊端。战争期间，英国政府管理的混乱和低效率给军队造成很大伤亡，陆军部的官员既庸碌无能又玩忽职守，因药品、粮食未及时运往前线而使士兵死亡不计其数，国内舆论哗然。在这种情况下，英国政府不得不颁布吏制改革的第一个正式法令，即《关于录用王国政府文官的枢密院令》，其主要内容有：第一，设立中央文官事务委员会，负责考试事务。第二，文官事务委员会审查应考者的年龄、身体、品德、能力。第三，文官任命以文官事务委员会发给的证明书为据。1868年，自由党在选举中获胜，由格莱斯顿组成内阁。在他任内，除外务部和内务部外，各部都实行了公开竞争考试任用制。因此，于1870年7月4日颁布了吏制改革的第二个枢密院令，内容包括：第一，实行文官的考试任用制。第二，文官划分为高低两级。第三，扩大财政部的人事行政管理权。第四，对已持有文官事务委员会颁发的任用证明书及由各部大臣推荐的任命者，不适用考试。第五，列举适用考试制的对象和范围，等等。至此，英国公务员制度基本建立了起来。

继英国之后，美国也形成了具有自身特点的公务员制度。为了改革“政党分肥制”，1840年，国会两院议员提议创建公务员分级考试制度。1867年，国会通过《官吏任期法》，规定经国会同意任命的官员总统不得随意更换。1883年，美国国会通过了《调整和改革美国文官制度的法案》（即《彭德尔顿法案》），该法案规定了美国公务员制度的一些基本原则，如文官中立、考试录用等，标志着美国公务员制度的形成。至第一次世界大战结束，各主要资本主义国家大体完成了公务员制度的建立工作。在整个20世纪，公务员制度一直处于不断发展完善之中。根据资本主义国家政府职能的变化以及公务员制度自身的演化，可将公务员制度的发展过程划分为三个时期：

第一个时期，从第一次世界大战结束到第二次世界大战结束。这是公务员制度的动荡期。之所以称为动荡期，是因为发生了1929—1933年的世界经济危机、20世纪30年代的法西斯专制和第二次世界大战。这一时期的政府职能得到了两次强化：一是经济危机引起国家干预的强化（以罗斯福“新政”为代表）；二是作为战时体制的军事职能得以全面强化。两方面的发展都要求有一支更专业、高效的公务员队伍，同时，又要求强化对公务员队伍的政治控制，所以削弱了公务员制度本身的稳定性。

第二个时期，从第二次世界大战结束到20世纪60年代末。这是公务员制度的稳步发展时期。这一时期，在凯恩斯主义的理论指导下，政府开始执行范围更加广泛的经济、政治、社会和军事职能。政府职能的扩张，必然要求有一支稳定、精干的管理队伍的存在。因此，与战后政府职能的扩大及其稳定发展相适应，公务员制度进入了稳步发展时期。

第三个时期，从20世纪60年代至今。这是公务员制度的改革时期。进入20世纪60年代，开始发生新的科学技术革命，为了适应时代变化的要求，政府职能也进一步朝着职业分化和部门专业化的方向发展。政府管理过程也越来越强调技术和效率，强调人在管理中的积极性和主动性。因此，传统的公务员制度在体制上显得不甚适应，特别是那些强调“通才型”的国家，管理者无法适应科技革命的挑战。正是在这样的背景下，迎来了公务员制度的改革时代。

1966年初，英国工党首相威尔逊任命以苏塞克斯大学名誉副校长富尔顿为首的12人委员会，对英国文官制度进行详尽调查。1968年，该委员会提出了包括158项具体建议的改革报告，即《富尔顿报告》。报告指出，政府部门的官僚主义十分严重，机构重叠，互相扯皮；只受过通才教育的行政官员博而不专；繁复的分类等级影响了人尽其才，等等。报告建议，精简文官层次，打破行政系统的封闭性，建立开放性的统一的文官分类制度；成立文官事务部，代替财政部行使文官管理权限；鼓励文官之间、文官同其他行业间的交流；重视专家和专业技术人员的作用；改革现行的考任制；成立文官学院。这一改革报告得到工党政府的赞同，其建议在一定程度上付诸实施了。20 世纪 80 年代，英国内阁首相撒切尔夫人再次对公务员制度进行了大幅调整，主要内容包括三方面：一是裁减冗员，将公务员从 73 万人减至 59 万人；二是扩大政府各部的人事自主权，各部负责事务人员的任用；三是调整公务员的工资，使之尽量与私营企业人员收入保持基本平衡。1995 年，英国公共服务办公室发表了两份报告，总结了文官制度的管理进程。2004 年，英国发布题为《公务员制度改革：服务递送与价值》的报告，并明确提出改革的目标是提高政府机构及其公务员的工作对公众利益的服务水平。

在美国，卡特政府于 1978 年 10 月提出并由国会通过了《文官制度改革法》，对联邦公务员制度进行了重大改革。这次改革的核心是进一步强化按工作表现付酬的功绩制，以提高政府工作的质量和效率，改变一流人才大量流向私人企业的状况，并设立高级文官序列，在提升文官职业前景预期的同时，加强了对文官体系的政治控制。1990 年，美国国会通过了《联邦公务员薪酬比较法》，解决联邦政府中高级公务员的薪酬低于私营部门同类人员的问题。德国、法国、日本等国在这一时期也纷纷对本国的公务员制度进行改革和调整。

在我国，新中国成立后所实行的干部人事制度是在长期的革命实践过程中逐步形成和发展起来的，随着社会主义市场经济的逐步建立，传统的干部人事制度显得越来越不适应，因而提出了建立现代公务员制度的要求。1987 年，党的十三大报告明确提出："当前干部人事制度改革的重点，是建立国家公务员制度，即制定法律和规章，对政府中行使国家行政权力、执行国家公务的人员，依法进行科学管理。" 1993 年 8 月 14 日，《国家公务员暂行条例》正式颁布，它标志着我国朝着建立现代公务员制度迈出了关键性的一步。经历了十多年的实践和不断探索，2005 年 4 月 27 日，第十届全国人民代表大会常务委员会第十五次会议通过了《中华人民共和国公务员法》，后于 2018 年 12 月 29 日经第十三届全国人民代表大会常务委员会第七次会议修订。《公务员法》的通过，意味着我国公务员制度走向了成熟，建立起了适应社会主义市场经济要求的现代公务员制度。

根据《中华人民共和国公务员法》的规定，我国公务员是指依法履行公职、纳入国家行政编制、由国家财政负担工资福利的工作人员。按照这一规定，中国共产党机关和人大、政协、民主党派机关的工作人员都被纳入公务员的范围。此举有利于保持各类机关干部的整体一致性，有利于统一管理，有利于党政机关之间对干部的交流使用。法官、检察官在纳入公务员范围的同时，根据其职务特点，另行设置法官、检察官职务，与法官法、检察官法等相关法律规定相衔接。人民团体、群众团体中的工作人员的性质虽不同于国家机关工作人员，但在管理上参照《公务员法》进行管理。因而，在我国也有所谓"参公"人员之说，"参公"人员是指那部分参照《公务员法》进行管理的人员。

3.1.3 公务员制度的基本内容

虽然世界各国在政治、文化以及社会发展水平等各个方面都不尽相同，但总体看来，公务员制度的基本框架大体上是相同的，只是在具体内容上有着根据本国特定的国情而做出的不同规定。各国公务员制度的具体内容一般都以法律形式做出明确规定。概括起来，公务员制度的内容主要包括以下几个方面：

第一，公务员的职位分类。职位分类就是根据职位的工作性质、责任轻重、难易程度和所需资格条件，分为不同的类别和等级，然后用文字的形式固定下来，形成规范性文件，为公务员的考试录用、考核、晋升、培训、奖惩、工资待遇等各项管理提供依据。我国公务员职位类别按照公务员职位的性质、特点和管理需要，划分为综合管理类、专业技术类和行政执法类等类别。国家根据公务员职位类别和职责设置公务员领导职务、职级序列。其中，领导职务层次分为：国家级正职、国家级副职、省部级正职、省部级副职、厅局级正职、厅局级副职、县处级正职、县处级副职、乡科级正职、乡科级副职。公务员职级在厅局级以下设置，其中，综合管理类公务员职级序列分为：一级巡视员、二级巡视员、一级调研员、二级调研员、三级调研员、四级调研员、一级主任科员、二级主任科员、三级主任科员、四级主任科员、一级科员、二级科员。此外，公务员的领导职务、职级应当对应相应的级别。公务员的领导职务、职级与级别是确定公务员工资以及其他待遇的依据。

第二，公务员的权利与义务。公务员的权利是国家法律对公务员在履行职责、执行国家公务的过程中可以做出一定行为、要求他人做出一定行为或抑止一定行为的许可和保障，目的是使公务员更有效地行使职权，更好地执行国家公务。根据我国《公务员法》的规定，公务员享有获得履行职责应当具有的工作条件的权利；非因法定事由、非经法定程序不被免职、降职、辞退或者处分；获得工资报酬，享受福利、保险待遇；参加培训的权利；对机关工作和领导人员提出批评和建议的权利；等等。公务员的义务是国家法律对公务员必须做出一定行为或不得做出一定行为的约束和限制，目的是保证公务员能在国家法律规定的范围内准确行使职权，忠实执行公务。

第三，公务员的职务管理。公务员职务管理是公务员制度的核心内容，主要包括公务员的进出、职务升降、职权运用等。

(1) 公务员的录用和聘任。公务员的录用，是指机关按照有关法律和法规的规定，遵循一定的标准和法定程序，通过考试、考核或其他方法吸收符合条件的人员为公务员的一种人事制度。根据我国《公务员法》第13条的规定，公务员应当具备下列条件：具有中华人民共和国国籍；年满18周岁；拥护中华人民共和国宪法，拥护中国共产党领导和社会主义制度；具有良好的政治素质和道德品行；具有正常履行职责的身体条件和心理素质；具有符合职位要求的文化程度和工作能力；法律规定的其他条件。同时，《公务员法》还规定，下列人员不得录用为公务员：因犯罪受过刑事处罚的；被开除中国共产党党籍的；被开除公职的；被依法列为失信联合惩戒对象的；有法律规定不得录用为公务员的其他情形的。公务员考试必须公开公正，通常由公务员主管部门通过各种新闻媒体发布公告，公开录用部门和职位、考试科目、地点和报考的资格条件。聘任制是行政机关通过合同选拔、任用公务员的一种人事管理制度。聘任制产生的公务员又称聘用合同制公务员。合同规定双方的责、权、利及有效期限，合同期满，经双方同意，可以续聘。

(2) 公务员的考核与培训。公务员的考核是指机关按照法定的管理权限，根据公务员法和国家其他有关规定确定的考核内容、原则、方法、形式和程序对所属公务员进行的考察与评价制度。培训就是通过有关的培训机构，由具有实际工作经验和科学理论知识的人员教导公务员掌握和提高工作所需的特定知识和技能的过程。公务员通过培训，可以更新和补充新形势与新环境下所需要的知识和技能，可以在科学技术日新月异的情况下较迅速地掌握现代化的工作技艺和手段，以便更加有效地从事公务工作。

（3）公务员的职务任免。公务员职务任免是人事管理的重要环节。公务员的任职是指依法享有任用权的机关根据有关法律的规定和任职条件，通过法定程序，办理法定手续，任用公务员担任某一职务。它包括经过考试录用已经取得公务员任职资格的人员的任用，也包括在职公务员在部门内部或跨部门的升任、降任和平级转任等。公务员的免职是指依法享有免职权的机关和个人根据有关法律的规定，通过法定程序，办理法定手续，免除公务员所担任的一定职务。公务员的免职包括程序性免职和单纯性免职。前者是指委任或聘任在职公务员担任新职务之前或同时免去其原来所担任的职务。后者是指以免除现任职务为目的的免职，如退休、长期离职学习，或者因机构精简、职位撤销等原因而发生的免职。

（4）公务员的职务升降。公务员职务升降制度是对公务员晋升职务或降低职务的规定，是有关公务员职务升降的原则、条件、方式以及实施程序等方面规定的总称。它包括公务员职务晋升和降职两个方面的基本内容，是对公务员职位和级别的纵向调整。晋升是公务员由原来的职位调任到另一职责更重的职位，它意味着公务员在职位结构中地位的上升、职权和责任的增大，同时也伴随着待遇的提高。降职是指公务员所任职务的下降，它一般意味着公务员在职位结构中所处位置的降低，职权和责任范围的缩小以及工资、福利方面待遇的相应降低。公务员的降职体现为公务员职务的下降，但降职并不是一种处分，而是让由于各种原因不胜任职务的公务员改任一种较低职务的管理措施。

（5）公务员的奖惩。奖惩制度是奖励制度和惩戒制度的统称。公务员的奖励是指机关按照规定的标准、条件和程序，对在公务活动中成绩突出的公务员或公务员集体给予物质、精神嘉奖的人事管理活动。奖励是一种重要的人事激励手段，它通过物质的、权力的和精神的授予，使工作业绩优异者可以与一般者区别开来，并得到实际的利益、社会荣誉和地位的奖赏，从而激励包括受奖励人在内的全体组织成员更加努力工作，模范履行义务，创造更大业绩。奖励必须依据法定的条件，避免随意性。惩戒制度是指机关依法对公务员违法违纪的职务行为进行行政处分的制度。对公务员的惩罚不是目的，而是手段。通过对公务员违法违纪职务行为的惩罚，使他们引以为戒。严格执行对公务员的惩戒制度是规范行政管理的重要方面。公务员的惩戒制度具有权威性和严肃性，对公务员的处分，应当事实清楚、证据确凿、定性准确、处理恰当、程序合法、手续完备。

（6）公务员的交流与回避。公务员的交流是指机关基于工作需要、锻炼人才的需要或其他法定的原因，依据法定的管理程序和方法，改变公务员的隶属关系或工作岗位，以激发组织活力并达成人事相宜目的的人事管理活动。通过有计划的交流，可以使公务员在不同的岗位上积累经验和知识、增长阅历和才干、提高素质和能力。通过人才流动机制，可以最大限度地发挥公务员的聪明才智，也为公务员学以致用和适才适用提供了一条途径。我国公务员制度中规定了公务员交流的三种基本形式：调任、转任和挂职锻炼。在公务员制度中，回避是指为了防止公务员出于某种亲情关系或个人利益不能秉公执行公务，直至徇私枉法、以权谋私，因而对其任职和执行公务等做出的事前限制性措施。在我国建立公务员回避制度，不仅是必要的，而且也是必需的。这既维护了公务员的形象和政府的声誉，也有助于形成良好的社会风气。

（7）公务员的辞职、辞退与退休。公务员的辞职是指公务员按照一定的法定程序，主动地提出解除与其所服务机关的工作关系的申请，并经过有关部门批准而辞去所担任公职的制度。担任领导职务的公务员，因个人或者其他原因，可以自愿提出辞去领导职务。领导成员因工作严重失误、失职造成重大损失或者恶劣社会影响的，或者对重大事故负有领导责任的，应当引咎辞去领导职务。领导成员应当引咎辞职或者因其他原因不再适合担任现任领导职务而本人不提出辞职的，应当责令其辞去领导职务。公务员的辞退，是指机关依据有关法律，按照一定的法定程序和事实，由有关机关批准，解除公务员与机关工作关系的制度。辞退是机关的主动行为。但是，辞退不是处分，而是机关输出不适合在本单位工作人员的一种手段。世界各国对辞退公务员的条件有十分明确而严格的规定，如对因公致残而又丧失劳动能力者，身患严重疾病或负伤正在治疗者，在孕期、产期、哺乳期的女性公务员，都不得辞退。公务员的退休是指当公务员因年老或其他原因（如因公致残等）而不适宜继续工作时，由国家发给该公务员一定的退休金，并使之退出公务职位的制度。

第四，公务员的权益保障。公务员的权益保障是保持公务员队伍稳定的重要保障，主要包括职业权益保障、待遇权益保障、申诉权益保障等内容。

（1）公务员的工资、福利与保险。公务员的工资是指国家以货币形式支付给公务员的劳动报酬。建立科学合理的公务员工资制度，有利于贯彻按劳分配原则，增强竞争激励机制，从而调动广大公务员的工作积极性。公务员福利制度是国家和单位为解决公务员生活方面的共同需要和特殊需要，在工资之外给予经济上帮助和生活上照顾的制度。这是公务员社会保障制度的重要组成部分。建立公务员福利制度，有利于改善公务员的工作生活条件、减轻经济负担和促进身心健康，从而有利于稳定公务员队伍，调动他们的工作积极性，提高工作效率。公务员保险制度是指国家对因生育、年老、疾病、伤残和死亡等原因以及对暂时或永久丧失工作能力的公务员给予物质帮助的一种保障制度。公务员保险制度是社会保障制度的一个重要组成部分。建立和实施公务员的保险制度，对于保障公务员的基本生活、解除他们的后顾之忧、调动他们的工作积极性、促进经济的发展和维护社会的稳定等，都具有重要的作用。

（2）公务员的申诉与控告。公务员的申诉是指公务员对机关做出的涉及本人权益的人事处理决定不服，从而依法向法定机关提出重新处理意见和要求的行为。公务员申诉的主要目的在于维护和保障本人的合法权益，及时纠正机关违法或不当的人事处理决定。公务员的控告是指公务员对机关及其领导人的失职、渎职、打击报复、栽赃陷害、以权谋私以及其他侵害自己合法权益的违法乱纪行为，向有关机关提出的指控。公务员的控告是鼓励和保护公务员同不法行为作斗争的有力武器，也是公务员保护自己不受他人非法侵害的有效手段。受理控告的机关对依法提出控告的公务员应当予以保护，不得歧视、刁难。对公务员提出的控告，不得置之不理或者敷衍塞责，更不得将控告材料转给被控告人。对控告人进行打击报复的，上级机关必须追究直接责任者和负责人的责任。

3.2 公务员制度发展的三种路径

20世纪中后期以来，传统官僚体制的基础日益受到侵蚀，与之相对应的传统公务员制度的弊端也日渐显露出来，越来越不能适应社会发展的需要。为此，从20世纪70年代开始，以英国、美国等为代表的西方国家掀起了一场声势浩大的政府改革运动。作为传统官僚体制基石的公务员制度，首当其冲地成为改革焦点。纵观世界范围内的新一轮公务员制度改革，主要有三种发展路径，即科学路径、政治路径和伦理路径，其中部分改革理念也对我国公务员制度建设产生了深远影响。

3.2.1 科学路径

作为最受关注的一种发展路径，科学路径是指公务员制度大量引进企业管理、人力资源管理等管理科学领域的成果，打破传统的公务员管理方法，使公务员制度朝着管理科学化、精细化的方向发展。

第一，由人事管理向人力资源管理转变。西方国家的企业人事管理先后经历了以下几个发展阶段，即20世纪30年代前的“劳工管理”阶段，30—70年代的“人事管理”阶段，80年代的“人力资源管理”阶段，90年代中后期的“战略人力资源管理”阶段。顺应这一发展趋势，西方国家的公务员管理也先后经历了这些发展阶段，目前普遍完成了由人事管理向人力资源管理的转型，部分国家甚至还提出了战略人力资源管理的发展目标。例如，美国联邦政府的公务员管理，20世纪30—50年代称“人事行政”，60—70年代称“人事管理”，80—90年代发展为“人力资源管理”。美国联邦政府于1993—2000年出台的公务员制度改革及其相关文件基本上都使用了人力资源管理的术语，改革中的许多举措体现了人力资源管理的实践内涵。到21世纪初，又进一步提出了战略人力资源管理的建设目标①。

相对于传统行政组织中的人事管理，行政组织中的人力资源管理是一种更为先进的人事行政模式，两者的区别主要体现在：

首先，管理理念不同。传统的人事管理是把人作为一种在组织生产过程中的耗费或支出的“成本”来认识的。也就是说，产出的成本不仅包括物耗，同时也包括劳动力成本。人力资源管理却把人看成“人力资本”，这种资本通过有效的管理和开发是可以创造更高价值的，是能为组织带来长期利益的特殊资本，即能够增值的资本。人事管理把人看成是被动地适应生产、适应物质运动的一种要素，抹杀了人力资源的能动性，因而不能够发挥人力资源的积极性。人力资源管理则把人看作主动地改造物质世界、推动生产发展、创造财富的一种特殊的可以带来增值的活性资本。

---

① 吴志华．发达国家公务员制度改革及其启示．国家行政学院学报，2008（6）．

其次，管理内容不同。人事管理的职能基本上是操作性很强的具体事务性管理，如招聘、选拔、考核、录用、调进调出、工资奖金、福利待遇等方面的管理，以及人事档案的记录与管理、人事管理规章制度的贯彻执行、晋升与处罚及其相关的其他人事管理职能，等等。总体来看，人事管理都是一些具体的技术性很强的管理。人力资源管理的职能则有所不同，可以说，它被认为是一项比较复杂的社会系统工程。既有战略性的管理职能，如规划、控制、预测、平衡、长期开发、教育与培训策略等；又有技术性的具体的管理职能，如选拔使用、考核评价、工资报酬、调进调出、奖惩管理等。总的说来，人力资源管理的职能及其发挥更具有全局性、系统性、战略性和远程性。目前，国外人力资源管理领域出现和运用了很多新的管理方法，如人力资源管理与组织使命联盟、平衡计分卡、能力素质模型、职业生涯发展、绩效管理、360度绩效评估、弹性福利、电子化人力资源管理等。这些方法被普遍应用到公务员管理之中。其中，部分方法还是由公务员管理开发和提出的，如英国的高级公务员素质框架、澳大利亚的公务员人力资源能力模型以及新西兰的公务员通用素质和特定素质模型等。

最后，管理模式不同。在传统的人事制度中，人与人之间是管理者与被管理者的关系，这种关系在形式上和实质上都是不平等的。从两者的智力分配来看，管理层的智力安排往往优于被管理者，前者往往被人为地抬高，后者则被认为低人一等。这一源于军队和封建等级制的管理功能较为普遍地转化成为一种特权，形成了一种“劳心者治人，劳力者治于人”的局面。在人力资源管理中，由于将人力资源视作第一资源，因此管理者与被管理者都是人力资源的一部分。由于文化水平的普遍提高，管理以及技能也不再由少数精英所垄断，因而，管理者与被管理者之间的鸿沟逐渐缩小，从而形成了以两者间的平等为前提的组织管理模式。

第二，由永业制向聘任制转变。公务员任职永业制，也称终身制，是指凡通过公务员考试被录用者不得因政治原因被免职，所有被录用者一律实行职业保险即职务常任。永业制是为了保障公务员制度的连续性和稳定性而设立的保障制度，它是现代公务员制度的主要特征之一。虽然永业制能够保障公务员队伍的连续性和稳定性，但也存在一些公认的缺陷，比如，由于过于强调稳定性而缺乏新鲜血液进入，导致整个公务员队伍老化、效率低下，“就像筐中的螃蟹，你钳住我，我拉住你，谁也不能随意动弹，就像钟表里的齿轮，我动几下，你动几下，谁也不能多动、早动。他们不必担心单独负责问题，因为最小的责任单位只能是一个系统、一个整体。最终，这种机制必然会滋生出一大批得过且过、不求有功但求无过的人”①。

20世纪80年代以后，随着公共选择理论和新管理主义的兴起，西方国家公务员的终身任期制受到冲击，不少国家的政府部门开始探索和使用合同雇佣、临时聘用等非永业制的公共部门和政府机构用人方式②。美国在1978年《文官制度改革法》出台后，开始录用合同制雇员，永业制公务员在人数比例上呈现逐渐减少的趋势，美国实行考绩制

---

① 孙学玉．企业型政府论．北京：社会科学文献出版社，2005：61.

② 陈振明．转变中的国家公务员制度：中西方公务员制度改革与发展的趋势及其比较．厦门大学学报（哲学社会科学版），2001（2）.

的常任雇员比例由20世纪30年代的87.9%下降到2000年的55.5%。由美国政府绩效保护委员会向总统和国会提交的《临时联邦雇员：追求灵活性和公正》报告，详细说明了美国政府在使用临时性政府雇员时的各种要求，并对使用政府雇员过程中易出现的问题提出了各种控制措施。美国联邦人事管理办公室（OPM）规定，在使用临时雇员时要遵循四个条件：满足最大工作量的要求，应对未来在资金上、工作量上所具有的较大的不确定性，填补一些将要被其他组织人员所替代的永久性职位，正在研究的极有可能被外包的工作。英国政府也于1996年对文官制度进行了大刀阔斧的改革，要求所有公务员都应与政府签订目标管理合同书，公务员不再是终身制。澳大利亚于1997年5月由公务员委员会颁布了合同协议的指导性政策，除15%的老年公务员是固定制外，其他均实行合同制，一般公务员任职一年就要重签一次合同。瑞士政府于2002年起开始实行的新人事法案明确指出，政府与公务员的雇佣关系不再是永久性的，而是通过合同聘用，对于工作业绩差的公务员，可随时解聘。新西兰在政府中实行"公司化改革"，采用业务外包（contract-out）的方式，将许多原本属于政府管理范围内的事情外包给社会。大量的业务外包，减少了政府常任公务员的数量，替代措施是大量采用政府雇员，导致"影子官僚"的形成。目前，英国、澳大利亚、新西兰等国家的政府雇员在政府工作人员中的比例平均占到20%，美国等国家的政府雇员所占比例高达40%以上。

在我国，自2002年吉林省率先实行政府雇员制以来，先后有深圳、珠海、南京等多个省市试行政府雇员制。政府雇员制的试行，改变了我国政府长期推行的干部任命终身制的人事管理模式和公共部门用人"能进不能出"的局面，体现了我国公共部门人力资源管理体制的多元化，有效弥补了我国公务员制度的缺陷，是中国公务员制度改革的新尝试。为吸收和总结公务员管理实践中的成功经验，2005年通过的《公务员法》第16章专门规定了职位聘任，其第95条明确规定："机关根据工作需要，经省级以上公务员主管部门批准，可以对专业性较强的职位和辅助性职位实行聘任制。"从实践来看，政府雇员制激活了政府人事制度，有利于解决机构精简与人才稀缺的矛盾，有益于促进公共部门人力资源开发。

第三，由刚性管理向弹性管理转变。首先是改革职位分类制度。传统的公务员制度在职位分类上过于专注微观层面上的技术问题，忽视了宏观层面的组织使命，容易产生"只见树木不见森林"的现象，缺乏应有的弹性，不能够随着政府部门的工作内容、组织结构和组织文化的转变而转变。美国为改变公务员职位分类过于细化、缺乏必要的业务沟通和工作协调等问题，于1986年通过了《公务员制度简化法案》，在职位分类上本着宜粗不宜细的原则，把性质相近的职位进行合并，增强了制度的活力。加拿大于1996年设计和开发了新的"通用分类标准"，改革原来公务员队伍的72个职组、106个次组、840个工资等级的职位分类，按照责任、技能、努力程度、工作条件4个因素和16个要素，将所有公务员职位分成八大类。其次是改变传统的公务员绩效制。传统公务员制度以职位等级、职位分类、功绩等标准作为考核、评价、激励公务员的主要手段，这种评价标准最大的弊端就是出现不思进取、论资排辈的现象。西方公务员制度改革的另一个基本取向是注重结果而非过程控制，重视绩效评估，并采取灵活的付酬奖励措施。英国1983年成立了效率小组，1984年创立了国家审计办公室，并起用了大量私人顾问在广泛的公共服务领域进行评估。美国早在1949年第一届胡佛委员会时就提出进行绩效鉴定，1978年《文官制度改革法》通过后，几乎所有的美国政府部门都实行了绩效评估制度。最后是简化公务员管理规章制度。为防止滥用公共权力，强调行政行为规范化、程序化，政府制定出一整套严格规范各行政部门、职位、工作的细则及程序，对各行政机构及行政人员实行非人格化管理，最终使公务员管理陷入繁文缛节的泥坑。从20世纪70年代开始，美国联邦政府的部分部门就已经开始了缓和规制的实施。1988年，美国联邦人事管理办公室主任霍纳首先提出应放松对公共机构和公务员的规制，以取得更大的灵活性。美国通过简化预算程序、改革采购制度等缓和规制的措施，废除了成千上万过时的、强加于公务员的规制，并废除了上万页的《联邦人事手册》。

3.2.2 政治路径

公务员制度发展的政治路径主要是指20世纪中后期以来西方主要国家公务员制度改革的措施，其主要内容是：逐渐放弃传统公务员制度所坚持的“政治中立”原则，加强了对公务员的政治控制，允许公务员更多地参与到决策和政策制定中来，对高级公务员实行政治任命等，目的是强化公务员整体的政治化。

“政治中立”是现代西方公务员制度的主要指导原则。所谓政治中立，是指根据各国的法律规定，公务员必须保持政治中立，主要包括常任公务员不能参加和支持党派活动，不能参加和支持反对政府的活动，不能参加政治性竞选活动；如果申请参加政治性竞选，则需先辞去常任公务员职务①。现代西方国家的公务员制度之所以一开始就确立“政治中立”原则，主要是出于保持政府管理活动连续性和稳定性的考虑。因为，在西方主要国家建立公务员制度之前，政府管理基本上采用“政党分肥制”，即一个政党在选举中取胜后，就把政府官职作为“战利品”分配给本党的支持者。“政党分肥制”的主要弊端有以下两个方面：一是该制度在政府职位分配时主要考虑的是支持者对本党选举的支持力度，而没有考虑被任用者的实际才能，使一些不学无术、善于投机者占据了政府的重要职位，直接造成政府的低效与无能；二是支持者在获取政府职位后往往将之视为弥补自己在政党竞选过程中的付出的一种回报，希望通过政府职位这一“肥缺”来获取更多的利益，直接导致以权谋私和政府腐败。为了既能保证两党或多党竞选的顺利进行，又能克服“轮流坐庄”所带来的种种弊端，以英国、美国为代表的西方主要国家建立了公务员制度。所以，公务员制度的实行一开始就要求政府工作人员实行常任制度，公务员在政治上保持中立，不得参加任何党派活动。这就是人们常说的“政治中立”原则。

为了保证公务员遵守“政治中立”原则，很多国家都通过立法的形式将之确定下来。英国早在19世纪30年代就设立了不受党派竞争影响、不与内阁共进退、可以长期担任官职的常务次官，并在其文官纪律中明确规定，公务员除不能担任下院议员之外，也不

① 姜海如．中外公务员制度比较．北京：商务印书馆，2013：85.

得担任政党机构的官员或者从事政党政治活动，不得发表政治言论、表明自己的政治观点，不得对政府的政策和措施发表批评意见。美国《彭德尔顿法案》规定："任何公务人员都没有权利利用职权或个人影响力去强迫别人或别的团体采取政治行动。"德国《联邦官员法》规定，官员为全体人民服务，而不是为某一个政党服务，"官员在政治活动方面应采取克制和保留态度"。日本《国家公务员法》规定，"职员不得为政党或政治目的谋求或接受捐款及其他利益，或者不得以任何方法参与这些行为。除行使选举权外，不得搞人事院规则所禁止的政治行为"，"职员不得作公选公职的候选人"，"职员不得作政党或政治团体的负责人、政治顾问或有同等作用的成员"。

虽然"政治中立"原则对于保持政府活动的连续性和稳定性有积极作用，但在实际运作过程中，文官要完全保持"政治中立"是很难的。一方面，事务官和政务官很难做到互不影响；另一方面，职业文官特别是长期在政府机关工作的高级文官很难做到没有政治倾向。西方公务员制度的长期实践表明，"政治中立"原则本身就是一个矛盾的和不切实际的原则①。所以，大致从 20 世纪 70 年代起，出现了对公务员做出更多的政治考量的要求，并尝试各种各样的措施。基本做法主要有以下几种：

第一，加强对公务员的政治控制。20 世纪中后期以来，随着行政改革的深入，一些西方国家开始放松对公务员政治中立的要求，开始赋予下级文官更多的自主权，并加强对高级文官的政治控制。以英国为例，政府首脑和政务官员自身也在突破政治中立的原则。1964 年英国工党威尔逊上台后，直接任命几位支持工党的专家与高级文官协同工作，以便更好地推行本党的施政纲领。1979 年撒切尔夫人上台后，以提高文官的政治敏感性和回应性为名，加强了对高级文官任用的控制，把一些与她的政治观点相同的人安排到重要位置上任职，而对那些与她的政治观点不一致的官员，则加以边缘化。到 1987 年，白金汉宫 40 位常任次官和 135 位副常任次官中的大多数是由撒切尔夫人及其大臣根据他们的政治倾向任命的。美国在 1978 年通过的《文官制度改革法》设置了高级文官序列，其目的就是在公务员体系中建立一个统一的政治任命官员群体，使得高级文官与政治领导人之间形成新型的控制关系。法国在公务员政治中立原则上的态度显得较为灵活，《公务员总章程》对公务员保持政治中立没有严格规定，只是要求公务员特别是高级公务员在工作期间不应发表政治、哲学、宗教等方面的意见，在政治争议中保持克制态度，在参加政党和政治活动、参加竞选或帮助他人竞选等方面则没有任何限制，因此实际上是允许公务员参与政治的。德国在高级文官的任免上往往是依据政治标准决定的，准确地说他们应当是介于政治官员和常任文官之间的"政治性管理人员"，实际上也无政治中立的刻意要求。

第二，公务员更多地参与决策和政策制定。传统的政治-行政二分原则要求政治与行政相分离。根据威尔逊的设想，行政管理是国家在个别和细微事项方面的活动，政治是政治家的特殊活动范围，而行政则是技术性职员的事情。也就是说，政治是政策制定的活动，而行政则是政策执行的活动。然而，在实际工作中，很难具体区分哪些是政策制

① 姜海如．中外公务员制度比较．北京：商务印书馆，2013：335.

定活动，哪些是政策执行活动，行政过程本身就是一个不断决策的过程，文官在决策中实际上发挥着重要的作用。与政务官相比，文官在任期、专业知识、信息、人数规模和执行政策等方面更具有天然优势，这就为文官参与决策和政策制定提供了现实的可能性。当事务官与政务官观点不同时，会以技术问题等借口来影响甚至改变政务官的决策，有时甚至还主导了决策。比如，英国的决策中心是一个由 3 500 名成员组成的集团，其中通过政党政治产生的只有 100 人，其他均为中高级文官，由此可见英国文官在政治决策中的作用。在职业文官发挥政治作用方面，美国也比较突出，特别是经验丰富的高级文官往往直接参与重大政策的起草和制定。所以，与其要求文官定位在政策执行上，不如积极地鼓励他们参与到政策制定中来。

第三，公务员的政治权利日益扩大。公务员政治权利的扩大主要体现在对公务员集会、结社等方面规制的放松，特别是允许公务员参加工会等组织，形成自己的利益表达代表，这与传统的公务员身份定位有着明显的不同。通过工会，公务员可以与政府谈判或磋商来确定工资水平，有些西方国家文官甚至获得了罢工的权利。这方面比较典型的是英国，1969 年，社会安全部门的中级文官要求提高工资水平，其诉求没有得到政府批准，结果导致罢工，使英国的防卫机构几乎瘫痪；在撒切尔夫人上台的第一年，也爆发过 1 700 名计算机操作者、飞机驾驶员和法院工作人员的罢工。美国对公务员政治中立的原则要求比较宽松，根据有关法律规定，美国联邦公务员可以参加工会组织，工会可以出钱为国会竞选出力，全联邦已有 60%的公务员参加了工会组织；1989 年，美国众议院甚至以 297 票通过、90 票反对通过了允许联邦公务员下班时间从事政党政治活动的议案，后来，由于联邦人事管理办公室的坚决反对，1991 年该法案被布什总统否决；1994 年，美国成立国家合作伙伴关系委员会，允许和鼓励公务员就改革、工资、劳动争议、工会权利等问题进行谈判。澳大利亚、荷兰、西班牙等国也都表示允许与公务员工会进行谈判。

第四，“两官互补”趋势明显增强。“两官分途”是西方公务员制度建立时期的重要原则之一，它要求政务官和事务官不能相互兼职和任职，政务官负责政策制定，而事务官负责政策执行，不能参与和影响政务官的决策。然而，随着现代政府的扩张，政府管理的事务日益复杂化和专业化，公务员队伍也不断扩大，从而突破了“两官分途”的原则。因为政务官更迭比较频繁，很多政务官没有足够的时间与精力去掌握决策所需的技能与信息，所以，在制定政策的过程中只好依赖事务官提供的信息，有时甚至还要委托他们直接起草或参与起草政策文件。此外，政务官与事务官的职位也开始出现相互转换的现象，如在新增政务官职位时，或把原来事务官的职位变成政务官的职位时，可能会让事务官来加以填充；在把政务官职位转变成永久性的事务官职位时，也会把政务官同时与职位一道留用。

3.2.3　伦理路径

一般说来，公务员在行政管理过程中的行政行为可以根据自由裁量空间的大小分为羁束行为和自由裁量行为：前者的权限、范围、幅度、数量、方式等均由法律法规明确规定，公务员只需依法执行即可；后者则是在法律法规规定的范围内由公务员依据行政合理性原则进行自由裁量。长期以来，就如何保证公务员自由裁量行为的合理性和正当性问题，理论界和实践界都进行了大量探索。其中，提高公务员的道德水准一直被认为是良方。在行政管理过程中，提高公务员的道德素质，是一条确保公务员在政策执行过程中所做出的自由裁量行为更加合情合理的重要途径，而且也能够发挥促进政府道德化的效果。

20 世纪 40 年代，美国行政学界就如何控制行政人员的道德水准爆发了一场论战，即“弗雷德里克-芬纳论战”。论战的双方围绕公务员道德建设的不同途径展开争论，提出了促进行政官员履行责任的外部控制途径与内部控制途径。首先是外部控制途径。在行政管理过程中，经常会出现各种利用公共权力实现私人目的的失范问题，为了解决这一问题，外部控制途径主张将行政伦理制度化，即通过法律、法规等规范性文件来促进公务员道德操守的生成。在这方面，美国开了先河，之后，其他西方国家也都日渐重视伦理立法，并在制定法律、法规的同时，相继设立各种行政伦理的管理机构。如美国的“政府道德署”、法国的“惩戒委员会”、瑞士的“纪律委员会”、日本的“人文院”等，都属于伦理执法机构。其次是内部控制途径。与外部控制途径相比，内部控制途径不是通过外在性的法律、法规约束来控制公务人员的道德水平，而是通过各种教育、培训活动，或者通过职业的社会化过程，使公务员从内心确立一种良好的行政伦理准则，并对其公务活动产生影响。今天，大多数国家在加强行政伦理建设时，基本上都采用了行政伦理立法的外部控制和行政伦理教育的内部控制两个方面。

美国在行政伦理立法方面做出了积极探索。早在 20 世纪 50 年代，美国就通过了第一部旨在解决行政权力滥用的利益冲突法规。1958 年 7 月，美国通过了《政府工作人员道德准则》。然而这只是个准则，还不具有充分的法律效力。1972 年，“水门事件”引发公众、学者与政府官员普遍地对公务员进行伦理检讨，从而加速了美国行政伦理法制化的进程。1978 年，美国通过了《政府道德法》。其后，1989 年和 1990 年，布什总统两次签署行政命令，颁布《美国政府官员及雇员的行政伦理行为准则》，对行政、立法和司法三大机构的工作人员伦理标准做出了规定。1992 年，美国又颁布了由政府伦理办公室制定的内容更为详细、操作性更强的《美国行政官员伦理指导标准》。在此基础上，美国的很多政府部门都根据自己的工作性质和职业特点制定了详细的伦理道德标准。

美国也非常重视加强对公务员的行政伦理教育。美国的行政伦理教育除了在学校开设课程外，还在公共行政部门开展了公务员行政伦理培训。通过提供教育和培训，以信息传递的方式推进行政主体对伦理标准的认识和理解，主要包括对伦理价值观、公共服务伦理准则和原则的思考，并努力探索伦理决策模式。为了促进对公务员的伦理教育和培训，美国公共行政学会通过《公共行政评论》杂志将公务员必要的伦理规范（code of ethics）长期公布于其封页上，以配合政府部门的教育和培训，希望通过这一途径去提升公务员的职业伦理水平，特别是对维护公共利益、尊重宪法和法律、塑造公务员个体的正直品性、创建伦理化组织以及努力达成卓越的职业表现等方面给予高度关注。在此过程中，美国还设立了专门的行政伦理监督管理机构。根据1978年《政府道德法》的规定，美国联邦政府在行政系统内设立了政府伦理办公室，隶属人事管理局，后经《政府伦理办公室再授权法案》规定成为独立机构，专事行政道德管理。美国众议院内也设有众议院伦理委员会，在政府官员的廉政和反腐败方面发挥着重要作用。美国许多州和市的议会以及政府也都设有伦理委员会。

韩国在行政伦理建设方面也做出了诸多积极探索。韩国是亚洲地区较早开展行政伦理建设的国家，其在行政伦理法制化方面积累了大量经验。韩国自20世纪60年代开始重视行政伦理的法制化，并使伦理法规具有较强的可操作性。《大韩民国宪法》确立了公职人员应该为全体国民服务，伦理标准是把国民利益作为价值基础的行政伦理精神。《国家公务员法》就行政伦理的以下内容进行规定：宣誓就职、伦理原则、诚实、与工作有关的具体行政伦理规范。《公职人员伦理法》于1981年12月31日颁布，该法主要规定了三大制度，即公职人员财产公开及申报制度、礼物申报制度、就业限制制度等，“目的是把公职人员、公职候选人的财产登记公开予以制度化；是对利用公职取得财产、公职人员申报礼品、退职公职人员的就业制定限制性规章，防止公职人员不正当的财产增值，确保公务的公正性，确立为国民的服务者即公职人员的伦理准则”①。为保障《公职人员伦理法》以及其他各项行政伦理规定更具有可操作性，韩国还设立了多领域、多层次的公职人员伦理委员会。各级公职人员伦理委员会负责对规定的财产登记对象的财产登记事项进行审查，并对其结果进行处理；同时处理《公职人员伦理法》和其他法令赋予公职人员伦理委员会权限的其他相关事宜，力图切断政经勾结。此外，韩国还制定了《公务员信条》，对公务员在个人生活、公职生活、国家生活等活动中的伦理行为进行指引。

英国的《文官守则总纲》规定，通过教育、培训等活动使文官感到自己是为国家公众服务并因此而自豪，文官是一种崇高的职业，应自觉遵守法律法规，应自重自律。日本的《地方公务员法》规定，无论是在执行公务中直接败坏其职务的信誉或做出有损于整体名誉的行为，还是与公务不相关的职员个人生活中之不良行为发生了玷污个人或整体形象并带来不良影响，均作为违反职业道德而被列为丧失信用行为。这些内容涉及行政人员的个人品德、行政职业道德以及公共组织伦理和公共政策伦理的诸多方面。1997年11月，经济合作与发展组织召开了研究行政伦理建设的工作会议，来自29个正式成员国和5个非正式成员国以及联合国有关机构、世界银行等机构的代表共120人与会。为了响应经合组织的《改善行政伦理行为建议书》，日本国会于1999年通过了《日本国家公务员伦理法》，其“总则”明确指出：“为使国家公务员切实履行其职务伦理，需要采取必要措施，借以防止国民对公务员执行公务的公正性产生怀疑或不信任，从而确保国民对公务的信赖，特此制定本法。”在日本，许多大学、行政学院及公务员的培训机构都十分注重对公务员个人品德、职业伦理等方面的教育，经常举办各种旨在提高公务员伦理水平的进修班，并通过各种媒体宣传行政伦理道德的重要性。加拿大政府也于2003

---

① 王伟．关于加强行政伦理法律建设的建议．人民论坛，2010（11）．

年 9 月 1 日开始实施具有法规性质的行政伦理守则——《公共服务的价值与伦理规范》。该伦理守则不同于一些国家的行政伦理法制侧重操作性，而是突出强调了公共服务的价值和伦理，以指导和支持公务员的职业行为。

3.3 公职伦理

3.3.1 行政伦理与行政道德

行政伦理主要是人们关于行政管理活动好坏对错的判断过程以及判断理由，涉及行政主体行为的正当性与合理性，亦即领导、决策和执行等行政管理活动的合法性问题，它既包括行政人员个体在行政管理实践中的道德观念、道德活动与道德规范，也包括作为群体及组织机构的行政主体在行政活动中应遵循的价值规范。

从主体的角度看，行政伦理包含两个层次，即行政人员个体和行政组织。“在国家公务员个体作为行政伦理主体的意义上，行政伦理是国家公务员的行政道德意识、行政道德活动以及行政道德规范现象的总和；在行政机关群体作为行政伦理主体的意义上，行政伦理是行政体制、行政领导集团以及党政机关在从事各种行政领导、管理、协调、服务等事务中所遵循的政治道德与行政道德的总和。”① 从更加完整的意义上讲，行政伦理应该是关于整个政府管理的价值观念体系，包括行政人员的个人道德、行政管理的职业道德、行政机构的组织伦理及行政过程中的政策伦理等方面。行政伦理的基本特征有以下几点：

第一，整体性与系统性。行政系统不仅包括人，还包括行政组织，是由组织及其行政人员所构成的体系。在职能上，行政系统是专门行使行政权力和制定公共政策的系统，它经常要做出关系国家和社会发展的重大决策，会通过一系列行政行为的实施（包括设计、建立和完善、改革和发展行政组织、行政体制）对自己进行改革。行政系统中的行政人员是行政伦理关系中的重要承载者，必然会贯彻这一系统的伦理思想和道德意志。行政系统中的伦理思想和道德意志必然代表及反映着全社会的公共利益。鉴于行政伦理所要调整的是行政系统与其他社会系统、组织和公民的关系，它的行为对所辖行政区域内的整个社会都会发生影响。行政人员的职业活动主要是调整行政人员个人与他人、国家、社会的关系，行政人员在行政执行中的行为代表了国家和政府的形象，代表国家和政府去执行公务，代表国家和政府与社会组织和社会成员发生关系。所以，规范行政人员的行政伦理具有整体性。

第二，政治性与社会性。行政伦理的政治性是指，行政伦理反映了政治理念、政治原则和政治价值，行政伦理规范和指导下的行政行为也是服务于政治的，许多行政伦理的要求也是与政治要求相一致的，是与行政过程中的技术关注不同的。如果说行政是对政治的推广和执行，那么行政伦理必须是有利于政治统治的，需要贯彻和体现政治原则。

---

① 王伟．中国韩国行政伦理与廉政建设研究．北京：国家行政学院出版社，1998：73.

行政伦理的社会性体现为一切行政管理活动和行为都应对全社会负责。公共行政所遇到的和所承担的绝大部分事项来自社会，属于对社会要求的回应。而且，在行政管理活动的开展中，需要与社会中的几乎所有组织、公众、环境、地域发生关系，在多元化的社会构成要素和社会力量面前，政府及其行政人员必须扮演“公正”的角色，公正恰恰是行政伦理的基本内涵。此外，之所以说行政伦理既有政治性又有社会性，是因为行政伦理在政治统治与社会要求之间发挥着协调作用。一方面，行政伦理以及以行政伦理为指导的行政过程需要贯彻政治意志；另一方面，行政伦理的几乎所有要求又都是政府及其行政人员服务于公共利益的依据，让政府及其行政人员自觉地对来自社会中的各种要求加以权衡，并在行政管理活动中加以回应或反映到政治部门中，从而在国家与社会之间架设起桥梁。

第三，非功利性和非交换性。行政的公共性质决定了行政伦理的非功利性和非交换性。政府中的或以政府为主体的行政管理不同于“私人的”“企业的”以及各种各样“营利性的”机构中的行政管理活动，它属于公共行政而不是私人行政的范畴。公共行政中的行政执行活动主体是公共部门或公共服务机构，而不是私人部门或私人机构。私人行政的目的和性质是为了盈利，而公共行政的目的和性质决定了它应负起社会责任与义务，其工作不能用利润作标准来进行衡量，而必须用服务数量、质量、满足社会需要的程度等多种尺度来衡量。公共行政行为不是企业行为或商业行为，公共行政考虑问题在很多情况下必须舍弃功利，从大局出发，从整体出发，从长远出发，从系统出发，处理好局部利益与整体利益、眼前利益和长远利益的关系。在资本主义条件下，也有人将行政管理活动看作与纳税人间的交换行为，这在观念上是错误的，依据行政伦理的原则，政府及其行政人员的行政管理活动是无条件服务于公共利益的实现的，不存在交换的问题，也不应在此之中包含交换意识。

还需看到，行政伦理不仅是行政系统中的伦理，也应是一个社会中占统治地位的道德规范，行政组织的形象本应是其他社会组织的楷模，行政人员也应当是一个社会中较为杰出的人物，他们的行为本应是无私的，对他们的道德要求也应当比一般社会成员更高。同时，行政伦理对所有行政人员的要求都是一样的，它不因行政人员的职位、岗位的差别而有不同的要求，整个行政系统都必须遵循统一的行政价值观，各个行政层级、行政部门、行政领域、不同类别的行政行为以及不同类别的行政人员，都必须遵守共同的道德规范。此外，行政伦理规范还具有一定程度的强制性。如果说一般的社会道德规范具有非强制性的特征，往往依靠社会舆论、人们的内心信念和传统习惯来维护并保证实现，那么行政伦理及其行政道德规范则与法律、纪律等其他行为准则密切关联，在内容上也有着互相渗透、互相补充的关系。事实上，世界各国都在努力开展行政伦理立法，即将行政道德规范以法的形式规定下来，纳入条文之中。这样一来，行政伦理的作用既需要依靠行政人员的自我道德自觉，也会有外部控制的特征。

行政伦理与行政道德是既有联系又有区别的两个概念。在一般的意义上，“伦理”与“道德”常常通用，甚至“伦理道德”有时连在一起变成了一个概念。尽管如此，“伦理”和“道德”这两个概念仍不断被用于相异的判断。人们可以说某人或其行为是“不道德的”，但不能说其是“不伦理的”。一般认为，道德源于人的内心，属于精神性的原则，表现为个体的“应当”，它具有内在性、主观性、个体性。伦理则是内在道德的外在化，属于客观行为关系，表现为现实的群体规范，具有外在性、客观性、群体性。道德多指对人的行为的判断标准，它按照风俗、习惯和观念直接判定正当的行为。伦理多指行为判断标准的理由，它通过对风俗习惯和观念的检验与反省来对行为进行判断。所以，行政伦理与行政道德的内涵是有一定差别的。行政道德的概念主要涉及行政主体个人实践活动的正确规范及其所反映的价值观，主要是在行政人员的行政管理职业实践中形成，通过行政人员的职业行为加以表现，包括行政人员的道德传统、道德意识和道德品质以及由此而形成的道德规范和道德风尚等。行政伦理既包括行政人员个体在行政管理实践中的道德观念、道德活动与道德规范，也包括作为群体及组织机构的行政主体在行政活动中所应遵循的价值规范。可见，行政伦理概念的外延要大于行政道德概念的外延。同时，由于行政伦理和行政道德都与人们的意识和价值相关，加之伦理和道德两个概念往往连在一起使用，以至于人们在使用行政伦理和行政道德两个概念时也常常相互替代，不甚重视二者之间的细微差别。这也表明，行政伦理与行政道德之间有着密切的联系，有的时候，两个概念的含义是重合的。

3.3.2 行政体系中的伦理关系及其运行机制

伦理关系是人的社会关系的一重内容，主要是指那些牵涉可以做出善恶价值判断的人们之间的社会关系，更多地反映在人们之间的利益关系之中。在个人与他人的利益关系中，前者是作为道德主体的个人，后者是作为道德客体的个人，他们都有着多样化的“社会角色”。因而，伦理关系就包含或存在于夫妇、父子、兄弟、姊妹、长幼、朋友、同事、上下级等关系之中。公共行政体系中的伦理关系是指行政管理主体在行使国家行政权力、履行国家行政职能的过程中所形成的可以用善恶标准去评价的行政管理关系。在行政管理实践中，行政伦理关系的范围非常广泛，概括起来可以分为两个方面：一是政府系统内部的行政伦理关系，二是政府系统与外部环境之间的行政伦理关系。政府系统内部的行政伦理关系包括以行政人员为载体的中央与地方、中央部门与其机构以及各部门各机构之间的伦理关系，在更多的情况下，表现为行政机关与行政人员、行政人员之间的行政伦理关系。政府系统与外部环境之间的行政伦理关系主要是通过行政人员及其行为表现出来的政府与企业、政府与事业单位、政府与社会团体之间的关系。一般说来，存在代表政府的行政人员与公民或公众之间的行政伦理关系；在政府与政治部门之间，也存在行政人员相对于政治家等之间的伦理关系。

在公共行政体系中，最为基本的行政伦理关系是以行政人员为中心的权利义务关系，这是不同于一般社会成员的权利义务关系的，是与权力密切联系在一起的权利义务关系。行政伦理作为政府以及行政人员开展行政管理活动的价值体系，是由众多要素组成的，也包含着多面向的价值维度，其中，权利义务关系是最为根本的关系。伦理道德和法律制度一样，都包含着特定的权利义务关系。不过，伦理道德意义上的权利义务关系并不像法律制度上的权利义务关系那样明确地相互对应，而在很多情况下是存在相对分离的情况的。虽然从结果上看，道德主体在履行了一定的道德义务后也应当享有道德权利，可是从动机上看，道德义务具有无偿性和非权利追求或宣示的动机，即道德主体在履行道德义务时不应以获取某种权利为前提条件。对于行政主体而言，行政伦理意义上的义务在政府及其行政人员所承担的各种道德义务中是处于较高层次的义务。由于公共利益在政府及其行政人员的行为中具有至上性，因而在各种道德义务发生冲突的情况下，行政人员往往需要牺牲其他道德义务而保全行政道德义务。比如，“忠孝不能两全”，就反映了农业社会历史条件下的一种行政伦理冲突。只有当政府及其行政人员履行了应尽的义务，社会公众才能更好地享有相应的权利。

因此，行政主体必须以义务为本位，切实履行好职务责任和岗位责任，这是与国家观念中的公民权利本位不同的，又是由公民权利本位所决定的。在人成为行政主体时，是不应计较自身的公民权利的，而是需要在权利方面做出一定的牺牲，同时，又需要通过这种牺牲去保障他人的公民权利。譬如，大多数国家为了保障公务员能够做好本职工作，严禁公务员从事“第二职业”或者营利性兼职；国家对公务员的道德标准和行为规范也常常高于非营利性组织和私人组织对其雇员的要求。虽然对公务员有着比一般公民更高的行为规范和职业道德要求，但作为公民，公务员的正当权利也理应受到保护。近年来，各国在保障公务员的权利方面做出了持续的努力，如严禁人事招聘与录用、晋级与晋职、奖励与处罚等人事行政活动中的一切歧视，严禁工作中各种形式的性骚扰，保障公务员所享有的投诉申诉、控告等权利。同时，为了保障公务活动的顺利进行，行政主体往往也会享有某些特别权利，如行政优益权以及公务员的身份保障和工作条件保障等权利都在明文规定的保障之列，从而体现了行政人员权利与义务在总体上的一致性。

行政权力是一种公共权力，行政管理是公共权力的分配与行使过程。为避免在行政管理领域中出现以权谋私或滥用权力的情况，必须有一套行之有效的行政权力约束机制。这种约束机制包括“自律”和“他律”两种基本类型。显而易见，行政伦理探讨行政道德约束机制问题，而行政道德约束机制属于一种自律机制，是内在于行政主体的一种权力约束机制。这种机制体现了行政道德的主要的和基本的功能。行政道德作为一种约束机制，不仅可以加强对行政权力的制约，更重要的还在于它可以作为一种观念力量，提高行政权力的合法性。或者说，行政道德在很大程度上影响到公众对于行政权力的认同感和支持程度。行政道德对于行政管理的公正、廉洁与高效起着至关重要的作用。良好的行政道德运行机制可以使政府在公众心目中树立起良好的形象，并使政府获取较高的社会认同、广泛的社会支持与自觉服从，从而降低行政成本，大大提高行政效能。

3.3.3　行政道德规范

习近平总书记指出，“我们要坚持德才兼备、以德为先、任人唯贤，着力培养忠诚干净担当的高素质干部队伍和宏大的人才队伍”①。这一要求表明行政道德规范在我国公务员队伍建设中被放到了重要位置。行政道德规范产生于公共生活领域中，是社会对从事行政管理职业活动的行政人员所提出的道德要求，是专门用来规范行政人员及其行政行

---

① 习近平．习近平谈治国理政：第3卷．北京：外文出版社，2020：188.

为的伦理规则和道德标准。就伦理关系的普遍性而言，建立在行政伦理关系基础上的行政道德规范是指社会对行政人员所提出的从思想修养到具体行政行为等全部行政管理职业活动中所应遵循的道德要求，既包括对行政人员的思想意识、价值观念等主观因素的一般要求，也包括在行政人员的具体行为中应遵循的活动原则、工作程序、办事规则、言行标准和行政纪律等。这些道德要求表现为基本准则，既是行政人员进行职业行为选择的价值依据，也是对行政人员职业行为进行善恶评价的标准。行政人员无论官职大小、地位高低，都要认真对待、严格遵守。

在社会治理的工具库中，行政道德规范正在成为重要的新工具。行政道德规范作为正式的制度安排，与法律规范一起共同规范、约束行政管理活动中的各种关系，这种作用是行政道德规范作为治理工具的社会一般作用。行政道德规范的主要治理对象是行政人员，所以，行政道德规范的作用主要体现在对行政人员的行政行为进行规范、引导、调节的过程中。行政道德对行政人员的规范作用具有重要意义。行政伦理是关于行政管理活动的伦理，行政道德规范则直接指向行政人员，行政人员作为行政管理活动的主体，必须遵守特定的行政道德规范，以这种规范作为其行政行为的基本准则。行政道德的规范作用主要表现在：

（1）对行政人员行为有导向作用。行政道德规范的他律性已经表明其对行政人员外在的导向功能。处于一定行政环境中的社会成员对行政人员提出的道德要求构成了行政道德规范的内容，这些内容的形式化表现包括人们对行政人员角色的心理期待、对行政人员特定的价值观和理想信仰的要求，并倡导特定类型的行政行为。以制度化的形式确立的行政道德规范不仅对行政管理活动具有引导作用，对整个社会也具有示范作用，而其最直接的作用则是反过来提高行政人员行为的合法性和合理性。行政人员在行政伦理意识支配下，以社会或公众的利益为标准，在不同的价值准则或善恶冲突之间做出的自觉、自主、自控的抉择，是对自己行为动机、意图、目的和行为方式、过程、结果的选择。

（2）对行政人员行为有规范作用。行政道德规范是对行政人员实施治理的正式制度安排，行政人员一旦进入行政管理的过程就必须遵守它，并且只有当行政人员的行为符合这些规范时，才能真正被社会所接受，进而实现行政效能的最大化。当行政人员的行为违背或超出这些规范时，可能会激起公众的否定性的反应，导致行为的受阻或降低对行政人员的信任度，行政人员也就会被淘汰。行政道德规范对行政人员行为的种种内在规范和约束作用是其他外在的强制性规范所无法替代的，权力执掌者自身的道德意识和人格追求直接对其自律品质的形成起指导、监督和自我评价作用。

（3）对行政人员行为有调整作用。这是前两种作用的综合体现。在行政管理活动中，行政伦理对于符合行政道德要求的情感、信念和行政行为予以激励和强化；对于不符合行政道德要求的情感、欲望则予以纠正或弱化，特别是当出现认识错误、方式或方法失当时，行政伦理能够纠正行为者某种自私观念和有失偏颇的情感，改变自己的行为方向和方式，以避免产生违背行政责任要求的后果。随着社会环境的变化，行政管理的内容复杂多变，行政人员的行为也就应当有着相应变化，以适应时代变化的要求。但是，这种变化必须控制在一定幅度和范围内，不能脱离社会对行政人员的基本道德要求，而这又取决于行政道德规范对行政行为的调整。

关键术语

人力资源　人力资源管理　公务员制度　职位分类　职务管理　录用　聘任　考核　职务任免　晋升　降职　奖励　辞职　辞退　退休　科学路径　政治路径　伦理路径　行政伦理　行政道德　伦理关系　行政道德规范

复习思考题

1. 简述行政人员在行政体系中的地位和作用。
2. 简述人力资源的含义。
3. 简述行政组织人力资源管理的内容。
4. 简述公务员制度的基本内容。
5. 简述公务员制度发展的科学路径。
6. 简述公务员制度发展的政治路径。
7. 简述公务员制度发展的伦理路径。
8. 简述行政伦理的基本特征。
9. 行政伦理与行政道德概念辨析。
10. 简述公共行政体系中的伦理关系。
11. 简述行政道德规范及其作用。

第 4 章
政府职能

在当代中国的公共行政研究中，政府职能是一个非常重要的问题。一方面，“转变职能”是改革开放以来中国政府改革的基本线索；另一方面，在我们所接触到的西方公共行政文献中，似乎并没有政府职能这样一个专门的研究领域。在中文语境中，政府职能的概念包括两层含义：一是政府的事权范围；二是政府行使事权的方式。中西方公共行政研究的一大区别在于，西方的尤其是美国的公共行政研究是建立在政治-行政二分的原则下的，行政学所关注的是作为一个给定事实的政府组织的架构与运作，无力探讨作为政治实体的国家及其事务。所以，作为国家-社会关系的一种表现，政府职能的问题被排除在了西方公共行政研究的视野之外。在中国，一方面，国家与政府之间并没有明确的分化；另一方面，政治学与行政学之间也没有严格的边界。这在客观上拓宽了行政学者的研究视野，让他们能够从自身的专业角度对政府职能发表意见，并得出了许多既不同于政治学研究也不同于西方行政学研究的认识。今天，这些认识已经构成了一种对中国现实有着独特解释力的知识。

本章重点问题

- 政府职能模式
- 政府职能体系
- 保护型政府职能模式
- 干预型政府职能模式
- 引导型政府职能模式

4.1 政府职能的一般知识

4.1.1 政府职能概述

习近平指出，政府职能的问题实质上是“政府应该做什么、不应该做什么”的问题①。从学术研究的角度来看，政府职能是指政府在一定时期内基于国家治理和社会发展的需要而承担起来的管理国家和社会公共事务的基本职责，是政府行政管理与社会管理的职责与功能的统一。首先，政府职能表现为作为国家行政机关的政府所履行的职责，包括政府应该管什么、管到什么程度和怎么管等问题；其次，政府职能又表现为政府在国家和社会中的功用与效能状况，主要是一个政府应该发挥什么样的作用的问题。政府职能是一个历史范畴，因社会治理生态和政府类型的不同而具有不同的内涵。统治型政府的基本职能是通过权术或权谋的施展来对社会进行全方位的统治；管理型政府的基本职能是通过管理技术或管理制度的更新来对社会进行全方位的管理；服务型政府的基本职能是通过不断地践行和深化服务理念，引导多元的社会治理因素科学发展，打造“合作治理”的新局面。

在现代社会，职能是组织存在的基本前提。与其他组织相比较，政府无疑是最为庞大的组织体系，这决定了政府职能具有一些特有的属性。

其一，政府职能的广泛性。任何一个社会都是由各种各样的组织所构成的，特别是在近代以来社会组织化的过程中，组织成长为社会的细胞。但是，各种各样的社会组织都或者是属于某个特定领域的组织，或者是从事某种专业活动的组织，其职能都具有专业定向的特点。由于凌驾于整个社会之上，政府是把整个社会作为自己的管理和调整对象的，它需要关注、介入或干预几乎一切社会事务。所以，政府职能也就涵盖了整个社会。政府职能的广泛性是任何一种社会组织都无法相比的。

其二，政府职能价值目标的多样性。社会构成是非常复杂的，一个社会是由不同的阶级、阶层构成的，有着多样性的利益诉求。同时，任何一个社会都是历史与现实的交汇点，存在多样化的观念、思想和文化旨趣。政府既担负着提供社会秩序、中和多样性的需求、照顾多样化的利益诉求的职责，又需要促进政治、经济、文化发展和社会进步。这就决定了政府必须把效率与公平等问题的解决作为政府工作的目标，把多样性的价值目标协调起来，在每一项方针政策中都要体现出多元价值目标综合实现的追求。相对而言，社会组织在价值目标上就单纯得多了，是为了实现某一目标或体现出某一价值的。

其三，政府职能实现上的强制性。政府组织是以国家权力甚至暴力为后盾的，在现代社会，一般都是以法律的形式来确立其地位，具有较高的权威性。这一点体现在政府

---

① 习近平．在党的十八届二中全会第二次全体会议上的讲话．（2017－11－21）．http：//theory.people.com.cn/n1/2017/1121/c40531－29658332.html.

职能的实现上就表现为强制性，会提出令行禁止、政令畅通的要求。除非政府陷入严重的合法性危机或社会陷入全面失序的状态，一般而言，对于政府实现其职能的活动，其他社会力量都必须予以响应和配合。政府为了实现其职能，可以依法无偿地调动和征用社会资源。社会组织则无法这样做，它们在其职能实现过程中，或者基于价值交换，或者基于利益共在，或者基于文化认同和情感互通，基本上不可能建立在国家权力和法律权威的基础上。

其四，政府职能的动态性。政府职能是动态的，总是处于变化中。一方面，社会组织有可能存在职能萎缩和消失的问题，政府则不会。政府可能出现更迭，而政府职能却不会消失。另一方面，社会总在发展进步中，政府职能也必然会不断地发生变化，无论这种变化是一个自然历史过程还是属于自觉调整的范畴。在政府管理国家和社会事务的过程中，在不同的时期，会有不同的职能重心，会根据社会的稳定和安全，根据促进经济社会发展的要求，把政府职能重心放在不同的方面。从近代以来的情况看，所有政府都存在着不断扩张其职能的内在冲动，只是在政府职能的扩张引发了政府机构膨胀的后果时，才会通过行政改革的方式去限制政府职能和精简政府机构。

正确地界定和认识政府职能，对于建立结构合理的行政组织系统，实现政府对社会的有效组织和管理，有着十分重要的意义。

首先，政府职能是行政组织存在与发展的根本依据。行政组织不是任意设立的，其赖以确立的根本依据是政府职能。一方面，只有以政府职能为基础来认识行政机构，才能科学地确定行政机构的地位、作用及规模，才能合理地建立一个功能齐全、结构完备、运转协调的行政组织体系。另一方面，由于社会环境的变化，政府职能也会发生变化，行政机构也应进行相应的调整。机构改革能否取得成功，关键在于能否根据政府职能的状况去调整行政组织机构，当政府职能发生了转变，也需要调整行政组织机构去适应它。

其次，政府职能的内容及其实现状况决定了政府的性质。农业社会的政府所承担的主要是统治职能；工业社会的政府所承担的主要是管理职能；在走向后工业社会的过程中，政府服务职能的内容正在迅速的成长之中。这也反过来证明政府职能的内容决定了政府的性质。近代以来，特别是在利益分化较为充分的条件下，政府职能中包含着在多样利益诉求中去把握普遍性因素的内容，从而突出了政府职能的公共性，并通过提供公共服务的方式去带动其他政府职能的实现，从而使政府的行政具有了公共性。

再次，界定政府职能是实现政府管理科学化的前提。政府管理活动本身就是政府职能实现的过程，政府自身内部的行政管理是服务于政府职能的更好实现，或者说政府的一切活动都从属于实现政府职能的需要。政府职能是一个复杂的体系，而且职能重心也在不断地发生变化，认识政府职能的构成、界定政府职能的范围以及确认政府职能的重心等，都是政府管理科学化所提出的要求。虽然政府职能界定更多地表现为一个政治过程，但落实到政府中来的时候，却表现出科学性的特征，从而使政府组织结构、分工-协作体系、权力运行机制等方面，都表现出目标明确、程序合理、行动高效的特征。

最后，政府职能的实现情况是政府管理效能的表征和检验标尺。政府职能是否得到了充分发挥和完全实现，是衡量一个政府及其社会管理状况的尺度。政府组织的结构状况、分工-协作体系的科学性、程序的合理性以及人员的素质和结构等，都会反映在政府职能的实现过程中以及实现程度上。反过来，政府职能实现的状况也是检验政府这些方面的标准，能够准确地反映出政府这些方面的状况。当政府职能得到了较好的实现，公众的满意度就会提高，政府的合法性也会得到增强。反之，政府就需要认真地分析原因并通过自身的改革去改善政府职能实现的状况。当然，政府能否承担起它应当承担的职能，是由多种因素决定的，政治生态以及社会环境都会对政府职能的承担和履行产生很大影响。因此，对于政府而言，只有时时认识和把握自身承担职能的状况，才能准确地发现行政改革的内容和方向。

总之，政府职能及其实现状况是认识和把握政府及其行政过程的一个视角，也是对一个政府做出评价的依据。政府是直接地与其所在的社会联系在一起的，政府应当扮演的是对整个社会的管理、促进、引导和服务的角色，因而政府职能需要在社会发展的动态过程中进行定位，需要根据社会发展的现实和未来走向去前瞻性地确立政府职能的内容，并创造性地探索政府职能实现的路径。在国家的政治生态、法制环境等既定条件下，政府职能及其实现的状况对社会存在、社会发展以及社会生活有着决定性的影响，关系到公众对国家政权的认识，也关系到政府的形象。在全球化的条件下，政府职能的实现状况直接决定了一国在国际社会中的地位和竞争力。所以，科学地界定政府职能，积极地探索政府职能实现的正确路径，应当成为政府自身建设的一个不移不易的主题。

4.1.2　政府职能模式

政府职能模式的概念暗含了政府是一个制度化的行动系统的前提，其表现一是政府被限定了一个明确的事权范围，二是政府必须遵循特定的行使事权的方式。农业社会尚未出现国家与社会的分化，对统治型的社会治理而言，其行动并不存在一种制度化的外部约束，其行动范围与行动方式都表现出了很强的随意性，因而无法从政府职能模式的角度对它进行研究。随着国家与社会的分化，国家在根本上受到了社会的制约，造就了管理型政府。这种管理型政府在事权范围与行使事权的方式上都受到了制度性的约束，逐渐变成了一个制度化的行动系统，也在制度变迁的过程中呈现出了不同的政府职能模式。

历史地看，管理型政府的职能模式具有保护型和干预型两种典型形式。保护型政府职能模式（简称“保护型模式”）是自由资本主义时期的产物，主张政府担任“保护人”或“守夜人”的角色，尽量少干预或不干预市场经济的运行，任由市场机制去调节经济活动，让市场自己在运行中实现资源的合理配置。换言之，保护型模式的产生源于西方各主要市场经济国家对“自由竞争”原则的信奉，源于政治学家和经济学家们对“市场力量的自由运动可以造就经济的均衡状态”的广泛认同。保护型模式终止于1929—1933年的“大萧条”。这场经济危机将“市场万能主义”彻底击破，让人们明白了“市场失灵”的客观事实。在市场失灵的情况下，政府迫切需要一种全新的职能模式来弥补市场机制的不足。因而，一场倡导国家干预主义的思潮随之兴起，干预型政府职能模式也由此产生。

干预型政府职能模式（简称“干预型模式”）是基于凯恩斯主义所倡导的国家干预主义而做出的政治设计，它主张政府积极地运用财政政策和货币政策等手段来调控市场经济的运行，实现对整个经济生活的全面干预，以弥补市场自身力量的不足和达到经济持续、稳步增长的目标。在20世纪30年代到70年代初的这一段时间内，欧美各发达国家普遍选择了这种类型的政府职能模式。但是，从20世纪60年代末起，特别是1973年发生了“石油危机”事件之后，所有西方发达国家无一例外地出现了经济发展的停滞和通货膨胀，这也被称为“滞胀”。这种“滞胀”意味着“政府失灵”，意味着在市场经济条件下政府纠正市场失灵的能力是有限的。因此，也开始了一场直接对现代市场经济条件下的干预型模式及其理论基础——凯恩斯主义的批判性反思运动。以现代货币主义学派、公共选择学派、新制度学派、合理预期学派为代表的新自由主义思潮反对凯恩斯主义的全面干预论，通过分析政府干预行为的局限性和政府失灵的成因及表现，提出限制甚至取消政府干预的要求，希望再度让市场机制充分发挥作用。这一思潮在发源于20世纪70年代末的改革运动中得到了实践的响应，其中，新公共管理运动就是实践这些理论的典型代表。

自20世纪60年代开始，以“四小龙”为代表的亚洲新兴工业化国家和地区实现了经济腾飞并创造性地走出了一条政府职能模式的“第三条道路”，即走上了一条建立引导型政府职能模式的道路。遗憾的是，这些亚洲国家和地区由于缺乏服务型政府的理论指引而未能获得对这种在实践中创造出来的政府职能模式的科学认识，当这些国家和地区实现了经济腾飞后，在西方话语霸权的影响下纷纷放弃了这一创新性实践成果。这意味着引导型模式的初次尝试在亚洲新兴工业化国家和地区被抛弃了。可喜的是，改革开放后的中国政府在实现社会和经济发展时自觉地发展了引导型政府职能模式。从20世纪80年代开始，当中国开始尝试运用引导型模式作用于中国的经济和社会发展时，迅速展现出了巨大能量。特别是在经济方面，在40多年的时间里，中国成为经济强国。这充分证明了引导型模式的实践价值。

在中国改革开放的时候，一场全球化、后工业化运动开始兴起，所以，中国改革开放后所面对的发展环境已经发生了巨大变化，那就是，人类社会开启了后工业化进程，社会的复杂性和不确定性陡增。中国政府必须面对发展的“双重历史使命”——既要实现工业化，又要面对后工业化。正是在这一特殊的历史条件下，引导型模式在促进中国经济和社会的发展中发挥了重要作用，具体表现为：（1）经济领域。实现领导力制度化和建立政商合作体系，制定战略性规划和构建“全方位、大开放”战略发展格局，建立“现代防护墙”下的金融运行体制。（2）社会领域。实施旨在改善民生的“惠农政策”，加强精神文明和生态文明建设，建立中国特色的社会稳定系统，培育和发展社会组织。随着我国20世纪末提出服务型政府理论，引导型模式获得了服务型政府理论的支撑，并被赋予了更加深远的意义——一种“面向后工业社会”的政府职能模式。可以认为，服务型政府是引导型模式的主体归属，引导型模式是服务型政府的功能体现。也就是说，服务型政府及其行政人员所承担的是引导型政府职能，是通过引导型政府职能模式去诠释服务型政府的功能和价值的。

4.1.3　政府职能体系

政府职能体系是指在一定历史时期由政府拥有的不同职能按照内部联系而组合并构成的职能系统。在人类历史的不同时期，政府职能体系的构成是不同的。如果说政府职能模式的概念所表明的是在抽象和概述的意义上对一定时期内不同类型政府职能之间共有属性的描绘，那么政府职能体系一词则在形式和内容上展现了一定时期内的政府职能。

工业社会的发展不断地强化着政府凌驾于整个社会之上的地位，不断地向政府提出层出不穷的要求，时时扩展着政府职能的内容，致使政府职能体系成为一个复杂的系统。现在，政府的管理遍及经济、政治、文化教育、社会服务等各个领域，政府也因此具有经济管理、政治、文化教育、社会（公共）服务、生态管理等职能。由这些职能所构成的政府职能是一个完整的体系，几乎包容了国家和社会生活的全部内容。即使微观的社会生活领域中的一些内容不属于政府职能作用的范畴，也需要建立在政府的这些职能实现的基础上，需要以政府的这些职能的实现为前提。党的二十大提出，“中国式现代化的本质要求是：坚持中国共产党领导，坚持中国特色社会主义，实现高质量发展，发展全过程人民民主，丰富人民精神世界，实现全体人民共同富裕，促进人与自然和谐共生，推动构建人类命运共同体，创造人类文明新形态。”① 其中，多方面要求都与政府职能有关。所以，中国式现代化的实现是离不开政府职能体系的。

（1）经济管理职能。政府的经济管理职能是政府在国家以及社会经济管理活动中所承担的职责和应发挥的作用。近代早期，根据自由主义原则的要求，政府被确定为一种有限政府。按照早期自由主义的规划，政府尽可能地被排除在经济活动之外，经济活动基本上被要求接受市场机制的调节。随着垄断资本主义的出现，出现了市场失灵的情况，即市场机制已经无法发挥充分的调节作用。这时，经济以及社会的运行需要政府的介入，原先根据自由主义精神的政府定位需要得到调整，也就是说，政府已经无法再超然于经济以及社会的运行之外了。这样一来，政府的经济职能被放到了一个显著的位置上。政府的经济职能主要表现在由政府制定国家的中长期经济发展规划，通过政策等宏观调控的手段以及转移支付等经济手段和调整产业结构等管理手段去稳定经济秩序、协调经济构成要素和区域经济布局，以求促进经济健康有序地发展。其中，也包含着政府所提供的与经济活动相关的信息服务等内容。一般说来，在社会主义国家，政府的经济管理职能更为突出。随着中国经济进入高质量发展的新阶段，各级政府也将承担更为积极的经济管理职能。

（2）政治职能。政府的政治职能在形式上具有历史继承性，可以说在传统的国家治理过程中就已经存在。但是，其内容一直在不断地发生变化。本来，政府就是一个政治实体，是国家政治生活中的一个基本构成要素，即使根据政治-行政二分的原则，也只是要求政府中的行政过程“政治中立”，至于政府的政治性质，则从来没有人怀疑过。但是，政府的政治性质是由其行政过程来加以支撑的，是由行政过程来提供保障的，没有

---

①　中国共产党第二十次全国代表大会关于十九届中央委员会报告的决议．新华网，2022-10-22.

高效率的行政，政府自身都会遇到合法性危机的问题。在现代社会，政府的政治职能主要包括巩固国家政权、维护国家主权统一和领土完整、保卫国家不受外部势力干涉、提供基本的社会秩序、保障公民基本权利和政治生活的健康有序、促进政治文明的发展等等。在实现中国式现代化的过程中，中国政府承担着促进全过程人民民主的重要职能，这也是中国政府与西方政府在政治职能上的关键性区别。在国际交往和合作日益频繁的条件下，政府还担负着代表国家承担国际义务和维护世界和平的职责，积极地在化解国际危机和打击跨国犯罪组织的活动中发挥作用，防止大规模杀伤性武器的扩散，等等。

（3）文化教育职能。政府的文化教育职能是指政府对全民的思想道德建设以及教育、科技、文化、卫生、体育、新闻出版、广播影视、文学艺术等方面的管理。一个社会的健全在很大程度上体现在健康的文化生活、能够促进人的全面发展的教育事业、有创新能力的科学技术活动、不断增进全民体质的体育活动和医疗卫生事业等方面。任何一个社会中都包含着繁荣文化生活和促进教育发展的积极性，政府也担负着引导和促进文化和教育朝着正确方向发展的职责，即政府需要承担起促进一个社会的精神文明建设的责任。特别是现代政府，应更加注重承担起这方面的职责。一般说来，政府的文化教育职能的具体内容主要包括：制定教育、科学文化事业的发展战略和规划，并负责具体实施；颁布教育、科学文化事业的发展政策、法令和规定；指导、监督、协调各地区各部门对教育、科学文化事业发展的关系；有领导有秩序地逐步开展教育、科学文化体制的改革；采取切实措施加强全民的思想道德建设。

（4）社会（公共）服务职能。政府的社会服务职能是指政府为社会提供各种服务以及社会保障，这是现代人作为社会——而不必然是国家——的一员而有权利要求政府承担的职能。国家成员与社会成员的区别在于，国家成员是同质化的，社会成员则是差异化的，因为社会成员拥有不同的群体角色。所以，在实践中，社会服务往往是针对特定社会群体的服务，但作为一种公共组织，政府对这些服务的提供必须符合公共利益，所以，由政府提供的社会服务在性质上都属于公共服务。比如，助残服务是一种典型的社会服务，它只适用于残疾人群体，却又符合社会整体上的公共利益，因此属于公共服务。近些年来，为了突出政府的社会公平和公正方面的职责，基本公共服务的均等化被提了出来，并成为中国当前以及今后一个时期政府公共服务的主要目标。公共服务的内容繁杂，涉及政治、经济、文化、环境保护、医疗卫生、城市规划、旅游娱乐、养老保健等各个方面，因而与政府的其他职能之间有一定程度的交叉。但是，公共服务职能的实现着重于维护社会公平、促进社会和谐和改善人们的社会生活等方面，这又使它与政府的其他职能之间有所区别。政府的公共服务职能在物质的意义上主要表现为社会财富的二次分配；在健全社会生活方面，主要表现为通过建立政策和法律制度框架去调动社会资源及提供基本保障。作为社会主义国家的政府，中国政府履行社会（公共）服务职能是服务于实现全体人民共同富裕之目的的。

（5）生态管理职能。政府的生态管理职能是一种正在成长中的职能，是指政府所承担的保护环境和维系既有的生态结构的职能。随着人类进入工业社会的发达阶段以及人类征服自然能力的不断提高，出现了环境以及生态危机的问题，威胁到人类的生存，这就要求政府必须承担起解决环境和生态问题的职能。政府的生态管理职能的实现，在很大程度上取决于世界各国的合作以及获得共识。但是，由于经济的全球化与政治的全球化发展不是同步的，一些国家为了维护自身的短期利益而在生态环境保护、资源开采方面采取较为消极的态度。这也是一个在科学地界定政府生态管理职能的过程中需要解决的问题。

4.2　管理型政府职能模式的演进

4.2.1　自由主义与保护型政府职能模式

近代以降及至19世纪初期的西方社会通常被称为“原子化社会”，这个社会被认为是由原子化的个体所组成的，根据自由主义哲学的原则，每个个体的目的都被认为优先于社会整体的目的。关于原子化社会的思想可以追溯至古希腊哲学中的原子论，但直到近代，随着城市化、工业化打破了共同体加之于个体的各种藩篱，作为个体的人才得以走上历史舞台，并以自身为原点而将社会建构成了一种原子化的社会。原子化社会催生了自由主义这一意识形态及其一系列基本理念，要求所有经济性、社会性和政治性的活动都要以个体为前提，反映到政府作用于市场与社会的关系上，就形塑了一种保护型政府职能模式。

在300多年的发展历程中，自由主义的基本内涵可以概括为四个方面：政治自由主义、经济自由主义、社会自由主义和哲学自由主义①。政治自由主义主要是伴随着早期自由主义的形成而诞生的，或者说是早期自由主义的核心内容，因为早期自由主义面临着反对绝对国家、争取个人政治权利、构建有限政府的重任。经济自由主义是从18世纪开始逐渐形成的，早期的经济自由主义思想家们主要关注的是政府的经济管理职能，即政府应当以何种方式介入经济活动。亚当·斯密是经济自由主义系统理论的首创者，后来经济自由主义提倡的“自由放任”主张转变为经济政策，政府基本上被定位为“守夜人”的角色，即游离在市场之外保护市场的正常运行，为市场活动的良好有序发展提供保护。社会自由主义产生于19世纪中后期。社会自由主义比较关注社会正义、弱者的基本生存条件等问题。其实，自由主义从其诞生那一刻开始，无论是以政治、经济、社会还是哲学的自由主义面目出现，都努力造就一套关于个人、国家与社会关系的理论，其核心是界定个人与国家的关系。

具体而言，自由主义所界定的是处于私人领域的个人与公共领域的国家之间的关系。自由主义理想的国家类型是一种“最小国家”，后来也被称为“小政府”，在学术用语上通常称作“有限政府”。这种理念主张政府的作用应该局限在消极地保护个人权利上，政府应扮演“守夜人”的角色。自由主义所提供的建构这种“最小国家”的基本途径包括：限制国家权力的活动空间，强调个人与社会的权利，以分权的方式造成国家权力机构之间的内部制衡，防止出现专断权力。所以，自由主义的核心主张就是建构一个“有限政

---

① 李强．自由主义．长春：吉林出版集团有限责任公司，2007：15－17.

府”。在此前提下，要求“有限政府”除了保护个人权利之外，还需要为市场经济的运行提供安全和正常的发展环境，而不是直接地介入个人的生活和经济的运行中去。

直到 19 世纪中期的近代西方社会发展基本上都是基于古典自由主义的设计而展开的，“市场经济”在这一阶段中获得了支配性话语权，政府也根据市场经济发展的需要去承担保护型职能，形成了保护型政府职能模式。其实，近代以来的社会和经济运行都包含着政府某种程度的介入，只不过在自由主义原则下建立起来的这种保护型职能模式要求政府尽可能少地介入经济和社会过程中，这并不意味着政府完全不作为。因为，自由主义也承认经济、社会秩序的重要性，是希望把个人的自由以及经济主体的自由建立在秩序的前提下的。所以，在自由主义的思想中，是包含着要求政府提供基本的经济和社会秩序的。

总体看来，保护型模式是自由资本主义的产物，是西方主要市场经济国家在经济发展过程中逐渐形成的一种政府职能模式，它主张政府尽可能少干预或不干预市场经济的运行，任由市场机制去调节经济活动，让市场自己在运行中实现资源的合理配置。在这种政府职能模式中，政府担当的是“保护人”或“守夜人”的角色。一方面，政府是不可缺少的因素，没有政府的存在也就没有市场的安全；另一方面，政府的作用又不能介入市场运行中去。就性质而言，这一类型的政府活动基本上是政治性的，如果说也包含着管理的内容，则是微乎其微的。它对外以维护领土完整为底线，如果有可能的话，就进行扩张，即通过政治以及军事手段来保持和提升本国经济的竞争力；对内则维护私人财产不受侵犯，保护市场机制免受破坏，并尽可能提供在整体上满足经济活动得以开展的基本条件。

在整个自由资本主义时期，西方各国的政府基本上采用了保护型模式，一致认同“管得最少的政府是最好的政府”。也就是说，政府在促进经济发展的过程中往往采用的是政治手段，如拓展经济发展的海外市场、维护已经形成的政治经济秩序等，一般不直接介入经济活动中。就保护型模式的发生而言，它首先是在欧洲国家产生的，随后才出现在美国，或者说，美国的保护型模式是从欧洲国家传入的。保护型模式的终结和被完全取代是源于 1929—1933 年的经济“大萧条”，这场经济危机宣告了“市场失灵”，迫使西方国家重新思考政府与市场在经济活动中的恰当角色，并放弃了自由主义的原则，采用了一种干预型政府职能模式。现在看来，“市场失灵”俨然成了管理型政府扩大其职能的理由，或者说，“市场失灵”为政府职能的扩张提供了借口，击碎了古典自由主义给政府施下的“守夜人”魔咒。作为社会治理主体的政府在得到“正名”之后，政府管理市场和社会的职能一直处于扩张之中，相应地，政府在各个方面的职能都呈现出“干预型”的特征。干预型模式作为政府职能扩张的结果是对保护型模式的替代。虽然人们把这种政府职能模式的产生归于凯恩斯主义，但实际上，它的出现是具有历史必然性的，是产生于工业社会从“原子化社会”走向“组织化社会”的历史转型过程中的。

4.2.2 凯恩斯主义与干预型政府职能模式

考察西方国家政府干预行为的发生史可以发现，欧洲国家主要是从第一次世界大战前后开始出现政府干预行为增长的趋势，尤其是在一战之后，国家的计划和干预职能逐渐显性化。在美国，也大致是从这一时期开始的，一般认为始于“进步主义时代”。1929 年爆发的经济危机是政府干预模式生成的重大契机，面对“大萧条”，古典自由主义被完全抛弃了，代之以凯恩斯主义，罗斯福“新政”是干预主义模式的典型代表。直到 20 世纪 70 年代，干预型政府职能模式都是占主导地位的政府职能模式。干预型模式的出现主要有两个方面的原因：其一，自由资本主义的结束和垄断资本主义的出现使市场失去了自我调节的能力，以至于经济危机爆发的周期越来越短、范围越来越广、规模越来越大，这迫使政府不得不从原来的维护市场经济的环境和秩序转向进入市场之中去加以干预；其二，资产阶级开始走出早期的空想，更加现实地对待其阶级理想，如果说人权和自由等在整个自由资本主义时期是一种“无限原则”的话，那么进入 20 世纪，则蜕变为一种“有限原则”，从而使人们根据这种“有限原则”接受了政府对市场的干预。

干预型模式的产生过程大致是这样的：19 世纪后期和 20 世纪初期，西方一些主要发达国家政府开展了一系列的反托拉斯立法，着手政府干预经济的试验。与此同时，相应的理论开始出现了，主张政府应在市场中发挥拾遗补阙的功能，即市场可以做到的事情，政府就不要管，市场做不到的事情，政府则应当去管。这是市场调节为主、政府干预为辅的原则。1936 年，凯恩斯的《就业、利息和货币通论》出版，为政府全面干预市场提供了理论基础。在凯恩斯看来，仅仅依靠市场机制的自发调节作用不足以使有效需求提高到充分就业的水平，但市场机制的这种“能力不足”的情况可以由政府通过扩大政府支出、减税和货币扩张等措施加以弥补。名义上是弥补，而在实际操作中，当政府采取这些措施时，它已经深深地介入市场之中，对市场进行干预了。凯恩斯认为，当政府采取这些措施对市场加以干预时，在达到充分就业之前，始终能够刺激产量和就业量的增加，而且不会带来通货膨胀。

亚当·斯密使用了“看不见的手”这一提法去描述市场机制，从而把政府拒绝于市场之外，而凯恩斯主义的“政府干预论”则被人们形容为“看得见的手”，意思是市场的运行需要政府这只“看得见的手”去进行调节。事实上，凯恩斯主义的理论主张在资源配置的实践中取得了异乎寻常的成功，通过罗斯福“新政”，美国率先将这种理论付诸实施并最早走出经济危机。罗斯福“新政”拉开了整个西方国家政府干预的序幕。第二次世界大战后，各发达资本主义国家都采用各种手段实施宏观调控，动用各种手段抑制经济危机。这种政府干预最明显的特征是“国有化”和“经济计划化”。而且，这种干预使西方发达国家再也没有出现像 20 世纪 30 年代的那种经济“大萧条”，并创造了 20 世纪中期经济迅速发展的奇迹。

1929—1933 年的经济“大萧条”宣布了政府的自由放任和市场机制自发调节时代的结束，西方主要的市场经济国家都不得不放弃自由放任的经济思想和政策主张，转而通过采取政府干预的政策措施去克服危机和实现经济复苏。凯恩斯主义恰好满足了西方治理经济危机的实践需求。特别是在二战之后，凯恩斯主义的干预型政府职能模式成了西方主要资本主义国家复苏经济的基本途径。事实上，西方国家根据凯恩斯主义理论而开展的政府干预经济活动取得了巨大成功，使经济得以迅速恢复和繁荣。然而，在 1973 年的“石油危机”之后，几乎所有西方发达国家无一例外地再次出现了经济停滞，高失业和高通货膨胀相互交织、同时并存，即进入了所谓的“滞胀”时期。于是，凯恩斯主义受到了来自各个方面的批评，其主流地位也受到质疑，政府自由放任的主张出现了复兴的势头。也就是说，这次经济“滞胀”意味着政府在市场经济条件下纠正市场失灵的能力是有限的。正如市场机制不是万能的一样，政府也不是万能的。对于政府纠正市场失灵时所表现出来的这一有限性，学者们称作“政府失灵”。

一般认为，“政府失灵”这一概念是由美国学者小查尔斯·沃尔夫（Charles Wolf, Jr.）最先提出的，他在1979年的一篇论文里将政府失灵分为官僚主义供给和政策实施问题两类。后来，以詹姆斯·M. 布坎南（James M. Buchanan）为首的公共选择学派对民主社会的政治结构进行了全面分析，揭示了“政府失灵”的原因。目前，西方关于政府失灵的研究主要是由公共选择和政策分析学者做出的，另外一些发展经济学家在研究欠发达国家的经济发展问题时也论及了这一问题。总的说来，“政府失灵”这一概念所指的是，在市场经济条件下，政府由于自身的局限性和外部约束的乏力而在干预经济运行和社会生活过程中产生了与其目的相背离的结果。也就是说，个人对公共物品的需求得不到很好的满足，政府以及整个公共部门在提供公共物品时趋向于浪费和滥用资源，致使公共支出规模过大或者效率降低，政府的活动并不像理论证明的那样“有效”。“政府失灵”具体表现在公共政策失误、公共物品供给的低效率、政府的权能扩张和规模膨胀、政府官员甚至部门的“寻租”活动等方面。

从近代以来社会发展的总体情况看，政府在恪守有限政府的原则而采用保护型模式时，出现了“市场失灵”的问题，随着政府介入市场较多和较为深入之后，又出现了“政府失灵”的问题。这说明，按照早期自由主义的有限政府原则，放任市场以及社会的自我调控，或者说过分地夸大市场机制的作用，是无法保证社会健全的。同样，当政府按照凯恩斯主义的干预原则深深地介入市场之中时，也使全能政府的神话最终破灭了。“滞胀”的出现，意味着在市场经济条件下政府纠正市场失灵的能力是有限的。这促使人们对现代市场经济条件下的干预型政府职能模式及其理论基础——凯恩斯主义进行了批判性的反思。

4.2.3 引导型政府职能模式

近代以来，西方一直处在自由主义意识形态的笼罩之下，即便是在凯恩斯主义盛行之际，自由主义意识形态也被放置在显著的位置上。所以，直到市场失灵已经成为一个非常严重的问题，政府的市场干预的正当性才被承认，而一旦出现了政府失灵的蛛丝马迹后，立即就引来了无数的声讨，甚至要求将政府完全从市场中驱逐出去。20世纪70年代以来，在对干预型模式的批判中，以“新自由主义”思潮和“新公共管理运动”最为引人注目。新自由主义对凯恩斯主义进行了批判，通过分析政府干预行为的局限性和政府失灵的成因及表现，要求限制甚至取消政府干预，让市场机制充分发挥作用。“新公共管理运动”以英国撒切尔夫人的“私有化运动”和美国的“里根革命”为起点，其目标是要重新调整政府与社会、政府与市场的关系，主要内容是：减少政府职能，充分利用市场和社会力量提供公共服务，弥补政府财政和服务能力的不足，使政府管少管好。从改革的实践看，其在短期内确实缓解了西方国家因市场与政府的双重失灵而带来的危机，但从几十年来的运行情况看，这场运动并没有提出一种系统的替代方案，而只是表现出一种机会主义的权宜性选择，那就是根据经济条件的变化与舆论环境的状况而在保护型模式和干预型模式之间进行权宜选择或混合使用，始终没有迈开创新政府职能模式的步伐。

引导型政府职能模式是在亚洲新兴工业化国家和地区走出来的，是在政府职能模式方面做出的一项创新。亚洲国家之所以能够在政府职能模式的建构中走出一条新路，主要是因为，二战以后特定的国际环境决定了后发展国家和地区需要在世界体系中去谋求发展，而不是像西方国家那样在世界体系尚未形成的条件下得到发展，即不可能通过复制西方发达国家的发展道路去实现发展的目标。也就是说，在西方国家发展过程中，政府扮演了海外殖民和开拓海外市场的角色，在世界体系已经形成的条件下，后发展国家的政府是不可能再扮演这种角色的。因此，面对国内市场和社会，就不可能按照自由主义理论的要求承担保护型职能。同时，在亚洲新兴工业化国家和地区的经济社会开始腾飞之际，凯恩斯主义及其政府干预模式开始出现了失灵，即政府失灵已经作为一个问题显现了出来，因而也不可能采用凯恩斯主义的政府干预模式。考虑到凯恩斯主义在 20 世纪 70 年代的大危机中遭到质疑，新自由主义所倡导的自由化也逃离不了“古典自由主义”的影子，亚洲新兴工业化国家和地区的领导人并没有选择其中的任何一种作为理论支撑，而是自觉地走出一条创新道路——践行了一种初级形态或者说自然形态的引导型模式，通过政府引导的方式实现了政府与市场的合作，充分调动和发挥了两者的协同效应，最终实现了经济腾飞的目标。

亚洲新兴工业化国家和地区的政府引导功能更多地体现在经济发展领域的具体实践中。例如，规划的运用、工业园区的建立、战略性产业政策的实行等，都取得了巨大成功。但是，它们在取得经济社会巨大发展成就之后，以为可以同西方国家一样，或者说，以为可以与西方国家站在同一个起跑线上了，因而开始在每一个方面都极力模仿西方国家，而自己所创造出来的东西却被抛弃了。所以，亚洲新兴工业化国家和地区取得了经济腾飞和社会发展成就之后，也就不再坚持引导型政府职能模式了，进而，经济社会的发展也进入了下行的通道。可见亚洲新兴工业化国家和地区在无法复制西方国家发展道路的情况下，走出了自我创新的道路，然而，由于缺乏理论自觉，也由于强大的西方话语霸权，它们在取得了成功之后便受到了西方话语霸权的支配，因而进入了西方主导的世界体系之中。然而这个世界体系有着中心-边缘结构，在进入这个世界体系之中时，却成了围绕着以西方国家为中心的边缘，建立起了对西方国家的依附关系。

4.3 引导型政府职能模式

4.3.1 引导型政府职能模式的概念

20 世纪后期，亚洲新兴工业化国家和地区在实现了经济社会腾飞后纷纷弃用了它们所使用的引导型政府职能模式，踏上了效仿“西方民主化”的道路，由此导致了经济发展的迟滞或倒退。相反，改革开放后的中国则始终秉承探索和创新的理念，在致力于经济与社会的发展时选择并不断实践着引导型政府职能模式。可以认为，中国道路的核心就是政府引导社会发展之路，中国经验的奥秘就是中国政府始终坚持独立探索最适合中国现实的经济社会发展道路，而不是简单地学习和照搬西方经验。不过，我们也要看到，在这方面，学术界也依然缺乏理论自觉，并没有认真地去梳理中国政府所扮演的角色，特别是没有对中国政府在实践中所创造的引导型职能模式加以理论总结和概括。

引导型政府职能模式是一种面向后工业社会的、自觉的、旨在通过推动服务型政府建设而引导社会实现科学发展的全新的政府职能模式。它具有如下属性：（1）实践的自觉性。引导型模式的出现是中国政府自觉探索的产物，因为，中国共产党及其政府的执政原则是实事求是、一切从实际出发，在改革开放过程中，一直坚持根据中国国情去建构和实现政府职能，在前进的道路上，每一步都包含着探索和创新，因而没有在西方国家曾经采用的保护型和干预型政府职能模式中作选择，而是创造出了中国特色的引导型政府职能模式。（2）在形式上，中国政府所创造的引导型政府职能模式与亚洲新兴工业化国家和地区曾经采用过的引导型模式有相似性，但亚洲新兴工业化国家和地区在采用这一政府职能模式时，人类社会的全球化、后工业化迹象尚不明显，它们只是在政府的引导下致力于工业化，其任务和目标都较为单一。中国的改革开放恰逢全球化、后工业化时代，社会呈现出了高度复杂性和高度不确定性，中国政府所面对的经济、社会发展主题也具有高度复杂性和高度不确定性的特征，必须同时承担起工业化和后工业化双重任务。所以，中国政府所创造的引导型政府职能模式在根本性质上是不同于亚洲新兴工业化国家和地区所采用的引导型模式的。（3）引导型模式在主体上归属于服务型政府，是服务型政府的职能实现途径。因此，引导型模式的理论研究和实践探索最终都应当落脚在推动服务型政府建设上，尤其是在作为理念的服务型政府建设迫切需要转换为实践时，对引导型模式的自觉建构将是服务型政府建设的重要突破口。

当前，关于政府职能模式的问题有着各种各样的表述，其中，有一种表述很容易与“引导型政府职能模式”的概念相混淆，那就是所谓“政府主导型职能模式”的提法。虽然我们无法认定这一提法是在“引导型政府职能模式”的概念中获得的启发，但从文献考察来看，这一提法是在“引导型政府职能模式”这一概念提出之后出现的。从学者们使用所谓“政府主导型职能模式”的概念来看，所表述的内容是不同于“引导型政府职能模式”的。例如，经济学家们会用宏观调控中的政府主导行为来佐证“政府主导型职能模式”，政治学和行政学的学者们会毫不犹豫地以新公共管理运动提出的原则“掌舵而不是划桨”来证实“政府主导型”的主张。其实，“政府主导型职能模式”或“主导型政府职能模式”反映了一种“政府主导”的思维，是包含着某些错误的理论倾向的，用来认识和理解亚洲新兴工业化国家和地区以及中国等后发展国家和地区的政府行为时，必将导致一种误解；在实践上，如果把“政府主导”确认为一种模式的话，将会陷入政府集权还是分权的争论中，甚至会使政府陷入一种进退维谷的境地。

第一，“政府主导型职能模式”或者“主导型政府职能模式”实际上是干预型模式的另一种表述，依然包含着管理型政府的思维，不适用于诠释服务型政府的职能实现方式。在现代社会中，政府职能或政府职能模式综合体现为政府的职责和功能，政府在社会治理中一直处于“主导”地位，即使在后工业化进程中，这种主导型的思维也必将表现出一种根源于干预型模式的惯性，以至于政府已经在实践中创造出了新型职能模式后人们也会习惯性地将其纳入所谓“主导型”的解释思路中去。引导型模式产生于要求变革管理型政府的实践之中，最初是因解决工业社会发展到其顶峰时出现的问题而诞生的，不能将其划归管理型政府的职能模式范畴之中，更不能用“主导型”的帽子掩盖其创新的属性。实际上，亚洲新兴工业化国家和地区的管理型政府在实践中采用的新型的职能模式冲击了现代意义上的管理型政府的“保护型”和“干预型”模式，尤其是当这一模式在中国被用来应对后工业化挑战时表现优异，更加证明了它具有脱胎于管理型政府又不属于管理型政府的属性。所以，所谓“主导型政府职能模式”在认识上是不深刻的，甚至可以说是一种非常错误的认识。

第二，“政府主导型职能模式”的提法包含着控制导向的思维，而不是服务型政府所追求的服务导向思维。在人类历史上出现的统治型政府和管理型政府都是控制导向的，无论是农业社会还是工业社会的政府，都是通过社会控制的方式去开展社会治理活动的，“政府主导型职能模式”的提法，在真实含义上就是对政府控制的承认和赞同。按照这一逻辑，统治型政府的政治统治职能是一种政府主导型职能，管理型政府的职能模式（保护型和干预型模式）也是政府主导型的职能模式。所以，用来描述改革开放后中国政府职能的实现方式时，就会有一个当代中国政府是统治型政府还是管理型政府的争论，而在得出结论时，肯定都是错误的。当然，在近代社会的早期阶段，基于古典自由主义的政府职能模式会表现出一定的自由放任的特点，这种情况也被概括为“有限政府”。虽然政府职能是有限的，但在这个“有限”的范围或边界之内，依然是政府主导的。至于凯恩斯主义所倡导的积极干预更是政府主导的典型形态。再者，根据政府主导的原则，农业社会的统治型政府所表现出的强权统治可能会成为这一提法中包含的最为理想的“政府主导”模式了。由此看来，所谓“政府主导型职能模式”的提法在理论上是有害的，是不能够与“引导型政府职能模式”的概念相提并论的。因为，“引导型政府职能模式”这个概念本身就包含了政府职能模式创新的内涵，用这个概念来描述与概括亚洲新兴工业化国家和地区崛起过程中的政府职能形态是准确的。而且，在这个概念中，也包含了通过政府职能实现方式的创新去应对后工业化挑战的追求，还包括了对服务型政府所特有的职能实现方式的设定。

第三，“政府主导型职能模式”的提法暗含着一种用静态思维探查动态发展的哲学，会导致对历史进步性的否定。当我们看到农业社会普遍存在的“阶级统治职能”和工业社会曾经应用的“保护型和干预型模式”时，都可以用“主导型政府职能模式”来概括，“政府主导型职能模式”的提法，这就模糊了人类社会不同历史阶段中政府职能的不同特点。其实，在后工业化进程中，社会中正在生成多元化的社会治理力量，政府与多元化的社会治理力量之间将建立起合作治理体系。在这种合作治理体系中，政府所发挥的是引导职能。由此看来，只有引导型政府职能模式的提法才能包含着指向一个开放性未来的实践过程，才能把政府职能实现方式放在一个动态的历史过程之中。

总之，“政府主导型职能模式”或者“主导型政府职能模式”的提法在理论上是不能成立的；用来解释实践时，则模糊了解释对象，对政府职能实现方式做出了泛历史主义的解读；面向未来时，则是极其有害的。与之不同，“引导型政府职能模式”的概念是在观照人类社会治理历史演进的前提下提出的，在方法论上，这一概念具有一种历史的、动态的、辩证的思维特征，能够对人类社会不同历史阶段中的不同职能实现方式进行准确的历史定位，能够在全球化、后工业化的时代背景中来认识政府职能实现方式，能够科学地解释中国政府在改革开放过程中所做出的实践创新，特别是有助于理解服务型政府建设的内涵以及未来的走向。引导型模式所拥有的是引导而不是控制的特征，它与服务型政府中的服务具有同质性。只有当我们把握了这一点，才能真正理解“引导型政府职能模式”这一概念的准确内涵。

4.3.2 引导型政府职能模式的定位

1. 历史定位

引导型模式出现于20世纪中后期，是亚洲新兴工业化国家和地区在发展其经济中的实践创新。在韩国实现经济腾飞的过程中，朴正熙政府秉承“先发展，后统一”“经济发展第一”的治国理念和务实方针，果断地进行国家现代化建设。在新加坡的现代化建设中，李光耀政府首先将政治稳定、经济繁荣和稳定、国家安全等目标按照重要性进行排序，并制定战略性的规划来保证这些目标的实现。此外，他还特别重视与商界的沟通交流，重视对小企业的扶持，建立了工业园区和高新技术开发区等，有效地促进了经济发展和转型。中国香港在20世纪中叶的“起飞”得益于当时的香港对“自由主义”经济战略弊端的正确审视和判断，并且及时制定了一揽子计划来引导经济转型和社会发展。中国台湾地区的经济起飞，源于台湾对现代化脉搏的正确把握，采取了具有智慧的“计划性的自由主义”策略，合理地处理了政商之间的关系，通过建设工业园区拓展了出口型经济模式的空间。这些都是政府职能实现方式上的创新，可以认为是对引导型政府职能模式的尝试性建构。但是，许多学者对此存在错误的认识，有的认为那是集权主义的体现，有的则概括出所谓政府主导型职能模式，一些政治学者则错误地将其称为所谓“威权模式”。其实，学者们基本上是在近代西方话语背景下来解释亚洲新兴工业化国家和地区的实践的。

就实践而言，亚洲新兴工业化国家和地区在创新政府职能实现方式时，是将其首先服务于实现工业化的目标。也就是说，引导型模式在亚洲新兴工业化国家和地区产生之初是为了解决这些国家和地区的工业化问题。这些国家和地区都面临着从农业社会向工业社会转型的问题，同时又面临着来自世界中心国家的压制以及对剩余价值的剥削。为了应对以上问题，这些国家和地区的政府才发挥了实践智慧，走出了一条政府职能实现方式的创新道路。因此，同西方发达国家按照市场经济运行规律而创造的保护型和干预型模式相比，引导型模式包含着政府既承认市场机制又发挥政府引导功能的自觉意识。引导型模式在中国的实践中有其独特的地方，因为中国的改革开放正值人类进入全球化、后工业化之际，中国政府所面对的发展压力来自两个方面：一方面，需要致力于承担工业化的任务；另一方面，又必须接受后工业化的挑战。从中国经济社会发展的巨大成功来看，中国政府在运用政府的引导功能方面又有着自己的创造性经验，能够在全球化背景下有效地引导市场运行和社会发展。

亚洲新兴工业化国家和地区在实现了工业化之后，没能顶住西方“话语霸权”和世界发展格局中的中心国家新自由主义的“诱逼”，从而放弃了这一模式。而且，因为亚洲新兴工业化国家和地区在20世纪80年代后弃用了这一引导型模式，也使中国政府在领导中国改革开放并取得巨大成就后面临话语压力，遇到了抉择的困难。一方面，中国政府希望坚持自己在改革开放过程中取得的成功经验；另一方面，部分学者基于西方话语而把一个被错误解读的中国经验加于政府及其领导人。久而久之，中国在改革开放中所创造的经验被逐渐淡化。正是缘于此，党的十八大以来，话语体系建设成为中国社会科学发展中的一个关键议题，阐释中国经验、讲述中国故事成为中国社会科学的时代使命。对公共行政学研究来说，要讲好社会治理的中国故事，就应在新的历史条件下进一步挖掘引导型政府职能模式的理论价值，以其为核心来建构中国特色的政府职能理论。

2. 主体定位

政府职能模式实际上是政府的功能形态，一种（或一些）政府职能模式往往是与某种政府类型联系在一起的。在近代工业化进程中，“保护型模式”和“干预型模式”都是管理型政府的动态功能形态。如果不加深思，引导型模式似乎也可以作为管理型政府的动态功能形态来看待。但是，由于人类社会正在经历一场从工业社会向后工业社会的转变，管理型政府作为工业社会的适应性治理主体的历史使命正在走向终结，从而决定了引导型模式不可能在管理型政府的框架下去加以建构。事实上，就引导型模式在中国的实践来看，它也恰恰是在这样一个历史性社会转型的过程中出现的。从20世纪80年代开始，后工业化的迹象变得越来越清晰，管理型政府在社会治理中的各种弊端逐渐暴露了出来，受到了广泛的诟病，诱发了全球范围内的行政改革运动。然而，这些改革运动在本质上只是对管理型政府所进行的修补性工作，必然会随着更大范围危机的爆发而陷入更深的困境中去。因为，后工业化向政府的转型提出了要求，呼唤一种新的政府类型的出现。正如工业社会不能够把农业社会的统治型政府原封不动地搬过来一样，工业社会的管理型政府也不适用于后工业社会这个新的历史阶段，后工业社会应当有新的政府及其行政管理形式，那就是服务型政府及其服务行政。

虽然亚洲新兴工业化国家和地区的引导实践是在管理型政府的框架下做出的，但这些国家和地区之所以后来抛弃了这一政府职能模式，在一定程度上，也是由于这一职能模式对管理型政府构成了否定，它们为了维护管理型政府而抛弃了这一职能模式。所以，关于引导型模式的研究需要定位在对管理型政府的扬弃上，即通过引导型模式的建构去否定管理型政府。这样一来，引导型模式在主体归属上就应当属于服务型政府的一种职能模式。简而言之，引导型模式的建构是服务型政府建设的一项重要内容。事实上，“引导型模式主体归属于服务型政府”已经被亚洲新兴工业化国家和地区的发展实践反证。一方面，亚洲新兴工业化国家和地区的实践证明引导型模式的主体不应当是管理型政府。这些国家和地区在采用引导型模式实现经济腾飞时，因为缺失服务型政府理论支持而将引导型模式作为管理型政府的职能模式来使用，并且一直在管理型政府的制度框架内对引导型模式进行探索和运用，导致了引导型模式与其管理型政府的冲突，以致被弃用。可见，在管理型政府框架下使用引导型模式，必然会导致矛盾和冲突，以至于最后必须做出选择：要么抛弃引导型模式，要么变革管理型政府的基本框架。另一方面，中国的经济腾飞证明了引导型模式是服务型政府的政府职能模式。中国道路是中国政府引导经济和社会全面发展之路，中国政府在同时承担工业化和后工业化两项课题时，采用和发展了引导型模式。中国政府在使用引导型模式的时候，提出了服务型政府建设的战略目标，这使得中国的引导型模式获得了服务型政府理论的支持。在中国，引导型模式的完善和服务型政府建设能够呈现出良性互动的局面。

对于服务型政府建设而言，其切入点应当是首先建立和完善引导型模式。一般而言，任何一种理念要发挥指导实践的功用，首先需要获得承认和认可，其次要找到突破口。服务型政府建设的理念在当今中国已经得到了承认，并且获得了各级政府的认可，迫切需要找寻一个付诸行动的“突破口”。作为服务型政府的职能模式，引导型模式就是服务型政府理念的实现以及服务型政府建设的突破口。或者说，建立引导型模式的理想追求也在于推进服务型政府建设。因此，就理论研究而言，服务型政府建设理念的真正意涵需要以对实践形态的引导型模式的关注为起点，就现实实践中的服务型政府建设而言，也需要从引导型模式的完善中去寻找突破口。在当前我国的服务型政府建设中，最具有可操作性的行动就是不断地去完善引导型模式。

3. 引导型模式的治理优势

当前，引导型模式的基本特征尚未完全展现出来，不过，它在社会治理中的优势已经彰显。尤其是在应对当下复杂性骤增的社会以及全球性危机等情形下，引导型模式表现出了比保护型模式或干预型模式更为强大的治理优势。其中，灵活的适应性、行动的主动性、战略性规划和智慧监管等方面就是引导型模式所独有的优势。事实上，这些治理优势已经集中体现在了中国政府引导经济和社会发展的实践中，并取得了经济、社会发展的巨大成就。

（1）灵活的适应性。这一特性集中体现在了政府引导经济和社会的全面发展方面，具体表现为手段和策略是非常灵活的。比如：中国政府在发展经济的时候提出了“一个中心、两个基本点”的基本路线，任何企业只要不触碰“基本路线”所设置的底线，都可以自由地寻求发展的机会。然而，在社会稳定和金融稳定方面，中国政府则是通过建设极为严密的治理体系来实现的。

（2）行动的主动性。这一特性主要体现在中国政府应对危机事件的具体实践中。长期以来，中国政府在应对金融危机和各种突发性事件的过程中，始终秉持一种积极主动的态度，积极主动地去研究危机背后的原因，并在充分掌握自然规律和社会发展规律的基础上制定和执行应对方案。这一点区别于西方国家的政府，它们是站在“旁观者”的立场上的，近代以来的西方国家政府无论采用了保护型模式还是干预型模式，都是站在社会之外的，或者对社会采取单纯的自由放任，或者从外部进行积极干预。但是，中国政府一直是把自己置于社会之中去引导经济、社会的运行。正是因为中国政府是置身于经济、社会的运行之中的，所以，在尊重市场自由和社会的民主要求的过程中，才探索和建立起了引导型模式。

(3) 战略性规划。这一点体现在政府从战略性、长远规划的角度来实现对社会和经济发展的全方位引导中。根据詹姆斯·米奇利(James Midgley)的考查，规划的概念由来已久，它得到乌托邦人士的推广，尤其是19世纪的乌托邦社会主义者。规划也是马克思主义经济政策的中心内容，首先在苏联被大规模采纳。虽然苏联的规划体系在西方遭到普遍的批评，但规划观念在西方工业国家逐渐流行起来。不过，就规划的使用而言，西方发达国家的政府深谙简单性控制手段的运用而缺乏大规模尝试的勇气，主要将“规划”限定在城市治理方面，因而，极大地约束了“规划”对于社会发展的积极引导作用。与之不同，中国政府非常注重在社会发展的各个领域通过规划进行战略性引导。在中国特色社会主义经济和社会发展道路的探索中，中国始终如一地坚持通过战略性规划实现前瞻性的预测和确立方向，并实现对社会发展各个方面的引导。

(4) 智慧监管。这是政府创造性地革新履职方式和追求治理工具创新的结果。在传统的政府管理社会和市场的过程中，“监管”作为一种手段经常被应用于商业性监管甚至是“政府内监管”(regulation inside government)的领域。不过，这些监管在本质上依然属于控制型技术的范畴，属于政府站在管理的高位对社会诸领域的管控。克里斯托弗·胡德和科林·斯科特(Colin Scott)在1996年专门著文研究了英国的管理机构监管和新公共管理运动，结果发现政府站在高位的监管总是难以逃离“解除规制”与“增加监管”的镜像式发展悖论。中国政府在引导社会发展的过程中，采用的监管是一种“智慧型监管”，与西方国家的监管无论在目标上还是手段上，都有很大的不同。因为，中国政府是将自身置于社会之中去进行监管的，是在整个经济、社会的发展过程中去重点把握“事中”与“事后”监管的环节的，而且，能够设身处地地从被监管方出发，实现监管与被监管的互动，在信息交流和互动中提升监管质量，从而使监管成为引导经济、社会发展而不是控制的手段。

4.3.3 引导型政府职能模式的全球性价值

在全球化、后工业化背景下建立起来的引导型政府职能模式是中国政府实践的结果，但在普遍的意义上，它是适应于高度复杂性和高度不确定性条件下的政府职能定位要求的。人类自20世纪后期起，显然已经呈现出高度复杂性和高度不确定性的特征，它意味着人类社会已经不同于历史上的任何一个阶段了。同时，高度复杂性和高度不确定性又是当前全人类所共同面对的现实，不仅中国社会呈现出了高度复杂性和高度不确定性的特征，全球几乎每一个国家和地区都受到了高度复杂性和高度不确定性的困扰。因此，中国政府在实践中所创造的引导型模式也就成为可以推广到全球的一项社会治理成果。也就是说，作为一项中国社会治理的经验，引导型模式是具有全球性价值的。

第一，引导型模式是人类在走向后工业社会的过程中政府职能实现方式的必然选择。现时代，人类已经开始了后工业化进程，在工业社会的历史阶段中曾经发挥过巨大作用的保护型和干预型模式在金融危机面前出现了集体性失灵，它们在后工业化进程中应对虚拟经济的问题时失去了曾经有过的解决实体经济运行问题的历史价值，取而代之的是引导型模式。后工业化意味着治理结构的变革，如果按照卡蓝默的设想——“治理要掌握改革的节奏，将共同体引导到未来的彼岸”，那么引导型模式恰好能够把握住后工业化的“治理节奏”，能够找到引导社会进步的“步点”，因而将会承担起这一历史重任。引导型模式能够在中国成长起来并有效地应对人类社会的高度复杂性和高度不确定性，同时为经济和社会的全面发展提供稳定的环境，这都印证了它是一种能够适应后工业化要求的政府职能模式。

第二，引导型模式将促进服务型政府建设理念的实现。社会所呈现出的复杂性程度决定了政府的存在形式和性质，后工业化带来的高度复杂性和高度不确定性已经以全球风险社会的形式加予人类，面对这些在工业社会中从未出现过的新现象和新问题，政府类型必然要实现从管理型向服务型的转化。如果说保护型和干预型模式都是管理型政府的职能实现方式，那么服务型政府必然会有自己的职能实现方式。当然，服务型政府在今天还仅是一种理念，尤其是在管理型政府的运行体制和思想体系的惯性中，这种理念的实现必然会遇到诸多障碍，不仅有着强大的要求维护管理型政府的力量，即使希望对管理型政府做出变革的人，也往往满足于小的修补。而且，许多畅想服务型政府的人也会因为思维惯性而在服务型政府的名义下搬弄管理型政府的几乎所有内容。幸运的是，引导型模式在实践中萌生并发挥作用，将助推服务型政府建设在全球范围内由理念转变为实践。

第三，引导型模式的产生和发展表现出一种“超越意识形态”的属性。第二次世界大战之后，随着世界被分为两大阵营，无论是在科学研究还是在社会实践中，都有着明显的意识形态化的色彩。冷战结束后，这种状况并未得到改观，西方国家一直抱着冷战思维不放。在后工业化进程中，在高度复杂性和高度不确定性的社会条件下，人类的命运已经空前紧密地联系在了一起，而西方国家却总是用冷战思维对待新出现的一切问题，人为地凭空制造出诸多危机，不仅不利于后发展国家的发展，而且对于人类的共同命运构成了威胁。在此情况下，人类必须首先在社会治理领域，甚至需要首先在政治领域中，去寻求一种不带意识形态偏见的发展策略，而建构引导型模式恰恰可以成为超越意识形态的共同探索课题。引导型模式具有超越意识形态的属性，是可以成为不同属性的国家共同建构的一种政府职能实现方式的。

总之，引导型模式是具有全球性价值的，它作为服务型政府职能实现方式的一种新形态，是真正具有普遍价值的创造，在人类迈向后工业文明的过程中，将会成为所有国家政府职能模式建构的共同目标。

关键术语

统治型政府　管理型政府　服务型政府　政府职能　政府职能模式　政府职能体系　保护型政府职能模式　市场失灵　组织化　干预主义　干预型政府职能模式　政府失灵　后工业社会　引导型政府职能模式　灵活的适应性　行动的主动性　战略性规划　智慧监管

复习思考题

1. 简述政府职能的含义和特点。
2. 试论正确地界定和认识政府职能的重要意义。
3. 论述政府职能模式的含义与历史类型。
4. 论述政府职能体系的含义与内容。
5. 论述保护型政府职能模式的含义、产生过程及其思想基础。
6. 论述干预型政府职能模式的含义、产生过程及其思想基础。
7. 简述政府职能模式的“第三条道路”。
8. 简述引导型政府职能模式的含义。
9. 论述引导型政府职能模式的定位。
10. 试论引导型政府职能模式的治理优势。
11. 试论引导型政府职能模式的全球性价值。

第5章
公共行政的行动

公共行政的行动是围绕着公共政策的制定和执行展开的，或者说，制定和执行公共政策，构成了公共行政的行动的基本内容。公共政策已经成为现代国家治理的基本工具，国家治理行动就是围绕着政策过程而展开的。在政治-行政二分框架中，行政只负责政策执行，但在罗斯福“新政”以及第二次世界大战之后，行政职能范围扩大，及至“行政国家”成形，行政部门的职能越来越深入政策制定领域。同时，行政部门拥有和能够动员大量的技术专家，政策制定也日益倚重行政部门以达到科学化和专业化。这样一来，政策制定的重心发生了转移，行政部门成为政策制定的重要领地，相应地，行政决策作为一个独立的概念出现了。公共行政的行动就是指行政决策与行政执行，行政职能的实现正是体现在行政决策与行政执行的动态过程中的。

本章重点问题

- 政策过程的阶段论
- 行政决策的含义与类型
- 行政决策的程序与原则
- 行政决策的理论模型
- 行政执行的含义与特征
- 行政执行的过程

5.1 基于公共政策的治理

5.1.1 作为治理工具的公共政策

近代社会产生之前，在统治型政府的治理行动中也有政策和法律的制定与执行问题，但是，当时的政策作为统治者进行统治所使用的一种手段，只是权力运行中所采用的一种方式。既然社会治理是依据统治权力进行的，那么权力所具有的特征也都反映在了这一时期的政策上。政策所要解决的问题非常具体和明确，往往不是运用政策去解决具有普遍性的和抽象的社会问题。这一时期的政策所规范和调整的往往是一定范围内的政策对象，权力的拥有者往往置身于政策规范之外。同时，这一时期的政策具有易变性，且效力往往由它所依托的权力来加以支撑。中世纪后期人口以及资源的流动性加大，导致了社会差异程度的提高和社会复杂性的增长，以至于依靠权力的有针对性的治理方式无法实现对社会的控制，从而需要一种普遍性的制度规范来将复杂的社会因素及其行为纳入控制范围。所以，在16—17世纪，英国、法国等西方国家开始从事立法活动，通过创立政策或者法律去建立起一种具有普遍性的社会控制机制。

西方学者对政策有诸多定义。伍德罗·威尔逊认为，政策是由政治家即具有立法权的人制定的由行政人员执行的法律和法规。戴维·伊斯顿认为："一项政策的实质在于通过那项政策不让一部分人享有某些东西而允许另一部分人占有它们。换句话说，不论是为了一个社会还是为了一个范围狭小的社团，或者为了其他任何集团，一项政策包含着一系列分配价值的决定和行动。"① 也就是说，政策就是对价值进行的权威性的分配。戴伊认为："公共政策就是政府选择做与选择不做的事情。"② 在安德森那里，"政策被定义为一个或一组行动者为解决一个问题或相关事务所采取的相对稳定的、有目的的一系列行动"③。其实，政策是现代社会治理的基本工具，是政府为了解决具有普遍性的社会问题而采取的行动。与前现代的社会治理相比，在现代社会中，政策已经取代权力成为社会治理的主要工具，我们是通过政策或者法律的制定与实施去开展社会治理和获得社会生活秩序的。

与19世纪及以前的任何时候相比，20世纪的社会复杂性都得到了大幅增长，不仅依靠权力、经验和智慧的治理捉襟见肘，而且通过集中公众意见的民主治理和由党派主持的治理也都遇到难以为继的问题，因而越来越多地求助于政策这一社会治理工具。在行政从政治中分离出来之后的一个时期内，政策制定被限定在政治领域，行政部门只负责政策执行。但是，在罗斯福"新政"时期以及第二次世界大战之后，行政职能大幅扩张，甚至出现了"行政国家"状态，行政部门越来越多地介入政策制定过程中。同时，

---

① 伊斯顿．政治体系：政治学状况研究．北京：商务印书馆，1993：123.
② 戴伊．理解公共政策：第12版．北京：中国人民大学出版社，2011：1.
③ 安德森．公共政策制定：第5版．北京：中国人民大学出版社，2009：3.

行政部门拥有并能够动员起大量的技术专家，在政策制定过程中也表现出了专业性优势，能够更多地赋予政策科学性。这样一来，政策制定的主体发生了变化，行政部门掌控了几乎所有直接规范和指导社会治理行为的政策制定工作。当以科学管理为目标的行政部门成为政策过程的主要行动者时，社会治理工具的普遍性逐渐被公共性的概念所取代，此时政策也被冠以“公共政策”的名号。二战后，政府社会治理的内容出现了新的变动，所面对的往往是大规模的、普遍性的即影响面大的问题。面对这些问题，作为社会治理工具的公共政策总能显现出更大的优势。与此同时，关于政策的科学研究工作也逐渐兴起，到了 20 世纪 50 年代，勒纳与拉斯韦尔出版了《政策科学：范围与方法的新近发展》一书，标志着现代政策科学的诞生。从此，公共政策的制定与执行有了科学理论的支撑。当公共政策成为社会治理的基本工具时，政府开始努力用公共政策解决一切社会问题，甚至是那些原先通过行政行为来加以解决的问题，也被纳入政策的调整过程中来了。政府通过公共政策去引领、集结和统筹行政行为，从而实现了公共行政的科学化，并使政府在解决那些大规模的、普遍性的社会问题中显示出了巨大的能力。

根据政策对社会的影响，可以将政策分为分配性政策（distributive policy）、管制性政策（regulatory policy）、自我管制性政策（self-regulatory policy）以及再分配性政策（redistributive policy）。分配性政策涉及将社会资源或利益分配给特定群体中的人、团体或者社区，如房屋抵押贷款利率优惠政策、义务教育政策等。管制性政策是对个人或团体的行动加以限制和约束的政策，减少受管制对象的自由，如枪支管制、色情业管制、对污染企业控制等政策。自我管制性政策一般被当作保护和促进自身利益的一种手段，它通常涉及对某些事物或团体的限制和控制，往往是某一专业或者职业团体主动要求政府立法，以规范行业秩序，维护行业内部利益。再分配性政策是政府有计划地在社会各阶层或团体中进行财富、收入、权利等的转移性分配的政策。这是针对财产本身进行的转移，可以从有产者流向无产者，也可能是通过小规模经营者向大规模经营者流动。再分配性政策包括城乡居民基本医疗保险政策、城市居民最低生活保障政策等。因为再分配性政策涉及金钱、权利或者权力的再分配，因此在政策制定过程中会受到各种各样的质疑，甚至会出现反对的声音。

尽管公共政策具有不同类型，适用的领域和范围也不同，但作为现代社会治理的基本工具，它具有以下几个方面的共同特性：第一，公共性。公共政策是面向社会公众的，而不只是针对某一个个体，甚至不能服务于某个具体的群体。公共政策代表着政府的行动，是对一个社会的公共价值所进行的分配，因而公共性是公共政策的本质属性。第二，普遍性。公共政策发生在公共领域与私人领域间的相互作用过程中，是对私人领域中的普遍性要求以及问题的回应。也就是说，公共政策针对的是具有普遍性的社会问题，这些社会问题是对个体千差万别的特殊利益进行抽象分析而形成的认识，所以，普遍性也是公共政策合法性与权威性的来源。第三，强制性。当公共政策制定出来之后，政策执行就得到了公共权力的支持，是通过公共权力的行使而使之得到执行的。一般说来，政策都具有法律的效力，可以由公共部门强制推行。不过，相比于统治型政府中的权力支配而言，公共政策的强制性要显得温和得多，也隐蔽得多。可以说，政策成为社会治理的基本工具本身就意味着社会治理的文明化，虽然公共政策的执行需要倚重于权力，但与统治型政府通过权力去开展社会治理相比，则不是一种直接的权力支配过程。第四，权威性。公共政策一经制定出来，就得到公共权力的维护并加以执行，而且是以法律制度为基础的，是与政府作为公共部门的权威性联系在一起的。正是因为具备这四个方面的特性，公共政策能够对利益进行分配，能够起到对社会行为的规范和控制，协调利益关系，甚至可以塑造公众的看法和观念。

5.1.2 从政策问题建构到政策终结

拉斯韦尔最初提出政策科学时，就设定了政策过程的概念图谱，将决策过程分为七个阶段：情报、提议、规定、合法化、应用、终止、评估。这个过程反映了某一既定政策被提议、检验、执行以及最后被终止的完整程序。随后，拉斯韦尔在耶鲁大学的学生加里·D. 布鲁尔（Garry D. Brewer）于1974年提出了一个得到拉斯韦尔赞赏的流程：创始、预评、选择、执行、评估、终结。这个观点自20世纪70年代中期以来被大多数政策科学家所承认，并成为一个固定的研究程式。正是在拉斯韦尔及其学生的努力下，公共政策过程的阶段划分成为开展研究的基础。查尔斯·琼斯的《公共政策研究导论》与詹姆斯·E. 安德森的《公共政策制定》就是典型的政策过程阶段论研究。根据政策过程的阶段划分，公共政策是一个动态的、连续的发展过程，包含着可以区分的不同阶段，前一个阶段为后一个阶段做好准备。当然，关于政策过程各阶段的区分并不是绝对的，可能会相互渗透，也可能出现顺序颠倒和反复。但是，德利翁（Peter DeLeon）对政策过程的阶段划分进行了辩护，他认为："尽管它们确实可能相互融合，但每一个阶段都有着与众不同的特点、风格和过程。这些都表明了每一个阶段有着单独存在的价值。只要不否认阶段之间能够（并且经常应该）共享信息和程序，就极少会有观察家把界定项目评估问题的一系列显著行为与那些处理（比如）政策终止问题的行为混同起来。"① 安吉拉·布朗和阿伦·威尔达夫斯基论述执行与评估的相互支持时也指出："在实践中，无论评估和执行的重叠性有多大，维持两者在概念上的区分是十分重要的，因为它们能避免将分析融入行动，从而对两者都构成损害。"② 安德森则将政策过程视为一个周期，认为政策过程是一个由不同阶段组成的动态过程。这一过程是由问题建构与议程设置、政策形成与政策合法化、政策执行与评估，以及政策终结这几个阶段构成的。

政策问题建构与议程设置是政策过程的第一步，也是一个政策周期的逻辑起点。政策问题建构也就是拉斯韦尔的情报（引导决策者注意与政策事务有关的信息是怎样被收集并予以处理的）和提议（处理某一问题的那些建议是怎样形成和提出来的）阶段，位于政策过程的初始阶段；安德森视政策制定过程为一个政策周期——一系列的功能性活动，以问题界定和议程形成为起点，以政策评估、政策终结、政策改善和政策持续为不

---

① 德利翁．政策过程的阶段论方法：何去何从//萨巴蒂尔．政策过程理论．北京：生活·读书·新知三联书店，2004：24-25.

② 同①25.

同的结点①。政策问题建构本身就是一个问题，因为，“事实存在的问题并不必然导致‘解决’它的行动。实际上，事实并不是不言自明的，对于事实，往往需要解释者。再者，即使某种状况已经被人们所认识到，也不意味着它就必然会成为一个公共问题”②。公共政策问题就是这样，当一个社会中存在某些问题，甚至这些问题是非常严重的，也不意味着这些问题就会进入政策制定者的视野之中。也就是说，这些问题并不必然以政策问题出现。进一步说，即使社会问题已经进入了政策制定者的视野，那么它会成为什么样的政策问题，也还是一个需要界定的问题。帕森斯以人露宿街头的现象为例去说明同一个问题可以导致不同的政策问题：如果将人们露宿街头看成是一个无家可归的问题，就会制定提供住房的政策；如果将人们露宿街头看成是流浪问题，有关的政策反应可能就是运用法律强制手段，就会动用警察③。所以，政策问题不是自然生成的，而是由人来加以建构的。而且，对政策问题做出了什么样的建构，还直接决定了后续的政策选择以及政策行为。

政策过程以政策问题建构为起点，接下来就是方案设计与抉择，也就是政策形成的过程。为了解决政策问题，必须设计出可接受的行动方案，或者称之为政策建议。政策制定者可能同时要设计出多个解决方案，在政策方案设计出来之后，政府就开始了采纳、修改某一政策方案或反对某些政策可选方案的一系列活动。不过，政策制定最后的行动不一定会形成法律、行政命令或者行政法规等，有的时候，也可能没有任何行动，即政策制定者对某一问题放任不管。也就是说，即使某一问题进入了政策议程，也不意味着政府马上会对这些问题采取积极行动。在政策过程中，政策的形成是最受关注的一个阶段，一旦某个方案得到采纳，接下来就是进入政策合法化阶段。政策合法化是经过一定的程序赋予所选定方案的法定地位和效力的过程。只有经过了合法化的程序，所采纳的方案才最终以政策的形式出现，从而完成了公共政策的制定过程。

政策方案经过合法化并公布之后，就进入了政策执行与评估环节。政策执行是将观念形态的政策转化为现实行动的动态过程，这也是政策目标实现的过程。任何政策方案要产生现实的效果，都有赖于有效的政策执行，政策执行在政策过程中具有至关重要的地位和作用。“毫无疑问，如果执行失败了，那么先前所做的一切都没有任何意义了。”④在政策方案选择与政策执行中，都会同时开展政策评估，尤其是在政策执行中，政策评估往往被用来总结政策执行的经验教训。政策评估是根据一定的标准或程序而对政策所达到的目标、效益以及价值等方面进行判断的一种行为，也是政策变化与改进的基本依据。也就是说，政策评估是检验政策效果和效率的基本途径，评估结果决定了政策的去向，因而也是合理配置资源的手段，有助于公共政策的科学化与民主化。政策评估是政策分析的一个重要方面，而政策评估往往是通过政策分析进行的。费希尔在其《公共政策评估》一书中甚至将政策评估与政策分析等同起来，原因就在于政策评估中包含了大量的定量分析工具、模型和方法的使用。

---

① 安德森．公共政策制定：第5版．北京：中国人民大学出版社，2009：序言1.

②③ PARSONS W. Public Policy：An Introduction to the Theory and Practice of Policy Analysis. Cheltenham：Edward Elgar Publishing，Inc.，1995：87.

④ 同①232.

政策终结是政策过程中的最后一个环节，但也是非常重要的一个环节。政策终结是政府对过时的、无效的政策、项目、组织的活动甚至政府部门的职能的取消与废止。应当看到，除了取消与废止外，对旧政策、项目等的修改或调整表面上看是原有政策的延续，而实际上则是新政策的出台，是新旧政策的更替过程。因此，政策终结使得政策过程形成了良性循环，其实质是政策自身的扬弃。作为社会治理的基本工具，公共政策是社会利益分配的重要手段，也是解决社会问题的重要途径。但是，随着公共政策数量的不断增加，在处理社会问题的时候，累积下来的公共政策之间就会不可避免地产生矛盾和冲突。这时，就需要通过政策终结来解决具体政策之间的矛盾和冲突问题。

对于政策终结需要从两个方面来认识：其一，政策终结意味着被终结的政策终止使用，或者说被废止了，从而需要新的政策被制定出来，或者，在新的政策已经制定出来时，也需要终结旧的政策，以免新旧政策的冲突影响到社会治理的效果；其二，当一项政策被终结而没有新的政策被制定出来，或者说，不需要有新的政策出台，终结这项政策本身是为了防止或消除它的负面作用。这时，表面看来政策终结是政策的终止，而在实际上，则是“新政策”开始发挥作用。政策终结本身就是一项新政策，政策终结行动意味着一项新政策的实施。通过政策终结，公共政策在结束的同时也有了新的开始，这是自觉运用政策工具的体现。

经过政策问题建构与政策制定，继以执行、评估、终结，最终完成一个政策周期。这既是一个时间序列中的前后关系，也是逻辑上前后相继的不同环节。将政策过程视为不同阶段的连接，形成了阶段划分的研究框架。然而，在过去的10多年间，政策过程阶段划分的研究框架受到了很多批评，许多学者认为，将政策过程视为不同阶段之间的承接是对复杂世界的一种简单化。具体地说，批评意见可以概括为以下几种：第一，政策过程的阶段划分并不是真正意义上的因果关系理论，阶段之间以及阶段内部都没有形成因果关系。而且，阶段划分所关注的只是某一阶段内部的研究，无法证明阶段之间的连续性。第二，政策过程的阶段划分过分地推崇了阶段顺序，而现实往往并非如此。因为议程设置很多时候并不是在方案设计之前，相反，往往是在现成政策成功经验的基础上才有了政策议程的设置，而且“把政策采纳与政策执行完全区分开来是困难的，通常也是不可能的”①。第三，政策过程的阶段划分通常都带有自上而下的偏见，只关注重要法律的通过和实施。第四，政策过程的阶段划分其实是假设了政策循环是单向的，忽视了政策过程中多元的循环圈。正因为此，政策过程研究也提出了一些新的理论性框架，如制度性的理性选择、多源流分析框架、间断-平衡框架、支持联盟框架、政策传播框架等，这些都是公共政策过程研究的新的理论构想。

5.1.3　政策分析

在一种观点看来，政策科学与政策分析可以被视为同义语，即只有基于政策分析路径的公共政策研究才属于政策科学。正如德利翁和奥弗曼（E. Sam Overman）所说的，

---

① 安德森．公共政策制定：第5版．北京：中国人民大学出版社，2009：232.

政策科学有一个很长的过去但却只有一个很短的历史。其实，广义上的政策几乎是与人类的社会治理一道出现的，当人类开始进行社会治理时，就在一定程度上使用了政策手段。但是，政策科学出现得很晚，可以说是在 1951 年才正式出现。在政策科学产生初期，基本上是以政策分析的形式出现的。到今天，政策分析已发展为政策科学下的分支学科，获得了具有一定独立性的知识地位。

作为一门学科，政策分析具有以下特征：第一，政策分析是跨学科的应用研究领域。现实世界涉及政治、社会、经济、行政、法律、道德等诸多方面，政府要通过政策手段去解决现实问题，就需要综合运用政治学、经济学、行政学、社会学、哲学、运筹学等学科的知识。第二，政策分析贯穿于整个政策过程，而非局限于政策过程的某个环节。公共政策要具有科学性，就需要在其整个生命周期中都开展科学分析，使得从政策问题的建构到政策终结都有科学依据。第三，政策分析既是技术性的，也是规范性的。公共政策的本质是价值分配，而价值分配总要建立在规范性考量的基础上。在某种意义上，政策分析的规范维度关注的是公共政策的目的，政策分析的技术维度关注的是达成前述目的的手段。在实践中，成本-收益分析是最常见的分析技术之一，在大多数情况下，它的功能是帮助决策者选择最有效的政策手段，但在某些情况下，如果分析的结果达成特定目的的成本远远高于收益，这一结果也可能反过来影响决策者的规范性判断，即可能促使决策者更改政策目的。这表明了现实的复杂性，也反映出了政策分析的复杂性。

政策分析是以解决问题为导向的，它必须对特定问题给出明确结论，因而需要建立在充分的信息的基础上。具体来说，政策分析需要的信息包括以下五类。第一，政策问题，即通过公共行动可以改善的未实现的价值或机会，而这又包括造成该问题的原因和处理该问题预期达到的目标两方面。比如，对政府来说，义务教育阶段的辍学是一个重要的政策问题，而要分析该问题，首先必须知道辍学的原因和解决该问题的预期目标，如辍学率的具体数字，否则就不能准确界定问题。第二，预期的政策结果，即用来解决问题的政策手段的可能后果，这是基于前述预期目标和所掌握的政策资源与所面临的现实约束做出的一种判断。比如，在辍学率的问题上，某个政府可能将预期结果定为 0。第三，优先政策，即预期可达到政策结果的政策方案，如给辍学家庭发放上学津贴。第四，观察到的政策结果，即正在执行的优先政策的实际结果，如上学津贴将辍学率从 10%降到了 5%。第五，政策绩效，即观察到的政策结果对实现需要改善的价值或机会的贡献程度，如辍学率的下降对当地教育机会公平这一价值的实际贡献度。对这一贡献度的判断需要建立某种标准，当政策绩效不足时，就进入了建构新的政策问题和预测新的政策结果的过程。邓恩总结了政策分析的全过程，如图 5-1 所示。

对基于公共政策的治理来说，政策分析具有非常重要的功能，高质量的政策分析往往会带来高质量的公共政策。具体来说，政策分析可以被用于以下用途：第一，问题构建，即政策分析可以发现现存政策的不合理性，并建构出新的政策问题。比如，有研究发现，中国的某些医疗领域存在严重的“冗余实验”现象，即有医疗单位或工作人员重复做一些早已被验证因而毫无科学价值的实验，不仅造成资源浪费，甚至危及病人生命安全。通过对明显异常的数据的分析，研究者发现问题出在医务工作者的晋升政策上，

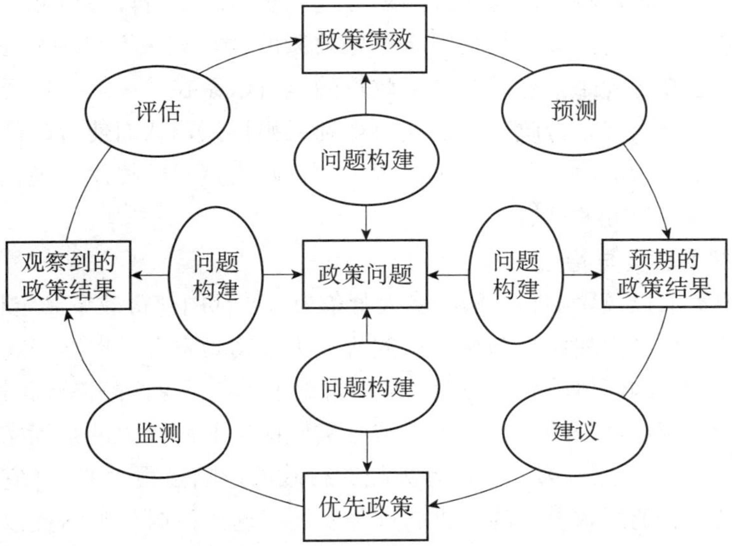

图 5-1　完整的政策分析过程

资料来源：邓恩．公共政策分析导论：第4版．北京：中国人民大学出版社，2011：3.

即他们必须发表学术论文才能升职，进而就在晋升压力下采取了做出冗余实验的应对策略①。当公共政策主体采纳了这一分析时，它们对该现象的认识就会从医德层面转换到晋升政策的层面，就可能引发政策变革。第二，预测，对预期政策结果的预测可以帮助政策主体预判政策绩效，及时调整政策。比如，在经济领域，当政府出台某项重要政策后，就会有官方或社会的政策研究机构做出关于它对某些重要经济指标影响的预测，这种预测可以帮助政府重新判断该政策的合理性，并为新的政策调整做好准备。第三，建议，即对优先政策方案提供成本-收益分析，可以帮助政策主体确定方案选择。第四，监测，如统计机构会定期发布 CPI（消费者价格指数）数据，可以监测经济政策的执行情况。第五，评估，即对实际政策效果与预期政策效果的差异进行评估，这是政策主体决定新的政策走向的基础。

总的来说，基于政策的治理是一种科学导向的治理，贯穿于政策过程所有环节的政策分析则是其科学性的重要基础，只有通过建立在多学科基础上的政策分析，现代政府才能不断提高其政策质量和治理水平。

5.2　行政决策

5.2.1　行政决策概述

威尔逊于 1887 年提出了政治-行政二分原则，希望将行政学作为一门独立的学科来

① 邸利会．疑云重重：2 000 多项冠心病临床试验，近 600 人枉死？．知识分子公众号，2021-02-10.

加以建设。此后，古德诺将政治与行政的划分进一步与政策阶段对应起来，认为“政治与决策或国家意志的表达相关；行政则与这些政策的执行相关”①。通过古德诺的阐发，政治与政策制定联系了起来，行政则与对政策的执行联系在了一起。但经过罗斯福“新政”以及第二次世界大战，行政部门的权力得到大幅扩张，从而使行政部门介入日常决策之中，承担起了大量的决策事务，也出现了“行政决策”的概念。现在，行政决策成了一个可以进行专门研究的领域。

1. 行政决策的含义与特点

第一次世界大战以及紧随其后的经济大萧条为行政部门获得政策制定权提供了机遇。第一次世界大战迫使各交战国重新调动和安排人力、物力资源，以至于政府开始大量应用工业组织及其管理的新体验和新观念，从而重塑了工业国家的经济政策框架。“这一变化消除了在几个国家已经开始盛行的不干涉主义倾向，取而代之的是国家管制和中央集权化的国家计划。”② 可见，第一次世界大战对行政的影响是很大的。“它推动了行政机构的增长，刺激了新的行政设置的演进。这些发展引起了同时代的研究以及大量随后的考察，并且战争债务毫无疑问也加快了预算改革。另外，第一次世界大战也使科学管理的实践和声望在政府事务和行政领域都得到了拓展。”③ 到 20 世纪中期，行政权力的持续扩张导致了“行政国家”的出现，因而有了美国著名公共行政学家詹姆斯·费斯勒和唐纳德·凯特尔所指出的，“决策自上而下贯穿于一个严密的组织网络里。执行政府政策的工作意味着在这个过程的每个步骤里，行政人员都必须明确‘政策’是什么，以及在实施过程中其自身的作用是什么。因此，决策是典型的行政行为。正如西蒙所指出的，“没有‘决策’，‘行动’将是不可能的”④。根据政治-行政二分的原则，行政与决策本来被认为是分属于两个不同的领域的，但此时已经成为一个联系紧密且融合得很好的概念了，即行政决策。行政决策作为决策的一种类型，是指国家行政机关及其工作人员为履行政府职能而依据既定政策和法律设计并选择解决问题的方案的活动。行政决策的主要特点有：

第一，行政决策主体的确定性。从决策的主体来看，行政决策主体是具有法定行政权的国家行政机关或在国家行政机关中占据合法职位的政府官员，也就是说，行政决策的主体是有行政权的组织和个人。除经上级国家机关、法律等的授权外，行政机关和政府官员以外的任何其他机构和社会组织、个人都不拥有行政决策权力。

第二，行政决策内容的广泛性。从行政决策的内容来看，行政决策是一种公共决策。行政决策的内容十分广泛，涉及一个地区或一个国家范围内整个社会的公共事务，国防政策、福利政策、财政税收政策、农业政策等的制定都属于行政决策的范畴。从功能上看，行政决策对公共事务有十分重要的影响。

第三，行政决策目的的公共性。行政决策是政府及其部门、行政人员以国家的名义所进行的决策活动，体现了国家和人民的意志与利益。也就是说，从行政决策的目的来

---

① 古德诺．政治与行政：一个对政府的研究．上海：复旦大学出版社，2011：11.
② 施普尔伯．国家职能的变迁．沈阳：辽宁教育出版社，2004：19.
③ WALDO D. The Administrative State. New York：The Ronald Press Company，1948：10.
④ 费斯勒，凯特尔．行政过程的政治：公共行政学新论．北京：中国人民大学出版社，2002：250.

看，行政决策在任何时候都不以营利为目的，而是以社会公共事务和人民的利益为决策的对象与出发点，任何行政决策都必须体现国家意志和公共利益，履行管理社会公共事务的职能，贯彻政策法律，提供公共服务。

第四，行政决策约束力的强制性。行政决策代表着国家意志和公共利益，是以国家权力为后盾的，直接地表现为行政权力的行使，具有权威性。行政决策方案一经决定，就具有普遍的约束力和强制力，不仅对行政决策机关内部的全体成员，而且对其管辖范围内的各级行政机关及一切企业、事业单位、社会团体和个人，都具有约束力和强制力。

对于现代公共行政而言，几乎所有的行政管理活动都必定是通过一定形式的行政决策来实现的，因此，行政决策在公共行政中占有核心地位，发挥着重要作用。主要体现在：其一，行政决策是行政管理过程的首要环节和各项行政管理职能的基础。行政决策是行政执行的前提和依据，行政管理中遇到的各种问题，都必然依赖于科学的行政决策来加以解决。同时，行政管理的其他各个环节也都是围绕着行政决策进行的和以行政决策为依据的。其二，行政决策是行政领导者的基本职责。在行政管理过程中，行政领导者处于行政管理的核心地位，承担着诸多职责，而在这些职责中，行政决策是最为重要的。行政决策能力作为行政领导者的一项基本能力，其综合体现就是行政领导者的基本素质，也是行政领导水平高低的标志。其三，重大的行政决策直接关系政府工作的成败和国家、社会的发展。任何国家的政府以及任何层次的政府职能的正常发挥，都必须借助于和通过科学的行政决策活动进行。根据客观实际而科学的分析行政目标并正确地开展行政决策，是科学的行政管理的关键一步。重大行政决策的正确与否，是政府工作的成败和国家民族的兴衰的重要影响因素。

2. 行政决策的类型

行政决策涉及的问题十分复杂，在决策主体、决策对象、决策条件、决策方式等方面，也必然面对多种多样的因素，而且，所有因素都处在不断的变化过程之中。这就决定了行政决策的类型也是多种多样的。归纳起来，行政决策主要有以下几种类型：

（1）国家行政决策、地方行政决策与基层行政决策。这是根据行政决策主体在行政系统中所处的不同层级来划分的。国家行政决策是指国家最高行政机关为解决全国性的、对国家具有战略意义的以及其他适宜于中央政府统一处理的公共事务问题而制定并选择决策方案的活动。地方行政决策是指省、市、县等各级地方政府执行各自的职能、处理本地区公共事务问题而制定并选择决策方案的活动。基层行政决策是指乡镇一级基层行政组织为履行自身职能、处理本地区管辖范围内的公共事务问题而制定并选择决策方案的活动。这三种类型的决策具有统一性，国家行政决策具有法律上的最高地位，地方行政决策和基层行政决策绝不能与之相违背。

（2）个体决策和集体决策。这是根据行政决策主体人数不同而做出的划分。个体决策是指由个人单独做出的决策。个体决策迅速果断，比较适宜于处理突发性紧急事件。集体决策是指由两个以上的人以讨论、协商等方式做出的决策。集体决策具有集思广益的特性，可以避免个体决策容易出现的片面性，有利于提高决策质量，但花费的时间一般较长，决策效率也显得比较低。集体决策和个体决策在决策的时间、速度、质量、责任性、认可程序、心理压力等方面各有利弊。在实际过程中，采取哪种决策类型更好，取决于问题的类型，信息掌握的程度，决策成员的个人经验、技能以及知识差别等因素。

（3）常规性决策和非常规性决策。这是根据行政决策问题类型的不同而做出的划分。常规性决策是指按既定程序和方法处理常规性或重复性问题的决策，也称为例行决策、程序性决策、重复性决策。常规性决策往往存在于日常工作的范围内，所遇到的问题往往是重复出现的和比较易于处理的，一般说来已经形成了一套固定有效的步骤和方法。非常规性决策，也称非程序性决策，是指解决首次出现或偶然出现的非重复性问题的决策，一般没有现成的经验和既定的解决方法可循，是只能通过创造性思维活动去做出解决问题的决策。也就是说，非常规性决策处理的问题不是例行性事务，而是具有偶然性、随机性的事件，做出这种决策没有现成的规范和原则可以遵循，也没有既定的程序和方法可以参照。因此，非常规性决策对决策者的要求较高，它要求决策者具有较强的革新和创新能力。

（4）确定型决策、风险型决策与不确定型决策。这是按行政决策问题所处的客观条件和后果的确定性程度而做出的划分。确定型决策是在要解决的问题相对简单、决策所面临的客观条件具有相对的确定性、各种方案的可能结果相对明确等条件下所进行的决策活动。风险型决策又称随机型决策或统计型决策，是在有理想的决策目标和两个以上可供选择的决策方案的条件下所进行的决策活动。在这一决策活动中，决策条件中包含不可控制的因素，某一决策结果的出现有一定的统计概率，并不完全可靠，因而决策要承担一定的风险。风险型决策的特点是：后果具有风险性，但可以估算出发生的概率。不确定型决策是在决策条件因素不确定并且完全不能控制、决策后果也难以预测和估算的条件下所进行的决策活动。不确定型决策的特点是后果具有很大的风险性，而且未来出现哪一种决策结果的概率是无法预测的，因而决策难度更大，风险也更大。不确定型决策往往存在于处理紧迫的、重大的公共事务问题的过程中。

（5）经验决策和科学决策。这是根据决策者基本决策思路的不同来划分的。经验决策是指决策者根据个人或集体的经验、知识、胆识和直觉来认识与判断决策对象、决策环境而进行的决策活动。经验决策的正确程度取决于决策主体的思想水平、工作能力以及生活经验等个人因素。传统社会的行政决策基本上都属于这一类型。在现代社会，经验决策的主要目的是应对在客观上要求迅速做出决策的社会问题。科学决策是在科学理论的指导下采用现代科学技术手段和方法进行的决策活动，它需要遵循科学的原则和程序来认识和判断决策对象、环境、目标，然后做出行动方案的选择。

（6）定性决策与定量决策。这是根据行政决策方法的不同而做出的划分。定性决策指利用政治原理、法律判断、政策分析等各种定性方法进行的决策。定量决策是指运用运筹学、数量统计、系统分析、计算机技术等各种量化方法进行的决策。在行政管理过程中，定性决策多用于制定政策、法规、条例、规定等决策过程，而定量决策多用于制定计划、规划、行动方案等决策过程。

此外，行政决策依据决策目标数量的不同，还可以分为单目标决策和多目标决策；依据决策进程的不同，又可以分为一次性决策、渐进性决策和追踪决策；依据决策涉及问题的规模和影响的不同，也可以分为战略决策和战术决策；等等。

5.2.2 行政决策的程序和原则

1. 行政决策的程序

行政决策的程序是指行政决策过程中的逻辑顺序和基本步骤。行政决策是一种动态的管理过程，不是从几个备选方案中挑选一个最佳方案的简单的所谓“拍板”行动。行政决策的过程相当灵活多样，常常因行政决策的种类、行政决策的条件以及行政决策主体的经验和素质而不同，学者们对行政决策程序的看法也不尽一致。概括而言，行政决策一般要经过四个阶段。

第一个阶段：确认问题，明晰决策目标。拉塞尔·L. 阿尔奥夫指出：“要想成功地解决问题，就必须对真正的问题找到正确的答案。我们经历的失败常常更多地是因为解决了错误的问题，而不是因为我们为真正的问题找到了错误的解决方案。”① 行政决策总是针对特定的问题进行的，所以，确认问题是行政决策活动的起点。成功的行政决策首先应当能够正确地确认出决策问题，而行政决策过程中最致命的错误就是确认与解决了一个错误的问题。究竟什么是政策问题，安德森指出：“政策问题可以被界定为这样一种状况，即社会上一部分人对社会产生了新的需求或者不满，于是便想通过政府行为来加以解决或进行重新调整。”但并非所有的问题都是可以进入决策程序的公共问题，“公共问题是指那些在现实中给大部分人带来影响并且意义较大的问题（这里的受影响人群也包括那些受到间接影响的人），而且该问题通常很难甚至不可能通过个人行为得到解决”②。也就是说，行政决策问题是被行政决策主体所认知并有必要采取行动加以解决的社会问题，是社会所普遍关注的问题或对社会产生广泛影响的问题。

确认问题意味着公共问题或社会问题进入政策分析的视野，也被称为政策问题建构，是把公共问题或者社会问题转化为政策问题的过程。社会问题被确认为行政决策问题，实际上是人们对客观事实和社会问题的认识由感性上升到理性的过程。这一过程可大致包括问题察觉、问题描述、问题分析和问题界定四个阶段，其中前两个阶段是感性认识阶段，后两个阶段构成了理性认识阶段。确认了行政决策问题并对其产生的原因进行剖析，就为行政决策目标的明晰和确定提供了前提。行政决策的目标是指在一定环境条件下解决社会问题所要预期达到的结果和目的。行政决策目标是行政决策实施的出发点和行政决策评估的基本依据。在整个行政决策过程中，明晰目标是十分关键的一步。目标正确，决策就有了正确的方向；目标错了，则不可避免地会出现方向性错误。行政决策目标的明晰必须针对要解决的社会问题，在存在多个行政决策目标的情况下，则需要考虑目标实现的约束条件，区分主次，突出重点，抓住主要矛盾和关键环节，从资源分配上确保重点行政决策目标的实现。行政决策目标是行政执行的重要依据，这就要求行政决策目标应当尽可能明确，只有这样才能避免出现因各行政执行主体基于主观理解而导

---

① 邓恩．公共政策分析导论：第2版．北京：中国人民大学出版社，2002：155.

② 安德森．公共政策制定：第5版．北京：中国人民大学出版社，2009：97.

致执行标准不统一的问题。

第二个阶段：集思广益，设计决策方案。设计决策方案要以事实和科学理论为依据，为此，必须进行广泛调查研究，同时运用适当的方法寻求实现目标的途径与办法。行政决策一般需要从若干个可行性方案中比较、鉴别，从中选择出最优方案并付诸实施，以解决特定的社会问题。也就是说，行政决策首先需要有可供选择的方案，设计决策方案正是比较、鉴别的前提。有了这个前提，才会有选择最优方案的活动。所以，设计决策方案的工作质量对决策的质量有着重大的影响。关于行政决策方案，可以根据其内容和作用的不同分为积极方案、应变方案和临时方案三类。积极方案属于从正面保证行政决策目标实现的方案，内容涉及各种积极措施。应变方案是在情况发生意外变化时的应急方案，内容包括应急措施和预防措施。这类方案常常和积极方案一道共同保证目标的实现。临时方案则是对引起差距的原因尚未查清但又急于处理的问题而做的决策，内容是一些临时性措施，以暂时抑制问题的发展，具有从侧面保证决策目标实现的作用。

对于简单的行政决策问题，可以直接设想出几个备选方案。对于复杂的行政决策问题，则需要在设计方案上下一番功夫，一般可分为轮廓设想和精心设计两个步骤。轮廓设想是从不同角度、多种途径出发，尽量大胆提出多种多样的方案设想。这一步骤的主要要求是方案要尽可能多样化并具备整体上的完备性，各个方案之间要尽可能相互排斥。为此，方案设计者要打破常规，独辟蹊径，用全新的思维方式和技术来实现决策方案的创新。精心设计是对轮廓设想所产生的备选方案进行初步筛选，淘汰那些明显不可行的设想，留下一些较为可行的方案，并对其进行精心设计。这一步骤要求细致、冷静、求实，认真推敲，除了淘汰不合适的方案设想并留下若干个在途径、措施等方面都互不重复的备选方案外，有时还需要同时选取几个方案中的某些可以互相补充的部分，形成一个综合的方案。

第三个阶段：评估选优，抉择决策方案。抉择决策方案是指行政决策主体对所有可行性决策方案进行综合评估、权衡利弊得失从而选择一个或者综合出一个最优方案的活动。抉择决策方案是整个行政决策过程的关键一步，它意味着可能有多个备选方案，且每一个方案都是可行的、正确的，但有着优劣高下之分。有的方案对于实现决策目标具有时间短、代价小、副作用少、效率高的优势，有的方案则相反。择定决策方案经权威部门批准后就具有了法律效力，成为指导行动的方针，而方案一旦付诸实施，就会对社会产生影响。所以，在行政决策过程中，抉择决策方案是最需要慎重对待的一个环节。

对于一些简单的、确定型的行政决策，备选决策方案的优劣往往一目了然，抉择相对容易。但现代行政决策所面对的问题往往是具有很大不确定性和复杂性的，行政决策目标本身就可能会有多个，在实现行政决策目标的方式、途径上更会有巨大差异。仅凭行政决策者个人的知识和经验去评价与判断备选方案显然是不行的，必须依靠专家的力量，集思广益，从必要性、可能性、经济性、协调性等多方面做可行性研究和论证，做出最优方案的评选，最后由决策者根据专家们提供的意见并遵循行政决策的原则来择定决策方案。行政决策是关于社会问题的决策。因此，决策者必须充分考虑社会各阶层的利益诉求和愿望，预测他们对政策可能的反应和承受力。此外，决策者还必须在政府系统内外做充分的解释和沟通工作。只有这些条件具备了，择定的决策方案才能得到贯彻执行。在决策方案择定过程中，还要考虑到行政决策权力体制对于方案抉择的科学性和有效性的影响。

第四个阶段：局部试点，修正完善方案。在实际的行政决策过程中，行政决策往往不是一次性完成的，行政决策阶段和采取行动阶段在时间上也不能够截然分开。行政决策对所采取的具体行动具有指导性的作用，可以用来控制具体行动的方向、次序和进程，具体行动的进展情况和效果则可以为检查、判断既定的行政决策方案的有效性和可靠性提供反馈。当在具体行动期间发现某些不利情况时，可以进行二次决策或多次决策，对原有的决策方案进行修改和完善，甚至可能会出现推翻既定方案、对原有的备选方案重新进行评估、选择或重新收集信息、拟定决策备选方案的情况。特别是对于那些影响面较大、关系社会发展重大事项的行政决策，往往需要通过局部试点去加以检验。

行政决策方案也许在科学性上是非常完美的，但现实是复杂的和不确定的，一项行政决策能否产生预期的效果，应当在实践中去加以检验。所以，为了减少行动中可能出现的大的偏差以及带来十分不利的社会影响和决策后果，对于一些重大的、不确定性因素多的、目标不易量化的问题，虽然已经择定了决策方案，还不应马上大范围地普遍实施，而应通过局部试点验证，及时了解试点情况，对决策进行必要的修正和完善，这就是反馈。反馈是决策过程中不可缺少的环节，反馈的实质是要对过去的决策进行实践性评价和检验。一项决策无论在实施之前经过了多么严谨的论证，都不能保证完全正确。只有不断地进行反馈，才能验证决策的正确与否，也才能及时修正决策方向或弥补决策遗漏，从而避免重大决策失误。修正并完善决策方案的做法体现了行政决策动态过程的阶段性和连续性。

2. 行政决策的原则

行政决策的原则是行政决策制定和实施过程中必须遵循的基本准则，它是从行政决策实践中总结出来的，是对行政决策活动规律的概括。遵循行政决策的原则，可以保证行政决策科学地反映客观实际，较好地解决现实问题。如果行政决策主体违背了客观规律，主观臆断，一意孤行，就会出现相反的局面。具体说来，行政决策应遵循以下原则：

（1）信息原则。信息是决策的基础，科学的行政决策必然离不开全面、准确和及时的信息。信息越是全面、准确和及时，行政决策在思维上就越具有广度和深度。古今中外不乏因为错误的信息所导致的行政决策失利的事例。要想做到信息全面、准确和及时，行政决策主体就必须建立健全行政决策信息系统，开展信息的广泛收集和深入调查，并对信息进行系统的比较分析，去伪存真，去粗取精，归纳整理，科学论证。

（2）系统原则。运用系统分析的理论和方法进行决策活动是现代行政决策的客观要求。行政决策中必须贯彻系统原则，要正确处理整体与局部、局部与局部、整体各层次、内部与外部、长远与当前等诸多关系，使行政决策达到整体优化的要求。比如，我国社会治安综合治理就是一项系统工程，它意味着只有社会各方面齐抓共管，统筹兼顾，才能形成良好的社会治安环境。

（3）预测原则。正确的预测是成功的关键。行政决策是规划和确定未来行政目标的活动，必然要以预测为前提。预测不是臆测，它是建立在对客观规律正确把握的基础之上的。现代社会的发展日新月异，世界各国政治、经济相互影响，这使得社会各方面的不确定性因素大为增加。为此，必须采取科学方法并依据可靠信息对决策问题的未来发展、环境的变化及决策方案实施的结果加以正确预测，以求行政决策具有预防对策、防患于未然的性质。

（4）择优原则。一般说来，决策总是在几个方案中进行选择的，如果只有一个方案，也就谈不上择优，事实上是不可能做出好的决策的。初拟的方案应尽可能多，经过筛选后至少留下两个方案，但要注意这两个方案需要有一定的区别度，不能出现两个方案形异而实同的情况。对若干个备选方案，运用数学、逻辑、社会科学等方法进行综合评价，通过比较鉴别、权衡利弊而选出效益最好、可靠性最大、弊端最少的方案。

（5）可行原则。对行政决策目标和备选方案应进行充分的可行性分析。超乎现实主客观条件而片面追求高指标、高速度的方案无论表面上看来多么具有科学性，都不是好的方案，如果在行政决策中被选定的话，其结果必然是事与愿违的，甚至会导致劳民伤财的后果，非但不能解决问题，反而会增加矛盾。行政决策必须以预期的社会效益和经济效益为基准，进行多方面的可行性论证。

行政决策本身就是一项创造性的活动。行政管理的对象日新月异，社会中每天都会有新的事情发生，每天都会出现新的问题，面对新情况、新问题，往往没有先例可供参考，无常规可供遵循，这就要求决策活动包含着创新的理念和追求。同样，人类政治文明的发展已经把我们引入一个民主理念深入人心的时代，事实上，科学决策是与民主决策联系在一起的，决策的民主化可以广开言路、集思广益，让公众行使参与国家社会事务管理的民主权利，造就一个由决策主体、专家和人民群众三方面有机结合的决策过程。特别是在面对一些关涉国家以及社会发展的重大决策问题时，民主决策尤其显得意义重大。

5.2.3 行政决策的理性模型

现实中存在许多正式的定量决策模式，如线性规划、博弈论、随机抽样等方法都是“决策学”所极力推荐的理性模型。但是，依据决策过程中的程序和智力活动，可以认为最具代表性的行政决策理论主要有：“全面理性决策理论”“有限理性决策模型”“渐进决策模型”“混合扫描决策模型”“垃圾桶决策模型”。

（1）全面理性决策理论。全面理性决策理论缘起于经济学的理性“经济人”假设，认为决策反映了理性经济人的利益最大化追求。全面理性决策理论认为，理想的决策能够实现个人或组织目标的最大化。根据林德布洛姆的概括，全面理性决策包含着这样几个要点：面对一个存在的问题，一个理性的人首先澄清他的目的、价值或目标，然后在头脑中将这些东西进行排列或用其他方法加以组织；列出所有可能达到目的的重要政策手段；审查每项可供选择的政策会产生的所有重要后果；将每项政策的后果与目的进行比较；选出其后果与目的最为相称的政策①。也就是说，全面理性决策理论假设决策者面临的问题、所具有的价值或目标都非常明确，可供选择的方案的后果明确且可以进行

① 林德布洛姆．决策过程．上海：上海译文出版社，1988：20.

比较和排序，决策过程就是采纳能最大限度实现目标的方案。

全面理性决策理论假设了一个理想化的决策情境，但它与现实决策情境往往是不相符合的，因而受到了批判。批判意见主要包括：第一，全面理性决策理论设定了决策者为理性人，这个设定是缺乏经验支持的；第二，全面理性决策理论假定了决策者是公正的、客观的、理智的，而在实践中，决策者的公正、客观和理智却常常是极为有限的；第三，全面理性决策理论过高地估计了逻辑推理和数学模型作为政策分析工具所起的作用，而在实践中，这两种分析工具面对社会性、政治性、文化性公共政策问题时往往束手无策；第四，全面理性决策理论假定了决策者全知全能，事实上，决策者拥有的知识、获取的信息都是有限的，不可能预先对投入-产出、成本-收益的比例做出精确的计算。在所有的批评者中，西蒙和林德布洛姆的意见得到了广泛的认同，他们不主张完全抛弃全面理性决策理论的所有方面，而是认为，如果对全面理性决策理论进行适当的改进，就可以成为基本的、重要的、现实可行的政策理念和政策研究方法。

（2）有限理性决策模型。这一理论是由赫伯特·A. 西蒙在《管理行为——管理组织决策过程的研究》一书中提出来的。西蒙认为，全面理性决策理论所依据的是微观经济学中的人的完全理性的假设，但人们在现实的决策活动中所能依赖的只能是“有限理性”，即人们的认知能力、对信息的获取能力是有限度的，也是要花费成本的。因此，在现实中，那种要求知识或信息完备的决策是不存在的，也是不成立的。人们意欲理性，但只能有限达到，因此人们的决策只能是有限理性决策。西蒙用具有有限理性的“行政人”来替代全面理性的“经济人”假设，认为“行政人”是“心理人”和“经济人”两者的结合。行政人对行政形势的分析易于简化，不可能把握决策环境的各个方面的相互关系，他只具有“有限理性”。在此基础上，西蒙提出了有限理性决策模型。有限理性决策所遵循的是“满意原则”而非“最优化”准则。所谓“满意原则”即令人满意的决策准则，具体地说，就是在决策时对待备选方案的标准是能够说明什么是令人满意的最低限度，如果拟采用的备选方案满足了或者超过了所有令人满意的最低限度标准，那么这个备选方案就是可行的。此外，西蒙还指出，按照令人满意的准则进行选择时，有时进行选择的标准本身也可以加以变动。因为，政府从来都是对有限的政策选择进行有限的成本-收益分析，并且从来也不能肯定有限的选择已经包括了最佳的解决办法。除此之外，政府从来没有拥有、也不可能拥有完全的权力，更不可能随心所欲地设定和推行公共政策。所以，现实的政策分析和政策决定了选择标准、评估标准都不应当也不可能是最佳的（optimizing），而应当也只能是满意的（satisfying）或次佳的（second best）。

（3）渐进决策模型。渐进决策模型是林德布洛姆在对全面理性决策理论做出批评后所提出的替代方案。基于对美国政策过程的考察，林德布洛姆认为，政策制定不仅仅是一个科学过程，更是一个政治过程。政策过程并不是一个全新的政策设计过程，而是在多元主体的参与和互动中对现行政策进行局部调适的过程。所谓渐进决策，就是指决策者决策时在既有的合法政策的基础上采用渐进方式对现行政策加以修改，在社会稳定的前提下，通过一连串小的改变而逐渐实现决策目标。渐进决策强调了解以往类似问题的处理办法，保留以往政策的延续性；不要求完全重新评价既定政策或过多地分析与评估新的备选方案，而只着重于那些与现存的政策具有渐进差异的政策方案；分析、评价与现有政策稍有不同或在有限方法上不同的政策，而不是涉及所有逻辑上可能的方案，从而简化决策过程；决策主要靠以往的经验来指导，不坚持问题的解决必须“正确”或“合乎道德”，只要求实用、可行，是各利益集团所希望的一致的结果就行；其选择标准是既有助于解决问题，又不会急剧改变现有程序和现状。渐进决策需要遵循三个基本原则：第一，按部就班原则，决策过程只不过是决策者基于过去的经验对现行决策稍加修改而已；第二，积小变大原则，从形式上看，渐进决策过程似乎缓慢，但由微小变化的积累可以形成大的变化，其实际的变化速度要大于一次大的变革；第三，稳中求变原则，政策上大起大落不可取，欲速则不达，甚至会危害社会稳定。

渐进决策模型更接近于真实的决策过程，也比较符合决策的实际需要。因为，任何决策不但会受到人类认知能力的约束，而且也要受制于政治过程以及技术状况的约束。同时，渐进模式对于避免决策失误以及维持社会的稳定也有着现实意义。但是，渐进决策也受到了一些批评。一方面，根据渐进模型做出的决定只反映了社会中势力最强大的而且又组织起来的那部分人的利益，而社会下层在政治上是弱势的，往往又是无组织的，他们的利益往往很难在政策渐变的过程中被考虑进去；另一方面，渐进模型把注意力集中在短期目标上，只要求改变现行政策的某些方面，往往忽视了基本的社会变革。像宣战、环保等重大长远的基本性的决策显然是渐进模型所无力解释的，也无法按照渐进模型去进行决策。

（4）混合扫描决策模型。混合扫描决策模型是由埃泽奥尼（Amitai Etzioni）于 1967 年在理性模型与渐进模型之外找到的“第三种”决策方法，它试图把理性决策和渐进决策两种模型结合起来，既可利用它们各自的优点，又可克服它们的缺点。混合扫描决策模型把决策区分为战略性决策和操作性决策，认为二者对决策方式的要求是不同的。战略性决策决定了基本的政策方向，操作性决策是实现战略性决策的步骤。埃泽奥尼表述了自己的观点：“假设我们利用气象卫星建立一个全世界的气象观测系统，按理性主义方法，我们需要通过使用能进行详细观察的镜头，并尽可能频繁地安排检查整个天空的情况，从而对气象条件进行全面的调查。这样的话，我们就会遇到雪崩式的具体细节，就会造成相当大的分析成本，还可能限制我们行动的能力。如果按渐进理论，我们就会将精力集中在与最近一些时候运行模式类似的区域或附近的区域，从而使我们忽略可能值得注意却又未曾预料的区域的所有情况。”鉴于这两种决策模型所存在的问题，“混合扫描理论汲取二者的优点，运用两个卫星探测镜头：一个广角镜头全方位覆盖天空中的各个部分，但不关注细节。另外一个镜头锁住需要细致观察的地区”①。根据不同的决策场合，混合扫描决策模型结合了理性决策和渐进决策中的有效要素，因而实际上是提出了收集和分析政策信息的特殊程序与决定资源分配的策略。也就是说，混合扫描决策模型既考虑到了决策者的能力范围，又顾及了环境的变化，因而是一种从实际出发的决策模型。罗森布洛姆教授认为，混合扫描决策模型是政府采用最多的一种决策模型，如经济顾问委员会在分析国家经济形势时，既关注经济总体运行又关注出现的具体问

① ETZIONI A. Mixed scanning：a “third” approach to decision-making. Public Administration Review，1967：385 - 392.

题，一方面提醒总统关注失败的总体情况，另一方面针对经济的发展和稳定提出具体的政策建议。

（5）垃圾桶决策模型。垃圾桶决策模型最早由美国管理学教授科恩、詹姆斯·马奇、奥尔森等人于1972年提出，该模型针对的状况是“有组织的无序”。他们认为，决策中经常出现的情况是：目标模糊、手段或方法不确定、不固定的参与等。具体而言，首先，就偏好而言，人们并不能很清楚地界定自己的目标。由于人们的行动缺乏明确界定的目标，一个人往往是在不太清楚自己正试图实现的目标的情况下采取行动，因而个体的偏好对于所确立的目标以及行动就会发生影响。其次，就技术和方法而言，一个有组织的无序团体的成员可能没有很好地认识和理解该组织运行的过程——他们可能知道自己的工作，而且作为一个整体，该组织也可能运转得很好——他们对于自己为什么正在做自己所做的事情以及自己的工作怎样才符合该组织更加普遍的总体形象，却只有不完全的初步认识。他们有许多工作都是采用试错法、从经验中学习以及通过发明创造来完成的。最后，在参与方面，由于不同身份的参与者在决策过程中进进出出，所以组织的边界很不固定，组织成员用于不同主题上的时间和精力也有所不同。即使是在一个给定的主题范围内，组织成员的涉及程度也因时间的不同而有所差异。因此，在组织化的无序状态之下，问题、解决方案、参与者和选择机会四大源流独立地流入组织结构。这个组织结构又受到净能量承载量、进入结构、决策结构和能量分布四个变量的影响。对时间段、决策方案数、源流经过四大变量的筛选、汇聚，最后产生决策结果。决策输出就是垃圾在垃圾桶中的混合程度和垃圾处理方式的函数。

垃圾桶决策模型最大的贡献在于引入了“模糊性”的假设前提，从而克服了有限理性决策模型单纯的“行动倾向”。有限理性决策模型用个人目的、偏好来解释决策，结构性因素在该有限理性决策模型中是通过改变人的行为的选择集来影响人的行动的。可是，在科恩等人看来，并不是所有的结构性因素都能通过改变人的行为的选择集来影响人的行动。比如，在人员流动、偏好选择所存在的问题、技术等不清晰的状态下，结构性因素并不能整合进个人行动的理性选择集。不可控的结构性因素将与有目的的个人行动共同影响组织决策的结果。从这个意义上看，垃圾桶决策模型克服了有限理性模型只能解释结构良好、目的明确的组织决策行为的缺陷。通过大量引入结构性变量，垃圾桶决策模型能够处理模糊状态下（多种可能性并存、不可预测的环境）复杂问题的决策现象，这种模糊状态下的动态决策模式与真实世界的决策现象更为相似。

金登对科恩、马奇和奥尔森的垃圾桶决策模型进行了修正，提出了多源流决策理论。金登认为，议程中存在三条溪流：问题识别溪流、政策建议溪流以及政治溪流。首先，问题识别溪流开始穿过决策系统，引起政府内部及周围人们的关注。其次，有一个政策共同体就该政策问题提出各种不同的政策建议，就其政策建议进行宣传和交流，有些被重视，有些被抛弃。在此过程中，政策建议得到阐明和精炼。最后，国民情绪的变动、公共舆论的变化、行政当局的更换、党派或意识形态在议会中的分布状况的改变、利益集团的影响等构成了政治溪流。这三条溪流是相对独立的，三者并不必然具有关联性，是在三条并行的轨道上运行的决策要素。但是，有了这三条溪流并不等于政策议程就可以建立，政策议程的确立还需要一个选择的机会将这三条溪流聚合在一起，这个机会被金登称为“政策之窗”。政策之窗的打开不会持续太久，对于政策制定来说，必须抓住难得的时机。政策之窗的打开与关闭都有其原因。一般说来，议程更多地受问题识别溪流和政治溪流的影响，而备选方案更多地受政策建议溪流的影响。在根本上，政策之窗打开的原因是政治溪流的变化，如行政当局的变更、政治人事的调整、意识形态的重新分布等。问题的紧迫性也可以为政策建议打开政策之窗。政策之窗关闭的原因也有很多，例如参与者认为已经通过决策把问题解决了；参与者可能没有争取到行动的机会，或者因为行动失败而使参与者不再愿意投入更多的时间、精力和政治资源。促使政策之窗打开的事件可能会消失，因为危机和焦点事件可能是短暂的，人事变化以及没有备选方案都会使政策问题消失。因此，为了制定政策必须抓住政策窗口打开的时机，而对时机的把握则取决于各种溪流与政策窗口的结合。

5.3 行政执行

5.3.1 行政执行概述

关于行政执行的概念具有广义和狭义两种理解。从广义上讲，所有的行政机关都是执行机关，它们执行国家法律、法规和政策方针，并依法对国家各项事务进行管理，向权力机关负责并接受权力机关的监督。从狭义上讲，行政执行就是具有行政权的行政机关和社会组织依据决策机关制定的政策和上级部门的指令所开展的活动，具体内容是将政策观念形态的内容转化现实的行动，从而实现预期行政目标和社会目标。这是行政机关最经常的活动内容，也是行政人员的基本职责和任务。具体而言，可以从四个方面对行政执行进行理解。首先，行政执行的主体是行政机关及其行政人员。行政机关及其行政人员日常大部分时间和精力都在执行政策。在延伸的意义上，行政执行主体还应当包括由行政机关授权的社会组织。其次，行政执行是一种具有目标导向的活动。行政执行过程中的一切行政行为都是对决策机关所做出决策的贯彻、落实，以实现决策目标。再次，行政执行是一种务实性的、付诸实际的行动，它需要通过一定的具体步骤或实际行动来落实政策。最后，行政执行是一种行政法律行为，是具有特定行政权的行政机关或行政人员才能实施的行政行为。

行政执行活动具有四个特征。第一，现实性。行政决策活动在本质上是对未来公共行政活动的一种反映，它指出了解决问题的目标和大致方向，具有一定的理想成分，行政执行则是要把这一理想变成现实。行政执行的现实性体现为它对政策、指令的具体实施，它要求对决策的整体目标加以分解，使内容具体化，通过实践使决策目标变成现实。第二，灵活性。行政管理活动是错综复杂和不断变化的，面对环境条件的变化和行政执行中所遇到的新问题，执行者要因地制宜、因时而变，灵活变通地使决策目标得以实现。行政执行的灵活性，是指在保证政策目标不变的条件下根据实际情况合理地对政策加以变通执行，从而保证行政决策在各种不同的情况下都能得到有效的执行。第三，强制性。行政执行以国家强制力为后盾，它要求执行对象必须服从执行者所发出的执行指令，遵守执行有关制度和规定，否则，执行机关和执行人员就有权对其实行职权范围内的强制措施或处罚行为。第四，综合性。行政执行是个复杂的活动过程，往往需要把人、财、物、环境等因素加以系统的整合，需要各个执行机关和社会各部门协调配合，需要综合使用各种管理手段，如行政手段、法律手段、经济手段以及思想教育手段等。

影响和制约行政执行的因素是多种多样的，概括起来，可以归结为行政人员因素、执行对象因素、行政环境因素和行政资源因素。其一，行政人员因素。行政执行的任务能否有效完成、决策目标能否最终实现，在一定程度上取决于行政执行人员的素质、执行队伍的结构。诸如行政执行人员的政策水平、知识水平、工作能力，行政执行人员的事业心与责任感，都是影响和决定行政执行活动能否顺利进行的重要因素。其二，执行对象因素。执行对象主要是政策的受益者和受损者。执行活动会直接决定执行对象的利益实现程度并影响和改变他们的生活，因此，执行对象对决策的态度以及赞同与反对的力量对比，会直接影响政策的执行程度以及执行的成败。其三，行政环境因素。一方面，国内外政治、经济、军事、科学技术等环境条件的变化会影响国内政策的相应调整甚至改变；另一方面，政策、法规和指令的合法化程度以及决策是否科学、完善，决策标准是否统一等因素，也会影响行政执行的效果。其四，行政资源因素。行政执行活动是对社会生活进行干预和管理的活动，这种活动本身需要一定的人力、物力、财力、技术等资源做保证。资源因素一方面受国家经济、政治、科学、文化、技术等发展水平的影响和制约，另一方面也取决于执行人员对有限的资源的认识和充分利用程度。只有充分利用了各种可利用的资源，行政执行活动才能有效地进行。

行政执行在行政管理中具有十分重要的地位，它是整个公共行政学研究的一条主线。行政管理的目标和任务归根结底是通过行政执行来完成的。因此，行政执行的效果如何，直接关系行政管理活动的质量和效果。同时，行政机构的设置是否合理、人员配备是否恰当、决策内容是否正确，也要通过行政执行的结果来加以检验。可见，公共行政学研究的各种问题都与行政执行有关，例如，行政组织、行政体制、人事行政、财务行政等内容，都是在行政执行过程中结合成为一个有机的公共行政整体的。

5.3.2　行政执行过程

行政执行过程是把行政决策方案付诸实施的过程。行政执行是一项复杂的管理活动，为了有效地做好执行工作，必须制定行政执行的工作程序，并做到各个环节之间的有效协调。行政执行工作的基本过程由行政执行的准备阶段、实施阶段和总结阶段组成。

（1）行政执行的准备阶段。准备阶段是行政执行的第一个阶段，准备阶段的工作是多方面的，而且对不同决策方案的实施也需要做不同的准备。一般而言，行政执行的准备阶段包括两方面。其一，制定执行计划活动。这实际上是行政执行过程中的决策，即在接到决策中心的指令后，担负执行任务的部门和单位，需要学习和研究已经形成的政策，准确领会其实质，明确分析其目标，按照本地的实际情况，制定既符合决策要求又符合本地实际的执行计划。执行计划一般包括情况分析、指导思想、工作任务、工作要求、工作方法、步骤与措施等，涉及目标、人、财、物、机构、程序、时间、地点等要素。其二，一般准备活动。具体包括思想准备、物质准备和人员准备三项内容。思想准备就是通过各种方式使执行者和执行对象都能够了解政策和法令的内容、意义，从而在思想上达成共识，并变为自觉行动的过程。执行部门在采取行动之前，必须先检查这项政策和命令是不是符合法律和有关法规的规定，是不是符合法定程序。只有政策、法令和规定具有合法性，执行者和执行对象才能在思想上接受，也才能够减少政策执行中的阻力。物质准备包括经费准备和物资准备两个方面。行政执行部门在接到决策指令后，要根据当时当地的具体情况，提出准确的预算。人员准备是指根据执行决策的具体内容和重要程度确定行政执行的具体承担机构，配备负责人和具体工作人员，确定职责、职权的活动。

（2）行政执行的实施阶段。实施阶段是决策目标具体实现的过程，主要工作内容包括两方面。其一，建立强有力的指挥中心。一个强有力的指挥中心对行政决策的执行来说是至关重要的，它能正确理解和贯彻执行上级方针政策，对所领导的行政执行工作的意义有深刻的理解，对所辖部门和人员的情况了如指掌，对方案的实施步骤严格掌握，而且在预想不到的情况发生之时能迅速做出正确的决断。指挥中心要实现有效指挥，还必须坚持统一指挥的原则，不能政出多门，多头指挥，否则下级就会无所适从。另外，指挥也必须依照组织层级进行，不应越级指挥，越级指挥只能降低指挥效果，甚至会打击、挫伤下级部门的积极性和责任意识。其二，建立健全各项工作制度。行政执行是一种涉及诸多方面和诸多人员的系列活动，任何一个方面、一个环节的工作衔接不好，都会使整个执行活动陷入被动。要避免出现这种被动局面，就必须依靠科学的管理、依靠配套的工作制度。各级领导者应该明确规定自己直属下级的岗位责任，让每个执行部门和执行人员都明确自己“做什么”“怎么做”“做到什么程度”“出了问题怎么办”等问题，以避免职责不清、相互推诿等问题的产生。另外，通过严格考核，并以考核结果为奖惩依据，有功则奖，有过则罚，奖惩分明，以保证令行禁止，提高行政执行的效能。在此过程中，要善于做好协调工作。协调的目的在于化解矛盾、解决分歧，使组织之间、人员之间达到行动上的一致性。还应加强行政执行中的监控。行政执行是个动态的过程，有些要素及其相互关系的变化事先无法全部掌握，一旦出现意外情况，实际工作同计划要求就可能不符，必须依靠监督、控制才能逐步实现计划。

（3）行政执行的总结阶段。行政执行完成后，要认真进行检查总结，目的是肯定成绩、找出不足、积累经验，这是提高认识、自我完善的必不可少的环节。总结工作的内容主要包括：第一，对执行情况的检查。检查的主要依据是决策目标的实现程度和执行方案的执行效果。第二，对执行情况的评定。依据一定的要求和标准，在情况检查的基础上，对执行部门和执行人员的工作做出评价并给予奖惩。第三，对经验教训的总结。执行中有成功的经验，也有失败的教训，为此，要从理论的高度认真分析决策目标未能完成的原因或未能圆满完成的原因，得到肯定的答案后，要及时分别向执行指挥者或决策指挥者反馈信息，使他们能从宏观上权衡利弊，正确总结经验教训，不断改进工作。

5.3.3 行政执行评估

行政执行评估是指对行政执行活动的进展情况和效果进行评价与总结，包括行政执行过程评估和行政执行效果评估两个方面。行政执行过程评估是在贯彻执行某项政策或某种计划方案的过程中对各项工作的布置、落实、推进、完成情况等所做的全面检查和核实，其基本内容包括政策或计划方案是否及时、准确地得到传达和理解，各种具体实施方案或措施是否符合政策或计划要求，预定的阶段性目标实现情况是否与布置、落实、推进和完成总目标的计划相符，是否遇到某些工作困难或未预料到的问题，各级行政机关的工作是否得力，整体进展情况是否顺利，能否比较圆满地完成预定计划并达到预定目标等。比如，近些年来，“项目制”成为中国行政执行的一种重要方式，许多政策或计划方案由特定项目单位来予以执行，而在对这些项目的管理中，通常都包含中期考核、结项考核等环节，就是对执行过程的评估。行政执行效果评估是在某项政策或计划方案已实行了一定时期或已完成某一过程时对政策效果或计划效果进行的检查和评价。其基本内容包括分析研究某项政策或计划方案实施后在政治、经济、文化等方面所产生的直接影响或间接影响以及引起的舆论反应，并重新审查预定目标或计划是否充分、合理、全面等。一般意义上所说的行政执行评估主要是指行政执行效果评估。

行政执行过程评估主要由各级行政机关进行组织和实施，而行政执行效果评估的范围则较为广泛，各级立法机关、各种党派、社会团体、新闻媒介或专门的评估机构等都可以组织进行评估。行政执行评估有利于及时发现行政执行活动中出现的问题，从而适当采取有效的措施或补救方案，实现对行政执行进展过程的控制并达到预期的社会效果。同时，行政执行评估还可以为校正原定目标和计划提供依据。行政执行评估也是一项具有很大难度的工作，行政执行评估的困难不仅与评估本身的某些特性有关，还与某些人或组织的影响有关。为克服行政执行评估中存在的种种障碍，切实发挥行政执行评估的作用，需要对行政执行评估的必要性和重要性有充分的认识，端正指导思想，确定合理的评估标准，采取适当的评估方法，尽可能地促进行政执行评估的制度化，将行政执行评估作为一项制度列入有关政府部门的实际工作计划，甚至建立独立的行政执行评估机构。

行政执行评估需要一定的标准，而在具体的行政执行评估中，具体标准会表现出各种各样的差异，但从一般意义上看，行政执行评估的标准主要有：

第一，高效。行政执行是否高效，主要体现在效能和效率两个指标上。效能是指在执行某项政策后达成的预期结果或影响，它所反映的并非政策是否按原计划执行，而是政策执行后是否达到了所期望的结果或产生了所期望的影响。效率是指行政执行效益与耗费成本间的关系，通常以每单位成本所生产的价值最大化或每单位产品所耗费成本的最小化为评估基础。效率可分为两大类：技术性效率和经济性效率。前者指以最小努力或成本完成某项活动或产品，后者指政策整体成本与整体效益间的关系，包括间接成本与所有的影响在内。

第二，公正。公正是指一项政策在被实施和执行之后导致与该政策有关的资源、利益及成本在政策作用范围内实现公正分配的程度。一项公正的政策乃是一项影响或努力实现公平、合理分配的政策。某一项政策的执行也许符合高效的标准，但是，如果在这项政策的执行中造成或引起不公正的成本或利益分配，也不能算是成功的政策执行。

第三，回应性。回应性是指政策执行结果能够满足特定团体的需求、偏好或价值的程度。在政策执行中，某一项政策的执行在评估中也许可以评定为符合高效、公正的标准，但因未能满足受此政策影响的特定团体的需求，没有得到这一团体的认可，仍可被评估为失败的政策执行，即政策执行缺乏回应性或回应性不足。

第四，合理性。由于行政执行活动是在复杂环境中进行的，行政机关在执行政策的时候必然会存在对某些自由裁量权的使用问题，合理性是规约行政机关运用行政自由裁量权的基本要求。在现实生活之中，如果行政执行遵循合理性的标准，行政自由裁量权就能够得到合理运用，行政执行的效果相应地也较好。反之，如果行政执行违背合理性的标准，即使最终执行结果是高效的，如果无法满足公正以及回应性的要求，仍可视为失败的政策执行。

关键术语

政策科学　政策分析　行政决策　行政执行　常规性决策　非常规性决策　确定型决策　风险型决策　不确定型决策　有限理性决策模型　渐进决策模型　混合扫描决策模型　多源流决策理论

复习思考题

1. 简述政策过程阶段划分的观点及缺陷。
2. 简述政策分析的学科特征。
3. 简述行政决策的含义。
4. 论述行政决策的类型。
5. 论述行政决策的程序。
6. 论述行政决策的几种模型。
7. 简述行政执行的含义。
8. 简述行政执行的特征。
9. 论述行政执行的过程。
10. 论述行政执行评估的内容。

第6章

公共行政的约束与保障

公共行政是政府依法行使公共行政权力、履行政府职能、实现公共利益的过程。现代社会治理中日益增长的复杂性与不确定性扩展了公共行政的范围，同时也进一步增加了公共行政的难度。以行政权力的扩张来回应社会治理需求往往成为政府最为偏好的方式，但这显然不是履行公共责任的应然选择。这样一来，如何规范行政权力的行使，保证公共性的边界不被侵蚀，就成为我们提升社会治理能力和进行有效的社会治理所必须思考与探索的问题。根据不同的操作场域，公共行政的约束方式可分为财政手段、法律手段与行政手段。具体说来，就是通过政府预算、依法行政与行政监督来规范行政人员的行为以及他们对行政权力的行使。公共行政有着特定的公共性目的，所有目的的实现，都需要借助于相当的手段。政府预算、依法行政与行政监督等是实现公共行政目的的基本手段，也对公共行政体系的运行构成了主要约束和提供了基本保障。通过政府预算、依法行政与行政监督等，我们不仅要为公共行政权力以及行使公共权力的活动划定清晰的界限，更重要的是以此为契机提升政府部门的责任与服务意识，加快政府职能转变，深入推进服务型政府建设，实现国家治理转型。

本章重点问题

- 政府预算与决算
- 预算管理体制
- 预算过程的政治表现
- 权治与法治
- 法治行政与依法行政
- 政府内监督

6.1 政府预算

6.1.1 政府预算与决算

政府预算是政府开展公共行政活动的基本财政保障，也是中央政府对地方政府进行监督和控制的传统手段。政府预算通过对财政资金的配置而决定了政府的财政规模、政府政策的方向以及行政权力的分配。对于政府的行政管理和社会治理活动来说，预算既是财政保障手段也是管理和控制途径，或者说，预算是现代社会治理的基本经济手段。预算制度是一个国家财政体制的重要组成部分。一般说来，财政体制的转型往往需要从预算制度的改革入手，甚至整个社会治理体制的变革都伴随着预算制度的改革。

1. 政府预算

政府预算也被称为“公共预算”“国家预算”“财政预算”等，这些称谓在内容上是基本一致的，但也有一定的区别。学术界一般是在传统的意义上使用国家预算的概念的，认为现代社会有一个从国家预算向公共预算转型的过程，预算的性质有一个变化的过程。同时，国家预算、公共预算和财政预算的称谓代表了不同的视角，在政治的视角中，往往使用国家预算的概念；在行政的视角中，则更多地看到预算的公共属性；在政府内部去看预算，则习惯于称作财政预算。但是，预算的编制是由政府所承担的，而且必须通过政府的财政部门去执行。因此，人们更多的将其称作政府预算。总的说来，政府预算是指政府根据其施政方针和社会治理需要所编制的、经立法机关批准的预算年度内的政府财政收支计划。从内容上看，政府预算包括“预算收入”与“预算支出”两项内容；从过程来看，政府预算包括“预算编制与审批”“预算执行与调整”“政府决算”三个环节。

政府预算制度是在近代建立起来的，最早是出于遏制政府以及国家其他机构对社会资源的不合理剥夺、占有和支配的目的而设计出来的，反映了民主政治中监督政府以及其他国家机构的要求。但是，随着现代政治的民主化和对社会治理管理化的需要，预算逐渐成为政府管理国家事务和开展社会治理的科学手段，具体表现为社会治理活动的财政保障和对经济社会运行的调节、控制等。政府预算是政府职能实现的财政保障。政府预算规定了预算年度（也称“财政年度”）内政府财政收支的指标及其平衡状况，其中，政府收入预算反映的是政府财政规模以及来源，而支出预算反映财政的使用方向及构成。由此，政府便可根据预算而有计划地进行收入与支出的合理安排，保证各项方针政策的贯彻与落实。

政府预算是政府配置公共资源的重要工具。政府通过预算将公共资源纳入宏观调控的范畴，有计划地筹集和分配资金，保障政府职能的履行，实现资源优化配置，满足公共需求。同时，政府还通过预算收支总量的变动与调整去促进经济、社会发展与维护社会稳定。政府预算是约束公共行政活动的重要机制。政府预算必须由政府提交国家立法机关审批后方能生效，一经国家立法机关通过，就具有法律效力，是重要的立法文件，政府必须依照执行，不得任意修改。所以，预算的形成过程也体现了国家立法机关和全体公民对公共行政活动的制约与监督。

从程序上划分，政府预算过程包括预算编制和审批、预算执行与调整以及决算三个环节。政府预算编制工作是整个预算工作的开始，它包括拟定、审查、汇总和批准预算收入、预算支出指标体系数字等内容。政府预算编制工作是由政府中的财政部门主持和负责的，政府预算的基本要求是当年预算收支平衡，所应遵循的原则是公开、明确、可靠、限定、统一、完全和不相属等。政府预算的执行是整个预算管理工作的中心环节，是在经国家立法机关批准通过后由政府加以执行的过程。政府预算的执行是一个把预算由计划变为现实的具体实施方案的过程，是政府的一项经常性、艰巨性、复杂性的工作。政府决算是政府预算执行的总结和终结，它可以比喻为政府预算执行过程的另一端，反映了预算执行过程的结果，预算执行的结果可以作为下一预算年度政府预算的参考。

2. 政府决算

政府决算是经法定程序批准的年度政府预算执行结果的会计报告，是国家政治、经济等活动在财政上的集中反映。政府预算执行情况如何，是否完成收支任务，收支是否平衡，只有通过决算才能够准确地反映出来。因此，政府决算能够反映国家各项事业发展的速度和取得的成果，是研究和修订国家财政经济政策的基本依据，是系统地整理和积累财政统计资料的重要来源。

政府决算是政府活动的财政体现，体现了政府行政活动的内容、重点以及效果。决算收入表明了政府各项财政资金的来源、构成以及积累水平，可以在宏观上体现社会经济的发展速度、产业结构以及居民收入水平的变化。决算支出体现了政府各项建设投入以及政策偏好，体现了各项事业发展的进程与成果，同时也反映了政府职能履行的侧重点与效果。政府决算是政府预算执行的结果，是政府预算过程的最后环节，反映了政府在预算年度内的政策执行状况。同时，通过编制决算报告，政府部门可以识别出与预测财政规模的差异与差距，从而作为公共行政活动分析与考核的依据。此外，政府决算是下年度预算编制的基础，是关于预算执行和部门财务状况的综合报告，可以揭示出政府在预算执行中存在的问题。通过对成因的深入分析，可以查找出预算管理中的薄弱环节，为下年度的预算编制与执行提供借鉴和建议，促进预算管理工作的不断完善。

政府决算的编制是一项事业性和政策性很强的工作。在中国，决算草案由各级政府、各部门、各单位在每一预算年度终了时按照国务院规定的时间编制。国务院财政部门编制中央决算草案，经国务院审计部门审计后，报国务院审定，由国务院提请全国人民代表大会常务委员会审查和批准。县级以上地方各级政府财政部门编制本级决算草案，经本级政府审计部门审计后，报本级政府审定，由本级政府提请本级人民代表大会常务委员会审查和批准。乡、民族乡、镇政府编制决算草案，提请本级人民代表大会审查和批准。各级政府决算经批准后，财政部门应当在二十日内向本级各部门批复决算。地方各级政府应当将经批准的决算及下一级政府上报备案的决算汇总，报上一级政府备案。县级以上各级政府应当将下一级政府报送备案的决算汇总后，报本级人民代表大会常务委员会备案。

6.1.2 中国的预算体制及其改革

1. 中国现行的预算管理体制

预算管理体制是规定中央与地方各级政府之间预算收支范围与管理职权的制度。作为一项管理体制，它的目标是要调动各级预算管理的积极性，从而促进国家经济平稳健康发展。在预算管理的过程中，是通过确定公共财政在从中央到地方各级政府的具体分配形式与支配公共财政的权力和责任的方式去充分整合各级财政的权力、责任与义务的。与西方发达国家相比，中国开启现代预算管理的时间较晚。新中国成立后，为了适应国家经济发展与社会治理的需要，建立了预算制度，在其后的经济社会发展过程中，对预算制度进行了多次改革。在财政资金的管理方式与财政管理权限方面，经历了从新中国成立初期的高度集中统一、改革开放前的分级管理到 1994 年的分税制预算管理体制（见表 6－1），实现了预算制度的不断完善。

表 6－1　中国政府预算管理体制的变迁

<table>
<tr><th>时间</th><th>预算管理体制</th><th>改革措施</th><th>国家类型</th></tr>
<tr><td>1950—1952 年</td><td>统收统支，高度集中</td><td>—</td><td rowspan="2">自产国家</td></tr>
<tr><td>1953—1979 年</td><td>统一领导，分级管理</td><td>—</td></tr>
<tr><td>1980—1993 年</td><td>财政包干</td><td>1992 年开始分税制改革试点
1993 年发布《国务院关于实行分税制财政管理体制的决定》</td><td rowspan="2">税收国家</td></tr>
<tr><td rowspan="7">1994 年至今</td><td rowspan="7">分税制</td><td>1994 年颁布《预算法》</td></tr>
<tr><td>1999 年发布《关于改进 2000 年中央预算编制的意见》</td><td rowspan="6">走向预算国家</td></tr>
<tr><td>2001 年颁布《财政国库管理制度改革试点方案》</td></tr>
<tr><td>2002 年颁布《政府采购法》</td></tr>
<tr><td>2014 年修正《政府采购法》</td></tr>
<tr><td>2014 年、2018 年修正《预算法》</td></tr>
</table>

根据国家政权结构与行政区域划分，中国现在已经建立起了五级政府预算体系，自上至下依次为：中央政府、省级政府、市级政府、县级政府、乡级政府。中央政府以下各级政府统称为地方政府，因而可以将政府预算分为中央政府预算与地方政府预算。为了实现事权与财权的统一，中国各级预算层级的机构和职能设置在横向上与其政权体系层级保持统一，在纵向上上下级基本对应一致。

（1）横向权力配置。预算权的横向配置是指在立法机关、行政机关、司法机关、政府财政部门和财政内部机构之间进行预算权力的分配，旨在通过在不同的环节设置不同的职能机构来行使不同的权力，形成一个相互制约的权责网络。依据不同主体在预算制度中的地位和角色，可以做出如下区分：

立法机关的预算管理职权。作为国家权力机关的全国（地方各级）人民代表大会有权审查中央和地方（本级）预算草案与预算执行情况，批准中央（本级）预算与预算执行报告，改变或撤销同级人大常委会有关预算、决算的不适当决议。地方各级人民代表大会有权撤销本级政府关于预算、决算的不适当决定和命令。

行政机构的预算管理职权。国务院与地方各级政府的预算管理职权可概括为编制、执行与监督——编制中央（本级）预算、决算草案以及预算调整方案；决定中央（本级）预算预备费的动用，组织并监督中央和地方（本级政府）的预算执行；改变或撤销中央各部门和地方政府（本级和下级）关于预决算不适当的命令和决定；向全国（本级）人民代表大会以及常务委员会汇报预算执行情况。

财政部门的预算管理职权。财政部门具体开展预算、决算草案的编制与预算执行工作，并定期向本级和上一级政府财政部门报告本级总预算执行情况（财政部定期向国务院汇报中央与地方预算执行情况）。

执行部门的预算管理职权。作为具体执行单位的各部门机关，其预算管理职权体现为编制部门预决算草案，组织和监督本部门预算执行，定期向本级财政部门汇报预算执行情况，按照规定向国家上缴预算收入并自觉接受有关部门的监督检查。

（2）纵向权力配置。预算权的纵向配置是以政府职责的界定为基础而确定的中央政府与地方各级政府在政府收入和支出间的划分，并以此作为各级政府履行职能的财力保障。政府的收入划分主要是对税收的划分与共享的明晰界定（见表6-2）。

表6-2　中央与地方税收划分

中央固定收入	地方固定收入	中央与地方共享收入
1. 进口环节增值税和消费税 2. 关税 3. 国内消费税 4. 车辆购置税 5. 船舶吨税 6. 海洋石油资源税 7. 证券交易印花税	1. 环境保护税 2. 房产税 3. 城镇土地使用税 4. 城市维护建设税 5. 土地增值税 6. 资源税 7. 印花税 8. 车船税 9. 耕地占用税 10. 契税 11. 烟叶税 12. 教育费附加	1. 国内增值税 中央分享50%，地方分享50% 2. 企业所得税 中央分享60%，地方分享40% （部分中央跨地区经营企业税收全部归中央） 3. 个人所得税 中央分享60%，地方分享40%

资料来源：根据时任财政部党组书记、部长刘昆于2020年8月13日在十三届全国人大常委会所作专题讲座《我国的中央和地方财政关系》以及相关媒体报道整理。

中央与地方政府间财政支出的划分是根据公共产品的性质与政府职能的层次来进行厘定的。中央政府的支出范围主要包括全国性的或地方政府无法有效提供的公共产品、公共服务以及事关国家宏观经济发展的财政支出、收入分配与再分配。此外，一些跨行政区域的，尤其是会产生“外部效应”的公共项目，也需要中央政府的适度介入。地方政府财政在某种程度上是上级财政的延伸，但同时也是独立的财政主体，主要负责地方性或具有区域性公共产品或公共服务的供给。

分税制财政体制改革后，中央财政逐步建立并完善了转移支付制度，形成了一般性转移支付与专项转移支付相互协调的转移支付体系。一般性转移支付是指中央政府对有财力缺口的地方政府（主要是中西部地区）的补助，地方政府可以按照相关规定统筹安排和使用，主要解决基本公共服务均等化问题。资金补助包括均衡性转移支付，革命老区、民族和边境地区转移支付，农村税费改革转移支付，调整工资转移支付以及义务教育转移支付，等等。专项转移支付是指中央政府对承担委托事务、共同事务的地方政府给予的具有指定用途的资金补助，以及对应由下级政府承担的事务给予的具有指定用途的奖励或补助，主要解决外部性、中央地方共同支出责任以及实现中央特定目标问题，主要用于教育、社会保障、农业等方面。

2. 预算改革的努力

虽然中国在 1994 年开始实行具有现代政府预算特征的分税制财政管理体制，但在 1999 年之前，中国政府预算资金分配权力与财政管理体制分散，预算编制粗放且收支管理涣散，不具备现代预算制度“集中统一”与“预算监督”的特性，因而中国政府预算制度的改革一直处在探索之中。1999 年以后，中国陆续进行了部门预算、国库集中收付制度、政府采购、预算公开、绩效预算等一系列预算制度改革。在改革的过程中，主要精力集中在了从国家预算向公共预算转型的探索上。公共预算的理念也正是在这一时期开始作用于预算管理的实践。

部门预算方面。部门预算是指在国家有关的政策法规以及部门法定职责的规定下各基层预算单位依照工作目标编制本部门预算，经逐级上报、审核、汇总由财政部门最终审核并提交立法机关依法批准的包含部门各项收支的综合财政计划。1999 年，财政部在广泛征求意见的基础上提出了《关于改进 2000 年中央预算编制的意见》，启动了这场中央突破、地方跟进的部门预算改革。传统功能预算的范围仅限于财政预算内资金的收支预算，而部门预算则涵盖了部门的全部收支，既包括预算内资金收支也包括预算外及其他收支，同时还包括基金收支，扭转了预算编制不完整以及管理粗放的不良局面，为规范政府部门的财政分配行为奠定了基础。在编制方式上，功能预算是由财政部门确定财政总体收支规模和支出结构，然后按功能将预算指标分解给各部门，是自上而下的。部门预算恰好相反，是以实施综合预算和零基预算为基础，由基层部门编制经逐级汇报审核，最后由财政部门审核汇总形成总预算，是自下而上的过程。在功能侧重上，传统预算侧重财政收入与支出的结构分析以及宏观财政情况分析，这与计划经济时期强调预算分配计划性的要求相吻合。部门预算则侧重反映部门详细收支情况，强调预算全过程管理以及突出预算的事前控制。部门预算改革加强了人大的预算监督，使人大基本上确立了以部门预算为基础的预算监督模式。

国库集中收付方面。2001 年，中央财政启动了国库集中收付体制改革，旨在通过将所有政府性财政基金全部纳入国库单一账户体系进行统一管理，并由国库直接对财政支出进行直接支付来解决财政资金使用效率低下、财务监督空白等问题，确保财政资金使用的安全与预算执行的规范性。这项改革首先在全面清理行政事业单位银行账户的基础上建立了国库支付中心，负责以统一支付的方式进行财政资金支付，并进行会计核算、监督检查等工作；其次明确划分了国库部门、预算单位与代理银行的职责范围，按预算由财政直接支付或授权预算单位进行财政支付到商品或劳务供应者；最后，建立了以财政支付管理信息系统为技术依托的预算执行体系与完善的监督机制。国库集中收付制度的建立取消了分散的过渡性账户，改变了资金在预算单位滞留的碎片化管理态势，加强了对财政资金的统一调度与管理，简化了财政资金的拨付程序，加快了预算执行速度。同时，国库集中收付也通过统一支付与信息管理系统的建立实现了财政部门对预算执行与支出的全过程监督，让资金分配行为、管理权限以及操作程序等都置于严格的制度约束下，增加了政府预算的透明度、公开性与约束力。

政府采购方面。1999 年颁布的《政府采购管理暂行办法》首次明确了中国政府采购试点的框架体系，随后，《中华人民共和国政府采购法》的正式颁布标志着政府采购制度改革进入了法制化时代。从此，政府采购不再以自由分散的方式进行，而是本着公平、效率、协调的原则，严格按照采购预算与权限，经过计划、招标、履约等程序进行购买。实践显示，政府采购在引导节能、绿色消费方面发挥了重要作用，取得了良好的经济效益和社会效益。首先，政府采购预算金额经人大批准后便具有法律效力且不得擅自改动，这既减少了预算支出的随意性，又强化了对支出的源头控制。其次，政府采购公开招标、合同竞争的程序与方式增加了采购程序的公开性与透明度，加强了行政与社会监督，减少了腐败滋生的机会，有效防止了设租、寻租等现象的发生。再次，政府采购法制化与市场化的采购机制也有效地遏制了传统采购模式下地方保护主义的疯长与破坏市场机制行为的发生，冲破了既得利益者的阻碍，提高了采购效益。最后，作为财政政策的重要支出手段，政府采购通过对购买商品或服务种类、规模以及频率的调节达到了调节国民经济总量、经济结构的目标。

预算公开方面。2008 年，《中华人民共和国政府信息公开条例》正式实施，要求县级以上各级政府及其部门在各自职责范围内确定主动公开的政府信息的具体内容，并重点公开财政预算、决算报告，为预算公开提供制度保证。2009 年，财政部首次公布了财政预算报告和中央财政收入预算表、中央财政支出预算表、中央本级支出预算表、中央对地方税收返还和转移支付预算表 4 张表格，使得财政预算公开迈出重要一步。2014 年修正的《预算法》对预算公开作了具体规定，“经本级人民代表大会或者本级人民代表大会常务委员会批准的预算、预算调整、决算、预算执行情况的报告及报表，应当在批准后二十日内由本级政府财政部门向社会公开”，“经本级政府财政部门批复的部门预算、决算及报表，应当在批复后二十日内由各部门向社会公开”。2014 年 9 月，国务院印发《关于深化预算管理制度改革的决定》，明确除涉密信息外，政府预决算和部门预决算全部细化公开到功能分类项级科目，专项转移支付预算按项目按地区公开。所有财政资金安排的“三公”经费都要公开。

绩效预算方面。2014 年《预算法》的出台填补了绩效预算领域的法律空白，并从多方面对预算绩效管理提出了要求。为落实 2014 年《预算法》的要求，2015 年以来中央及地方各级政府出台了各类改革办法，积极探索创新模式。财政部先后出台《中央部门预算绩效目标管理办法》《中央对地方专项转移支付绩效目标管理暂行办法》，进一步规范了预算绩效目标管理。2016 年，中央预算部门 10.3 万个支出项目全部设定了绩效目标，涉及金额 7 598 亿元，比上年增长 255%，并依据绩效目标，细化形成了包括产出、效益、满意度在内的多维度绩效指标；同时，选取教育部等 15 个中央部门作为绩效监控试点，以期及时纠正预算执行过程中的偏差，并在 2017 年扩展到所有中央部门。相对而言，地方预算绩效管理改革在操作层面上更具灵活性和创新性，各地探索出了一些有代表性的绩效管理模式，为绩效预算的全面推行积累了经验。

3. 预算改革的挑战

预算管理体制改革是一项艰巨的工作，虽然这项改革一直在持续进行中，但与习近平总书记提出的“建立全面规范透明、标准科学、约束有力的预算制度”① 的要求，还存在较大的差距。

第一，预算权责落实不够清晰，预算实际约束力不足。新《预算法》明确了各部门在预算编制执行各个环节所负责任，但在具体改革举措中尚未落实：一方面，人大对预算的监督权流于程序，在预算编制、调整和执行的全过程中既缺乏必要的制约手段和措施，也缺乏审核、监督所需的专业知识，加之审议时间较为仓促，导致预算监督力度不足；另一方面，预算编制、执行相关职权未能有效集中于财政部门，各部门仍留有资金支配权力，一些领域仍存在预算二次分配现象，预算编制、审批流程仍未能完全理顺，财政部门与其他部门之间、上级财政与下级财政之间“代编预算”比例仍然较大，预算落实率有待提高。预算分配关系不规范、不协调导致预算权力被肢解，降低了财政资金使用效率；权责划分不清，导致政府行为“失位”“缺位”，削弱了预算控制力。

第二，预算法治化的具体制度设置尚不完善，社会公众参与预算编制、监督过程渠道仍不通畅。我国全国人民代表大会的会期设置等问题，致使预算已经开始实施之后，各级人民代表大会才开始对已经付诸实施的预算计划进行审议，因而存在“待编预算”问题。在预算调整环节，由于缺少详尽的制度约束，调整金额过大、调整程序过于随意，先调整后审批等现象较多，预算法律权威被大大消解。在决算环节，目前的制度设计使得对决算进行表决时要么整体肯定，要么整体否决，无法体现具体审议意见。预算编制规定不够细致，编制较为粗放，支出打包汇总列支普遍，编制预算资金使用项目未能具体到“目”级。预算公开广度、深度不足，渠道单一，公开内容不够细化，未能具体说明支出用途和具体项目情况，地方政府预算信息公开明显滞后，无从判断收支是否合理，制约公众参与程度。

第三，预算之间缺乏统筹，未能充分满足现代预算制度的要求。我国已经建立由一般公共预算、国有资本经营预算、政府性基金预算和社会保障预算组成的预算体系，并且对每本预算的具体作用范围、管理要求等也做出了规定，但四本预算之间缺乏联系。这一问题主要集中在政府性基金预算和国有资本经营预算。政府性基金预算与一般公共预算支出项目存在较多重合，各项目资金结余或缺口在政府性基金预算内部与其他预算之间统筹安排使用的具体内容和相关程序还需要进一步完善；国有资本经营预算调入、调出受国有企业收益和预算科目设置的限制，与一般公共财政预算的划转问题还要进一步明确。此外，针对社会保障预算能否与国有资本经营预算打通，通过国有资本经营预算补充社会保障预算也是未来应当解决的重点问题。

---

① 习近平．习近平谈治国理政．第3卷．北京：外文出版社，2020：27.

6.1.3 预算过程中的政治

政府预算不仅仅是技术性的，它在本质上是政治性的。正如美国著名政治学家威尔达夫斯基所说，预算就是政治，它所研究的基本问题是谁获利、谁损失、谁受益、谁支付①。因此，政治研究的核心议题——利益与权力也就构成了预算过程的博弈。预算过程的利益相关者也往往通过扮演不同的代表人的角色而进入博弈场中来，总是努力通过对预算过程施加影响去达成自己的目标。事实上，多方的利益博弈往往是贯穿于整个预算过程的，政府各部门之间、不同层级的政府之间、财政部门与其他部门之间、行政机构与立法机构之间，以及政府与纳税人之间，都会在预算过程中展开博弈。

在预算过程中，同一级政府中的各部门之间都会倾向于更多地考虑自己部门的重点单位，因而会出现政府部门之间的利益之争。这种利益之争多发生在预算编制阶段。因为，在政府每年预算规模既定和财政资金不可能在各部门之间平均分配的条件下，政府各部门彼此间就会要求本部门在预算中所占的比例更大一些。当然，部门间的利益博弈并不能说都是出于部门利益的考虑，它有着部门职能实现的需要。但是，不管是出于什么目的，在预算过程中的实际表现都是希望能够扩大自己部门的开支规模。

与部门间的利益博弈相比，中央与地方之间在预算过程中的博弈显得更为复杂。因为，通过预算编制所确立的税收与支出规模不仅决定了中央与地方政府之间的财政资金分配，而且会影响中央与地方政府间的权力结构。事实上，预算过程对政府间的权力分配有很大的影响。因此，地方政府往往会想方设法影响本级财政部门的预算编制计划的制定。在具体的预算编制中，也往往还会采取虚报预算支出、少报预算外收入和其他收入的方式而达到预算最大化的目的。

每一级政府中都有一个财政部门，预算的编制实际上是在财政部门的主持下进行的。财政部门拥有法定的预算资金配置建议权与预算审核权，其主要职能是通过预算资金的科学分配实现社会资源的合理配置。因此，财政部门就成为其他的预算申请部门扩大预算的攻关目标，政府各部门间在预算过程中的所有为了扩大本部门预算的行动都会指向财政部门。同时，由于财政部门考虑到信息壁垒与职能实现的实际要求等因素，又往往会对各部门的预算申请进行削减，以至于政府各部门为了使预算被削减后依然能够达到自己的要求，又会采用提供虚高预算的方式去加以应对。普遍化的虚高预算申请又会引起财政部门的不信任，致使所有部门预算方案到了财政部门那里都会拦腰砍上一刀。这就是经常可以看到的预算过程中财政部门与其他各部门之间开展博弈的状况。

立法机构与行政机构在预算过程中的博弈是最为典型的政治博弈。从国家机构的法律地位上看，立法机构是民意的代表机关，拥有预算审批的权力，对政府预算有最终决定权。然而，在实际的预算过程中，行政机构往往凭借其专业化以及信息上的优势掌控了预算编制的主动权，并使立法机构的预算批准权流于形式。特别是在行政国家状态中，立法权显得较弱，立法机构对预算的批准往往成为一种合法化的必要程序，变成走过场。

---

① 威尔达夫斯基，凯顿．预算过程中的新政治学：第4版．上海：上海财经大学出版社，2006：1-5.

实际上，在行政国家状态中，政府职能会呈现出大规模扩张的态势，这必然会带来行政开支的相应增长。而且，由于行政权渗透到了经济、社会生活的每一个角落，也使政府有能力汲取大量的不受约束的预算外资金，从而做出大量的预算外支出。这样一来，由立法部门批准的预算方案在权威性上就受到了削弱，而行政机构预算外的财政汲取以及支出，又会破坏一个国家可持续性的财政收入能力，甚至会陷入恶性循环的境地。

在政治的意义上，政府预算长期存在的最大问题就是纳税人与决策者的分离，即支付费用的人不是决定怎么开支的人。因此，作为纳税人的公众有意愿并且有权利要求参与预算过程。如果说从现代预算制度建立以来都不具有这方面的条件的话，那么信息技术以及网络平台的建立，为预算的民主化提供了基本条件。因为预算改革的深入以及网络信息技术的快速发展，为公众参与预算决策创造了契机和提供了条件，所以公众可以采取或直接或间接、或正式或非正式的方式，就政府开支、税收制定以及预算平衡等与自身利益密切相关的问题表达意见，影响或参与决策。从公民参与预算的大趋势看，中国已逐渐从“预算公开-知情权”向“过程参与-决策权”转变。其中，最具有代表性的是关于“基层参与式预算”的探索以及在其带动下中央政府的意见公开征询。这两种参与方式都为公众直接参与预算过程开辟了有效的制度化渠道，并实现了公民对预算的全过程参与决策，是政府在构建多元合作预算格局方面进行的有益尝试和积极努力。

6.2 公共行政中的法律及法治

6.2.1 从权治到法治

权力产生于人的等级差别之中。农业社会是一个等级社会，人是被分成不同等级的，并在这种等级之中生成了权力。事实上，对于农业社会的治理而言，权力是最为丰富的资源，所以农业社会这个历史阶段中的每一个地区都是依靠权力而开展社会治理的，特别是那些建立起了发达的农业文明的地区，拥有着典型的权治文明。其实，在农业社会的等级制条件下，由于人们被分割成许多身份共同体，无法对人们进行抽象的分析，也无法制定出具有普遍性的规范去规范人的行为。尽管人们试图根据现代观念而到农业社会中去发现法治的雏形，然而实际上，在农业社会的等级身份制条件下是不可能建立起制度化法治的。同时，农业社会的政治与经济也未实现分化，家长制是与自然经济同构的，社会生活的内容以及人的行为模式也较为简单，缺乏进行抽象概括的对象，也就不可能实现对社会同一的和标准化的管理。所以，在整个农业社会阶段，社会治理是依靠权力进行的，可以说有效地利用了权力这一社会治理资源，建立起了权治模式。当然，农业社会也有法律，但与现代法律相比，农业社会的法律在普遍性、合理性和强制性等每一个方面都不可同观，更不用说能够支撑起法治模式了。

在“权治”模式中，统治阶级是社会治理的主体，几乎全部社会治理活动都从属于阶级统治的需要。在某种意义上，社会治理体系是一个尚未实现分化的整体，几乎不存在专业化的分工-协作关系，没有严格意义上的作为行政机构的政府。比如，中国的“朝廷”和西方的“王室”都在其下建立起了完整的治理体系，并有着明晰的层级划分，而且也有许多行政管理行为，但其行政管理行为与统治行为是很难区分开的。因此，此时的行政管理不可能有独立的发展空间，只是与统治权力的行使联系在一起的社会治理过程。总之，农业社会的社会治理体系的职能带有强烈的阶级统治色彩和特征，如果以现代的视角去认识这种社会治理模式中的行政的话，只能将其称为“统治行政”。

近代以来，伴随着工业化和市场经济的发展，特别是经过了18世纪的思想启蒙，人的平等观念普遍确立了起来，权力赖以产生的社会基础丧失了，或者说，权力的边界收缩到了组织之中。只有在组织之中才存在职位和岗位等级，才能在这种等级中继续为权力的存在和行使提供空间。因此，在社会治理的意义上，权力既然失去了发生的前提，也就无法面对人的平等关系而实现治理功能，以至于用法治取代权治就具有了历史必然性。同时，工业化和市场经济的发展导致了社会的多样化，面对多样化的社会，用权力去开展社会治理也变得非常困难。除非社会治理体系能够实现对社会的极大简化，否则，依靠权力的治理会使社会治理体系变得极端无能和无效。这也决定了社会治理必须转而从多样化的社会中抽象出一般性的原理，在一般性的原理的基础上建立起普遍性的规则，并依据普遍性的规则开展社会治理。这种普遍性的规则就是法律，依据法律的社会治理也就是法治。

法治本身就包含着“科学”基因，要求通过分工-协作的方式开展社会治理，从而出现了立法权、司法权与行政权的分离，形成了由立法、司法和行政分工-协作的社会治理体系。在这个社会治理体系中，掌握行政权的机构被称为政府，也就是狭义的政府。在政治-行政二分的原则下，政府行使行政权而开展日常性的社会治理活动，而行政权的行使也是依分工-协作的方式进行的，具体地体现在政府组织的分工-协作机构设置上。这就是现代社会治理体系的整体图景，其行政也可以称作管理行政。在现代社会治理的分工-协作体系及其运行过程中，行政权的行使以及一切行政活动的开展都需要以法律为依据，法律具有终极性的权威。所以，这种社会治理方式也可以称作法治，即依法治理，对于政府的行政活动而言，就是法治行政。

管理行政的依法治理决定了它是作为法治的工具而存在的，拥有工具理性和按照工具理性开展社会治理，在现实的表现上追求手段的最优化，要求在依法行政的过程中按照科学的理念和技术的可操作性原则去开展社会治理，而官僚制恰恰能够满足这一要求。所以，政府组织是现代一切组织中最具有官僚制典型特征的组织。官僚制是政府的组织形式，官僚制的工具理性原则、分工-协作方式、专业化的行为模式、层级化的职位和岗位配置等，都保证了行政活动能够依法办事、公事公办、行为规范、命令统一、程序合理、流程科学、权责一致，从而实现效率目标。也就是说，官僚制组织就像一架严密的机器，行政人员就像这架机器上的部件，严格按照这架机器运行的要求，遵从法律与命令，高效地开展行政活动。管理行政把依法开展活动作为最高准则，行政机关及其行政人员的职责和权力都有明确的法律规定，无论对内还是对外，行政行为都遵循严格的行政程序和管理规章；行政机构的设立也严格按宪法与相关法律的规定进行，不得擅自设立或更改；行政权受到宪法与行政法的约束，任何超越宪法授权的行为都将被追究。

6.2.2 行政法治与依法行政

习近平总书记指出，推进法治体系建设的重点和难点在于“推进法律正确实施，把‘纸上的法律’变为‘行动中的法律’”①。法治行政是社会治理文明化的必然选择：其一，统治行政的历史表明，行政行为以及一切行政管理活动都具有极大的随意性；其二，从现实来看，由于行政机构担负着日常性的社会治理职能，必然面对形式多样而复杂的具体问题，以至于行政管理活动会产生就事论事的冲动；其三，行政活动是由行政人员执行的，行政人员在数量上是巨大的，在构成上是复杂的，每个人都有自己的行为特征和办事风格，面对同一件事，不同的人（行政人员）会采用不同的处理方法并导致不同的结果。由于这三个方面的原因，如何保证政府以一个整体的形式出现而不是各行其是？如何保证行政人员的行为合乎同一个标准而不是因人而异？如何保证行政管理活动都能够沿着达成行政目标的途径进行而不是具有随意性？所有这些，都需要有一整套系统而完备的规则作为行政活动的前提和基础，而法律正是这样一个规则体系。所以，伴随着现代民族国家的建立以及管理型社会治理模式的形成，以法的理性来约束行政的随意性也就成为社会治理文明的体现，行政法治也相应地成为公共行政的基本原则和社会治理的基本要求。

行政法治要求行政职权以法为度，行政组织的机构与编制依法而设，行政活动依法而行。具体地说，要求公共行政的体系建设以及全部职能活动都必须在法律的框架下展开，依据法律来进行设置与调整，主要包括政府的职权法治、结构法治与行为法治。

行政法治的重心是职权法定。行政职权是政府开展公共行政活动的基础与依据。行政组织一经设立便享有法律所赋予的职权，拥有相应的权力以及权威资源，借助于权力以及权威去对市场活动和广泛的社会生活进行干预与管理。行政权与生俱来的扩张本性和行政人员作为人的自利性都会威胁权力行使的边界，因而必须以法的强制力来保证职权的设定与履行，保证权力的界限不被僭越。因此，对于政府而言，需要依法定职权。职权法定就是指行政主体对一切行政权的行使都应受到宪法和法律的约束，不得违反宪法和法律。行政职权法定又包括行政职责法定和行政权限法定两个方面，所要解决的是行政主体对某类行政事务的管辖权力以及管辖权限都必须有法律、法规的明确授予和明确界定的问题。具体地说，行政职责法定所要解决的是行政机关管什么的问题，而行政权限法定则是要解决行政机关管到什么程度的问题。对于行政主体而言，无论是超越职责还是超越权限，都构成越权违法。在职权法定的基础上，职权的法治化还进一步要求清晰界定权力的边界，即理顺政府与市场、政府与社会、政府与公民之间的关系，明确各自的职能，各尽其责。明确的职责边界不仅可以避免政府缺位或越位现象的发生，还可以推动政府的职能转变。

对于公共行政而言，依法行政首先是一项基本原则（也被称为“行政合法性原

① 习近平．习近平谈治国理政：第4卷．北京：外文出版社，2022：302.

则”），它要求公共行政权力主体在行使行政权力时应当得到法律授权，依据法律并严格遵照法律的规定和程序实施行政行为。虽然不同时期或不同国家的法律实质和内容都具有很大的差异，但作为一种行政管理模式，接受法的规范和约束一直都是作为依法行政的精髓来认识的。依法行政不仅意味着公共行政主体要依据法律、法规开展治理活动，而且要求公共行政主体依据法的精神开展社会治理。法的精神就是公共意志，代表着公共利益，是一个社会中的一切理性健全的成员都希望自觉建立、遵守和维护的精神。依据法的精神要求，依法行政应该包括以下几个方面的内容：

第一，行政程序法定。行政程序法定是正当程序保障和程序正义原则的体现。行政程序是指行政机关在行使行政职权的过程中所遵循的一系列前后衔接的步骤、顺序、时间、方式和制度等的总称。行政程序法定是指将那些符合公民利益的行政程序上升为法律，以法律的形式固定下来，以避免行政权力的滥用和行政侵权行为的发生。行政机关所实施的行政管理应当遵守法定时限，积极履行法定职责，提高办事效率。

第二，行政公开。行政机关在实施行政管理的过程中，除国家秘密、依法受保护的商业秘密以及个人隐私以外，一切关系公民、法人和其他组织切身利益的事项，都应当让社会公众得到相应的信息，知晓并参与到其中去。因此，政府必须依照有关法律、法规的规定实施信息公开。对公开的政府信息，公众有权查阅，而行政机关则应当为公众查阅信息提供便利。行政公开的目的是提高政府工作透明度，做到主动接受群众监督。同时，也让行政相对人的知情权和参与权得到实现。

第三，行政公正。行政权力的行使，无论是在实体上还是在程序上，都需要秉承公平、公正的原则，要平等地对待行政相对人，不偏私，不歧视，特别是在行政自由裁量权的行使过程中，必须遵从法的精神，符合法律目的；在法律、法规没有明确规定的方面，行政自由裁量行为要根据宪法、法律和法规的精神展开，必须符合公益目的和通常事理。

第四，责任行政。责任行政是指国家行政机关必须对自己所实施的行政活动承担责任，整个行政活动应处于一种负责任的状态。在法律、法规中，需要对行政主体由于不履行法定职责和义务所应承担的法律责任做出明确、具体的规定，不允许行政主体只实施行政活动而不承担法律责任。行政责任以法律规范规定的职责为基础，其内容和承担方式也以法律规范的规定为根据，并通过一定的法律途径，如行政复议、行政诉讼等来实现。

6.2.3　行政法制及其行为

法制是法律制度的简称，行政法治以及依法行政都是建立在法制的基础上的，是在法制的框架下展开的。行政法制就是指政府行政管理中的各项活动、各个环节都需要得到法律的调整和规范，行政管理中所使用的技术、方法、协调手段、行为方式以及步骤和程序都由法律所确认和认可。所以，公共行政包含着一个完整的法律制度，是得到了法律制度保障的社会治理，它正是在此意义上而被视作法治的。

行政法律制度是调整行政关系的法律制度总和，它所调整的对象是行政机关在行使行政职权活动中所发生的各种社会关系。这种社会关系又被称为行政关系，具体包括行政管理关系、行政协作关系、行政监督关系。在行政法律制度所调整的行政关系中，当事人一方必须是行政机关或经其委托或授权的机关、组织或个人。行政法律制度所调整的对象极其繁杂，所包含的规范性文件数量大、范围广、内容庞杂，并随着社会政治、经济的发展而处于不断变动之中。作为行政管理的基本依据，行政法律制度是以国家法律的强制力和严肃性去保障公共行政活动的有效性与公共性的。

行政法律制度的表现形式或构成要件主要有：（1）法律。这里所说的法律是指由国家最高权力机关及其常设机关制定或批准的有关国家行政管理的规范性法律文件。（2）行政法规。行政法规是指由国家最高行政机关制定和发布的有关国家行政管理的规范性法律文件。（3）地方性法规、民族自治条例等。这些主要是指省、市一级的地方政府制定和发布的有关本地区行政管理活动的规范性法律文件。（4）规章。规章是指由国家最高行政机关中的各个职能部门以及地方政府制定和发布的有关行政管理活动的规范性法律文件。（5）法律解释。由上述行政法律规范的制定、发布机关或其授权的机关所做的对法律、法规、规章的解释。

根据行政法律制度规范所作用的客体不同，行政法律制度可分为以下几种类型：

（1）有关行政主体的法律制度。这是为了规范行政权力的授予而对行政机关的职能、组织、编制以及公务员的权利义务做出明确规定的法律制度。依照我国宪法的规定，行政机关行使的权力是由权力机关通过法律授予的，行政机关要对其负责，受其监督。因此，行政机关必须遵循职权法定原则，不能行使没有法律规定的职权。权力的载体是组织，为了避免权力行使的随意性，行政机关的层级、职能范围、编制、职数，行政机关的成立、变更与撤销以及公务员的权利义务，都有明确的法律规定。

（2）有关行政行为的法律制度。这是为了规范行政权力的使用而对行政机关行使和运用行政权力管理公共事务所做出的法律规定。根据抽象行政行为与具体行政行为的不同，其相应的法律制度也可以区分为行政立法制度与具体的行政行为制度。其中，具体的行政行为制度又包括行政许可制度、行政合同制度、行政指导制度、行政处罚制度、行政征收制度、行政强制制度、行政处罚制度，以及行政裁决、裁判制度等。

（3）有关行政程序的法律制度。这是对行政机关行使和运用行政权力管理公共事务等行为的步骤、方式、时限和顺序所做出的法律规定。随着行政权力在现代社会的扩张以及福利国家的出现，行政权力日益渗透到了人们社会生活的每一个角落，行政权力对公民权利的影响在某种程度上已超过了司法机关的影响。在这种情况下，规范行政机关的权力运行对公民的权利保障具有重要意义，因此，行政程序法应运而生。行政程序制度为行政机关正确做出行政决定和实施行政决定、提高行政效率和落实公务职责提供了基本保障。

（4）有关行政违法和责任追究的法律制度。这是对行政机关不履行、不正当履行或错误履行等行政行为进行责任认定和责任追究的法律制度。在行政实践中，比较典型的就是国家赔偿制度，即对国家机关和国家机关工作人员因违法行使职权侵犯公民、法人和其他组织的合法权益造成损害的，国家应予以赔偿。同时，在赔偿义务机关赔偿损失后，对有故意或重大过失的组织和责任人员，国家可以向其追偿，由其承担部分或全部赔偿费用。

（5）有关行政监督与救济的法律制度。这是为了保证行政活动正常进行、预防与发现行政违法行为并对行政违法行为或行政不当行为实施纠正措施和司法救济的法律制度。行政监督与救济的法律制度是规范和约束行政机关行政行为的一个间接手段，其实施直接关系依法行政能否实现。

行政管理主体在行政法律制度下的一切社会治理行为都被视作行政法律行为。具体地说，行政法律行为是指行政主体在行政管理活动中基于行政权力实施的能够产生法律效果的行为。这里的行政主体既包括国家行政机关，也包括行政人员，还包括经法律和行政机关授权的其他组织。行政法律行为在行政管理中具有重要作用，具体表现在：第一，规范社会活动，维持社会秩序。政府及其行政人员通过行政法律行为设定被管理者（行政法中称为行政相对人）的行政权利、义务，确认法律事实，变更行政相对人的法律地位等，可以把国家意志鼓励什么、限制什么及时表达出来，对社会起到引导作用，从而达到规范社会行为的目的。同时，对行政相对人的合法行为予以保护和维持，对违反行政法律规范的行政相对人予以制裁和处罚，从而保证行政法律规范的正确实施，维持正常的社会秩序，促进国家行政管理职能的顺利完成。第二，裁决利益纷争，缓和社会矛盾。随着社会经济的迅速发展，社会经济关系更加多元化、复杂化，多元利益主体之间的矛盾和冲突必然会呈现出加剧的趋势。传统上由法院来裁判平等主体间民事争议的做法越来越无法满足现实的要求，然而，对于这些矛盾和冲突，如果置之不理，任其发展下去，势必危及社会的安定和人民的生活。因此，政府及其行政人员必须以公正的态度去采取必要的措施加以适当的管制，缓和矛盾与冲突。第三，提高行政绩效，促进社会发展。行政法律行为必须遵守法定程序，适用法定形式，具备法定内容，这样就可以保障行政管理不出差错或少出差错，从而提高行政管理的工作质量。同时，行政法律行为对于提高行政人员的素质，促进行政机关及其行政人员自身的进步与完善并最终促进全社会的进步与发展，也具有积极意义。

6.3 行政监督与问责

6.3.1 行政监督

“监督”的本意是察看并督促。为了保证公共行政体系的合法性，维护公共利益的有效性，必须对行政行为进行监督。行政监督也就是指对行政主体行使行政权力的状况进行察看和督促，以保证行政权力依法行使并服务于公共利益的实现。行政监督有广义和狭义之分。狭义的行政监督是指公共行政体系内部的监督。广义的行政监督则是指政党、国家权力机关、检察机关、司法机关、公民和其他依法享有行政监督权的组织，对行政机关及其行政人员是否依法行政、是否完成了行政目标、是否维护了公共利益所进行的监察和督导。可以说，广义的行政监督包括行政体系自身的监督和其他监督主体的外部监督。习近平指出，在我国，对国家机关及其公务员的监督“要把党内监督同国家监察、群众监督结合起来，同法律监督、民主监督、审计监督、司法监督、舆论监督等协调起来”①。这表明我国的行政监督有着极为丰富的内涵。

行政监督的主体包括立法机关、行政机关、司法机关、政党和公民、媒体和社会力量等，因此，行政监督权在构成上就变得比较复杂，它既是一种行政权力，也是一种政治权力。但在行政监督权背后，都包含着法律及其制度的权威性。行政监督必然会采取一定的方式和手段，一般说来，按照法律的规定或者惯例，不同的监督主体可以采用不同的行政监督方式。最为常见的行政监督方式有：

（1）质询。质询是立法机关对政府的工作提出疑问并要求相应的行政机关做出答复的监督方式。在程序上，一些国家要求质询必须符合法律规定的联名人数并以书面的方式按严格规定的程序提出。比如在英国，《平民院议事规则》第 18 条规定：质询应当以书面形式提交给议事台办公室，在质询通知上应当注明要求口头答复还是书面答复，议长在接到质询案后，应当转送有关的政府机关，由其在一定时间内给予答复。要求书面答复的，有关的大臣应当在指定的日期向该议员提供答复；要求口头答复的，议会可以要求有关大臣在指定的时间到议会口头答复质询。

（2）弹劾。弹劾指的是立法机关对总统或其他政府高级官员和司法官员的违法、失职及犯罪行为进行控告，迫使其承担责任或罢免其职务甚至对其做出制裁。在美国，国会拥有对政府的弹劾权，可以对犯有严重失职行为和犯罪行为的总统、政府部长以及其他联邦文职官员进行弹劾。弹劾由众议院提出，参议院审判，如参议院以 2/3 多数通过弹劾案时，弹劾有效。如被弹劾者是总统，则由最高法院首席大法官主持审判。

（3）不信任表决。不信任表决是立法机关对政府实施行政监督的极端形式。在西方国家，这一监督方式在重大的政治生活中比较常见。不信任表决一般有两种情形。其一，当政府出现重大失职和立法机关对政府不支持时，则对政府举行不信任表决，表决一旦以多数票通过，本届政府必须辞职。其二，当立法机关对政府的某项重大决策有不同意见或提出否决时，即表示立法机关对政府不信任，内阁或者集体辞职，或者请求国家元首解散立法机关，重新大选。如新选出的立法机关仍不同意其政策，内阁就必须辞职。

（4）申诉与控告。申诉是指行政监督主体认为行政机关及其行政人员在行政过程中侵犯了其合法权益或不服行政机关给予的行政处分决定而向有关机关提出重新处理的意见和要求的行为；控告则是指行政监督主体认为行政机关及其行政人员在行使行政权力过程中存在违法乱纪行为而依法向有关机关提出指控并要求对其依法惩处的行为。申诉与控告的主体可以是公民个人、社会团体、政党、检察机关，也可以是行政机关及其行政人员等。受理申诉与控告的部门则包括监察部门和司法机关等。需要说明的是，申诉有法定的复核、申诉和再申诉程序，有层级限制，而控告没有严格的层级限制。

（5）报告与汇报。听取并审议政府工作报告是立法机关实施行政监督的重要方式。根据我国法律的规定，听取并审议政府工作报告，了解并掌握政府的工作情况和工作方向，肯定成绩，解决问题，督促政府各部门改进工作方式、方法和策略，提高行政效率，是我国人民代表大会的重要职责。汇报是行政机关内部监督的重要方式，指下级行政机

① 习近平．习近平谈治国理政：第 2 卷．北京：外文出版社，2017：169.

关或行政人员自觉地通过多种方式定期向上级汇报自己的工作情况。

（6）审计。审计是国家审计机关依法对各级政府和部门的财政收支、国家财政金融机构和企事业组织的财务收支以及经济活动进行审计、稽查和独立评价的专门行政监督活动。审计机关是对行政机关的经济活动进行监督的重要主体，其目的是确保行政执行的廉洁高效。审计机关做出的审计结论具有法律上的权威性，被审计机关必须遵照执行。

（7）工作考核。工作考核是指工作任务完成以后，上级行政机关对下级行政机关和行政人员实施行政监督的方式。工作考核是一种自上而下的监督方式，工作考核的目的是要通过检查去促进被检查单位或个人改进工作和提高行政效率；同时，通过奖惩，使工作绩效与利益直接挂钩，以提高行政人员的工作积极性和主动性。

（8）行政信息公开。所谓行政信息公开，就是指行政机构通过法定形式和程序，主动将行政信息向社会公众或依申请向特定个人或组织公开的制度。信息公开是政治参与和行政监督的前提。为了促使行政机构信息公开，21世纪初，世界上的主要发达国家都开始对行政信息公开进行立法。2008年，我国国务院制定并实施了《政府信息公开条例》，并于2019年进行了修订。

6.3.2 行政问责

“问责”一词在中国古已有之。比如，明朝《军政条例类考》中便有若有逃军自首，则可以“免问责限起解”的记载。在字面意义上，这里的问责即追究责任的意思。在英文中，与问责对应的词是“accountability”，原指借贷关系中债务人对债权人的解释说明责任，延伸至所有责任关系中，问责就获得了委托人要求受托人解释说明其是否承担了责任的含义。随着现代民主制度的建立，问责开始被视为民众的一种民主权利，问责制度的发展也被视为一个国家民主建设水平的重要标志。从公共行政学的角度来看，第二次世界大战后，美国政府通过了一项重要的行政法律——《行政程序法》，提出了著名的“公示评论”规则，要求联邦机构在制定所有规章前必须先将其刊载于每个工作日出版的《联邦纪事》上，接受公众的评议，然后在该规章的最终版本中回应公众评议，解释说明为什么要制定这些规章。这被公认为第一代行政问责制。在这里，问责作为民众的民主权利，其实质内容是要求行政机构与官员解释说明其行为。在中国行政实践中也存在“约谈”的问责方式，表现为上级部门要求下级部门解释其为何没能完成特定任务，并提出合理的整改方案。在这里，行政机构与官员解释的对象不是民众，而是上级，反映出中国行政过程中条线管理的特征。

到20世纪后期，尤其是在新公共管理运动兴起后，问责开始与制裁联系起来，问责制度建设也主要表现为制裁手段建设。到今天，当我们谈到问责时，往往是指对特定对象的制裁，行政问责最直接的含义就是对特定行政官员的制裁，目的是让他对其行为承担责任。行政问责可以被定义为行政责任的一种保障机制，它既可以采取问询的形式，要求行政官员对其行为做出解释说明；也可以采取制裁的形式，即通过对行政官员失职行为的制裁来促使其做出矫正。相应地，行政问责制就是用以明确问询或制裁之依据、程序、手段等因素的制度规则。

行政问责是当代国家普遍采用的一种行政责任保障机制，在丰富的实践中，不同国家主要探索出了以下行政问责模式：

（1）结果导向型问责模式。这种模式主要基于行政主体是否达成了特定的行政结果来采取问责措施。它的实施通常有赖于这样五个条件：第一，有明确的行政所要取得的成果；第二，有清晰的行政结果是否完成的判断指标；第三，有推进行政结果实现的绩效评价体系；第四，建立了常态化的绩效信息收集方法；第五，建立了对行政决策和公众质询周期性的信息收集和分析体系。在实践中，对行政结果达成情况的判断主要是通过绩效评估实现的。所以，这种模式也可以被称为绩效评估问责模式。在问责实践中，问责主体既可以确定一个绝对绩效标准，也可以确定一个相对绩效标准即排名，只要问责对象没有达到某个分数或排名就实施制裁，以此驱使问责对象去达成预先设定的行政结果或不断追求更好的结果。

（2）独立问责机构模式。这是指建立具有一定独立性的问责机构，对政府的相关职能部门开展外部问责。有的国家成立独立巡检机构，专门负责调查公民对政府部门或官员的控告案件。中国学术界将这种模式称为“异体问责”，即在上级机关问责下级机关这种“同体问责”之外，也吸纳政府外部的主体加入对行政部门与官员的问责，以避免行政体系内部出现“官官相护”的情况。

（3）公众问责模式。这是指在行政部门的工作中引入公众评价，将其作为问责的基础。比如，2001 年，南京市率先启动“万人评议机关”活动，将全市 90 个部门纳入公众评议，并对排序靠前的 10 个部门予以表扬，对末位的主要领导做出处理，免去了两位局级领导的行政职务。2019 年，随着“放管服”改革的深入，国务院要求各级政府实施政务服务“好差评”制度，通过在全国层面加大公众问责力度来推动人民满意的服务型政府建设。

行政问责的目的是约束行政主体承担责任。在中国，行政主体同时承担着对党的责任、对公众的责任和对上级主体的责任。因而，加强行政问责也有着如下三方面重要意义：第一，确保行政主体贯彻落实党的路线方针政策和党中央重大决策部署。中国的所有行政主体都在党的领导下履行职责，行政问责也是贯彻党的领导的一种手段，如习近平总书记在第十八届中央纪律检查委员会第六次全体会议上指出，“以问责常态化促进履职到位，促进党的纪律执行到位”。第二，确保行政主体坚持以人民为中心的立场，及时回应公众关切。行政主体执掌着重要的行政权力，天然存在官僚主义倾向，容易凌驾在公众之上。通过加强问责尤其是公众问责，有助于遏制官僚主义，督促行政主体在履职中维护公众权利。第三，严肃内部管理纪律，提高整体行政效率。问责是一种有效的组织内部控制机制，有助于解决不同层级间的委托-代理问题，从而提高各级政府为人民服务的效率。

6.3.3 问责乱象及其矫治

在近几十年的公共行政实践中，问责被普遍视为一种有效的责任保障机制，因而在许多国家得到了广泛运用。在理论上，设计良好的问责制度可以帮助责任主体明确对谁负责、所担何责的问题，并通过问询或制裁的手段来为其提供履行职责的动力。但在实践中，问责经常受到滥用，并因此催生了一些乱象，因而成为当前行政监督与问责中的一个备受关注的问题。

当代行政问责主要是以制裁为基础的问责，尤其强调行政体系内部自上而下的问责。这种问责依托于行政等级制，又强化了行政等级制，它在具体实施中往往呈现出如下特征：第一，行政问责权力中心上移，纵向强化上级主体对下级问责对象的领导与监督作用，因为只有在行政等级制中才能出台有约束力的制裁手段；第二，问责客体的横向覆盖面扩大，由注重行政领导责任转为强调全体公务人员的履职情况，因为客观上问责事项的完成不仅仅是行政领导的责任，要保证每一履责环节的畅通，问责客体的范围就倾向于不断扩大；第三，问责内容表现为多重化倾向，从中国的问责实践来看，环境保护、党风廉政建设等指标都被纳入“一票否决”事项；第四，问责程序建设规范化，要求严格按照法规条例来启动和实施问责；第五，充分运用问责结果的激励作用，将问责情况作为官员考核、培训、任免、奖惩的重要依据①。

在理论上，问责的目的是纠错，而在实践中，这有时会变成，谁掌握了问责的权力，谁就可以定义对错。换句话说，等级问责建立在问责主体与客体间的功过假设基础上，由于行政等级制要求下级服从上级，在上级做出问责行动时，下级通常无法为自己辩护，进而，他们接受问责的事实就变成了默认自己的过错，而过错的确认又反过来证明了问责的正确性，并使得问责行为本身成为上级的一种功劳。正由于问责具有这样一种功过建构的功能，在行政等级制中，上级就会倾向于通过问责来证明其功绩，相应的，而要避免由此产生的后果，下级则会做出一些策略性的回应。于是，在问责关系的两端就都出现了一些问责乱象。

在问责主体一端，问责乱象主要表现为：第一，问责的绝对化和机械化。如有的地方为了问责而问责，并不是根据后果损失、认错态度、社会影响等给予适当处理，而是要求重问责、多问责来表明整改落实的态度和力度。有的地方和单位对干部处理只论过不讲功，之前干得再好、贡献再大，但只要出一点点事故，就要问责，前功尽弃。有的地方问责干部就是为了应付上级追责，硬要找人“背锅”；如果下面领导推责或不问责，没有人愿意承担责任，则要问责所有领导班子成员。机械化、简单化的问责挫伤了被问责干部的积极性，严重损害了问责制度的严肃性和威慑力。第二，问责的随意化。有的领导干部违反程序对下级领导干部采取就地免职、责令辞职、停职等问责处理方式，“长官意志”比较突出。舆论关注多、压力大，问责就重，处理的人就多；舆论压力小，问责就轻。问责处理的标准和尺度不是依据法规制度，而是看领导态度、舆论“脸色”。有的地方问责干部多，有的地方问责干部少；有的地方问责处分干部重，有的地方则处分干部轻。在实践中，问责的滥用造成了问责“干事人”的“逆淘汰”现象，在干部中形成了“大干大问责，小干小问责，不干不问责”的氛围，严重阻碍了干部的积极履责②。

---

① 盛明科，杨可鑫．新政问责过程中的目标替代与执行工具化．北京大学学报（哲学社会科学版），2021（4）．

② 蒋来用．“问责异化”的形成与矫正机制研究．河南社会科学，2019（7）．

在问责客体一端，问责乱象主要表现为：第一，为官不为。在实践中，由于一些地方出现了问责的滥用，挫伤了干部的积极性，使得面临巨大问责压力的干部出现了为官不为的现象。全面从严治党新常态仍在路上，中央对于党的建设的顶层设计、改革思路明晰，但是部分新制度尚未完全建立，部分干部不清晰什么事情能做、什么事情不能做，没有胆量放手推动工作而选择不为。第二，反向避责。这是由下级主动向上级移交职权，并将与之相关的责任和风险一并上移的一种倾向或行为。请示和报告的工作方式是部分“反向避责”现象形成的重要土壤。向上级领导请示报告是有效开展工作的重要方式，也是工作常识和规范。对于请示报告这一工作方式而言，当下级领导面临着自身无法解决或难以解决的问题时，积极向上级领导干部请示报告，从而寻求更多的工作支持，可以积极推动问题的顺利解决，但同时这也是“反向避责”现象出现的重要原因。特别是随着风险社会的到来，基层政府需要面临来自基层社会治理中越来越多的新问题和新挑战，向领导请示报告逐步演变成了“事事”向领导请示报告的现象。少数干部一遇到需要拍板决策的问题和事项，不论该问题是否严重，事项是否重要，就直接一层一层地向上汇报，请领导进行指示批示，由此将责任向上转移。

有效的问责制度是行政官员切实履行责任的必要条件，因此，虽然一些地方出现了问责乱象，却并不意味着我们可以抛弃问责制度，而是要求我们不断完善问责制度。具体来说，要矫治问责乱象，需要在以下三方面完善问责制度：第一，在纵向政府间关系上，要按照权责一致原则，规范地方分级管理体制，加强权责配置的体系化和科学化，以向下级赋权扩能为改革取向，做到权随责走，费随事走，人随事走，以降低问责的随意性。第二，在政府运行体制上，要破除压力型体制的粗放式管理，通过精准问责，规范权力运行，强化干事担当激励，从而提升基层政府治理的积极性和主动性。第三，在风险社会环境下，要提升动态预警能力，建立危机管理和风险协同应对机制，以减少问责中的临时“甩锅”现象。

关键术语

政府预算　政府决算　分税制　部门预算　国库集中支付　参与式预算　权治　法治　行政法律制度　行政法律行为　行政法治　依法行政　行政监督　行政问责　结果导向型问责模式　为官不为　反向避责

复习思考题

1. 政府预算与决算的作用有哪些？
2. 中央政府与地方政府在预算过程中的博弈有哪些表现？
3. 何谓“权治”与“法治”？
4. 行政法治的要求有哪些？
5. 请阐述行政法治与依法行政的关系。

6. 结合我国的行政现实谈谈如何加强公共行政的法制化建设。
7. 行政监督的常见方式有哪些?
8. 行政问责的主要模式有哪些?
9. 结合我国实际谈谈如何矫治行政问责中的各种乱象。

第7章

政府绩效管理

现代社会的组织化使组织管理的问题凸显了出来。到了20世纪70年代，作为组织管理的一项重要方法和技术——“绩效管理”获得了广泛推崇，并且被引入公共领域的政府管理实践中。政府绩效管理是指各级政府对公共服务或计划目标进行设定与实现并对实现结果进行系统评估的持续过程。政府绩效管理的过程是由“政府绩效计划与指标体系建构”“政府绩效执行”“政府绩效考评”“政府绩效反馈”“政府绩效考评结果的应用”构成的一个闭合性的“环”。其中，政府绩效考评是政府绩效管理的基础和核心环节，政府绩效考评的状况在很大程度上决定了政府绩效管理的效果。当前，中国政府的绩效管理实践还处于试点和探索阶段，形成了目标责任制、社会服务承诺制、效能监察、效能建设等绩效评估方法。

本章重点问题

- 绩效与绩效管理
- 政府绩效
- 政府绩效管理
- 政府绩效计划
- 政府绩效评估
- 政府绩效管理的改进

7.1 政府绩效管理概述

7.1.1 绩效与绩效管理

在汉语中，“绩效”（performance）释义为“成绩、成效”，它是任何组织都不得不关注的重要话题。彼得·德鲁克认为，所有的组织都必须思考“绩效”是什么，因为策略的拟订越来越需要对绩效的新定义。但是，人们对绩效概念的认识存在诸多分歧。从不同的学科领域出发来认识绩效，所得到的结果也会有所不同。从管理学角度看，绩效是组织期望的结果，是组织为实现其目标而展现在不同层面上的有效输出，它包括个人绩效和组织绩效两个层面。组织绩效是建立在个人绩效实现的基础上的，但个人绩效的实现并不能保证组织也有相应的绩效。从经济学角度看，绩效与薪酬是组织成员与组织之间的对等承诺关系，绩效是组织成员对组织的承诺，而薪酬则是组织对组织成员所做出的承诺。从社会学角度看，绩效意味着每一个社会成员按照社会分工所确定的角色承担他的那一份职责。一般而言，关于管理实践中的绩效有以下五种解释：绩效是完成工作任务、绩效是工作结果或产出、绩效是行为、绩效是结果与（过程）行为的统一体、绩效是“做了什么”（实际收益）和“能做什么”（预期收益）的综合。

绩效管理最早用于投资项目的管理，后来在企业管理尤其是人力资源管理方面得到了广泛应用。对于任何一个组织，绩效管理都是一项非常重要的系统化管理技术，因为它关注如何有效地调动组织成员的积极性和创造力，持续地提高组织成员完成任务的能力。至于“绩效管理”的概念，最早是由美国管理学家奥布里·丹尼尔斯（Aubrey Daniels）于20世纪70年代提出的，这一概念一经提出便引发了一场研究热潮。20世纪80年代后期，人力资源管理理论和实践研究得到人们的重视，绩效管理被引入人力资源管理过程中。

根据赫尔曼·阿吉斯（Herman Aguinis）的界定，绩效管理是指识别、衡量以及开发个人和团队绩效并使这些绩效与组织的战略目标保持一致的一个持续过程。这一定义突出了绩效管理的两个特性：其一，持续性。绩效管理是持续性的过程，是一个从设定目标和任务到观察绩效再到提供、接受指导和反馈的永不停止的过程。其二，与战略目标保持一致。绩效管理要求管理者确保组织成员的工作活动和产出与组织目标一致，并借此帮助组织赢得竞争优势。因此，绩效管理在组织成员的绩效和组织目标之间建立起了直接联系，从而使组织成员对组织做出的贡献变得清晰。

有效的绩效管理体系有益于推进组织良性发展，表现为：强化完成工作的动力，增强组织成员的自尊心，使管理者对下属有更深入的了解，能够更加清晰地界定工作的内容及其需要达到的标准，强化组织成员的自我认知与自我开发，使管理活动更加公平和适宜，使组织目标更加清晰，使组织成员更加胜任，使组织能更好地免受法律诉讼，使组织能更快、更及时地区分绩效优良与绩效不佳的组织成员，上级对组织成员绩效的看法能够更清晰地传递给组织成员，使组织变革更加容易推动。相反，设计质量较低以及执行水平较差的绩效管理体系会带来很多不利的后果：增加人员流失率；使用错误的或者带有误导性的信息；损伤组织成员的自尊心；浪费时间和金钱；损害人际关系；削弱完成工作任务的动力；组织成员产生工作倦怠感，工作满意度下降；增加遭遇诉讼的风险；对管理层资源产生不合理的需求；绩效评价标准和评价结果不稳定、不公平；产生偏见；绩效评价等级体系不清晰。

绩效管理制度可以追溯到20世纪初泰勒在《科学管理原理》中的时间研究、动作研究与差异工资制设计。根据詹姆斯·史密瑟（James Smither）和曼纽尔·伦敦（Manuel London）的研究，绩效管理制度的建立和实施应当从属于六个重要的目的（战略目的、管理目的、沟通目的、开发目的、组织维系目的和存档目的），或者说，有效的绩效管理制度应当符合这六项目的的基本要求。（1）战略目的。绩效管理衔接着组织目标和个人目标，因而强化了实现组织目标的行为。（2）管理目的。对于一系列与组织成员有关的决策（包括工资调整、职位晋升、对于出色表现的肯定、对于绩效不佳者的识别、裁员和业绩提高），绩效管理能够提供有效和有用的信息。（3）沟通目的。绩效管理使组织成员清楚了解他们自身究竟表现如何，哪些地方需要改进，组织和上司对他们的期望是什么，以及上司认为工作的哪些方面是最重要的。（4）开发目的。绩效管理包括反馈环节，即管理者辅导组织成员，帮助他们在工作过程中不断提高绩效。（5）组织维系目的。绩效管理过程会产生技能、能力、晋升潜力和现有组织成员所承担相关任务的经历等相关信息。这些信息有助于在组织层面上进行组织成员队伍规划、预测未来的培训需求以及评估绩效改进，对于评估人力资源干预措施的有效性（如组织成员参加培训后绩效是否有所提升）也是有用的。（6）存档目的。绩效管理产生的一些数据能够用于评估甄选工具的预测和一些重要的管理决策，这些信息对于组织可能面对的法律诉讼特别有用。

7.1.2 政府绩效及其影响因素

政府绩效就是把绩效用于对政府行为效果的衡量所反映出来的结果。政府绩效是政府能力的基本体现，包含两部分内容：其一，政府内部的管理绩效；其二，政府在社会、经济管理活动中的业绩、效果和效能。在西方国家，政府绩效又被称为“政府业绩”“政府作为”“公共生产力”“国家生产力”“公共组织绩效”等，其字面意义是指政府所做出的成绩和所取得的效益，但其内涵非常丰富，既包括政府“产出”的绩效，即政府提供公共服务和进行社会管理的绩效表现；又包括政府“过程”的绩效，即政府在行使职能过程中的绩效表现。政府绩效还可分为组织绩效和个人绩效，组织绩效包括一级政府的整体绩效、政府职能部门的绩效和单位团队的绩效。总的说来，政府绩效是政府在履行职能、促进公共利益实现过程中体现出的治理能力，是政府实施社会治理、提供公共服务（物品）等活动中的结果、效益、效能的综合体现。

政府绩效包括六项主要内容：

第一，政治绩效。指政府均衡社会利益的合理分配，促进政治权利的不断发展，保障政治生活的平等化、民主化和有序化。在市场经济条件下，政治绩效最经常地表现为制度安排和制度创新。市场经济的游戏规则或社会秩序的供应是一种政府制度安排，这是政府核心能力之一，政府制度安排的能力越强，政治绩效就越容易实现。

第二，经济绩效。指政府在推进国民经济健康、有序、协调和持续发展方面的表现。国民经济的发展不仅表现为量的扩张，更主要的是要在结构合理的前提下有质的提升，并且在保证各方面协调有序的条件下实现可持续发展。良好的政府绩效表现为政府能够提供推进经济与社会协调发展的宏观经济政策，促成并不断维护经济发展的良好局面。

第三，社会绩效。指政府能够在经济发展基础上促进社会的全面进步，维护社会的稳定与发展。其中，安全与犯罪、公平与正义、福利与贫困、稳定与动乱等指标是重要的参数。

第四，公共服务绩效。指政府推进社会稳定发展的同时秉承“为人民服务”的理念，全力提供公共服务和公共产品以及引导社会力量服务于社会发展。

第五，文化绩效。指政府在文化发展中的作为以及在此基础上社会文化自身的变化，如文化的繁荣、整合与创新。其中，主要的衡量指标是精英文化与大众文化的相互补充与相互渗透。

第六，生态绩效。指政府在可持续性和包容性发展观指导下逐步推进环境保护和生态治理。2013年9月7日，习近平总书记在纳扎尔巴耶夫大学发表演讲时明确提出“绿水青山就是金山银山”的观点①。在全球气候变暖、雾霾天气严峻的形势下，政府的生态绩效正在成为衡量政府治理能力现代化的一项核心指标。

将绩效、绩效管理从私人部门引入政府部门这一事实说明，政府绩效与私人部门的绩效观有共同点，比如，都是为了实现组织目标、优化管理效率等。然而，政府绩效又异于私人部门的绩效概念。政府绩效是一个综合性、全局性的问题，政府行为的每一个环节都对绩效有影响。政府推进公共行政的实践经验证明，影响政府绩效的外部因素主要有：(1) 政治因素。国家的政治稳定，政治生活的民主化、法制化是行政活动正常进行的基本条件，也是公共行政高效化的前提。(2) 经济因素。国家经济发展状况是政府绩效的物质基础，也是推动政府绩效不断提高的动力之一。经济发展使得政府可以动员比过去更多的资源，同时，行政管理体系的结构和功能应与经济发展的类型和水平相适应。(3) 社会因素。社会团体、党风、政风以及公民整体绩效意识等是政府绩效的重要社会因素，良好的社会风气和优良的文化传统有助于政府绩效的提高。(4) 地理因素。一个地区的地理环境决定着该地区的交通、邮政、电信等事业的发展程度，也是影响政府绩效的重要因素。(5) 科技因素。在现代化的行政管理中，能否大幅提高政府绩效，在很大程度上取决于现代科学技术在行政管理活动中的运用情况。

影响政府绩效的内部因素主要有：(1) 组织因素。主要包括行政机构的设置和行政职位的设置状况，以及行政管理各环节的衔接状况。在行政机构的设置方面，行政机构的功能是否齐全，能否适应社会发展的客观要求，是否事事都有人管，行政机构是否精简，权责是否明确；在行政职位的设置方面，是否符合实现行政目标的需要和遵循科学

---

① 习近平．习近平谈治国理政：第4卷．北京：外文出版社，2022：168-169.

高效的原则；在行政管理各环节的衔接方面，能否依据分工-协作的原则来保证行政管理各环节有效地联结起来，形成各司其职、各尽其责的协调局面，这三个方面构成了影响政府绩效的组织因素，特别是行政组织的各部门是否尽职、行政管理的各环节联系是否紧密，是关系能否顺利实现总体行政目标的问题，同时，也是一个能否最大限度地减少内耗、提高绩效的问题。虽然这是一个组织协调的问题，但也反映了组织机构设置和职位设置的状况。（2）人员因素。在一切管理活动中，人都是最为关键的因素，人员因素对政府绩效有直接的影响。第一，人与事的关系。能否做到人人有事做，事事有人做，是衡量政府绩效的重要指标。第二，行政人员素质。包括行政领导者素质和一般工作人员素质两个方面。行政领导者是组织的决定性因素，可以将组织和事业的兴衰系于一身，其政治思想、道德品质、决策能力、指挥能力、用人能力等都对政府绩效有重大影响。一般行政工作人员是大量行政业务工作的完成者，其政治思想、工作态度、效率观念、业务知识和技能等方面的素质直接影响着政府绩效的高低。

7.1.3 政府绩效管理的独特性

长期以来，政府绩效管理保留了私人部门绩效管理的“效率中心主义”原则，因此，对效率的追求一度被看成是政府绩效管理的显著特性。即使“新公共行政”运动一度强调社会公平，力图用“社会效率”取代“机械效率”，但效率的核心地位始终未动摇。“新公共管理”谋求通过竞争、外包和私有化等手段来促进绩效，也进一步加深了对效率的追求。新公共管理运动推行的政府绩效评估活动贯彻了效率优先的原则，虽然其不再具有明显的命令和控制色彩，表现为对责任和质量的重视，但政府绩效评估在解决效率与“公共性”冲突的问题上不仅没有取得进展，反而加剧了效率与公共性之间的冲突，甚至回避了政府及其管理过程的公共性问题。虽然关于行政效率的研究要充分体现研究对象的特性，适应公共目标、公共责任、公共环境和公共组织的基本特点的呼声一直未曾中断，但私人部门管理的方法还是经常不加区分地、自觉不自觉地被引入政府的绩效管理过程。比如，简单化了的结果导向、在不确定的环境下过分强调绩效、低估了公共服务供给中购买者和供给者相互分离的难度等，都是政府绩效管理中常见的问题，表明效率依然是优位价值取向。因而，需要重点强调政府绩效管理所应具有的特性。

第一，政府绩效管理应当彰显“公共性”。政府部门的主要目的在于谋求“公共利益”，其动机在于加强服务，便民利民。摩尔（Mark Moore）曾经从“财务绩效”“组织存续”“社会价值”三者的关系角度阐述了政府和私人部门的区别，认为私人部门的财务绩效、组织存续和社会价值三者是一致的，而对于政府而言，财务绩效和组织存续却不等于社会价值①。弗雷德里克森曾经在《公共行政的精神》一书中专门强调了政府行政的“公共性”必须具备的四个基本条件：一是必须建立在宪法之上，二是建立在得到强化了的公民精神的基础之上，三是建立在对集体的和非集体的公众的回应之上，四是建

① MOORE M H. Managing for value：organizational strategy in for-profit，nonprofit，and governmental organizations. Nonprofit and Voluntary Sector Quarterly，2000，29（S1）：183－208.

立在乐善好施与爱心的基础之上①。政府的一切行为，包括绩效管理活动，都应首先体现其公共性的特质和要求，它是政府全部工作坐标系的原点。

第二，政府绩效管理的权威性与强制性和依法而行。不同于私人部门，政府行为带有权威性和强制性，这是来自公众所赋予的公共权力。政府行为的权威性和强制性能够为政府实现其目标带来很大的便利，同时，政府行为也更需要得到规范和约束。因此，政府的活动具有法律所赋予的权威，同时又受到法律法规的限制和约束。政府的绩效管理也是政府活动的一部分，因而必须在宪法或法律的规范下稳步推进。尽管私人部门中的绩效管理也存在依法约束自身的要求，但在具体的绩效管理实践中，具体的组织规则和管理行为所发挥的作用会更大一些，而政府则不同，它需要严格地依法进行。

第三，政府绩效目标较难量化。私营组织的目标是创造企业利润，私营组织成员的绩效是以其对组织创造利润的贡献为标准来加以衡量的，非常明确，也容易通过制定量化的绩效目标来进行绩效管理。与之相比，政府的目标是维护整个公共利益和促进公共利益最大化，而公共利益大多是抽象的和模糊的，许多公共产品是无形的服务，其质和量缺乏确定性与可度量性。另外，政府部门的产出和最终的社会效果之间还存在时间上的滞后性，很难根据产出去对效果做出评估。也就是说，公共服务的绩效难以用定量的方法来加以界定。即使在当今大数据技术应用的条件下，也无法计算出公共服务产出的效果。同时，很多服务（如国防和公安等）都是政府为作为整体的公众提供的服务，无法衡量每个人从这些服务中所能得到的益处。而且，社会上没有可提供同样服务的竞争者，也就无法取得可比较的成本与收益的数据。即使在非政府组织以及其他社会力量加入公共服务的行列中后，政府部门的服务也是很难用量化指标来加以衡量的，多元公共管理主体之间的竞争也主要反映在体制和制度的层面上，在具体的管理层面上，还是很难体现出来。此外，绝大多数政府部门存在多重的甚至相互冲突的目标。一些目标与政治统治相关，一些目标与人事管理和行政效率相关，一些目标则与财政和政治责任相关。对于这些多重目标的选择和权重排序，往往会受价值观和权力等因素的影响，因而很难达成一致。政府部门的目标还有许多是抽象的和模糊的，是一些不易量化的软目标，如提高人口素质、实现社会公平等，其衡量标准弹性很大。在如何把这些笼统抽象的目标转化成可操作性的量化管理目标方面，显得非常困难。由于政府的主要目的不是营利，因此，衡量一个政府部门的绩效就特别困难。

虽然政府绩效管理的目标是难以量化的，但在政府部门中开展绩效管理依然是必要的。政府部门正实现从管理者和监控者向公共服务供给者的角色转换，并把为公众提供良好服务作为其最根本、最广泛的职能。在这种情况下，就政府绩效管理所体现的是结果为本的评价机制来说，应当寻求对政府机关公共服务供给的质量、效能、公平性以及回应性的科学测定，目的在于防止供给者利用提供公共服务的机会谋求私人利益，尽可能实现公共利益的最优化。此外，政府绩效管理应当重视“回应性”，这可以使政府积极地引入公民参与机制。这既有利于政府更有效地朝着公众需求的方向努力，又有利于政府机关及时纠正行动中的失误，更有利于增进公众对政府部门绩效评估的监督、支持以

---

① 弗雷德里克森．公共行政的精神．北京：中国人民大学出版社，2003．

及对评估结果的理解和认同。

7.1.4 政府绩效管理的基本流程

政府绩效管理的过程通常被看作一个循环，这个循环拥有一个由“政府绩效计划与指标体系建构”“政府绩效执行”“政府绩效考评”“政府绩效反馈”“政府绩效考评结果的应用”构成的闭合性结构（见图 7－1）。

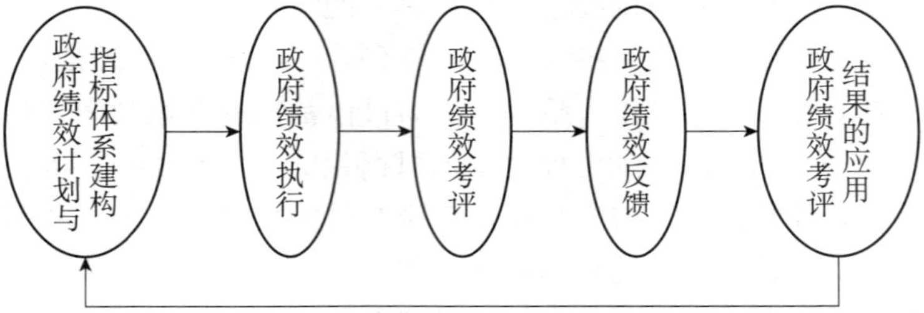

图 7－1 政府绩效管理的基本流程

在启动和实施政府绩效管理之前，首先必须明确两个基本的前提：其一，对政府的使命和战略目标一定要有清楚的了解；其二，必须对当前的职位有清楚的了解。政府的使命和战略目标是其战略规划的结果。政府的战略规划明确了政府未来的角色定位、想要实现的目标以及准备采取哪些策略来实现这些目标。一旦战略性目标确定下来，就要在此基础上对目标进行层层分解，使各部门的目标能够支持政府总体使命和目标的实现。职位分析是任何绩效管理体系实施的一个基本前提，是确定一个特定职位的关键元素的过程，其中包括工作活动、任务、服务和流程等。如果不进行职位分析，很难确定政府绩效管理过程中特定的职位到底应当承担哪些职责。

政府绩效计划是政府绩效管理实施的关键和基础所在。政府绩效计划是否科学合理，直接影响政府绩效管理整体的实施效果。因为，政府绩效计划是在政府绩效管理行为展开前的一种筹划，目的是要在绩效管理行为展开后能够获得更好的绩效，而不是停留在分析和关注那些过去的、不能改变的绩效。同时，政府绩效计划可以在政府内部建立起一种科学合理的管理机制，能够明确政府行政人员的工作职责，并能够激发他们的工作热情。政府绩效计划的制定过程分为“准备”“沟通”“制定计划”三个步骤，在制定的过程中必须遵循“协作性”的原则，即行政领导与行政人员共同讨论以确定政府部门行政人员考核期内应完成哪些工作和应达到怎样的绩效水准。

政府绩效指标是与行政人员绩效产出有关的评估标准，它与行政人员的工作内容有关。政府绩效指标相当于一种“标尺”，它明确了行政人员的工作情况和工作态度等。政府绩效指标体系需要考虑两个方面的问题，即政府绩效指标的选择和各个指标之间的整合。政府绩效指标体系的内容应当构成一个完整的体系，可以实现对组织绩效进行不同方面、不同角度的衡量，让行政人员能够更好地了解当前政府工作的重点，为行政人员未来的工作提供指引。

政府绩效执行是在绩效计划制定和指标体系建构之后行政人员开始按照计划开展工

作的过程。在这一过程中，行政领导要对行政人员的工作进行指导和监督，对发现的问题进行及时的解决，或者为解决问题提供协助。如果需要的话，还应根据实际工作进展状况而对政府绩效计划做出及时适当的调整。在政府绩效执行的整个过程中，都需要行政领导和行政人员之间进行持续的绩效沟通。这种持续的沟通能够保证行政领导和行政人员共同追踪进展情况，找到影响政府绩效的因素，及时处理出现的问题，修订工作职责。这就要求上下级在平等的交往中相互获取必要的信息，增进相互了解和联络感情，以保证政府的各项工作能够正常地开展，使政府绩效执行得以顺利进行。

政府绩效考评是对政府的绩效进行考核与评估的过程，一般发生在绩效执行周期结束时，是依据政府绩效计划阶段制定的绩效管理目标以及在绩效执行过程中能够说明行政人员绩效的数据和事实进行的。政府绩效考评需要以科学合理的绩效评估指标体系为依据，运用科学的方法和程序，对特定的政府部门履行职能的情况进行全面、客观、公正的评价，目的是不断地提升政府工作业绩和效率，促进政府提高回应社会要求的能力。政府绩效考评赖以展开的前提是绩效标准。绩效标准的确定是建立在科学研究的基础上的，能够对政府管理过程中实际取得的业绩做出客观评价和划分出等级。而且，绩效标准的确定还需要充分考虑政府中的不同部门和不同层级的实际情况，需要对各个政府层级和各个部门的要求进行比较，保证确定的绩效标准能够成为对政府及其各个部门进行考核、评估的依据。在绩效标准中，除了需要对不同的绩效等级规定出明确具体的绩效要求之外，还应规定明确、严格的对产出或结果进行评估的措施。在政府以及其他公共部门绩效标准确立的过程中，国家法律是终极依据，同时也要反映和体现公众的利益要求及普遍性的愿望。

政府绩效反馈是政府绩效管理的重要环节。政府绩效管理的过程并不是为绩效考评打出一个分数就结束了，行政人员及其上级管理者还需要坐在一起进行一次或多次面对面的交谈，这种绩效反馈会议也常常被称为“绩效评价面谈”。当政府绩效考评完成以后，评估结果是不应束之高阁的，而是需要与相应的管理环节相衔接，将考核结果运用到日常的管理活动中去。政府绩效考核结果可以应用到如下方面：

第一，制定政府绩效改进计划。绩效改进是绩效管理过程中的重要一环。传统政府绩效考核的目的在于对行政人员的工作业绩进行评估，将评估结果作为确定行政人员薪酬、奖惩、晋升或降级的标准。现代政府绩效管理的目的并不止步于此，而是以行政人员工作能力的不断提高以及绩效的持续改进和发展为根本目的。绩效考核结果反馈到行政人员那里后，会有利于行政人员科学地认识自身的优缺点，从而积极地改进工作。

第二，组织培训和学习。对于绩效考核的结果，需要进行分析，然后根据分析所掌握的情况对行政人员进行量身定制的培训，通过有针对性的培训去提升行政人员的工作技能和及时弥补行政人员的能力短板。这种培训既满足了完成工作任务的需要，又可以使行政人员享受免费的学习机会。

第三，薪酬、职务调整。绩效考核的结果应当与行政人员的薪酬、职务挂钩。一般而言，绩效考核结果显示绩优的行政人员也就应当获得更多的薪酬奖励，这是对行政人员追求高业绩的肯定。同时，绩效考核结果也是衡量行政人员是否能够胜任工作的重要参考依据。经过多次考核后，如果行政人员的业绩始终没有改善，可能是因为其能力确实无法胜任工作，这样的话，就应当考虑调整其工作岗位，如果是因为行政人员的工作态度问题而影响其工作业绩的话，在经过多次提醒与警告都不见改善的情况下，也应当考虑调整其工作岗位甚至将其解雇。

第四，制定人力资源规划。绩效考核结果可以让政府部门在总体上掌握人力资源质量优劣的状况，政府部门从考核结果中可以获得系统内行政人员的晋升和发展潜力的数据，这是有利于政府制定人力资源规划的。

第五，正确处理行政人员间的关系。客观公正的绩效考评可以为行政人员在加薪、奖惩、晋升、降级、调动、辞退等重要人力资源管理环节提供公平的数据，从而减少人为因素对管理的影响，也可以保证系统内部行政人员之间的关系能够建立在更为牢靠的客观基础之上。

7.2 政府绩效评估

7.2.1 政府绩效评估的功能

政府绩效管理已经成为不断提升政府实施社会治理、提供公共服务能力的一套完整的管理制度。其中，政府绩效评估处于政府绩效管理的核心地位，具有以下几个方面的主要功能：

第一，价值导向功能。一种管理技术和方法必然包含着特定的价值取向，传统的“效率中心主义”是工具理性的产物，绩效管理在一定程度上强调工具理性与价值理性的统一，两者的差异突出地体现在评估指标的设计上。评估指标是组织管理价值取向的外化，其运行则为组织管理理念的实现提供了可靠的保障。政府绩效管理倡导服务取向、市场取向和社会取向等多元价值，要求把多元价值落实到绩效评估指标体系的设计之中。在具体的评估过程中，对特定指标和程序的注重也能够体现价值导向功能。

第二，计划辅助功能。政府管理工作拥有很强的计划性。计划执行的结果不仅取决于执行的情况，更重要的在于计划的制定是否在掌握了大量精确、客观的信息的基础上做出，是否具有针对性。绩效评估可以很好地反映上一阶段政府绩效的表现，能够掌握精确、客观和真实的信息，从而为下一阶段计划的制定提供逻辑起点和强有力支持。虽然政府整体能力的全面提升并不是单纯地通过绩效评估能够做到的，但绩效评估在改善政府能力方面却能够发挥重要作用，特别是它使政府计划的制定有了客观依据。

第三，监控支持功能。执行计划是政府管理工作的另一个重要环节，为了保证计划目标的实现，执行必须有力、可靠，方向应当准确。政府绩效评估通过不断收集评估对象的信息，持续反映计划的执行情况，为监控计划执行提供了重要的信息，从而使管理部门可以及时有效地对执行过程中出现的问题进行纠偏，保证执行回到正确的轨道上来。同时，政府的计划执行过程由于要面对绩效评估的压力，也会更加注重对计划目标以及计划执行的各环节进行自我检视，以求在绩效评估中获得较好的评估结论。

第四，激励约束功能。绩效评估的结果是对特定政府部门一定时期工作状况的总结，是同政府部门具体的管理目标紧密相连的，能够反映出管理目标是否得到实现以及实现的程度如何。同时，绩效评估提供的信息也能够在部门内部和部门之间产生一种比较效应，无论是用于横向比较还是纵向比较，都会对特定政府部门及其工作人员形成一定的压力。同时，特定的绩效评估往往与一定的绩效奖惩联系在一起，评估的结果可以成为奖勤罚懒、奖优惩劣的依据，因而也起到了特定的激励和引导作用。

第五，资源优化功能。政府绩效状况在一定程度上反映的是其资源配置效果，一般情况下，资源配置合理，绩效就高，反之，绩效则低。因此，通过对绩效状况的分析，找出问题，分析原因，对现有的资源配置情况做出适当的调整，能够推动绩效不断改进。政府绩效不断改进的过程本身就是一个资源不断优化的过程。在实践上，资源优化的直接结果就是减少浪费和政府财政的不当支出，从而实现行政成本的降低。

政府绩效评估功能的良好发挥，依赖于一个成熟的评估模式和评估体系的构建。现在，各国政府基本上都建立起了由一系列绩效评估机制构成的系统化的绩效评估体系。衡量一个绩效评估体系是否健全，需要充分考虑以下六个方面的问题：

第一，评估体系的公平问题。就组织内部而言，一个评估体系只有在得到被评估者普遍接受的情况下才有效，只有当评估体系本身具有公平公正的属性，被评估者才会表现出拥护和愿意接受评估的积极性。如果绩效评估体系本身有失公允，就会使处于不公平地位的成员产生抵触情绪，而由这种抵触情绪引发的不合作态度就会以故意制造虚假信息的形式出现，从而使整个评估结果的有效性大打折扣。由于政府部门是一个庞大的组织系统，被评估部门往往处在系统的不同层级中，如果用完全统一的评估指标体系去衡量整个政府部门的话，就会出现形式上的公平公正掩盖了实质上的不公平。所以，应该根据政府部门层级、职能和环境，既运用统一的原则和要求，又结合各个部门的实际情况，分别制定具体标准。但是，如果评估体系差异化程度过大，也可能出现各部门之间的绩效无法比较的问题。因此，既应该建构一些比较通用的、统一的评估指标体系，又应根据部门情况的不同而增设一些特殊的绩效评估指标。

第二，评估主体的多样化问题。就绩效评估而言，与私人部门的单一评估主体不同，政府部门绩效评估主体显然要复杂得多。事实上，政府部门的绩效评估如果是单一主体的话，往往会造成极大的不公平和不公正问题。比如，如果一个组织的绩效评估仅仅由内部评估主体做出的话，由于评估主体与各个部门的平时联系以及利益关联等原因，就会受到各种因素的影响，这些影响因素决定了绩效评估可能会在各部门之间寻求一种相互妥协的评估结果，这实际上是评估结果的最大不公正。相反的情况是，如果只有外部的评估主体，他们可以超然于各利益方之外去进行客观的评估，但是，由于对组织内部的实际情况了解并不充分，往往会形成虽然客观却不正确的评估结果。所以，政府部门的绩效评估需要考虑把内部的和外部的评估主体结合起来。组织内部的评估既要有上级部门所开展的自上而下的评估，也要有本级部门的评估活动，甚至需要有一个内部的相对独立的部门去专门从事评估工作。来自组织外部的评估主体主要有权力机关、政党组织、社会公众、舆论传媒和专业的评估组织等。

第三，评估内容的全面性问题。政府绩效评估是政府绩效管理的一个重要环节，服务于政府绩效管理的优化，如果评估内容不能做到全面的话，就会给整个绩效管理过程造成误导。所以，绩效评估的全面性一方面能够为政府部门进行全方位的绩效管理提供依据，另一方面也有利于组织成员个人的发展。当然，评估的全面性并不意味着评估指标的面面俱到，更不意味着评估指标越多越好。一般来讲，绩效评估指标的项目数应该与部门的职责内容相符合，即工作职责简单，所需设立的绩效评估指标就少，反之则多。

第四，评估的可操作性问题。绩效评估也需要遵循有限理性的原则，因为，绩效评估不可能达到面面俱到、无所遗漏的境界。对于部门繁多、部门职责各异的政府部门来讲，绩效评估指标体系的设计是复杂和烦琐的。在设计之初，为了保障绩效评估体系的科学性，体系中每个评估指标及其权重的设计都需要经过大量的计算。但是，在绩效评估体系确立之后，日常工作中的绩效评估体系运行就要求尽量简便可行，容易操作。这种简便的评估体系应该有可获得的、可量化的数据资料，还应该在设置时尽量避免形成庞大的评估指标群或层次复杂的评估指标树，既要使评估指标具有尽可能高的信度和效度，又要减少绩效评估工作的复杂度。

第五，评估的动态性问题。政府部门的绩效评估体系应当与社会经济的发展相适应。绩效评估活动也是一个动态的过程，是不可能用一套评估体系、指标和方法反复进行评估的，而是需要不断地进行更新。同时，政府绩效是一个动态的积累过程，时时受到社会经济以及政治环境因素的影响，而且，政府的行政行为在作用于社会时是不易在较短的时间内取得其真值的，一旦发现对于绩效评估有价值的新的因素和新的数据，就应当及时地纳入绩效评估的指标体系中，或者，对原有的指标体系进行序位和权重的调整，以使绩效评估能够与时俱进。总之，政府部门及其行政行为的复杂性决定了其绩效评估过程必须随时准备考虑新的因素，让绩效评估本身拥有动态性的特征。

第六，评估工作的独立性问题。绩效评估的结果应当具有科学性和权威性，它不应因任何个人的主观意志而进行改变和调整。在政府部门中，这种科学性和权威性主要是一个如何避免权力意志干扰的问题。因此，绩效评估本身应被看作一项相对独立的工作。特别是部门内部的评估主体所开展的绩效评估活动，更应避免领导权力和权威的干扰，不仅领导部门以及领导者要做到充分放权给绩效评估主体，尊重评估主体活动的独立性，而且，评估主体自身也应本着客观公正的态度去开展绩效评估，特别是需要避免猜度领导意图的情况出现。只有这样，评估的结果才能客观、公正，才能成为整个绩效管理的依据。

7.2.2 政府绩效评估的类型

政府绩效评估的内涵丰富，涉及面广泛，其类型也是多种多样的。从现实情况看，根据不同的标准，大致可以把政府绩效评估分为以下几种类型：

（1）根据评估活动涉及的范围，可以把政府绩效评估分为普适性的绩效评估、具体行业的组织绩效评估和专项活动的绩效评估。

普适性的绩效评估是作为政府内部管理机制或管理技术中的一个环节而存在并发挥作用的。也就是说，它并非单独存在，而是渗透于日常的具体管理过程中的。在以往的实践中，是以目标责任制、社会服务承诺制、效能监察和建设、行风评议和干部实绩考核等形式表现出来的。具体行业的组织绩效评估主要是指在某个行业内部所进行的反映了本行业特色的绩效评估，一般是由政府主管部门设立评价指标体系并组织对所属企事业单位的定期评估。因为每一个行业都有明显不同于其他行业的生产和经营内容，组织形式也有很大差别，对成员的要求也不尽相同。所以，普适性的绩效评估在被运用到具体某个行业之中时，必须与其自身的特殊性结合起来，形成适应本行业特点的评估体系。专项活动的绩效评估往往是针对某一专项活动或政府工作的某一方面所进行的评估。一般说来，主要是针对政府在一定时期内的特定活动进行的评估，如政府实施的大型基建工程、大型社会活动等。

（2）根据评估主体的来源，可以把政府绩效评估分为内部评估和外部评估。

在绩效评估过程中，如果评估主体来自政府内部，就属于内部评估，相反，由外部主体所进行的评估称作外部评估。政府内部评估是指由政府及其所属部门自己组织实施的绩效评估。当前进行的政府绩效评估主要是以这种形式出现的，一般是由作为评估对象的上级主管部门对其进行评估，具有简便易行、操作性强的特点，便于上级政府部门对下级各单位情况的掌握以及控制。但是，内部操作也使得这种评估常常在客观和公正方面受到质疑，因为上级部门的价值偏好、对人情关系的体验等都会影响评估结果。外部评估一般分为两类，包括广泛的群众评估和第三方评估，前者如一段时间以来的网评政府，后者则又可以分为受委托的第三方评估与独立的第三方评估。无论是内部评估还是外部评估，只要评估活动是由单一主体做出的，都属于单一主体的评估。与之相对应的是多元主体的评估，多元主体评估是指由来自政府内外的多个主体联合起来共同对特定的评估对象进行评估的一种形式。多元主体评估能够较好地克服单一主体评估中出现的问题，因此，也被越来越多的专家所推荐，但也会出现重复评估甚至骚扰评估对象的问题，还会导致评估耗费的增加。总的说来，在具体的操作中，如何避免由于主体的身份差异带来的不良影响，是一个必须正视的问题。

（3）根据评估指标的设计情况，可以把政府绩效评估分为通用指标评估与业绩指标评估、综合指标评估与单项指标评估①。

通用指标评估与业绩指标评估是按照评估指标的可比性程度所做的类型划分。通用指标指的是在政府组织范围内，各个部门、各个组织有一个统一的评估指标体系，而业绩指标则是指每一个特定的政府组织根据自身的职能要求而设定的特定的评估指标。在这里，通用指标评估以政府所有的组织为评估对象，即政府中的所有部门都必须依照这些指标评估；而业绩指标评估则以各个不同的政府组织为评估对象，这些具体的业绩指标是根据不同的政府组织以及政府中的不同部门的特点而制定的。综合指标评估与单项指标评估是按照评估内容做出的类型划分。综合指标往往是对某个政府组织的职能进行全面的指标设定，单项指标则是对某个政府组织的某一项或某几项特定职能所做出的指标设定。综合指标评估和单项指标评估所涉及的评估对象既可以是单个政府组织，也可以是某几个政府组织，还可以是一定层级范围内所有的政府组织。

（4）根据评估的方向性，可以把政府绩效评估分为自上而下、自下而上和横向平行

---

① 卓越．公共部门绩效评估的对象选择．中国行政管理，2005（11）．

等几种方式的评估。

自上而下的评估是指上级主管部门对其所辖各部门、各机构和层级进行的评估，因此，这种评估一般是在政府部门内部进行的，属于内部评估的范畴。自下而上的评估是指政府管理对象对政府管理行为及其效果进行的评估，可以是下级部门对上级部门、下属对领导的评估，这属于内部评估的范畴；作为政府管理对象对政府的评估则属于外部评估，在实质上并不属于自下而上的评估范畴，但在形式上却表现为一种自下而上的评估。横向平行评估在理论上也可以是同级政府之间所进行的评估，但在实践中却不存在这种情况，较为常见的是某一级政府内部不同部门之间的评估。

（5）根据评估方法或者技术的运用，政府绩效评估又可以分为基于目标管理的绩效评估，基于关键绩效指标（key performance indicators，KPI）的绩效评估，基于平衡计分卡（the balanced score card，BSC）的绩效评估，基于标杆（benchmarking）管理的绩效评估和基于素质的绩效评估。

目标管理是通过确定目标、制定措施、分解目标、落实措施、安排进度、组织实施和考核等来达到管理目的的手段，一般表现为政府部门的自我控制。基于目标管理的绩效评估主要包含“制定和分解目标”“实施目标过程中的管理”“目标成果评价”等基本内容。基于关键绩效指标的绩效评估是政府机关结合自身的管理和发展实际，建立KPI指标体系来对系统内人员进行量化目标管理的措施。基于平衡计分卡的绩效评估主要是从财务、“顾客”（公众）、内部流程、学习和发展四个逻辑相关的角度制定相应的绩效指标，并根据所制定的绩效指标去考察政府机关实现其远景及战略目标的程度。基于标杆管理的绩效评估是政府部门将自身的关键业绩行为与基准部门（最强的竞争性政府部门或领先或最有名望的政府部门）的关键业绩行为进行考核比较，分析这些基准机关的绩效形成原因，并在此基础上确定本部门绩效改进的最优策略。基于素质的绩效评估将素质与绩效联系在了一起，认为素质是影响政府机关行政人员绩效水平的根本因素，强调绩效评估要以素质为基础，根据胜任某一岗位的素质要求对行政人员素质进行评估。

7.2.3 政府绩效评估的方法

绩效评估的一系列功能都必须通过一定的评估方法的运用才能够得以实现。在私人部门中，关键绩效指标法、目标管理法和平衡计分卡法等现代评估方法都是得到普遍使用的方法。在某种意义上，当前政府部门所进行的绩效评估基本上都是借鉴私人部门的绩效评估方法，只是在引入政府部门后进行了一定的改造，特别是在评估指标体系的制定方面，更多地基于政府部门的实际而进行设计。目前，政府绩效评估常用的方法主要有“3E”评价法、标杆管理法、平衡计分卡法和360度绩效评估法。

第一，“3E”评价法。“3E”评价法是由美国会计总署率先提出并加以实践的一种绩效评估方法，目的是更好地控制政府财政支出从而节约成本。所谓“3E”，就是三个英文单词economy，efficiency，effectiveness的第一个字母，中文就是经济、效率、效果。所谓“经济”，是指以最低可能的成本（供应与采购）投入维持既定的公共服务（产出）品质，它强调在提供高品质公共服务的前提下尽可能降低供应和采购成本，重心在于更多地关注投入的数量。所谓“效率”，是指投入与产出之比，体现在追求尽可能少的时间投入和尽可能多的公共服务产出，所以，“效率”注重的是一种比例关系。所谓“效果”，是指公共服务实现目标的程度，所衡量的是政府部门提供的公共产品和公共服务能够达到的程度，更多地强调结果的满意程度。“3E”评价法的出现迎合了当时美国既要解决政府经济投入过多而带来的财政困境又要保障不因公共服务品质的降低而带来政治危机的问题，体现了美国政府强调经济上的实用性和对成本加以控制的追求。事实上，通过实施“3E”评价法，美国政府在一定程度上达到了其目的，与此前相比，美国政府的财政支出也表现出趋于合理的趋向。随着经济与社会的发展，“3E”评价法也暴露出一系列的问题，在进一步补充和完善的过程中，又加入了“公平”（equity）指标，从而发展为“4E”。

第二，标杆管理法。20世纪70年代，“标杆”的概念开始用于商业词汇中。到了20世纪80年代初，为了应对日本佳能、NEC等公司的竞争威胁，美国施乐公司最先发起向日本企业学习的运动，通过对经营战略、战术的改进，很快收到成效。这使美国施乐公司成为商业标杆管理流程的领导者，并把标杆管理定义为一家公司与其他主要竞争对手之间的比较。随后，摩托罗拉、IBM、杜邦、通用等公司纷纷仿效施乐公司采用标杆管理法，在全球范围内寻找行业内外管理实践最好的公司进行标杆比较并努力超越标杆企业。所以，“标杆”一词在管理学中成了“优异典范”的代名词，泛指一个公司通过将自身和其他公司进行比较来实现超越的活动。经典的标杆管理法的实施步骤由施乐公司的罗伯特·C. 开普（Robert C. Camp）首创，他将标杆管理活动划分为五个阶段：(1) 计划。确认对哪个流程进行标杆管理，确定用于做比较的组织，决定收集资料的方法并收集资料。(2) 分析。确定自己目前的做法与最好的做法之间的绩效差异，拟定未来的绩效水准。(3) 整合。就标杆管理过程中的发现进行交流并获得认同，确立部门目标。(4) 行动。制定行动计划，实施明确的行动并检测进展情况。(5) 完成。处于领先地位，全面整合各种活动，重新调整标杆。在20世纪80年代的全球性行政改革运动中，标杆管理被引入政府管理中，成为推动政府绩效改进的重要管理工具。标杆管理法的价值准则是要实现政府效能的全面提升，发挥政府对社会的全方位引导作用。政府中的标杆管理是一个帮助组织（部门）发现其他组织（部门）更高绩效水平的过程，并尽量了解它们是怎样达到那种水平的，从而使产生那种水准的做法和程序得以运用到自己的组织（部门）中。实际上，在政府的绩效管理中，标杆管理是被作为一个系统的、持续性的评估过程而加以运用的，是组织（部门）将自身的服务、产品与管理模式等情况与标杆组织（部门）进行比较从而借鉴先进经验的活动，目的是要改善自身的不足和提高竞争力并实现对标杆组织（部门）的超越。

第三，平衡计分卡法。平衡计分卡的概念是美国哈佛商学院的罗伯特·S. 卡普兰（Robert S. Kaplan）和戴维·P. 诺顿（David P. Norton）于1992年在《哈佛商业评论》上发表的文章《平衡计分卡——业绩衡量与驱动的新方法》中首先提出来的，在1996年出版的《平衡计分卡——把战略转化为行动》中，他们又对平衡计分卡做了系统阐述。平衡计分卡是一种着眼于组织发展战略有效性的管理理念和系统管理方法。它强调从财务和非财务的角度综合评估绩效。该方法通过四个层面来管理部门的绩效：顾客（customer)、财务（financial)、内部业务（internal business process）和学习与成长（learning and growth)。平衡计分卡在政府部门的适用性是由平衡计分卡自身的特点决定的。首先，平衡计分卡基于平衡的理念平衡政府部门的短期绩效与长期绩效、竞争与合作、稳定和发展等关系。其次，平衡计分卡把发展作为核心，将政府部门战略目标转换为绩效评估指标，通过具体的规划，将政府部门的行为、结果等和目标做比较，进而通过完成既定目标来提升部门的绩效水平。

第四，360 度绩效评估法。360 度绩效评估法又称“全方位评估法”，最早由英特尔公司提出并加以运用，体现了组织调查、全员质量管理、发展回馈、绩效评估以及多元评估系统等多个组织绩效原则。通过这种评估方法，被评估者不仅可以获得多角度的反馈，也可以从中更加清楚地了解自我，便于今后自身绩效的提升。360 度绩效评估法有效地体现了公开、公平、公正的精神。360 度绩效评估法从多个角度、多种渠道收集、反馈被评估者的信息，使评估结果尽可能公正而且全面。也就是说，在收集评估信息时，要求从不同层面的人员中去获取；在对组织成员进行评估时，要求从多个视角进行；评估人员由被评估者本人以及与他有密切关系的人组成，包括被评估者的上级、同事、被评估者本人、下级以及客户（包括内部客户和外部客户）等。所以，360 度绩效评估法属于一种综合性的评估方法。

7.3 政府绩效管理实践

7.3.1 西方国家的政府绩效管理实践

政府绩效管理是 20 世纪 70 年代以来公共管理领域的焦点问题，是西方国家应对财政和信任危机、提高行政效率的重要工具，后来经过拓展成为各国政府改革和创新的重要内容。在学术界，学者们把西方国家的政府绩效管理实践追溯到了较早的时期。美国行政学家尼古拉斯·亨利（Nicholas Henry）在《公共行政与公共事务》一书中，将美国政府中的绩效管理分为效率阶段、预算阶段、管理阶段、私有化阶段和重塑政府阶段等五个阶段。

第一阶段（1900—1940 年）为效率阶段，以“好政府”为目标。20 世纪初，美国政府改革关注的是效率。政府改革的目的在于创立一个好的政府，更有效率和更加廉洁是好政府的核心要求。1906 年，纽约市政研究所的成立，标志着美国出现了专门负责探讨政府效率提高问题的研究机构。1912 年，美国联邦政府成立了经济与效率委员会。1928 年，美国公共部门绩效测量的发起者——全国市政标准委员会正式成立。

第二阶段（1940—1970 年）为预算阶段，以控制开支为目标。凯恩斯主义的兴起和罗斯福“新政”的实施，使得政府职能进入了迅速扩张时期，政府开始了一系列对经济社会发展的积极干预措施。机构的增设导致了政府雇员的迅速增加，同时，政府财政负担变得沉重，而行政效率却没有明显提高，人员和管辖权的冲突甚至导致了联邦政府工作的混乱、重复和浪费的现象。因此，在这一阶段，政府开支过大引起了社会的高度关注，从而要求政府控制开支。通过预算的方式推动政府绩效就成了这一阶段的基本特征。

第三阶段（1970—1980年）为管理阶段，以效率和效益为目标。20世纪70年代是美国进行测量、评价以及提高生产力的重要十年，政府绩效管理受到了重视。1973年布雷顿森林体系崩溃，美元的国际地位急剧下降，美国的对外贸易开始从顺差变为逆差。美国政府在这一改革过程中更加关注效率和效益的管理问题。对效益问题的解决，主要放在了革除政府中权力滥用和浪费行为上，进而又把效益的提高寄托在效率上。1973年，尼克松政府颁布了《联邦政府生产力测定方案》，制定了3 000多个绩效指标，力图促使公共组织绩效评估系统化、规范化。1974年，福特总统要求成立一个专门机构，对所有公共机构的主要工作进行成本-效益分析。

第四阶段（1980—1992年）为私有化阶段，以精简政府为目标。里根上台之际，美国经济正处于严重衰退期，他把症结归结于联邦政府规模过度膨胀、对于私有企业控制过多。在“经济复兴计划”中，里根政府主要通过私有化的途径来阻止联邦赤字的增长，降低税收及节约成本开支。“私有化”更为深远的意义是缩减联邦政府自身的规模和职责。里根政府曾经任命彼得·格瑞斯（Peter Grace）领导格瑞斯委员会对成本控制进行调查，以求吸取私人部门的经验去改变政府中的浪费等问题，同时，也在解决政府如何履行职能以及如何提高公共产品和服务供给的问题上产生了很好的效果。

第五阶段（1992年至20世纪末）为重塑政府阶段。20世纪90年代，由于受到国内外各种因素的影响，美国公民对政府的信任度下降，出现了“信任赤字”的情况，政府面临着更为巨大的改革压力。这一时期的行政改革寻求从企业界获得借鉴，倡导建立一个顾客至上和追求实际效果的“企业家政府”以适应迅速变化的社会环境。国家绩效评估委员会的报告即《戈尔报告》，是克林顿时期行政改革和政府绩效管理的纲领性文献，其主题是管理要改变过程的繁文缛节，转变为结果导向，希望创造一个“成本更少而运转更好”的政府。

英国政府在绩效管理的问题上也大致经历了与美国类似的历程，特别是在撒切尔夫人上台之后，英国政府绩效管理实现了系统化、规范化和经常化。标志性的事件有：1979年，撒切尔夫人任命雷纳爵士为效率顾问，负责行政改革的调研和推行工作，对中央政府各部门的运作情况进行了全面的调查、研究、审视和评价，拟定了提高组织经济和行政效率水平的具体方案和措施。这就是英国的“雷纳评审”（Rayner Scrutiny Programme）。1980年，英国环境大臣赫素尔廷在环保部率先建立了“部长信息管理系统”（Management Information System for Minister），它是一个集目标管理和绩效管理等现代管理方法与技术于一体的信息收集和处理系统，其作用在于使高层领导能随时了解到：部里正在做一些什么事情？谁负责这些事情？谁制定目标？这些目标是什么？对目标是否实施了有效的监测和控制？1983年，英国卫生和社会保险部第一次提出了较为系统的绩效评估方案，这一方案包括近140个绩效指标，应用于卫生管理部和卫生服务系统的绩效评估。1984年，财政部在关于各部财政管理改革的白皮书中把组织绩效评估与目标管理、人事管理联系起来，强调它对改善管理和提高效率的重要意义，并指出拟定更多绩效目标的必要性。1991年，英国首相约翰·梅杰宣布实施“公民宪章运动”，并将其与“下一步行动”（Next Steps）、效率评审、政府签约外包和市场检验等改革措施相配套。该运动通过提高服务质量、引入市场机制、进行机构改革、实行分权或放权战略以及改变公务员的价值观念和行为规范等措施来提高政府部门所提供的公共产品和服务的质量。

以美国和英国为代表的西方发达国家的政府绩效管理实践主要呈现出了如下五个方面的特征：

第一，阶段性与持续性相结合。西方国家政府绩效管理走过了一个持续的发展历程，并未因政党轮替而中断。为了实现和完善绩效管理，西方国家的政府开展了一系列持续的改革。如英国、美国、新西兰与澳大利亚四国的政党制度都是两党制，其政府绩效管理改革实践不仅没有因政党轮替而中断，反而呈现出以政党轮替为推动力的情况。

第二，突出经济、效率和效果。西方国家政府绩效管理在“经济”的意义上关注财务绩效和市场绩效，主要通过财务管理改革、压缩层级、精简机构、裁减人员等改革措施节省公共开支，减少政府成本；在“效率”的意义上关注投入-产出比率或运作绩效；在“效果”的意义上重视行政产出带来的社会效果，即把质量和顾客放在首位，重视产品绩效和服务绩效。事实上，政府绩效管理实践引发了如下诸多方面的转变：从以资源利用和管理者个人责任为特点的内部控制机制到关注外部顾客需求、提高质量的外部驱动机制，从注重内部竞争到注重外部竞争，组织关注的重点从内部效率最大化转变为外部效益最大化。

第三，权变性与全面性相统一。西方国家政府绩效管理的过程是一个不断完善、不断深化的动态过程，在这一过程的每一个阶段，都注重解决所遇到的实际问题，表现出了有层次、有步骤、节节推进、螺旋上升的状况。同时，又注重推动各个方面的绩效的不断提高，把具体问题的解决与绩效持续提升的整体设计联系在一起，特别是注重对影响绩效的不同因素进行整合，从而形成绩效合力，取得了很好的整体效果。

第四，重视过程监督。美国是由联邦政府管理与预算总局审批各部的年度绩效计划的，总审计署则可以自主地选择项目去独立地对政府机构进行绩效评估，并向国会和公众公布结果；在英国，审计办公室负责监督中央的绩效评估，审计委员会负责监督地方；新西兰和澳大利亚则设置全国性的统一机构对政府绩效进行监督。

第五，以“绩效协议”的方式保证高绩效。英国、美国、新西兰等都通过在各部部长与执行机构负责人之间签订绩效协议来实施政府绩效管理，这种做法注重让各部明确各自的职责，在此前提下给予了各部更大的自主权。

7.3.2 中国的政府绩效管理实践

在行政改革过程中，中国政府提出了打造“办事高效、运转协调、行为规范的行政管理体系”的战略目标。为此，中国政府在变革观念、转变职能、调整组织结构、改革行为方式的同时，借鉴和引进了新的管理机制、管理技术和工具，努力提高政府的效能。政府绩效管理也正是在此背景下进入了中国政府管理实践中。中国在引进西方国家的政府绩效管理经验的同时，也根据自身的情况做出了诸多创新，表现出了政府绩效管理的实践探索过程，形成了多种类型的绩效管理模式。对此，中国行政管理学会在“政府绩效评估研究报告”中将其概括为三种类型，即普适性的绩效评估、行业性的组织绩效评估、专项绩效评估。从做法看，各地政府所做出的探索主要反映在以下几个方面：

第一，基于目标责任制的政府绩效评估。20 世纪 80 年代，目标责任制开始成为政府机关内部的一种管理技术。伴随行政管理体制改革走向深入，目标管理的思路和原则逐渐扩展到针对行政首长的目标责任制。由于行政首长的目标责任与所在政府层级或部门的目标责任是基本一致的，对行政首长目标完成情况的考核实际上等同于对整个组织绩效的评价与考核。2002 年开始实行的《青岛市目标责任制管理实施细则》明确了两大类政府机构目标责任的内容：一是市委、市政府部署的重点工作任务，具体包括经济社会事业发展、党风廉政建设、精神文明建设、维护社会稳定等方面；二是有关职能部门的目标和责任，具体包括年度重点工作目标、经济责任、重点建设项目、公务员管理与队伍建设等，还包括部门在履行职能过程中的依法行政、政务公开、工作效率、服务态度和服务质量等方面的要求。目标完成情况监测和考核是政府绩效管理在目标责任制中的主要体现方式。青岛市对这一工作采用监控督查和年终考核两种主要形式，监控督查又分为日常监控、季度调度和半年督查。年终考核由市目标管理委员会统一领导，市目标考核办公室具体实施，参与考核的单位和部门进行了明确的职责分工。考核结果分为优秀、良好、合格、基本合格、不合格五个档次。完成年度工作目标的优秀单位将受到精神和物质奖励，对当年未完成工作目标的单位的主要领导实行诫勉，连续两年未完成工作目标的单位，其主要领导被降职、免职或责令辞职。为了突出某些工作，考核时实行了一票否决制。

第二，基于社会服务承诺制的政府绩效评估。1994 年 6 月，山东省烟台市建委借鉴我国香港特别行政区“公共服务承诺制”的经验，率先在烟台市建委系统实施社会服务承诺制。社会服务承诺制的基本内容是：公开办事内容、办事标准和办事程序，确定办事时限，设立监督机构和举报电话，明确赔偿标准。作为一种公共服务的质量改进机制，社会服务承诺制实际上包括三项核心内容：顾客协商和顾客真实需求的确认，设立和公开服务标准并根据这些标准评价实际工作结果，在未达标准时承担责任并采取有效的改进措施。显而易见，组织绩效标准设立和绩效评价是社会服务承诺制的一个组成部分。但是，社会服务承诺制中的绩效评估属于合格评价，即评价是否达到预先确定的标准，与一般意义上的绩效评估略有不同。1996 年 7 月，在总结烟台市社会服务承诺制经验的基础上，中宣部和国务院纠风办决定，把宣传和推广社会服务承诺制作为下半年加强行业作风和职业道德建设、推进社会主义精神文明建设的一项重点工作，建设部、电力部等八个部委将先行一步，推广社会服务承诺制。随后，社会服务承诺制在全国范围和多个行业普遍推开。

第三，基于效能监察的政府绩效评估。1989 年 12 月举行的第二次全国监察工作会议明确指出，行政监察机关的基本职能既包括效能监察，又包括廉政监察。所谓效能监察，就是纪检监察机关及其受纪检监察机关委托的组织，在政府的领导下有计划、有目的地针对行政管理的效率、效能以及国有企业生产经营管理的质量、效果、效率、效益等情况开展监察监督活动。简言之，效能监察的主体是党和政府的纪检监察部门，监察的对象是党政机关和国有企事业单位，监察的内容是管理和经营中的效率、效果、效益、质量等。效能监察的特殊之处在于它的问题导向。这种问题导向既表现在效能监察的侧重点上，又表现在效能监察的工作方式和结果上。就侧重点而言，效能监察虽然涵盖效率、效果、质量等组织绩效的诸多方面，但侧重于查找履职和管理中存在的问题，这种侧重点上的问题导向决定了效能监察采取立项检查、立案调查、受理投诉等方式开展工作。从结果利用的角度来看，效能监察体现了纪检监察机关作为行为主体的特征。作为政府绩效评估的一种特殊形式，效能监察与一般意义上的绩效评估有所不同：（1）效能监察以发现组织中存在的违纪、违规行为和浪费、低效、低质量等为着眼点，而组织绩效评估则着眼于组织绩效的客观、准确的评价；（2）由于问题导向，效能监察必然选择中心工作、热点问题和问题比较多的领域和环节立项，覆盖面比较小，而组织绩效评估则是对组织绩效的系统全面的评价。

第四，基于效能建设的政府绩效评估。效能建设是在拓展效能监察活动基础上形成的新的思路和新的运作机制。效能建设发端于20世纪90年代中期福建省漳州市等地，后来在福建省委、省政府的指导和推动下，在福建全省乡镇以上各级机关和具有行政管理职能的单位全面展开。机关效能建设，是指在党委、政府统一领导下，强化各级机关的效能意识，以提高工作效率、管理效益和社会效果为目标，以加强思想、作风、制度、业务和廉政建设为内容，科学配置机关管理资源，优化机关管理要素，改善机关运作方式，改进机关工作作风，按照廉洁、勤政、务实、高效的要求，构筑机关效能保障体系的综合性工作。效能建设和效能监察既有联系，又有区别。两者之间的区别在于：从主体上看，效能建设的主体是党委、政府和各单位各部门，也包括纪检监察机关，效能监察的主体仅是各级纪检监察机关；从对象上看，效能建设的对象是党政群机关和有行政管理职能的企事业单位、部门，效能监察的对象仅局限在纪检监察机关的监察对象；从运作机制上看，效能建设的特点是在党委统一领导下，党政齐抓共管，纪检监察组织协调，部门各负其责，群众广泛参与，而效能监察基本上是纪检监察机关的“孤军奋战”；从着力点方面看，效能建设以增强内在约束力为主，辅之以外在约束力，效能监察仅是加大监督检查力度，是一种外在的约束力。

第五，突破“唯GDP”的政府绩效评估。20世纪90年代中期，随着市场化改革的深入，在领导干部绩效评估中，内涵丰富的“效能”开始让位于以GDP增长为内核的“工作实绩”，使GDP增长率成为左右领导干部升迁的关键因素。过于偏重GDP的评价模式使得各地只重视“形象工程”“面子工程”等显绩，却忽视了人民幸福、长远发展、资源节约等潜绩，引发了社会各界的反思与批判。于是，从中央到地方都开始探索突破过度看重GDP的评价模式。这种探索最早开始于2000年左右沈阳、珠海、南京等地推行的“万人评议政府”“群众评议政府”活动，以2002年《党政领导干部选拔任用工作条例》的出台为标志，它在旧有绩效考核指标“德、能、勤、绩”之外又增加了“廉”，明确了不仅要看GDP这种显绩，还要考察获得显绩的同时所呈现的廉洁状况、责任状态。2005年1月17日，浙江省委书记习近平同志在《浙江日报》头版“之江新语”栏目以“哲欣”为笔名发表了《“潜绩”与“显绩”》一文，辩证地指出了突破唯GDP评价理论的基础在于弄清潜绩与显绩的关系：“‘潜’与‘显’是对立统一的一对矛盾。‘潜’

是'显'的基础,'显'是'潜'的结果,后人的工作总是建立在前人基础之上的,如果大家都不去做铺路石,甘于默默无闻地奉献,'显绩'就无从谈起,就成了无本之木、无源之水,即使有'显绩',充其量也只是急功近利的'形象工程'。"自此,浙江省率先开始探讨潜绩与显绩结合的综合评价模式,真正突破了"唯GDP"是论的做法。"浙江模式"在很短的时间内就成为全国学习的对象。2006年,中组部颁发了《体现科学发展观要求的地方党政领导班子和领导干部综合考核评价试行办法》,这标志着探索突破"唯GDP"考核进入了国家顶层设计的范畴,我国政府绩效评估进入了新阶段。

2011年6月10日,为总结政府绩效管理制度探索的经验并加以全面推广,国家监察部印发了《关于开展政府绩效管理试点工作的意见》,选择部分国务院部门和地方开展绩效管理工作试点,明确了试点工作分两个层面进行:第一个层面是国务院部门,探索部门推行政府绩效管理的新路子,为此选择了在国土资源部、农业部、国家质检总局开展机关工作绩效管理试点,在国家发改委、环境保护部、财政部分别开展节能减排政策落实情况和财政预算支出专项绩效管理试点;第二个层面是地方政府,重点围绕建立健全领导体制和工作机制、完善绩效考评指标体系、创新评估手段、强化结果运用等进行实践探索。以为提高地方政府绩效管理水平积累经验为目的的试点选择了工作基础比较好的北京市、吉林省、福建省、广西壮族自治区、四川省、新疆维吾尔自治区以及杭州市、深圳市开展。2011年6月28日,政府绩效管理工作部际联席会议在北京召开政府绩效管理试点工作动员会,正式拉开了我国政府绩效管理试点工作的帷幕。至此,中国政府绩效管理工作已从各级党委、政府及部门自行探索发展到制度化的试点,绩效管理开始走上制度化、规范化发展的轨道。各试点地方与部门主要在以下方面开展了探索:建立了政府绩效管理领导体制、工作机制和组织体系,逐步建立了政府绩效管理的相关规章制度,探索和初步形成了政府绩效管理运行机制与方式方法,探索构建了政府绩效管理的评估指标体系①。

7.3.3　政府绩效管理的不足及改进

相比于企业,政府绩效管理的历史较短,虽已取得不少进步,但也还存在以下较为突出的问题:

第一,政府绩效管理在很大程度上存在着缺乏立法支持的问题。由于绩效管理引入政府部门的时间较为短暂,政府绩效执行方面的制度保障还不完善,许多国家的政府绩效管理实践往往更多地表现为政府相关部门或领导人的直接推动,事实上处于一种自发状态,并不属于自觉的制度约束范畴。即使在20世纪80年代的全球性行政改革浪潮中,各国政府都意识到提高行政效率的意义并积极推进政府绩效管理,然而,政府部门在推行绩效管理的行动中所表现出来的积极性明显不足。除了美国等少数国家已经有了关于政府绩效管理的立法之外,绝大多数国家在这方面还是空白。这种状况导致的后果就是:一方面,政府绩效管理活动缺乏战略规划,难以在政府部门全面系统地推进,而且政府

① 蔡立辉.政府绩效管理理论及其实践研究.学术研究,2013(5).

绩效管理实践带有盲目性和随意性，缺乏科学有效的统一方法；另一方面，政府绩效管理活动缺乏可持续性，具有“运动式”色彩，难免流于形式。

第二，政府绩效管理存在公共性缺失的问题。绩效管理作为一项技术被从私人部门移植到公共领域后，不可避免地会将存在于私人部门对经济利益最大化和效率等价值的追求带入政府部门的具体管理之中。尤其是在新公共管理运动的推动下，伴随着“私有化”实践主张在政府部门的全面蔓延，“效率”成为高于“公平”的政府治理价值，政府绩效管理开始在对效率的盲目推崇中渐渐忽视了“社会公平”，这甚至导致了政府“公共性”的缺失，进而引致政府必须面对治理合法性危机的问题。虽然在倡导新公共行政和新公共服务等学者的呼吁下，“社会公平”作为公共精神的社会属性被重新纳入公共治理的视野中，当前政府绩效管理实践也开始逐渐重视“公共精神”的维度，但是，推进以“公共精神”为基础的政府绩效管理依然路漫漫而长远。

第三，政府绩效评估在结果上存在主观性的问题。政府绩效管理本质上是对政府机构及其人员业绩的考核和监督，必然要触及或影响相关人员的利益，因而他们很可能会想方设法隐瞒真实信息。这样一来，绩效评估结果的准确性就会大打折扣。除此之外，在政府绩效评估中，无论是部门评估还是个人评估，领导的意见在评估中都可能发挥关键作用。即便领导能较好地控制私人情感对评估的影响，而不同领导对原则性指标的理解也会呈现较大的差异，这就可能使政府绩效管理的结果带有很大的主观性，导致对相同成员及其相同行为做出完全不同的评价，即得出不同甚至是完全相反的结论。

第四，政府绩效管理还存在信息系统不健全的问题。政府绩效管理需要大量的信息作为支持。信息的筛选、输入、加工、输出和反馈的动态循环直接关系绩效管理能否达到其预期目标。从政府绩效管理的现状看，无论是发达国家还是发展中国家，都相对缺乏健全的政府绩效管理信息系统，这无疑对政府绩效管理工作造成严重的消极影响。政府绩效管理中的困难主要体现为政府绩效管理所需信息难以收集以及需要花费大量的人力、财力和物力等方面。由于信息系统的不完善，管理中常常出现管理部门向下级部门反复要材料却始终无法做出科学的绩效数据分析、政府部门由于难以提供有说服力的绩效数据而与公众存在沟通阻碍等现象，从而导致评估质量的降低。因此，建立包括审核制度和使用机制在内的快速有效的政府绩效管理信息系统，对于政府绩效管理的发展十分必要。

第五，政府绩效评估指标体系也亟须完善。绩效评估指标的确立对于整个政府部门的工作来说是一个引导，建立全面、公平、公正的指标体系不可或缺。但是，在政府绩效管理中，对于评估指标的确定，普遍存在两个方面的问题：其一，政府绩效评估指标体系的权重设置存在量化偏好。很多发展中国家的政府绩效管理都过多地以数量化的经济指标为主，过分强调经济总量的增长要求，只关心国内生产总值、财政收入、税收等经济指标的增长，而对一些与国计民生等紧密相关的指标，如居民的实际收入、人均住房面积、医疗水平等并不十分关注。长期如此，可能使那些密切关系执政基础的国计民生指标无法得到发展，最终也会影响经济指标的发展，从而对政府的合法性产生威胁。其二，政府绩效评估指标体系的差异化程度不够。政府绩效管理必须面对各地的具体差异，即使同一级地方政府，也不能采取完全一致的绩效评估指标体系来加以衡量。如果用同一指标体系来引导各地政府，极有可能导致一个国家的所有地方政府都朝着一个模式发展，而不能做到因地制宜。“一刀切”“一盘棋”的局面绝不能给各地带来一致的积极效果，也无法反映各地政府的真实绩效。因此，不同地方在发展战略方面应当有所区别，不应使用同一绩效指标体系去衡量所有地方政府。

虽然政府绩效管理面临着很多困难，但是，近年来政府部门在绩效管理方面所取得的成绩也是不能忽视的。对于政府部门来说，当前的问题不是要不要开展绩效管理的问题，而是一个如何对之加以改进的问题。政府绩效管理的改进依赖于“服务”“公平”“责任”等公共价值的回归，还需要在绩效管理方面强化法律制度建设，同时，也应强化绩效管理的科学追求，使之专业化和更具透明性。

第一，应建构以“公共精神”为基础的政府绩效管理。在人类全球化、后工业化进程凯歌行进的当下，社会复杂性骤增提出了管理型政府向服务型政府转型的要求，服务型政府将会成为适应未来社会治理的政府类型。服务型政府是充分彰显“公共精神”的政府类型，从属于服务型政府的绩效管理活动将坚持以“服务”“公平”“责任”等公共精神为理念支撑。具体地说，服务型政府将把政府绩效评估作为提升政府服务能力的手段，并在“人民满意”的价值导向下，在绩效评估环节中建立关于公众满意度的绩效指标，坚持外部评估和内部评估相结合的绩效评估机制，以求客观公正地进行政府绩效评估。另外，服务型政府是负责任和注重社会公平的政府，政府部门的评价活动都有责任落实机制，政府绩效评估结果的运用机制就是政府责任在绩效评估中的体现。在服务型政府建设过程中，评估结果的运用，是政府绩效评估的直接目的，也是继续开展新的绩效评估的动力所在。

第二，注重政府绩效管理相关法律制度的建立。政府绩效管理缺乏高位阶立法的支持是其走向主观性、随意性和盲目性的直接原因，因此，推进政府绩效管理依赖于法制建设。政府绩效管理实现法制化的标志有：（1）政府绩效管理权力法定化，明确政府绩效管理所涉及的主客体的职责和权利；（2）政府绩效执行程序公开化，做到执法有据，符合法律程序；（3）政府绩效管理规范化，依法推进政府绩效管理是政府法制建设的必然结果；（4）政府绩效管理监督体制化，需要做到“同体监督”和“异体监督”相结合，发挥内外监督的合力效应。总之，推进法制建设是政府绩效管理的前提和基础，对于依靠权力开展治理的政府来说，绩效管理是没有意义的，特别是与长官意志相冲突的时候，更会被看作一种障碍。

第三，推进政府绩效管理的专业化和透明化。当前政府绩效管理的核心技术基本上都来源于私人部门，私人部门的绩效管理技术在运用到公共领域中的时候，必然会存在“水土不服”的问题，因此，政府绩效管理需要立足于政府部门的特有属性和具体情境来创造和运用适合于政府绩效管理的专有技术，以推进政府绩效管理的专业化。同时，政府有义务向公民提供其活动的信息，这已经成为一个社会共识。近些年来，一种旨在满足公民知情权的政府信息公开制度也已经成了政府建设的重要内容。政府绩效管理必须建立起一整套健全的信息公开制度，从而使公民和社会团体易于获取与掌握政府活动的充分信息，以便提供外界评估政府绩效所需要的信息资料，保证社会团体和公民谋求通过绩效评估监督政府的要求能够得到实现。

关键术语

绩效　绩效管理　政府绩效　政府绩效管理　政府绩效计划　政府绩效执行　政府绩效考评　专项绩效评估　绩效改进　关键绩效指标法　平衡计分卡法　标杆管理法　“3E”评价法　360度绩效评估法　目标责任制　社会服务承诺制

复习思考题

1. 简述不同学科视域下“绩效”的含义。
2. 简述绩效的三种主要观点及其实践应用。
3. 简述绩效管理的含义及其特性。
4. 简述政府绩效的含义与内容。
5. 简述政府绩效与私人部门绩效的差异性。
6. 简述政府绩效的影响因素。
7. 简述政府绩效管理的独特性。
8. 简述政府绩效管理的基本流程。
9. 简述政府绩效评估的含义及功能。
10. 简述政府绩效评估的类型。
11. 简述政府绩效评估的主要方法。
12. 简述如何改进政府绩效管理。

第8章

政府公共关系

作为民主政治的一个结果，政府公共关系是一种特殊的社会关系与活动类型，也是我们理解公共行政的一个独特视角。在现代政府的合法性建构中，公共关系发挥了非常重要的作用。政府不仅要回应社会要求，解决社会问题，政府中的政策、行为等，也需要得到公众的理解。政府形象的塑造也是行政效能的必要支持因素。所有这些，都需要通过公共关系的途径去达成目标。在公共行政研究史上，公共关系研究在20世纪40年代曾经兴盛一时，随后则陷入了长期的沉寂，这一过程反映了民主行政思想在40年代的流行与在50年代的“行为主义革命”中被抛弃的历史。事实上，政府公共关系构成了我们理解民主行政的一个独特维度，它反映了民主作为一种生活方式的存在形态，将我们关于民主的理解从各种宏大叙事转向了行政机构与公众的日常性接触，从而让我们认识到，政府可以通过常规性的公共关系活动来促进社会的民主治理。也正是在对常规公共关系活动的供给和维护中，20世纪后期以来，民主政治日益呈现出“公共关系民主”的样态，并将建立开放政府作为实现公共关系民主的一种途径。

本章重点问题

- 对政府公共关系的认识
- 政府公共关系活动的内容
- 开放政府的基本要素
- 政府公共关系与行政民主化

8.1 政府公共关系概论

8.1.1 政府公共关系及其历史

公共关系是一个源自英文的概念，它所指称的是一种主要发源于美国的社会实践。在英文中，公共关系的对应表达是“public relations”，其中，“public”在抽象的层面上既可以被理解为公共，也可以被理解为公开，在具体的层面上则指称公众，综合起来，根据这一定语，我们可以把公共关系理解为行动主体与它所面对的公众之间的一种具有公开性或者公共性的关系。“relations”采用的是复数形式，表明这种关系是多重的，而不是唯一的，因为行动主体所面对的公众是多元的，而不是单一的。换句话说，公共关系实际上是行动主体与它所面对的不同公众之间的一种具有公开性和公共性的关系，进而，公共关系活动也就是行动主体维护与它所面对的不同公众之间的这种具有公开性和公共性的关系的活动。

从对公共关系的词义解析中可以得出一些重要的理论推论：第一，公共关系应当具有公开性，所有相关方都可以进入这种关系，而且这种关系中的所有活动都是对所有相关方公开的。在现实中，当一些负面事件发生后，被涉及的行动主体所进行的“危机公关”则往往是隐蔽的、封闭的，甚至可能是见不得人的，这是公共关系的一种异化，是当今公共关系行业职业道德缺失的表现。第二，公共关系应当具有公共性，在这种关系中，行动主体的行动应当包含对它所面对的公众的意见和利益的充分尊重。第三，公共关系中的公众具有多元性，因而行动主体在维护公共关系的活动中需要充分尊重不同公众的独特性。这一点对政府尤其重要。在政治学的视野中，政府面对的是公民，而公民是一个具有同一性的整体。所以，基于公民主义的立场，政府提供的是一种单一的社会治理与公共服务；从公共关系的视角和公众的概念出发，则要求政府提供多元化和差异化的社会治理与公共服务。

作为一项职业，在今天，公共关系行业与私人部门的关系更加紧密，私人部门对公共关系策略的运用也更加娴熟。但在历史上，作为一种关系和活动，公共关系则被认为是起源于公共部门的，今天的公共关系史研究通常把美国革命中的一些事件作为公共关系产生的标志。从理论上看，在工业社会中，公共部门虽然不是唯一具有公共性的部门，却是最早具有公共性和最典型地体现了公共性的部门，因此，公共关系这种具有公共性的社会关系与活动首先产生于公共部门中，这在逻辑上可以看作一种具有必然性的事情。

在公共关系学的视野中，美国革命运动也是一场公共关系运动，这场公共关系运动的领导者就是美国第二任总统约翰·亚当斯的堂兄塞缪尔·亚当斯。塞缪尔·亚当斯领导的公共关系活动主要包括以下两个方面：第一，成立相关组织，领导公共关系运动。如1766年成立了“自由之子”，并领导了著名的“波士顿倾茶事件”；1775年成立的“通讯委员会”则成为不同革命团体间的协调性组织。第二，发行宣传文件，加强舆论引导。1750—1760年，有400多种小册子出版，到1783年革命胜利，小册子问世超过1 500种。在塞缪尔·亚当斯的领导下，"自由之子""通讯委员会"等组织策划了一系列革命事件，如"波士顿惨案"和"波士顿倾茶事件"等，并运用各种公共关系手段成功地引导了舆论，煽动起了美国民众的革命热情，为革命的成功奠定了舆论基础。

美国革命之后，在奠定了美国基本治理框架的"制宪运动"中，公共关系也发挥了重要的作用。1787年5月，旨在建立一个强大联邦的费城制宪会议秘密召开，9月，代表们在新宪法上签字，很快，《费城报》刊出新宪法内容，因反对压力太大，4天后即被终止。10月5日，《独立公报人》刊发署名Centinel的读者来信，公开反对新宪法。在接下来的14个月里，《独立公报人》发表了Centinel的另外23封来信，阐述反联邦阵营的政治主张，掀起了反联邦主义的公共关系运动。在1787年9月的最后一周和十月的第一周，纽约州的报纸充斥着抨击新宪法的激烈言辞。为了捍卫新宪法，1787年10月27日，汉密尔顿以Publius为名在纽约州的《独立周刊》发表了第一篇宣传文章，阐述联邦党人的主张。麦迪逊、杰伊也加入写作，一直发表至1788年4月。所有文章后来集结成著名的《联邦党人文集》，成为在重要性上仅次于宪法文本的文献。联邦党人在推动新宪法过程中的公共关系活动被历史学家米切尔（Broadus Mitchell）评价为"有史以来最为出色的公关活动"①，因而也被视为公共关系史上的标志性事件。

在某种意义上，革命时期的宣传工作可以被视为公共关系活动，但还不属于政府公共关系的范畴。因为，在革命时期的宣传工作中，政府和公众都不是一种确定的存在，或者说，革命是一种无政府状态，革命者也不能等同于公众。作为一种制度化的社会治理关系与活动，政府公共关系是在19世纪后期逐渐走上现代政治生活的前台的。1881年，约翰·鲍威尔被任命为美国地质勘测局局长，他在任内首开行政机构设立专门公共关系部门和人员的先河。鲍威尔相信，为了达到自己的扩张目的，不但要获得稳固的科学技术支持，而且要赢得雄厚的国会力量支持，其手段就是出版各种公关出版物来影响国会议员。为此，1882年，鲍威尔雇用了一位专职"新闻广告员"，专门从事宣传工作；1884年，他又设立了出版部门，分两部分，一部分主要提供插图图示等艺术性作品，另一部分主要准备新闻刊物和宣传资料的发行工作。此后，政府公共关系在美国进入快速发展轨道。1889年，美国农业部成立公共关系部门，包括图解例证部门和记录编辑部门，以更好地向公众传递农业信息。从1893年起，堪萨斯州农业部部长科伯恩系统化地运用了一些独特的公共宣传措施，如准备农业报告书、发行相关刊物、设立季度报告制度等，要求每三个月都要有大约1 500份有关农业技术改进信息的报告散发到各类机构，每周向国内权威性日报和所有的农业周刊提供相关新闻信息。在这些宣传下，20世纪前10年，堪萨斯州人口增长领先于环境相似的阿拉斯加、密苏里等州。

第一次世界大战期间，美国政府公共关系的发展从地方和部门层面扩展到了全国层面。1917年，为了左右战时舆论，威尔逊总统组织设立了公共信息委员会，由记者出身的乔治·克里尔担任主席，史称克里尔委员会。该委员会内设新闻处，发布战争消息，协调政府机构新闻发布；创办第一份政府报纸《官方公告》；设立公民教育机构，美化参战目的等。作为战时宣传机构，克里尔委员会发布了许多虚假信息，压制反战言论，因

---

① 卡普里特．公共关系史：17—20世纪．上海：复旦大学出版社，2012：45.

而被《纽约时报》谑称为“公共错误信息委员会”。同时，克里尔委员会也训练和培养了许多政府公共关系从业人员，为政府公共关系的职业化奠定了基础。也是在威尔逊任内，定期举行记者会成为一项相对固定的制度，其继任者胡佛总统则首度设置了官方新闻秘书，奠基了今天存在于世界各国的新闻发言人制度。

1920年前后，公共关系从美国传入英国。1924年，英国帝国交易局开始利用大规模的宣传活动促进世界期货、现货交易，通过政府部门宣传本国产品，促进贸易。1926年，英国成立了第一个正式的官方公共关系机构“皇家营销部”，主管促进英国产品销售方面的工作。20世纪40年代，公共关系传入欧洲大陆国家。1955年，国际公共关系协会成立，并从1958年开始召开世界公共关系大会。公共关系成为一个世界性的职业领域，政府公共关系也在世界各国生根发芽。

8.1.2 公共行政学中的公共关系研究

根据李（Modecai Lee）的考察，“公共行政学最初是在20世纪20年代开始关注公共关系，把它视作一种可以帮助实现民主责任的向公众做行政报告的手段。最初的关注点是城市政府所做的公共报告”①。20世纪30年代以前，公共行政的研究属于公共行政学的建构阶段。在这一建构阶段中又包含了几场不同的运动，其中，20年代的公共行政研究主要集中于美国的“市政研究运动”之中。顾名思义，市政研究运动是以城市政府及其行政为对象的研究运动，这场研究运动的现实基础是当时美国城市中兴起的“市政改革运动”，即在美国中等规模城市中推广“市政经理制”（又称“议会-经理制”）的改革运动。一方面，市政改革运动通过将城市议会与市政经理在制度上区分开而实现了政治与行政在城市政府中的分离和分立。在此意义上，它为政治-行政二分原则在公共行政研究中的流行奠定了基础。另一方面，市政改革运动也大大拉近了城市政府与普通公众的距离，尤其是使公共报告成了一种得到广泛使用的公共关系手段，因此，它又促使学者们去关注城市政府与外部公众的关系，并将公共关系研究引入了公共行政学之中。

1938年，在国际市政经理协会任职的西蒙在该协会的《市政年报》(*Municipal Year Book*）上发表了一篇名为《市政报告》的文章，同年，西蒙与他的导师——在国际市政经理协会担任了20多年执行董事的莱德利（Clarence Ridley）又在《公共舆论季刊》杂志上发表了名为《市政报告动态》的文章，这两篇文章介绍和总结了当时美国城市政府向公众做工作报告的现状与趋势，认为公共关系研究已经通过市政改革运动而进入了公共行政学的视野之中。除此之外，公共关系研究已经进入公共行政的学科体系的更强有力的证据是，我们现在熟知的几本经典教科书都包含了公共关系的内容。

公共关系研究在20世纪20年代开始被纳入公共行政学的研究范围，到40年代成为一个备受关注的主题，而在50年代以后却逐渐走向衰落。这一发展脉络是与公共行政学在这一时期的转型相吻合的，是这种转型的表现与结果。我们知道，20年代的公共行政

---

① LEE M. Public relations in public administration：a disappearing act in public administration education. Public Relations Review，1998，24（4）：514.

研究虽然也包含了公共关系的内容，但在整体上，则是以政府内部的组织管理为对象的，是在将城市政府视作一个组织的前提下开展的研究。只有将城市政府视作一个组织，公共行政学者才能将自己的注意力集中在效率这一价值目标上。从效率的目标出发，学者们所关注的也必然是政府组织内部的各种关系。因为，只有这些内部关系才具有效率意义上的可控性与确定性。一旦涉及外部机构和主体，效率的获得就具有了不确定性和不可控性，因为这些机构与主体的活动不是政府内部的管理活动所能调节与控制的。在某种意义上，政府内部关系反映和代表了效率的主题，政府与外部机构及公众间的关系也就是公共关系，反映和代表了民主的主题。因此，公共关系研究的兴起，实际上反映了公共行政实践和研究中民主观念的兴起，反映了民主行政思想在公共行政研究中的生成与扩散。这一点在这一时期另外几篇重要文献关于公共关系的阐述中都得到了体现。

在发表于1946年的一篇论文中，弗里茨·马克斯描述了政府公共关系的崛起。他看到，“与对行政过程的公共参与紧密相关的是政府活动在公共关系领域中的扩张。甚至相对独立自主的部门也已变得对公众相当敏感。显然，报界和广播中的不利反应很容易拉低一个部门的地位，官员则需要细查这些反应，以确定其政策在多大程度上得到了公众态度的支持。这也许解释了为何行政官员甚至比立法者更为关注民意调查的结果”。也就是说，在这一时期，行政部门和官员已经意识到了公众意见在行政过程中的重要性，并且已经把公众意见纳入了公共政策的制定和执行过程之中。这就改变了人们将行政视为一个组织过程的传统认识，从而把行政纳入更广泛的民主过程之中。因此，“它对形塑公共行政的影响是显而易见的。政府机构不再能够被视为某种独立的或独立于社会诉求之结构的东西。通过增强它们与社区主要利益的工作接触，它们已经成功地使它们自己体会到了公民同意的大多本质。经过非正式协商的对于集团支持的担保与官员对于公众态度的更准确的预期，赋予了许多部门项目一种更为强大的基础，也相应地减少了宣示权威的需要。这些项目越是在一般观念中被视为公众必需的，它们也就越是不会与公众中具有影响力的那部分人的态度产生冲突。这给予了公共行政强大的力量，为它注入了一种深切的正当感”①。也就是说，政府的公共关系活动成了实践民主行政观念的一种方式和手段，通过与普通公众建立和维护正常的公共关系，行政部门有民主的表现，行政过程也拥有了民主的属性，因而比单纯作为组织过程的时候拥有了更强的正当性。事实上，在由弗里茨·马克斯主编的出版于1946年的著名教科书《公共行政要素》中收录了普赖斯（Don Price）执笔的“民主行政”一节，介绍了政府部门中舆论调查技术的运用和政府向公众报告的情况，充分体现了这一时期政府公共关系活动与研究的扩展是与民主行政相关的。

公共行政学中的公共关系研究因民主行政思潮的兴起而兴起，也随着民主行政思潮的沉寂而走向了衰落。20世纪50年代，社会科学研究中掀起了一场“行为主义革命”，这场革命因对公共行政学的影响而使管理主义得到复兴，进而将公共行政学重新纳入了“组织理论”的范畴之中，并在组织理论的视野下重新突出了效率对于公共行政的价值，

---

① MARX F M. The lawyer's role in public administration. The Yale Law Journal，1946，55（3）：498－526.

相应的，民主的价值则再度边缘化。在这一转型的过程中，公共关系研究在公共行政学中的地位也一落千丈，并且，这种状态一直延续到了 20 世纪末。不过，近年来，由于所谓“公共关系民主”的生成，公共舆论已经全面介入了政策过程，公共关系再度受到了越来越多的重视，它在公共行政研究和教学中的地位也有了振兴的趋势。根据彼得斯对美国大学的调查，当被告知可能进行课程调整时，MPA 学生们最希望接受的是公共关系训练。

就中国的情况而言，由于中国高校对申请学位的学分要求普遍高于国外高校，因而，在“行政管理”相关专业中，“政府公共关系”作为选修课程基本是一个“标配”，也出版了许多相关的教材。与国外一样，中国行政学界关于政府公共关系的专门研究尤其是理论性研究非常少，反映到公共行政学基础课程的教学中，在国内出版的众多以“公共行政学”为名的教材中，只有为数极少的教材包含了公共关系的相关内容。总体而言，中国高校行政管理专业的课程设置虽然包含了政府公共关系的内容，但因为学术界对政府公共关系问题的关注和研究远远不够，因而在教学中并未引起足够的重视。

8.1.3 对政府公共关系的认识

在一般意义上，对公共关系的认识主要有以下几种观点：第一种，管理说。这种观点强调公共关系的管理属性，认为公共关系是组织的一种管理职能，它能够帮助管理者及时了解公共舆论，并对之做出反应。第二种，传播说。这种观点侧重于公共关系的传播属性，认为公共关系是组织为了达到与其所面对的公众之间的相互了解而采用的各种向内和向外的传播沟通方式。第三种，传播管理说。这种观点将管理说和传播说结合了起来，将公共关系理解为组织的一种特定的传播管理行为和职能。第四种，咨询说。这种观点侧重于公共关系的决策咨询功能，认为公共关系可以分析趋势，预测结果，向组织领导人提供意见，从而服务于本组织和公众的共同利益。第五种，关系说。这种观点强调公共关系是一种公众性、社会性的关系或活动，它反映了社会的一种构成方式。第六种，形象说。这种观点是对公共关系的一种功能性理解，强调公共关系的宗旨是为组织塑造良好的形象。

与许多社会现象一样，人们关于公共关系的理解也是众说纷纭，这种情况虽然可以丰富公共关系的内涵，却也可能阻碍公共关系从业者的职业对话。有鉴于此，1982 年 12 月 6 日，美国公共关系协会通过了一份关于公共关系的官方声明，对公共关系做了一个官方定义。该声明是这样定义公共关系的：作为一种管理职能，公共关系包含如下内容：第一，预测、分析和解释可能影响——无论好坏——组织运行与计划的公众意见、态度和议题；第二，在组织各层级中开展关于政策制定、行动与沟通环节的咨询管理，承担起它们的公共后果与组织的社会或公民责任；第三，通过持续型的基础研究、执行和评估行动与沟通项目，以获得实现组织目标所必需的公众理解；第四，计划和实施组织影响或改变公共政策的努力；第五，设定目标、制定计划、确定预算、招募和培训员工、开发设施——简言之，管理履行所有上述职能所需的各种资源；第六，公共关系职业活动所需的知识包括沟通艺术、心理学、社会心理学、社会学、政治学、经济学、管理学和伦理学。此外，舆论研究、公共议题分析、媒体关系等活动还需要一些技术知识和技能。可以发现，这份官方声明对公共关系的界定主要是从组织管理的角度出发的，它所关注的是如何通过公共关系来帮助管理者更好地实现组织目标的问题。事实上，这也是所有公共关系从业者的基本职责与公共关系这一职业存在的合理性所在。

作为一般公共关系中的一个领域，政府公共关系具有一般公共关系的共有特征。"政府中的公共关系像其他组织一样，是一种管理职能，它有助于明确目标和宗旨，同时帮助组织适应公众和环境的需要。公共关系人员，无论被称为公共信息官员、公共事务官员（PAOs）、新闻秘书或者仅仅是管理助手，都与相关的内部和外部公众进行沟通，以使组织的目标与社会的期望相一致。"① 但作为一种特殊的公共关系类型，政府公共关系又具有一些独有的特征。

首先，对企业管理者来说，与公众打交道是"自选动作"，而对公共行政官员来说，则是"规定动作"②。这是由企业与政府的性质差异所决定的。企业在根本上是一个产权实体，其管理也以产权为原则和依据，拥有产权与否以及拥有产权的多少，决定了特定行动者能否参与企业的管理。换句话说，企业并不需要对除其产权人之外的公众负责，所以，企业主动维护公共关系可以被视为它积极承担社会责任的一种表现，是值得鼓励的；如果企业不这样做，在法律和道德上都没有任何不当之处。然而，对政府而言，在民主的观念下，向公众发布信息、回应公众的质询、接受公众的参与，都是政府的基本责任，是政府必须为之，而不是可为可不为的事情。这意味着，在现代社会中，自觉维护公共关系是政府的一项民主责任。

其次，"政府公共关系专家的工作环境、所受的限制和面对的问题与私人组织的公共关系人员不同，因此，他们的操作也有所差异。公共信息官员面临独特的问题；他们的任务和合法性受到更广泛的质询；他们的主要公众通过纳税提供经济支持；他们的活动受到繁文缛节、内部官僚和政治压力的阻碍"③。也就是说，政府公共关系的操作环境比一般公共关系更加复杂，因为它所面对的是最具复杂性和多样性的公众，而政府本身的公共性又决定了政府的一切公共关系活动都需要受到更加严格的法律和道德上的限制。这意味着，政府公共关系永远不可能仅仅是一项技术，或是一门科学，而必须是一门艺术。

在公共行政学的历史上，学者们更多的是从行政过程的角度来理解政府公共关系的。比如，怀特在1939年版的《公共行政导论》中写道："行政活动的几乎任何阶段都可能影响公共关系。假定好的公务态度的形成仅仅是公共关系专家的责任是错误的。所有官员和政府雇员，尤其是那些直接与公民打交道者，都是公共关系主体，无论他们是否意

---

① 巴斯金，阿伦诺夫，拉铁摩尔．公共关系：职业与实践：第4版．北京：中国人民大学出版社，2008：436.

② LEE M. The return of public relations to the public administration curriculum? . Journal of Public Affairs Education，2009，15（4）：516.

③ 巴斯金，阿伦诺夫，拉铁摩尔．公共关系：职业与实践：第4版．北京：中国人民大学出版社，2008：436－437.

识到了这一点。”① 在这里，怀特将公共关系看成了行政过程的一部分，因而每一位行政官员，而不仅仅是公共关系专家，都有责任维护良好的公共关系，每一位行政官员都需要在面向公众时表现出良好的态度。在1953年版的《公共行政学》中，迪莫克将这一认识进一步向前推进，他写道：“在最宽泛的意义上，公共关系几乎可以等同于行政过程本身，因为它的目的是满足所有利益相关方——包括公众、雇员以及管理方的要求。因此，对任何组织来说，有效的公共关系项目必须得到周全的考虑，吸纳机构内所有人的意见，每一个雇员都参与执行，专注于公众，并由最高层来加以指挥。”② 这是对行政过程的一种非常激进的认识，它颠覆了认为行政过程是一个封闭的组织过程的观念，而是从公共关系的角度出发去把行政过程看作一个开放的社会过程。

近年来，学者们也开始从政策过程的角度来理解政府公共关系，认为公共关系是政府机构与行政官员推动政策议程的一种重要手段。这就是李所说的，“公共行政官员的一个新的重要公共关系技能是能够在公共领域中宣传他的政策议程。当他们已经确定了一个重要的问题或方案时，领导们不能消极地行动。他们也不能认为‘外部世界’超出了他们的责任、权限或能力。像公共政策参与者一样，政府管理者也需要走出他们的固有领地，为他们倡导的议题谋求公众认可”③。总之，公共关系是现代政府的一种民主责任，也是现代政策过程与行政过程的基本内容。除此之外，公共关系还是现代政府的一种常规管理活动和危机处理手段。而且，正是后两者构成了我们关于政府公共关系的通常理解。

8.2 政府的公共关系活动

8.2.1 公共信息发布

公共信息发布是政府最常见的公共关系活动，是政府部门每天甚至每时每刻都需要从事的一项工作。一般而言，公共信息发布分为两种情况：一种是日常信息发布，即政府定期向公众发布与公共事务有关的各种信息；另一种是紧急信息发布，即政府因为紧急状况的出现而临时向公众发布有关信息。以政府为主体发布的信息一定是一种公共信息。所谓公共信息，根据国内学者的定义，是指“发生在社会的公共领域（其获取、交流、利用等形式的各种关系，均属公共领域的范畴），由政府和公共信息机构提供和管理的信息产品和信息服务，是一种公共品或公共服务，公共性（如共创性、共享性）是其本质属性。公共信息具有其他公共品和公共服务的共同属性和特征，如在经济学意义上具有效用上的不可分割性、消费上的非竞争性、受益上的非排他性，为全体公民共同拥

① WHITE L D. Introduction to the study of public administration. revised edition. New York: Macmillan, 1939: 478.

② DIMOCK M E, DIMOCK G O. Public Administration. New York: Rinehart, 1953: 403.

③ LEE M. Reporters and bureaucrats: public relations counter-strategies by public administrators in an era of media disinterest in government. Public Relations Review, 1999, 25 (4): 456.

有，面向全体公民平等开放，共同利用，任何社会成员都可以在法律允许的范围内自由使用。其终极价值在于保障公民最基本的生活、生存和发展需求，使人能够像人一样有尊严地生活，具有底线保障的社会意义。要实现社会公平，一个重要方面就是要实现公共信息公平”①。根据这一定义，我们可以归纳出公共信息的两大特征：首先，它是一种公共物品和公共服务，具有公共性；其次，作为一种公共资源，公共信息具有促进社会公平的功能，保障每一个人获取公共信息的平等权利与途径是实现社会公平的一种方式。

在现代社会中，发布公共信息是政府的基本义务，这一义务的来源则是公民的知情权。一般而言，知情权就是指公民知悉、获取政府信息的权利，可以分为狭义和广义两种。狭义知情权的实现要求政府有效地公开其收集和享有的信息；广义知情权的实现则要求包括政府在内的社会主体的共同参与，需要保障信息发布的自由和传播渠道的畅通。狭义知情权的实现主要通过政府信息公开的途径，具体做法以政府的公共信息发布为主，包含着政府是公共信息发布唯一主体的假设；广义知情权的实现则要求所有参与公共事务的行动主体都应当成为公共信息发布的主体，而且一切具有公共性和可能影响公共利益的信息都应当公开。从狭义知情权出发，只有政府信息被看作公共信息，而从广义知情权出发，所有有关公共事务和公共利益的信息都被纳入公共信息的范畴。当然，政府信息任何时候都是最重要的公共信息，同时，政府也比其他任何机构和个人掌握了更完整、全面的公共信息，因而政府的公共信息发布是所有公共信息发布中最重要的部分。

现代政府从诞生之初就承担起了发布公共信息的职能，随着传播技术的进步，政府发布公共信息的媒介也经历了从纸质媒介向电子媒介转变的过程。从18世纪开始，报纸成为政府发布公共信息的主要媒介，也构成了哈贝马斯所说的公共领域的最初形态。进入20世纪，由于无线通信技术的产生，广播兴起并逐渐变成政府发布公共信息的又一主要途径。20世纪七八十年代，电视成为主要信息传播媒介，也成为政府发布公共信息的重要平台。现在，网络正在成为世界上最重要的信息传播空间，也变成了政府发布公共信息的一个新阵地。

从宪法理论上说，公众的知情权是无限的，公众有权利知道政府的一切活动。但在现实中，政府的公共信息发布则是有限的，出于国家安全、社会稳定等各方面的原因，政府虽然承认发布公共信息是其基本职责，却总是有选择地发布必要的信息。尽管如此，公共信息发布已经成为一种最为常见的政府公共关系活动，各国政府也都拥有了一些制度化的公共信息发布形式，其中最常见的就是新闻发言人制度。

政府公共信息发布具有重要的政治意义和社会意义，有利于拓展民主的广度和深度，也有利于公民直接参与国家事务管理。对于政府的内部管理来说，公共信息发布有利于提高政府效率，也有利于行政机关改善行政管理。在政府对社会的治理活动中，政府信息发布有利于增强政府权力的合法性，有利于改善公民和行政机关的关系，有利于提高政府履行责任的能力，也有利于提高政府促进社会公正的能力，有利于治理腐败，推动

---

① 王培三．公共信息公平及政府的主要职责．图书馆，2013（1）．

廉政建设，也有利于维护行政相对人的合法权益①。总之，公共信息发布是一种非常重要的政府公共关系形式。

8.2.2 公共舆论管理

公共舆论管理是另一项常见的政府公共关系活动。随着媒体对现代社会治理活动的介入不断增强，公共舆论管理在政府公共关系甚至整个政府活动中的重要性也都在不断提高。从历史上看，“在英语世界中，舆论管理的概念出现于 20 世纪 30 年代，实际是公共关系学与管理学长期磨合的结果。一方面，自由主义意识形态在美国社会根深蒂固，人们对‘观点的自由市场’的信念与生俱来、不言自明；另一方面，新闻传媒独立于政治权力之外的商业化体制，也使美国政府无法直接诉诸宣传手段，不得不借助现代传播技术以及美国大企业的公关策略，在新闻、公共关系和公共管理之间寻找平衡的支点”②。由此来看，舆论管理活动兼具公共关系活动和管理活动的双重特征，作为公共关系活动，它包含了一系列复杂的技术和技巧；作为管理活动，它则具有明确的目的性指向，政府的舆论管理活动总是试图赋予公共舆论一种特定的，尤其是符合政府需要或对政府有利的内容。作为管理活动，公共舆论管理可以用我们更加熟悉的“宣传”一词来进行表达，任何舆论管理都必然带有某种宣传的目的。当然，公共舆论管理并不等同于宣传，相反，它是宣传的一种高级形式或者说替代形式，其目的除了宣传某种观念和主张之外，也有促进公共协商与对话、增进社会共识的内容。正是在这个意义上，公共舆论管理不能等同于意识形态宣传，也正是这一点，赋予了公共舆论管理公共性。

从公共性的角度看，舆论管理可以定义为：舆论管理主体为了维护和改善舆论的公共性，针对社会舆论的内外资源而进行的组织协调、监测和控制，表现为及时应对和处理舆论问题，制定舆论目标，有目的、有计划地设置公众议程，培育和营造有利于管理者与社会公众及其他社会主体之间关系的舆论环境。这一定义将舆论管理的特殊性与一般管理的普遍性结合起来，一方面突出了舆论管理的终极价值，为维护公共利益和人类社会的良性运转而服务；另一方面又将舆论管理的一般规律凸显出来，即舆论管理作为社会管理的一部分，同样遵循管理过程的一般过程，同样需要遵循组织、协调、监测和控制等诸种环节。

一般认为，舆论管理的发展经历了这样三个阶段：第一，在传统社会，舆论管理的职能主要表现为社会控制，以“堵”为主，辅之以“疏”，或疏堵并重，其目的是巩固政治统治和维持社会秩序。这种情况与传统社会的权力世袭制及权力运行的人格化规则相适应，同时也以舆论变化的相对缓慢为前提。这是因为，只有在舆论变化慢的条件下，控制才是可能的。第二，在现代社会，舆论环境与舆论关系日趋复杂多变，由政府、大众传媒和社会公众所组成的舆论动力圈开始形成，使舆论动态瞬息万变。结果，“堵”或“疏”等简单方法就很难奏效了。在现代舆论世界中，一方面，公众舆论的量度和强度均

---

① 施雪华，邓集文．当前中国政府公共信息服务的问题与对策．行政论坛，2008（2）；韩大元，姚西科．试论行政机关公开公共信息的理论基础．河南省政法管理干部学院学报，2001（2）．

② 纪忠慧．舆论管理创新的理念及实现方式．南京社会科学，2012（10）．

以前所未有的能级展现了出来，使任何以民意为基础的政府都不能视而不见；另一方面，社会调查方法被广泛应用于公众舆论的测量与分析，并逐步成为公共决策的重要机制。因此，现代政府的舆论管理也开始向收集公众意见、舆情监测和社会协商等职能延伸，而不再局限于单一的控制职能了。第三，舆论管理的高级阶段不仅超越了舆论控制的传统导向，也不再局限于分析和运用公共舆论，而是旨在拓展公共讨论的空间，培育公共精神和公共理性，以使人们能够分享到更多的智慧，进而提升公共生活的品质。其中，第三阶段是公共舆论管理的理想状态，而在现实中，政府所从事的主要还是第二阶段的舆论管理工作。

对政府而言，它所面对的舆论主要包括两类，一类是社会公共舆论，一类是社会关于政府的舆论，即对政府的看法。后一种舆论管理实际上也被称作政府的形象管理。“它是社会上大多数人对组织的看法和意见的公开表达，表示着大多数社会公众对组织的基本态度和行为，是衡量组织公共关系状态的重要标志。任何组织都生存在特定的公众舆论环境之中，其政策和行为既受公众舆论的左右和影响，同时也影响和左右着公众舆论。特别是在当今这个大众传播时代，公众舆论变得日益敏感，公众舆论对组织的压力也日益增强。通过公共关系去影响人们的看法、意见、态度和行为，为组织营造一个适宜和良好的公众舆论环境，是公共关系管理的重要职责”①。可见，政府的舆论管理包含两方面的工作：一方面是维护政府的良好形象，以求让社会公众针对政府的舆论以美誉的形式呈现出来；另一方面是要对社会公共舆论进行总体的把握和引导，努力使社会公共舆论朝着积极、健康的方向发展，进而推动有利于公共利益的政策议程。传统上，后一种舆论管理又被称作“舆论引导”。“舆论引导”是一个备受争议的概念，很容易被误解为对舆论的操纵。因此，在崇尚自由主义的西方学术界和舆论界，都不承认舆论引导的概念。就现实情况看，任何政府与其他舆论机构都在从事着舆论引导工作，只是由于引导一词容易产生误解，西方学者与公共关系从业者更习惯于采用“议程设置”的说法。在实际上，它与舆论引导的性质和内容都是一致的。

在20世纪后期以来的政策过程中，舆论引导或者说议程设置是各国政府的一项重要工作，由于舆论在政策制定和执行中扮演了越来越重要的角色，各国政府都需要通过娴熟地运用舆论引导手段来推动政策议程。在这个过程中，各国政府也都培养出了一批专业的舆论管理专家。不过，随着互联网时代的到来，尤其是随着自媒体的出现，社会的舆论环境发生了巨大的变化，传统的舆论管理方式也面临着严峻的挑战。第一，在自媒体时代，政府发布信息的垄断权被打破，对社会信息传播的控制力相应减弱。微博、微信等简短的信息发布形式借助于智能手机迅速成为人们传递信息的途径。借助微博等，过去作为“沉默的大多数”的公众开始发声，使网络尤其以微博、微信为代表的社交网络迅速成为一个巨大的民意集散地和信息传播平台。第二，议程设置权正在从大众传媒向微博、微信等自媒体转移，传统媒体时代的舆论管理手段已难以适应新形势的要求。在传统媒体时代，政府可以通过大众媒体进行议程设置，从而掌控社会舆论的动向。自媒体产生以后，公共议题的设置则从大众媒体转移到了网民手中。用户通过不断转发、

① 郭惠民，廖为建，格鲁尼格．关于公共关系学若干基本问题的国际对话．国际关系学院学报，2000（1）．

评论、跟进等方式设置并强化议程，形成网络舆论热点，最终引起传统媒体的注意，以媒介间议程设置的方式，将信息进一步发散，形成强大的舆论场，最终引起政府的重视，并以出台政策等行为平息舆论。也就是说，政府正在失去信息发布和议程设置的主动权，从而在舆论管理上表现出了日益笨拙的窘态。在自媒体时代，政府的舆论管理方式和手段都迫切需要重建。

8.2.3 维护政府信任关系

维护政府信任关系也是一项重要的政府公共关系职能，在存在政府信任危机的情况下，这一职能吸引了人们越来越多的关注。政府信任可以被理解为“公众在公共利益及社会利益的实现基础上对政府行为的一种理性评价和期待，是公民长期以来对公共行政活动进行客观评价的一个心理结果”①。换句话说，政府信任是公众的一种心理状态，这种状态反映了公众对政府行动的一种积极评价，进而也体现了政府对其职责的积极履行。政府信任包含两方面的内容：第一是信用，即政府与公众之间信任关系的建立本身是公众对政府进行授信的结果，这种授信的行为预设了政府的信用，并赋予其某种评级；第二是信任，即政府通过积极地履行职能而赢得公众的信任，这也是增强政府信用的基本途径，并能够在公众与政府之间建立起一种健康的信任关系。从信任的角度看，社会契约论所假设的订约过程实际上就是一个授信过程，即公众通过授信而建立起了合法的政府，并要求政府通过对这种信任关系的维护来实现良好的社会治理。如果政府不能履行公众希望其承担的职能，就会失去公众的信任，就会面临信用的流失，而当这种信用流失殆尽时，政府也就失去了其存在的合法性。可见，对任何政府来说，公众的信任都是至关重要的。

具体说来，在现代社会治理活动中，政府信任关系主要具有如下功能：第一，作为社会信任体系的核心，政府信任构成了市场经济的基本道德支柱。政府信任程度越高，就越能降低市场交易成本，加快市场经济体制的成熟与完善，促进市场经济的健康、可持续发展；反之，政府信任水平低下，则可能破坏市场交易的秩序，增加市场交易成本，甚至引发市场失灵。第二，作为政府合法性的基石，政府信任还是构建法治国家的根本保障。根据契约论的观点，政府只是公共权力的代行者而非所有者，因此必须践约守诺，把自己的行为纳入法治轨道，竭力于增进和服务公共利益。信任政府的公民会更加容易信任政府制定的法律制度，加之政府诚信的示范作用，公众也会更加倾向于尊重和遵守相关法律制度，从而为构建法治国家打下良好的政治文化基础。第三，政府信任关系的确立可以在一定程度上防止政府权力的滥用，有效避免政府的贪污腐败、以权谋私等行为，从而减少社会资源的浪费，有利于政府提供较高水平的公共产品与服务，最终促进社会福祉。此外，政府通过积极回应公众期望与获取公众支持而形成的政府与公众间的良性互动关系还有利于协调利益、化解矛盾和促进社会的和谐稳定。反过来，“对政府的不信任会产生对政府决策的抵制。在互不信任的关系中，公民可能担心政府会滥用权力，

① 曹文宏．政府信任与理性怀疑：一个学理的探讨．浙江社会科学，2010（2）．

使得政府决策有害而无利，因而，公民可能会抗拒参与政策执行过程，或者基于原有的偏见强化对政府决策的抗议行动”①。

与其他信任关系一样，政府信任关系的形成和存在是一个自觉的过程，是需要政府去进行积极营造和维护的。对于公众来说，他们虽然授信政府，却又不能盲目地信任政府，而是需要在授信的同时保持理性的怀疑，对政府的行动抱有必要的批判意识。所谓理性怀疑，就是在公众与政府的主体间关系当中，公众应始终秉持理性批判的态度，在与政府的积极互动过程中，对其保有恰当的怀疑而且能设计相应的制度性规范以制约、监督和问责政府的一种情势。只有在面临着公众的理性怀疑的条件下，政府才能时时谨记它与公众间的关系，才不得不每时每刻都要通过行动去赢取公众的信任。同时，政府及其官员的行动积极性也不会因为无故的怀疑而受挫，更不会影响政府职能的正常履行。

导致政府信任关系失败的原因有很多，其中最常见的原因是政府信息的不公开、不透明。所以，要化解政府信任危机，营造健康的政府信任关系，最根本的途径就是实现政府信息的充分公开，建立起一种透明政府。只有这样，政府与公众才能真正处于一种公开、开放和具有公共性的公共关系之中。具体说来，通过信息公开重建政府信任需要注意以下几点：第一，从被动公开到主动公开。政府需要相信公众的理智和判断能力，及时、准确、完整地公开信息以换得公众的信任。第二，从个案公开到全面公开。不能选择性地发布信息，而应当让公众在拥有充分信息的条件下判断事件的真相，即公开的信息本身需要具有可信性。第三，从简单公开到策划公开。信息公开也要讲究技巧，选准时机，要让公众感受到政府能够从公共利益的角度出发思考和解决问题。第四，从自说自话到官民互动。需要以真诚的姿态进行官民互动，积极回应公众的质疑，以真诚和坦诚赢取公众的信任与支持。第五，从滞后发布到及时更新。在信息化的时代，要用信息化的手段来实现更及时、充分的信息发布，抢占信息发布的先机，进而获取舆论管理的优势。

信息公开只是重建政府信任的一个方面，除此之外，政府还需不断完善决策参与制度、承诺兑现制度等，以使政府信任关系在政府过程的每一个环节上都得到重建。第一，决策参与制度。公共政策必须体现最优化原则，应该具有稳定性、长效性和连续性，通过完善参与机制，让普通公众参与其中。这不仅有利于公共决策的民主化与科学化，也有利于增强公众对政府的信心和信任。第二，承诺兑现制度。现代政府必须是讲信用、守诺言的诚实政府，只要有所承诺，就必须兑现。如果在执行中遇到困难而难以兑现，必须及时向公众说明原因，让公众有被尊重、被需要的感觉，让公众感受到政府对承诺是积极的、负责任的。第三，充分发挥非政府组织在构建政府与公众信任关系中的作用。非政府组织是介于公众、市场与政府之间的社会自治组织，可以成为公众与政府之间的传话筒，协调两者关系，培育两者互信的因素和氛围。政府在贯彻法规、政策、命令时借助于非政府组织等社会自治力量，有助于减少公众对政府及其政策的不信任。同时，公众在从事利益表达、情绪宣泄和政治参与时借助非政府组织等社会自治力量向政府反映，也更容易获得政府的信任，其要求将更容易得到满足，结果就形成了政府与公众间

① 王涛，陈小华．理解政府信任：内涵、影响因素与基本功能．浙江学刊，2012（2）．

的信任互动关系。

历史地看，政府信任关系拥有三种类型，分别是：农业社会中的习俗型信任、工业社会中的契约型信任与人类迈向后工业社会时正在生成中的合作型信任。其中，习俗型信任是一种习惯性的信任，是被统治者由于长期依附于统治者而形成的一种信任，这种信任也需要政府的有意识维护，但政府维护这种信任的手段往往是隐蔽的，而不是公开的。在某种意义上，政府是通过巧妙地隐瞒某些信息来维护习俗型信任的。契约型信任是一种建立在理性怀疑基础上的信任，公众虽然对政府做出了授信，却不会盲目地相信政府所提供的一切信息和所做出的一切行动，而总是在怀疑和批判中检验政府的每一项承诺。所以，这种信任需要政府尽可能地公开一切信息，只有这样，才能让公众在批判性地检验之后付出更多的信任。合作型信任是一种信任与合作同构的信任，它超越了理性怀疑，因而不再仅仅通过满足公众的批判性诉求来获取信任，而是通过对政府与公众之间合作关系的建构与维护来实现信任。合作型信任是与服务型政府相适应的信任类型，在合作型信任中，公众仍然可以对服务型政府抱有理性的怀疑，服务型政府则不再仅仅通过履行承诺或公开信息，而是通过与可能怀疑它的公众之间进行真诚的合作来实现相互间的信任。合作关系是一种真正的信任关系，也是一种真正的公共关系。

8.2.4 政府在公共关系中的责任

随着媒体日益广泛而深入地介入政策过程，公共关系的重要性也与日俱增，并让学者们开始感叹一种“公共关系民主”（public relations democracy）的生成。这就是戴维斯所说的，20 世纪后期以来，随着“政治进一步被‘媒体化’，一种公共关系民主已经生成”①。我们知道，西方民主是一种代表性民主，其核心是选举，通过选举来确定公众的代表，进而通过代表的代表性行动来实现公众的意志和利益。在理论上，选举是展现候选人理解公共事务之能力的舞台，而自 20 世纪后期以来，随着电视、网络和自媒体的兴起，选举越来越变成了候选人通过建立个人良好形象来讨好某些公众的过程，而不是勇敢地发表政策见解的一个舞台。所以，选战也越来越变成了一场公共关系战役，这场战役的核心人物也不再是选举团队中的政策智囊，而变成了选举团队中的公共关系主管。结果，今天的选举活动也更多地取决于谁能树立更好的个人形象，而不是谁能表达出更深刻的政策见解。在公共关系民主中，20 世纪前期的世界历史中的那种扮演了重要角色的政治领导人已经没有任何获胜的可能性了。

在常态社会治理中，政策过程也已经变成了一场公共关系战役，政府机构、利益集团、非政府组织以及普通公众，都在通过积极的公共关系活动来争取媒体关注，争夺政策议程。结果，在很多时候，能够进入政策过程和能够转化为公共政策的选项的，也不是最符合公共利益的政策问题，而是最能吸引公众眼球的政策议题。最终，无论从选举互动还是从政策过程来看，公共关系民主的生成都反映了民主的一种异化，它将代表性、

① DAVIS A. Public relations democracy：politics，public relations and the mass media in Britain. Manchester：Manchester University Press，2002：3.

公共利益等民主的核心观念排除在了社会治理过程之外，或使它们在政府价值体系中的地位发生了边缘化，结果是造成了非民主的后果。有鉴于此，作为政府公共关系中最重要的参与者，政府必须在这种关系中承担起特定的责任来引导其他公共关系参与者的行动，将政府公共关系从参与者之间“一切人反对一切人的战争”变成彼此间的真诚沟通、坦率交流，最终促进参与者间的信任与合作。

在现代思想家中，哈贝马斯对公共关系的研究产生过深远的影响。通过对资产阶级公共领域结构演变的考察，哈贝马斯发现了公共关系存在于“再封建化”后的公共领域中，并认为它构成了公共领域“再封建化”的一个原因——通过各种公共关系策略，公共关系机构根据自身的利益而改变了公共领域的结构，改写甚至操纵了公共舆论的内容。结果，“公共利益看起来所必需的行为共识，实际上是一种精心策划的‘公众舆论’。虽然公共关系会刺激某些商品的销售，但它的效果远不止于此。因为对某些特殊产品的宣传是间接地通过虚构的普遍利益来进行的，所以它就不仅会制造和巩固品牌形象以及消费客户群，而且还会给这个企业、品牌乃至一个制度赢得准政治信誉，教会人们如何向公共权威表示尊敬”①。于是，在“再封建化”了的公共领域中，所有的“自由”表达最终都会落入公共关系的陷阱，公共关系帮助权威机构伪造出了公共利益，进而利用这种伪造的公共利益来驯服批判的个体，从而维护精英集团的政治统治。有鉴于此，哈贝马斯在其后的学术生涯中致力于构建一种理想的沟通交往理论，试图通过在所有社会主体之间建立起“真正的交往”来化解由公共关系造成的交往上的不平等。进而，当政府与公众都能在同样的制度和文化背景下采取相同的沟通方式进行平等协商时，这种交往就是最有可能达成共识的，也是最有利于民主的。

哈贝马斯的分析揭示了这样一个事实，即资本主义国家虽然建立起了民主的制度，但在实际的社会治理过程中，资产阶级政府会与社会精英集团一道合谋，通过公共关系策略来窃取共识、公共利益等民主成果。作为社会主义国家，这样的情况在中国是不应出现的。在理论上，社会主义国家的政府是全心全意为人民服务的，它所代表的是社会的普遍利益而不是特定精英集团的利益，因而不会产生欺骗社会公众的动机。出于更好地贯彻群众路线、更好地与公众沟通、更好地倾听与满足公众诉求的需要，社会主义国家的政府也需要自觉建立与维护各种公共关系。在现代社会，民主不只是一项政治原则，也不只是一种制度设置，更重要的是，它是一种生活方式。这种生活方式就是通过政府与公众在公共关系中的日常接触而得以展开的。从字面上看，民主意味着以民为主，是要突出公众的主体地位，首先就是要在政府与公众之间搭建起畅通的沟通渠道，以保证民意的真实表达与传达。公共关系就是这样一种沟通渠道，因此，通过建立公共关系，政府与公众之间获得了一个平等的对话平台。在这一前提下，双方都拥有了对彼此关系的同等发言权，可以共同致力于维护这种关系。

在把建立和维护公共关系作为政府的一项重要职责的前提下，政府应当承担以下几个方面的具体责任：

第一，公共关系是一种具有开放性的社会关系，是所有社会公众都有权进入的关系

---

① 哈贝马斯．公共领域的结构转型．上海：学林出版社，1999：230.

网络。因此，政府在公共关系中的第一项责任是要确保政府公共关系的开放性，尽可能避免出现“沉没的声音”。在民主已经不得不以公共关系为中介的情况下，要保证民主的真实性，就必须保证公共关系的开放性，保证公众中的每个人都能在公共关系中发出自己的声音，而不能让公共关系为精英集团所把持，更不应让公共利益被精英操纵的“公共舆论”所胁迫。

第二，政府需要在公共关系中致力于消除公众之间沟通上的不平等和信息上的不对称，以保证公众都能准确地获取他们所需要的信息，准确地表达他们的利益诉求，进而根据他们所感知到的整个社会的利益状况来做出最符合他们自身利益诉求又最接近于公共利益的政策选择。公共关系是一个信息沟通的网络，但是，由于沟通能力的差异，在这一网络中，信息不对称的情况是非常普遍的，尤其是精英集团与普通公众之间的公共关系能力存在很大的差距，从而导致精英集团与普通公众之间很难进行平等、有效的沟通，更难以向政府传递出具有同等分量的、有价值的需求信息。只有当这种沟通上的不平等得到消除之后，公众之间在获取的信息方面才可能接近于对称，通过公共关系传递到政府的信息才能够具有公共性，基于这种信息做出的决策也才能够真正地体现公共利益。

第三，政府需要通过公共关系来引导政策议程。“随着许多传统的社会和民间机制的衰亡，媒体成了促进关于政策问题的公共讨论的主要渠道。”① 然而，由于公共关系技能的缺乏，在关于政策问题的媒体辩论中，政府经常处于一种被动的地位，不仅无法通过媒体来宣传其有价值的政策主张，反而经常被一些擅长公共关系的精英集团强加了许多明显褊狭的政策选项。在现代社会治理中，政府不是公共利益的唯一促进者，但它是公共利益的法定代表者和执行者。政府拥有的信息优势，也是最有可能接近于公共利益的一个公共组织，因而，尽管其他组织或团体的政策倡议也有可能符合公共利益，但是，如果政府的政策倡议在政策议程中得不到应有的关注以至无法兑现为公共政策，结果一定是不利于公共利益实现的。所以，出于公共利益的目的，政府必须掌握高超的公共关系技能，以更好地推进其政策倡议。在媒体确定了政策议程的现实条件下，“一个敏锐的行政机构不仅仅是服从规章，更试图先公共舆论的趋势而行动，力争在今天就制定出能够满足明天的立法需求的政策倡议”②。在所谓“公共关系民主”中，与媒体打交道本身就是政府践行民主的一种方式。

总之，公共关系构成了一个公开性的社会交往领域，这种公开性赋予了它批判性，所有关系方都可以对政府在这一关系中的行为进行公开的批判。在公共关系已经成为现代政治生活中一个必不可少的要素的前提下，政府必须承担起建立和维护政府公共关系的责任，并把对公共关系的维护作为贯彻民主行政的基本途径。

---

① LEE M. Reporters and bureaucrats：public relations counter-strategies by public administrators in an era of media disinterest in government. Public Relations Review，1999，25（4）：456.

② PRICE D K. Democratic administration//Marx F M，et，al. Elements of Public Administration. New York：Prentice-Hall-Inc.，1946：78－79.

8.3 走向开放政府的改革实践

8.3.1 西方的开放政府实践

政府公共关系是一种具有公开性和公共性的社会治理关系，这种公开性和公共性所蕴含和指向的是开放政府的理念。在某种意义上，西方中世纪后期以来的政治现代化就是一个政治过程不断开放的过程，这种开放随着普选权的确立而基本得到了实现。然而，在20世纪中期以前，建立在官僚制基础上的现代政府作为一个封闭的体系未受到根本性的质疑，因而，在政治过程日益开放的同时，行政过程则仍然是封闭的和隐秘的。20世纪中期以来，随着政治开放性的日益增强，也由于公共关系民主的生成，公众对于开放性的诉求也从政治层面转向了行政层面，从而提出了建立开放政府的理念和主张。这也促使各国政府以开放政府为目标而进行了一系列的改革。

在西方主要国家中，美国是最早将政府信息公开制度化的国家。美国先后于1966年、1974年和1976年分别制定了《信息自由法》《隐私权法》《阳光下的政府法》，率先搭建起了开放政府的制度框架。出于更好地运用网络来为公众服务的考虑，美国国会又在1996年通过了《电子信息自由法修正案》。至此，美国政府建立起了一个相对完备的信息公开框架体系，较好地保障了公众的知情权。1991年，英国梅杰政府以白皮书的形式提出了著名的“公民宪章运动”，扩大了公民的参政范围，也对公民的知情权做了规定。1993年，《开放的政府》白皮书提出了以行政内部规则实施信息公开的制度，并附以《政府信息公开实施报告草案》，于1994年4月4日正式实行。2000年，英国出台《信息公开法》，标志着开放政府的制度框架基本建立。1978年7月，法国政府出台《行政文书公开法》，规定除记有私生活和记名文书以及其他免于公开的行政文书之外，其他行政文书都应公开。实施公开的机关包括行政机关、地方公共团体、营造物法人及私法上的法人、被委以公共职能的组织等。1996年12月，日本村山政府出台《信息公开法纲要案》，后经反复讨论与修改，于1998年5月在内阁会议上通过了《信息公开法草案》，并送交国会审查，经参、众两院审核、修订，1999年5月7日，《信息公开法》正式通过，并于同月14日公布。2000年2月16日，日本政府发布《信息公开法施行细则》，随后，《信息公开法》于2001年4月1日开始实行。

2008年金融危机之后，由于此前政府与金融机构的暗箱操作引发了巨大灾难，西方社会对开放性的需求急剧增加。在这种需求的推动下，西方政府的开放政府建设也步入了一条快车道。2009年1月21日，美国奥巴马总统发表《透明和开放政府备忘录》，呼吁建设一个更加透明、易于参与的合作式政府，要求政府机构和行政部门充分运用新技术手段在网上公开决策及其运行情况，以供公众随时获取。2009年12月8日，美国总统办公室和管理与预算办公室联合发布了《开放政府指令》，以政府指令的形式要求联邦政府部门和机构负责人按照备忘录要求开展相应工作，创造一种开放性的政府文化并使其制度化。具体而言，白宫关于推进美国开放政府建设的主要措施包括：

（1）公布信息。白宫管理与预算办公室主任彼得·欧尔萨格（Peter Orzag）要求各部门和机构在60天内公布其开放政府计划，并把首批可供公众获取的数据上传到专门建立的开放式政府数据门户网站“data.gov”上。因此，数十万项以前政府专用的数据被白宫推向了互联网。同时，各政府部门也在自己的网站上发布了一个专用的或开放式的网页，公布该部门在建设开放政府方面所做的努力，提供该部门完成“透明开放政府计划”的渠道，至少向公众提供了三个富含高价值信息的数据库，并制定发布更多有价值信息的时间表。

（2）邀请公众参与。所有上述信息都要通过本部门网站对外公布，并邀请公众提交反馈意见。每个政府部门的网站都须添加 Facebook、Twitter 或 YouTube 等高点击量网站的链接，有的政府网站交互平台更多达十几种。目前，美国政府的社交媒体网站在应用上主要有“拉近、联网、推出”三大策略。所谓拉近策略，就是通过某种程度的互动让受众积极参与进来，如 Facebook 留言上会出现一些评论，会有一些 Twitter 网站上的转发。所谓联网策略，就是政府网站负责人不仅运用 Twitter 等平台向受众传递信息，也很关注各类媒体正在讨论什么、这些讨论与机构有何关联。推出策略则通过各种技巧最大限度地向公众推出政府信息。

（3）开展合作。各级政府部门之间以及政府与非政府组织、企业、个人、私人组织之间须开展合作，行政部门和机构还须征求公众的反馈意见来评估和改善它们的合作。大量与民生相关的政府数据的开放，极大地促进了企业、组织和个人对数据的应用和研发，而这又反过来推动了它们与政府部门间的合作，共同开发便于公众生活，也便于政府管理的应用软件。

（4）跟踪与问责。针对之前政府部门只关注投入经费，不关注产出效果的问题，在管理上进行了一些改革，即要求政府数据网站除了公开数据，还应允许公众追踪各部门严格按照指令中所给出的具体可交付成果取得的进展。联邦政府创建的“期待更多”网站（expectmore.gov）鼓励公众参与对美国政府部门或机构的工作成效的评估，并提出改进意见①。

在美国的示范效应下，其他西方国家也加快了建设开放政府的步伐。比如，2009年6月，澳大利亚政府成立了“Government 2.0 专家组”，由政府信息主管（CIO）、信息技术领域专家、博物馆与国立图书馆的相关专家、民营企业的高级工程师与高级顾问等跨领域的15名专家构成。该专家组制定了“leadership”“engagement”“open access PSI”（public sector information）三大目标，以及相应的19个推进项目。2009年6月，经合组织推出《以人为本——构建参政平台，优化政策和服务》的报告，对欧盟成员国和经合组织成员国提出了四点要求：以国民参与为核心，提升政策效果；开发高效的评估工具；充分运用最新 Web2.0 技术，开发国民参与的网站平台；制定健全的方针政策并付诸实施。

2011年9月，美国政府发布了《开放政府宣言》（Open Government Declaration）。同年，奥巴马总统和巴西总统迪尔玛·罗塞夫发起建立“开放政府伙伴关系”（open

① 金琇．奥巴马“透明开放政府”的做法及启示．特区实践与理论，2013（1）．

government partnership)，旨在促进开放、打击腐败与鼓励公民参与。他们认为，“开放政府伙伴关系”有利于各国政府吸收其他国家的各种有效想法，并相互学习如何使用新工具来提高政府透明度。开放政府伙伴关系的最初成员有8个国家，即巴西、印度尼西亚、墨西哥、挪威、菲律宾、南非、英国和美国。这个项目承接了美国总统奥巴马倡议的民主原则，鼓励各国采用清晰的开放政府标准；加入开放政府伙伴计划的国家必须承诺推行开放政府，并提出一份经过公众咨询的行动方案。数月后，就有54个国家加入了开放政府伙伴关系，并宣布遵循《开放政府宣言》提出的原则：开放与公民的接触以改善服务，管理公共资源，促进创新和创建更加安全的社区。2012年4月17日，来自60多个国家和200多个社会组织的800多名代表在巴西首都巴西利亚参加了开放政府伙伴关系第一次高级会议①。开放政府建设在此引领下成为一股全球性的运动。

8.3.2 中国的开放政府改革

1978年以来，在40多年来的全方位改革中也包含了朝向开放政府前进的改革内容。

中国的开放政府改革是在20世纪90年代开始的。1991年以前，中国各级政府的信息，包括政府管理社会的规范性文件，按惯例都是发给下级政府执行，一般不对外公布。行政管理的相对人只有在具体参与实施有关活动时，才有可能了解到这类公共信息。1991年12月5日，对外经济贸易部发布公告，公布了7件涉及对外经济贸易的内部管理文件；1992年2月2日，又公布了14件内部管理文件，开启了政府机构开放内部信息的先河。为了统一中国的对外经济贸易政策和制度，增强我国对外经济贸易管理制度的透明度，国务院办公厅于1992年3月16日发出《关于重申制定、发布全国性对外经贸法规、政策有关规定的通知》，规定对外经济贸易合作部是国务院综合管理全国对外经济贸易工作的职能部门，全国性的对外经贸法规、政策均由对外经济贸易合作部审核并统一对外发布（需立法或需由国务院发布的除外）。至此，初步形成了中国公共经济信息对外公开的制度，打破了中国自1949年以来行政机关不公开公共信息（包括需要当事人遵守的行政管理规则）的做法与制度，出现了对外公开的先例。

在中国朝向开放政府的改革史上，一个重要的推动性事件是中国加入世界贸易组织即“入世”。“入世”要求中国政府在政策框架与管理规则上都要与国际接轨，最重要的一点就是要增加政府管理的透明度和公开性。在“入世”的契机下，中国政府做出了一系列新的开放政府尝试。例如，中国政府于2001年正式加入世界贸易组织时，外经贸部决定授权人民出版社出版《中国加入世界贸易组织法律文件导读》，对议定书和工作组报告书的内容进行了说明与介绍，并附议定书及其附件和工作组报告书的中文参考译文。同时还授权法律出版社出版《中国加入世界贸易组织法律文件》中英文对照本，收录议定书及其附件和工作组报告书等法律文件的英文原文和中文参考译文，使公众获得了了解中国“入世”规则的渠道。

1999年1月22日，由中国电信和国家经贸委经济信息中心牵头，联合40多家部委

---

① 周和．开放政府与政府数据公开战略．广州大学学报（社会科学版），2012（10）．

（办、局）信息主管部门在京共同举办“政府上网工程启动大会”，倡议发起了“政府上网工程”，并得到了各级政府部门的积极响应。1999 年 4 月，全国人大常委会办公厅、国务院办公厅、中国政治协商会议办公厅、国防科工委、中国贸促会、国务院发展研究中心、国家林业局、国家测绘管理局、国家海洋局等单位加入政府上网工程发起单位行列，政府上网工程发起单位达 57 家，国务院各部委和国务院直属机构上网单位 34 家。这些政府网站设置了本部门法律、法规、规章和历年发布的规范性文件和政策的专栏，公开予以发布。对于本部门其他公共信息，也有选择地公开发布。外经贸部在 2001 年 12 月 11 日在其网站上公布了所有“入世”文件。这一公开方式极大地方便了公共信息的获取，也为推进政务公开、提高行政管理工作的透明度提供了一条新的有效途径。截至 2001 年 12 月 31 日，41 个中央部委和国务院直属机构已上网，并建成了 13 个行业信息网，中国内地省一级人民政府全部开通了政府网站，用以发布本行政区域人民政府的规范性文件和地方政府政策①。

与西方一样，中国的开放政府改革也在金融危机前后发展到了一个新的阶段。2007 年 1 月 17 日，《中华人民共和国政府信息公开条例》（以下简称《条例》）经国务院常务会议通过，并于 2008 年 5 月开始实行。

《条例》生效之后，地方政府的开放政府建设如火如荼地开展起来。2009 年 11 月，广州市政府在网上公开晒预算，成为率先公开网晒预算的市级政府。2009 年，湖南省长沙县以《湖南省行政程序规定》的出台为契机，努力创建开放型政府，探索参与式治理。长沙县将开放型政府的目标定为探索合法、科学、民主的行政决策制度结构，这一结构的基本内容包括公众参与、专家论证、政府决策与政治监督。7 月 10 日，长沙县第 43 次县政府常务会议首次实现了网络直播。2010 年 1 月 17 日，杭州市政府的“开放式决策”荣获“第五届中国地方政府创新奖”。2013 年 2 月 21 日，四川南充市政府召开五届第 35 次常务会议，审议并原则通过了《南充市人民政府建设开放型政府工作方案》与《南充市人民政府开放式行政决策程序规定》《南充市政务公开规定》《南充市人民政府政务会议开放办法》《南充市政府网站管理办法》《南充市人民政府公众意见收集处理办法》五个配套实施办法，全面启动了南充市的开放型政府建设。

习近平总书记指出，“中国将在更大范围、更宽领域、更深层次上提高开放型经济水平”，“中国坚持改革开放的决心坚定不移”②。与此相适应，2019 年，《条例》修订通过后，中国的开放政府改革进入新的阶段，尤其在“互联网＋”背景下，开放政府建设获得了新的内涵。比如，《法治中国建设规划（2020—2025 年）》指出：“加快推进‘互联网＋政务服务’，政务服务重点领域和高频事项基本实现‘一网、一门、一次’。2022 年年底前建成全国一体化政务服务平台，除法律法规另有规定或涉及国家秘密等外，政务服务事项全部纳入平台办理，全面实现‘一网通办’。”《法治政府建设实施纲要（2021—2025 年）》也提出：“建立健全政务数据共享协调机制，进一步明确政务数据提供、使用、管理等各相关方的权利和责任，推动数据共享和业务协同，形成高效运行的工作机

① 周伟．当代中国信息公开制度及其法制化研究．政治学研究，2003（3）．

② 习近平．习近平谈治国理政：第 1 卷．北京：外文出版社，2018：114－115．

制，构建全国一体化政务大数据体系，加强政务信息系统优化整合。”国务院也针对一网通办、数据共享等内容进行了具体部署，开放政府建设开始从政务公开走向数据公开的发展方向。

8.3.3 开放政府的基本要素

提到开放政府，我们就会想到两个与开放相近的词，即公开与透明，事实上，公开与透明也应当是开放政府的核心要素。那么，究竟开放、公开与透明三个概念间的关系是怎样的？

在逻辑上，公开是透明的一种主要方式和前提条件，如果公开，则必然透明，透明是公开的一种结果。通常说来，公开政府是指将政府的有关事项公开，既包括政府主动公开其掌握的信息，也包括依据个人和单位的申请而公开相关信息。透明政府则是政府所处的一种状态，即政府的政策、会议、职能、计划、程序等相关信息都是公开的，人们依据相应的程序可以随意获取。两者都强调政府信息的公开问题，其目的是要达到政府各项活动和信息公之于众、公开透明，并处于民众的监督之下。相比之下，开放政府的内涵则更加丰富。首先，公开政府、透明政府是开放政府的题中应有之义，因为开放政府就其最基本含义而言就是不封闭的和公开的。没有政府的公开、透明，政府的开放也就无从谈起。其次，开放政府不仅仅停留在政府相对于社会的公开、透明上，而是要实现对外、对内的开放。在对外的意义上，一国政府的开放相对于国际社会，一方面是敞开国门，迎接四方宾客，另一方面还要欢迎各方的友好参与。在对内的意义上，则是体现在政府与社会的关系中的，一方面要和公众真诚相处，另一方面要充分尊重公众的各项权利，进而真正实现一切权力属于人民的目标。所以，相比于公开政府和透明政府，开放政府是更高层次的价值目标，也是政府的一种理想状态①。关于开放政府，国内一些学者在政府与社会的关系的意义上归纳出了三大要素。

其一，公开与透明。开放政府要求政府各部门以及广大公众都实现价值观念上的根本转变，即从“除非有相反的理由证明，否则政府所掌握的信息是秘密的”之推定变为“除非有相反的理由证明，否则政府所掌握的信息是公开可利用的”推定。在公开、透明的原则下，政府的规范性文件可以公开获取，政府公务活动的实施程序和办事结果以及公务人员的相关信息也都应该对公众公开，并自觉接受大众媒体的监督报道。在开放政府下，虽然普通民众已经可以通过相应的程序自由获取政府信息，但大众媒体仍然在公开政府信息方面起着重要的作用，而且媒体报道的自由度往往是衡量一个政府是否公开、透明的重要标志。

其二，参与性。在开放政府下，公众可以通过各种形式来表达自己的利益和要求，进而影响政府的决策，同时，政府也鼓励并且主动地接受来自各方面的意见和建议。具体说来，开放政府应该具备以下条件：（1）公众或社会团体具有较高的参与意识，并且能够自觉地投入政府的各项活动中；（2）政府具有完备的相关法律制度保障公众和社会

① 王丛虎．开放政府论．河南社会科学，2006（4）．

团体能够顺利地参与政府的各项活动；（3）政府能够对各种参与活动做出积极的反馈，并形成良性循环。

其三，诚信。对于开放政府而言，公众与政府间的关系是相互信任、诚信可靠的。正是这种信任关系，构成了开放政府的良好社会秩序。具体说来，开放政府的社会诚信应该满足以下标准：（1）政府受人民委托而通过合法渠道产生；（2）公众能够自觉自愿地遵守各项法律法规和政策；（3）政府能够依法行政，并主动承担各种法律责任；（4）政府和民众之间能够坦诚相见，有着良好的互动机制①。

2009 年 1 月 21 日，美国总统奥巴马发表了关于开放透明政府的演说，他认为，开放政府是前所未有的透明政府，是能为公众信任、积极参与及合作的开放系统。首先，政府应是透明的，这赋予了政府解释的责任，要求政府告知公众政府正在做什么，并充分运用网络技术、信息技术等手段来实现这一目的；其次，政府应是参与的，公众的参与有助于提高政府的效率和决策质量，因而各行政部门和机构应该为美国人民提供更多的机会，参与制定政策和为政府提供信息，并通过反馈来拓宽公众参与的渠道；最后，政府应是合作的，协作将让更多的公民参与到政府的决策过程中来，这要求政府机构利用创新的设备、方法和系统来实现政府机构与其他部门组织以及公民团体间的合作，并积极收集公众反馈，用以评估和改善各个层次上的合作②。

在中国，开放政府还具有法治政府与服务型政府的题中之义。2016 年 1 月 11 日，习近平总书记在中央全面深化改革领导小组第二十次会议上指出，“政务公开是建设法治政府的一项重要制度。要以制度安排把政务公开贯穿政务运行全过程，权力运行到哪里，公开和监督就延伸到哪里。要依法依规明确政务公开内容、标准、方式，加快制定并公开权力清单、责任清单、负面清单。要重点推进财政预算、公共资源配置、重大项目建设批准和实施、社会公益事业建设等领域政务信息公开，以公开促落实、以公开促规范、以公开促服务。要创新公开方式，扩大政务公开参与，注重公开实效，让群众看得懂、听得懂、能监督、好参与。”也就是说，只有通过政府主动向群众开放自身运行过程，才能督促所有政府工作人员自觉接受法律的规范，积极主动地为人民群众提供服务。总之，无论学术研究还是政府文件，在谈到开放政府时，都突出了透明性、参与性与合作（信任）性等特征，可见，只有同时满足这些特征或要素的政府才是开放政府。反过来，开放政府也就是充分向公众开放公共信息、参与渠道与合作途径的政府。这种政府不仅是政府公共关系致力于建构和维护的目标，也是所有政府改革都应当确立的目标。

关键术语

公共关系　政府公共关系　公共信息发布　公共舆论管理　舆论引导　议程设置　政务公开　信息公开　透明政府　知情权　政府信任关系　公共关系民主　开放政府

① 王丛虎．开放政府论．河南社会科学，2006（4）．

② 周和．开放政府与政府数据公开战略．广州大学学报（社会科学版），2012（10）．

复习思考题

1. 简述政府公共关系的历史。
2. 简述公共行政学中的公共关系研究的兴衰。
3. 试论对政府公共关系的认识。
4. 简述公共信息发布的理论基础。
5. 简述公共舆论管理的内容。
6. 试论舆论引导与议程设置的关系。
7. 试论政府信任关系的历史类型及关系。
8. 试论政府在公共关系中的责任。
9. 试论开放政府的基本要素。

第 9 章

公共危机管理

随着人与自然的矛盾、人与人的矛盾越来越多地以危机事件的形式呈现出来，在社会生活的每一个领域中，不同组织都在积极地探索危机管理的方式方法。现实证明，人类已经陷入一个风险社会，危机无处不在，危机已经显现出对社会公众的生命、健康与财产安全构成严重威胁的状况。所谓危机事件，是指那些演进路线与发展方向具有不确定性，对生命、健康、财产构成威胁或损害，要求政府与社会采取特殊措施加以应对的事件。危机管理意味着管理者需要在强大的时间和心理压力下去迅速地做出决策，以求降低危机的破坏性。危机管理是一种不同于常态管理的全新条件下的管理，是在人们的生活和社会的安定已经受到挑战的条件下所进行的旨在消除危机、恢复常态的管理活动。事实上，危机管理正在成为一种新的管理形式，它对管理者、管理体制以及管理方式方法等都提出了新的要求。随着危机管理成为社会治理活动中的一个重要主题，关于危机管理的探索也会逐渐深入，危机管理的理念及路径也会日趋成熟。在一个很长的时期内，政府将扮演危机管理主要主体的角色，提供危机管理服务是政府的职能之一，但对社会共同体在危机管理中的共同行动进行探讨，也有深远的意义。

本章重点问题

- 公共危机的概念
- 公共危机管理的类型
- 公共危机传播的特征
- 公共危机管理的过程
- 公共危机管理机制

9.1 公共危机与公共危机管理

9.1.1 危机管理成为公共管理的重要课题

公共危机管理是当前世界各国政府共同关注的一个重要问题。这是由两个方面的原因决定的：其一，人类在全球化、后工业化的进程中进入了一个危机事件频发的历史时期；其二，由于科学技术的发展以及人类认知能力的提升，人们转变了被动应对风险与灾害的局面，开始积极地预测风险、化解风险，主动地应对、处置灾难，探索进行有效治理的途径。因此，危机管理既是社会治理中的一个时代课题，又表现出人类面对各种各样的危机事件积极行动的进取精神。

公共危机的发生往往会对公众的生命、健康与财产安全构成严重威胁，对社会的安定造成极大冲击。因此，需要政府在尽可能短的时间内有效地调集全社会所蕴藏的人力、物力与财力资源，及时地加以应对，以遏制、消除公共危机的后果。在公共管理主体多元化的条件下，非政府组织以及各种各样的社会力量都需要加入危机管理过程中来，与政府一道去应对危机。而且，在危机预警等方面，非政府组织和各种各样的社会力量能够发挥重要作用。公共危机管理所提供的产品是公共安全，具有效用的不可分割性和受益的非排他性。在一切公共产品中，公共危机管理是最能体现出公共性的一项管理活动。

危机事件是风险社会的必然产物。20世纪80年代，德国社会学家乌尔里希·贝克提出了“风险社会”理论。贝克认为，在现代化的进程中，生产力呈指数式增长，使危险和潜在威胁的释放达到无以复加的地步，在工业社会的发展过程中，科学进步与技术创新也都包含着消极的一面，以至最终把人类引入了风险社会。随后，安东尼·吉登斯、斯科特·拉什、玛丽·道格拉斯等人分别从制度支柱、社会结构、人类感知等维度探讨了风险社会。在他们看来，风险社会虽然在直接表象上表现为各种自然灾害与人为事故的频繁发生，如海啸、地震、核事故、传染病、恐怖主义袭击等在全球范围的轮番登场，但在表象背后，有着深层次的原因。吉登斯甚至明确指出，一切风险都是“建构性”的，意指风险是人类行为的结果。具体地说，风险社会具有如下特征：

第一，风险的扩散性与影响的全球性。贝克认为，在全球化、后工业化时代，风险的影响和后果具有扩散性，会超越民族国家的地理疆界。他说，在风险社会里，“占据中心舞台的是现代化的风险和后果，它们表现为对于植物、动物和人类生命的不可抗拒的威胁。不像19世纪和20世纪上半期与工厂相联系的或职业性的危险，它们不再局限于特定的地域或团体，而是呈现出一种全球化的趋势，这种全球化跨越了生产和再生产，跨越了国家界线。在这种意义上，危险成为超国界的存在，成为带有一种新型的社会和政治动力的非阶级化的全球性危险”①。今天，一国内发生的危机可以蔓延出国境，造成国际影响，同时，国际上发生的危机也可能传播到一国境内。所以，公共危机管理应该

① 贝克．风险社会．南京：译林出版社，1992：7.

具备一种宽广的国际视野，需要与其他国家开展密切的合作。

第二，风险的不可预知性。现代风险不仅有着全球化的趋势，还有着不可预知的特征。“在今天，文明的风险一般是不被感知的，并且只出现在物理和化学的方程式中（比如事物中的毒素或核威胁）。”① 也就是说，风险往往是不可预测的，具有高度的不确定性。人类在工业社会的行程中形成了在风险问题上的预测、预警能力，而且在风险处置和干预能力方面也有着非凡的表现，但是，当下所呈现出来的风险则对这些能力提出了挑战，它的不可预测性和不确定性使已有的所有预测和处置风险的能力都变得微不足道。在风险社会中，人类的理性是有限的，思维也存在各种盲区，许多风险和危机都是防不胜防的。一些公共危机的发生概率虽小，但其结果却可能造成极大的损害。因此，我们在强化防范意识的同时，需要去自觉地发现和培养可以综合性地应对各种危机的实力与能力。

第三，风险的人为性。贝克所关注的主要是“人为的风险”，他说：“自然和传统领域不再具备控制人的力量，而是处于人的行动和人的决定的支配之下。夸张地说，风险概念是个指明自然终结和传统终结的概念；或者换句话说，在自然和传统失去它们的无限效力并依赖于人的决定的地方，才谈得上风险。”② 在人化的环境中，自然灾害的过程可能是自然的，但其成因或后果却是社会的。因此，我们必须反思人类自身的行为，树立人与人、人与自然、人与社会和谐相处的理念。要做到这一点是非常艰难的。比如，围绕全球气候问题，历经数次谈判，世界气候大会逐渐从激烈的争吵走向在关键议题上的妥协与共识，2013 年 11 月 11 日至 22 日，经过两周的艰难谈判，各国代表针对气候资金与损失损害补偿等焦点问题签署了协议，一起承担人类行为的后果，共同应对人类遭遇的气候危机。

第四，风险的平等性。风险使承受者平等地分摊风险的结果，打破了社会阶层的划分。贝克形象地说：“贫困是等级制的，化学烟雾是民主的。随着现代化风险的扩张——自然、健康、营养等的危机——社会分化和界限相对化了。……客观地说，风险在其范围内以及它所影响的那些人中间，表现为平等的影响。……在这种意义上，风险社会确实不是阶级社会；其风险地位或者冲突不能理解为阶级地位或冲突。”③ 比如，在雾霾笼罩之中，所有的人都是平等的。如今，世界各国之间的经济社会联系越发密切，呈现出“一荣俱荣，一损俱损”的态势。在应对重大公共危机方面，人类必须同舟共济、彼此合作、风险共担。

在全球化、后工业化的条件下，充斥着各种矛盾和冲突，传统安全因素与非传统安全因素相互交织，共同挑战人类社会的生存安全。“国际社会行为主体多元化成为现实，安全研究的领域逐渐扩展。从纵向来看，如果我们把安全问题看作从个人到国家、国际社会的立体结构，就会发现安全对象出现向垂直两端发展的趋势，更加强调位于最上端

---

① 贝克．风险社会．南京：译林出版社，1992：18.

② 贝克，威廉姆斯．关于风险社会的对话//薛晓源，周战超．全球化与风险社会．北京：社会科学文献出版社，2005：3-4.

③ 同①38.

的全球（国际体系和国际社会）安全和最下端的人（国家和国际社会最基本的单位）的安全。从横向分析，如果我们把传统的安全问题仅局限于主权完整和军事安全的话，现在出现了向众多领域蔓延的明显趋向。”① 无论是公共安全、国家安全还是国际安全，其核心都是人类的生存安全，都对公共危机管理提出了更高的要求。

从表现形式上看，公共危机具有偶发性。但是，偶发性背后往往具有一定的必然性。不仅如此，各类公共危机还具有很强的人为性。因此，我们在加强公共危机管理的同时，决不能忽略公共危机偶发性背后的必然性和人为性，需要及时消除可能诱发公共危机的社会不和谐因素。政府存在的首要意义就是确保社会公众的生命、健康与财产安全，政府在公共危机管理中发挥着不可替代的作用。加强公共危机管理也已经成为我国政府提高执政能力、维护社会和谐与稳定的重要内容。公共危机管理就是政府履行社会管理和公共服务职能的具体体现。

9.1.2　公共危机的类型

公共危机的类型划分是提高危机管理效果的必然要求，有利于界定危机的本质与范围，加快确认和描述可能引发紧急事态的灾害风险，为后续危机管理及时提供参考。正是由于公共危机类型多样，不同类别的危机需要采取相应的预防和控制措施，因此，分类处理、部门协调成为危机管理体系的题中应有之义。

公共危机可以从不同的角度划分为不同的类型：依据发生领域，公共危机可分为政治危机、经济危机、自然危机、社会危机、文化危机等。依据产生原因，公共危机可分为人为危机与自然危机。当然，自然危机有时也带着人类行动的痕迹，直接的自然危机可能是长期人为的结果，从而显得危机的产生原因难以以人为的情况来做出判断。依据事件发展的先后顺序，公共危机可分为原生性危机、次生性危机及衍生性危机。原生性危机是致灾因素直接造成某类受灾体的破坏与伤亡，如台风；次生性危机是指原生性危机诱发的危机，如台风摧毁了房屋，房屋倒塌引起火灾，火灾造成的灾害就是次生性的；衍生性危机是致灾因素对社会结构、组织功能的破坏，造成人群与组织的伤亡或瓦解，直接或间接造成生产、经济停顿等类经济损失，如台风使社会秩序混乱，出现哄抬物价、偷盗抢劫等犯罪行为，人民生命财产再度受到威胁。荷兰危机管理学家乌里埃尔·罗森塔尔以事件发展为横坐标，以终结的速度为纵坐标而将公共危机分为龙卷风型危机、腹泻型危机、长投影型危机和文火型危机。龙卷风型危机指来得快去得快的危机，如劫持人质危机；腹泻型危机酝酿时间长，爆发后结束得快；长投影型危机往往突然爆发，虽然持续时间不长，但影响深远；文火型危机来得慢去得也慢，如巴以冲突。

虽然对公共危机所做出的分类是静态的，但其演进却是动态的，而且往往是相互关联、相互渗透的。因此，无论对危机类型如何划分，一般应坚持这样几个原则：一是实质相关；二是完备性或穷尽；三是互斥或不相交；四是一致性，即避免跨类错误；五是

① 刘长敏．全球化时代的国际危机及其中国的应对//李程伟．公共危机管理：理论与实践探索．北京：中国政法大学出版社，2006：80－81.

层级差别①。在现代社会中，致灾因素具有突出的连带性、耦合性与叠加性，表现出链状群发甚至网状群发的特点，危机的属性也随之转移。公共危机的不规则性、不稳定性及随机性、扩散性与连锁性等，使得危机类型在不同的时间序列上呈现不同形态，突变与渐变并存，这就要求我们将公共危机演变看作一个系统，关注系统性风险，并以系统的眼光来关注公共危机。除了从系统角度认知危机类型外，为了把握危机的整体性，还需要认识其模糊性和多样性。所以，在实践中，我们要提倡相关部门之间的协同与合作，从而形成应对公共危机的强大合力。

对于公共危机，不仅需要做出类型划分，而且可以依据性质、社会危害程度、影响范围等因素而将之划分为不同的等级。一般说来，所有类型的危机都可以划分为不同的等级，这也是预防和应对危机的依据。公共管理者要根据对危机级别的判定配置相应的资源，避免响应不足和响应过度。在我国，自然灾害、事故灾难、公共卫生事件一般被分为四级，即Ⅰ级（特别重大）、Ⅱ级（重大）、Ⅲ级（较大）和Ⅳ级（一般）。由于公共危机处于不断演进过程中，所以，分级也是动态的。在实践中，当危机情势不够明朗时，分级一般遵循“就高不就低”的原则。还有，社会安全事件是不分级的。这是因为社会安全事件的演进呈现出非线性的特点，表现出明显的“蝴蝶效应”。还应看到，随着复杂性和不确定性的增长，危机事件的综合性特征也日益突出，对危机事件进行严格的类型划分，变得越来越困难。这对危机管理构成了极大挑战。

9.1.3 公共危机的传播特征

罗森塔尔认为，危机是指“一个系统的基本结构或基本价值和规范所受到的严重威胁”，“由于受到时间压力和处于高度不确定状态，这种威胁要求人们做出关键性的决策”②。从这个概念来看，危机具有三个基本的构成要件，即“威胁”（threat）、“不确定性”（uncertainty）和“紧急性”（urgency）。危机对人们的生命、健康与财产安全构成了严重的威胁，其演进路线与发展方向具有不确定性，需要管理者在巨大的时间、心理压力下迅速地做出决策，有效地加以应对。

“危机”一词包含着“危险”与“机遇”两个方面的含义。从辩证法的角度看，任何坏的事情都有向好的方面转变的可能性，危险可以化为机遇。但是，化“危险”为“机遇”并不是一个自然而然的过程，它需要特定的条件，如人们从灾害中学习如何应对灾害。但是，危机是以“危”为先的，我们面对危机的时候，应明确地意识到“危机”的负面因素，只有做到了这一点，才能从中发现机遇。正如一些学者所言，危机是指“人们不希望产生、没有预料到的情景：当我们谈到危机时，我们通常是指坏事降临在一个人、一个群体、一个组织、一种文化、一个社会或整个世界头上。人们必须紧急行动，确保这种威胁不会变为现实”③。

---

① 杨冠琼．危机性事件的特征、类别与政府危机管理．新视野，2003（6）．

② ROSENTHAL U. Crisis decision making in the Netherlands. Journal of Sociology，1986（22）：103－129.

③ BOIN A，HART P，STERN E，et al. The politics of crisis management：public leadership under pressure. Cambridge：Cambridge University Press，2005：2.

在全球化的背景下，危机具有很强的扩散性。企业危机、公共危机、国际危机三者之间有时界限模糊，甚至可以相互转化。在我国政府的文件中，“公共危机管理”一词也被表述为“突发事件应急管理”。“危机”与“突发事件”之间是什么关系？一般说来，“事件”指“历史上或社会上发生的不平常的大事情”，“突发”二字意味着时间上的紧迫性和后果的严重性。2007年，我国颁布实施的《中华人民共和国突发事件应对法》是这样界定突发事件的：“指突然发生，造成或者可能造成严重社会危害，需要采取应急处置措施予以应对的自然灾害、事故灾难、公共卫生事件和社会安全事件。”① 我们所说的突发事件近似于国外所说的“紧急事件”（emergency），往往是可能诱发危机的“事情”，是一个“点”；危机则指某个系统所处的情景或状态。

“危机”与“突发事件”往往交织在一起：一个系统内蛰伏的危机因素积聚到一定的程度后，就可能引爆某个突发事件。这样一来，突发事件就成了危机开始的标志。在此过程中，如果危机因素能够得到遏制，突发事件就不会发生。与此同时，一个突发事件也可能会引发一场危机。这时，突发事件可能是危机的开始，也可能是危机的诱因。在这种情况下，突发事件如果能得到有效的控制，危机就不会爆发。此外，一场危机中可能会出现多个突发事件。同时，突发事件也可能会起到给危机推波助澜的作用。在实践中，我们往往会用危机中的典型突发事件指称危机。“公共危机管理”与“应急管理”基本上是一个概念的两种表述方式。

公共危机具有扩散和传播的特征，对公共危机传播特征的把握是危机管理的开端。

第一，危机爆发的突然性和时间约束性。公共危机往往是平素积累起来的问题、矛盾、冲突因长期不能得到有效解决、在突破一定的临界点后的突然迸发，它看似是偶然出现的，实则是必然的。“大多数危机并不是‘砰’的一声出现的，它们是逐步升级的结果。”② 决策者必须尽快“感知”危机，从那些模糊的甚至矛盾的信号中识别出正在发生的不正常事件。公共危机的发生需要应急管理人员在巨大的时间和心理压力下迅速调动可以掌控的一切人力、物力和财力，进行有效的应对，控制事态发展，消除不利的后果与影响。最为重要的是还要贯彻以预防为主的原则，防微杜渐。公共危机预防的上策是要有“藏富于民”“不求所有，但求所用”的思想，以利于开展应急社会动员时能够迅速调动起有效应对危机的资源。公共危机发生时，应急需求会积聚膨胀；公共危机过后，应急需求会突然缩减。一般说来，一个理性的政府不会在平时储备过多的应急所需的人力、物力和财力而造成不必要的浪费，而是要建立起高效、快捷的社会动员机制，以求在危机爆发的关头能够实现公共安全效益与经济效益的“双赢”，积极应对危机的突如其来与处理时间的约束。

第二，危机发展轨迹的边界不确定性。公共危机自始至终都处于不断变化的过程之中，人们很难根据经验对其发展方向做出判断。在经济全球化背景下，各种因素的交织与互动导致了各种前所未有的新型公共危机的不断出现，从而显示出了高度不确定性的特征。公共危机大都是由多种因素促成的，这些因素有时看起来毫不相关，但它们相互

---

① 中华人民共和国突发事件应对法．北京：中国法制出版社，2007：3.

② 伯恩，特哈特，斯特恩，等．危机管理政治学．郑州：河南人民出版社，2010：16.

影响又构成了难以预测的破坏性。公共危机如果得不到有效的遏制，就有可能产生“涟漪效应”，进而产生次生、衍生灾害。因此，在危机决策的过程中，我们要在科学决策的同时注重经验决策，发挥危机管理人员的创新能力。特别是在今天，我们面对的公共危机往往是前所未有的，不确定性很强，更应发挥危机管理者的经验决策和创新能力。也就是说，危机管理者不仅要有丰富的实践经验，也要具备较强的创新精神和创新能力。而创新精神又是与危机管理组织宽容的组织文化分不开的。

第三，危机损害后果的连锁式扩散性。公共危机可能会使社会公众在健康、生命和财产方面遭受重大的损失，甚至会干扰、破坏社会正常运行的秩序，也会使政府的合法性面临挑战。而且，公共危机往往会突破地域限制，向更广范围的地理空间扩散。“从地理意义上说，危机可能起源于遥远的地方，但是它会像滚雪球一样通过全球网络迅速地扩大，从一个系统跳到另一个系统，一路积聚毁灭性的潜力。”① 启动一个逐步升级的危机可能仅仅需要一个小小的导火索，之后可能扩散到整个系统。在许多情况下，公共危机不仅会造成大量的直接的危害，也会引发次生灾害，灾害从一个子系统扩散到另一个子系统，形成一个灾害的链条，造成更大范围的社会危害。这就使构建一个防范和应对公共危机的社会网络显得非常必要。

9.1.4 公共危机管理及其原则

由于公共危机具有系统性与复杂性的特点，因此，公共危机管理要实现常态与非常态的结合。公共危机的常态管理意味着做好公共危机的预防与准备工作，而公共危机的非常态管理则是要有效地对正在发生的危机事件进行处置，对产生的消极影响妥善地进行恢复。公共危机管理的研究者倾向于推荐遵循预防为主、预防与应对相结合的公共危机管理方针。根据这一方针，危机管理者应本着未雨绸缪的精神，实现预防与应对、常态与非常态的结合。公共危机的传播特征表明：从性质上看，一类公共危机有可能引发另一类公共危机；从地理区域上看，同一类公共危机可能扩散到一定的行政管辖区域之外。同时，随着公共危机信息的逐渐清晰，伤亡人数与损失程度有可能上升，最初所判定的级别有可能被修正。这就要求，在危机管理的过程中，危机管理者一定要贯彻系统整合的思想。也就是说，对于管理对象，危机管理要能够调整、覆盖各类公共危机，体现协调、合作的思想，避免水平方向的碎片化；在应对层次上，则需要建立起不同层级政府、组织之间的合作机制，避免垂直方向的碎片化。

与一般管理一样，公共危机管理也要体现出分类管理、分级负责的原则，要明确不同类别、级别公共危机应对的责任主体，也就是要根据公共危机的类别确认主责部门。但是，现代社会的系统性、复合性风险日益增多，即使是同一类公共危机的处置，也需要多个部门的协调与配合。

公共危机分级的主要意义在于：规定公共危机的管辖范围。在我国，一般和较大的公共危机分别由县和地级市人民政府领导，重大公共危机由省级人民政府领导，特别重

① 伯恩，特哈特，斯特恩，等．危机管理政治学．郑州：河南人民出版社，2010：10.

大的公共危机由国务院统一领导。这是由我国应急资源的配置特点所决定的：政府的行政级别越高，所掌控的危机管理资源越丰沛，处置能力也就越强。但是，公共危机往往不限于特定的行政区域，且其所造成的影响和损失评估结果也会被不断更新，从而使响应的级别不断扩大升级。不论是哪一级别的公共危机，所对应的行政主体的下级政府必须参与。我国公共危机管理中贯彻的是“以属地为主”的原则。这就涉及上下级政府之间的府际协调问题。部门分割、条块分割是我国公共危机管理中常遭遇的一个棘手问题。

对公共危机进行分类、分级，有助于划清责任主体，实现分类管理、分级负责。同时，加强整合，使公共危机管理体现出综合性特征，从而构建起综合性的公共危机管理体系。具体而言，综合性的公共危机管理体系是一个“工”字形结构：第一，就危机管理的主体来说，它包括政府、军队、非政府组织、企业和个人等，体现了全社会共同参与、合作治理的原则；第二，就危机管理的客体来说，它包括自然风险、技术风险、制度风险与人为风险，涵盖了自然灾害、事故灾难、公共卫生事件和社会安全事件四大类危机，体现了“全风险”的原则；第三，就危机管理的过程来说，它包括预防、准备、响应、恢复等阶段，体现了“全过程”的原则。

成功的危机管理应该能够调动全社会的人力、物力和财力，构成一个危机管理网络，实现全民共同参与，形成自救、互救与共救并存的局面。这是因为，公共危机管理的对象不是单一风险，而是多种风险。它要求危机管理必须建立起以政府为领导的管理网络，将政府、市场与非政府的力量协调起来，形成一种强大的合力，应对不同类型的风险。显然，在经济全球化加速的今天，由于科学技术的突飞猛进和人类生活方式的急剧变化，影响公共安全的新矛盾、新问题日益增多。同时，由于社会联系愈发密切，各类风险的扩散性及相互渗透性提高。在各种突发、频发的自然、技术与人为风险面前，“撞击-反射”式、分部门、单灾种的危机管理往往会顾此失彼，呈现出捉襟见肘、无能为力的窘态，而综合性的应对则显示出一定的优势。同时，在应对任何一种风险时，政府都要调动全社会的力量，经过预防、准备、响应与恢复等阶段，完成对公共危机的全过程管理。

总之，现代公共危机管理的综合性要求：不仅要强调事后的响应与恢复，也要强调事前的预防；不仅要强调单灾种应对，也要强调多灾种的综合应对；不仅要突显政府的力量，也要体现政府、企业与第三部门力量的组合。所以，公共危机管理应遵循这样几项原则：（1）预防为主，防救结合。公共危机管理要以预防为第一要务，要实现预防与应对相结合，因为，即使是成功的应对与处置，也难以完全消除公共危机的全部影响。（2）以人为本，生命第一。公共危机管理要凸显以人为核心的理念，将人的生命安全置于至高无上的地位，要先救人、后救物，先避险、再抢险，因为人的生命高于一切，是不可复制的。（3）依靠科学，快速反应。公共危机管理要以科学理念为指导、以科学技术为支撑，采用科学的方法，做出快速的响应，进行高效的处置。（4）社会动员，全民参与。公共危机管理要发挥政府的主导作用，有效地动员企业及社会蕴藏的人力、物力和财力，形成应对危机的合力。同时，增强全民的公共安全和风险防范意识，提高全社会的避险救助能力。（5）军民结合，平战结合。武装力量往往在重大公共危机管理中发挥骨干和突击作用，成为各国应对公共危机的最后一道屏障。平时训练、急时应急、战时应战，这是世界大多数国家在公共危机管理中所通行的做法。（6）安全效益与经济效益兼顾。公共危机管理要以较小的经济成本，实现最大的公共安全效益。因为危机管理的资金来自社会，“不惜一切代价”的说法和做法都是对社会不负责任的表现。(7) 信息公开，引导舆论。公共危机管理要满足社会公众的知情权，做到信息透明、信息公开。但是，涉及国家机密、商业秘密和个人隐私的信息除外。不仅如此，危机管理者还要积极地对社会公众的舆情进行监控，了解社会公众的所思、所想、所愿，并对舆情进行有效的引导。

9.2 公共危机管理过程

9.2.1 公共危机的预防

一般而言，公共危机管理过程包括四个阶段，即减缓（mitigation）或预防（prevention）、准备（preparedness）、响应（response）、恢复（recovery）。它们分别代表危机管理中的四种活动。所谓的“减缓”或“预防”，是指减少那些会影响人类生命、财产的自然或人为风险，包括实施建筑标准、推行灾害保险、管理土地的使用、颁布安全法规等措施，减少公共危机发生的可能性或限制公共危机的影响范围或程度。例如，政府采取严格的法律措施，禁止在灾害易发地带建造房屋。预防是公共危机管理的基石，安全科学领域中有一条“海恩法则”：每一起严重事故的背后，必然有 29 次轻微事故和 300 起未遂先兆，而这些征兆的背后又有 1 000 个事故隐患。鉴于此，公共危机管理要实现从被动应付向主动应对、从结果导向到原因导向的发展，大力推行风险管理的理念，不断地将公共危机管理的关口前移。

公共危机的预防主要包括以下三个方面的内容：

第一，加强预测预警。预测预警是一项科学监测、数据加工和事件预报的活动，它把科学的信息转化成公众可以理解的警报，通过最大限度地广泛传播警报，以求社会公众及时采取响应行动。预测与预警是公共危机预防的两大关键性环节。预测是在公共危机发生前预先进行的有效监测，它包括三个步骤：(1) 危险源排查。危险源排查就是对可能引发风险及危机的危险要素进行辨识、筛选与甄别。从公共危机演进的过程来看，危险源排查是危机管理在事发前最为基础的一个环节。(2) 危险源监测。危险源监测是指在公共危机发生前对各种可能引发危机的重点危险源及其表象进行实时、持续、动态的监视和测量，收集相关的数据和信息。(3) 风险评估。风险评估是根据通过危险源检测的结果，结合脆弱性分析，确定风险的大小，并判别公共危机发生的可能性。“预警”也就是“预先警告”，最早源于军事领域，主要是指通过各种手段提前发现、分析和判断敌情，并将其威胁程度报告给指挥部，以提前采取措施应对的活动。后来，“预警”一词逐步被人们应用到政治、经济、社会、自然等多个领域，包括灾害管理领域。在公共危机管理中，预警主要是指在危险要素尚未转变为公共危机之前将有关风险信息及时告知潜在的受影响者，使其采取必要的避险行动，做好相应的准备。

公共危机的预测与预警是相辅相成、相互统一的关系。预测是危机管理者获得相关信息并进行研判，而预警则是危机管理者将研判的结果通过特定的渠道将相关信息传递给可能受到影响的受众。一方面，科学的预测是精确预警的前提和基础；另一方面，只有通过有效的预警才能把预测得出的结论及时地传递给受众。所以，预测预警的目的是使社会公众采取响应行动、减少公共危机的危害与影响。因此，预测预警的完整流程是：对危险要素持续地进行监测并对警兆进行客观分析，做出科学的风险评估；如果风险评估的结果显示公共危机不会发生，则返回继续监测；如果风险评估的结果显示公共危机有可能发生，则向社会公众发出警示信号；当公众采取有效的响应行动后，预测预警的最终目的才得以实现。

第二，降低社会的脆弱性。为了确保社会的安全和减少公众所面临的各种风险，危机管理者既要尽可能地排查、消除危险要素，又要降低社会的脆弱性。脆弱性是衡量社会在危险要素产生作用的条件下是否会遭受危害的指标。在城市里，它主要与以下因素相关：经济、社会的集中程度；城市系统的复杂性和相互关联性；城市的地理位置；城市的环境保护情况；城市的结构性缺陷，如建筑问题；政治和制度缺陷；等等。在乡村中，脆弱性相对较强，主要是因为农村经济、社会发展滞后，社会公众的防灾、减灾意识薄弱，建筑、设施的抗灾毁能力低。相对而言，风险要素比脆弱性更有不可控性。这就要求公共危机管理者需要在以下两个方面开展公共危机的预防：一是规避风险，要对危险要素进行监督、分析、控制；二是寻求安全，降低社会系统的脆弱性。后者比前者更能凸显人的作为。如果能够降低脆弱性，就能够避免许多公共危机带来的不必要的损失。

第三，提高社会的韧性。韧性（resilience）一词来自拉丁语 resilio，意思是“反弹”。从机械意义上说，韧性意味着一种物质具有一定的张力，在重负之下不会折断或变形，具有一定的弹性。“从 20 世纪 70 年代起，这个概念被赋予了更多的意思，指承受压力的系统有能力恢复，回到最初的状态。”① 生态学家用这个概念描述系统在经过暂时的扰动之后恢复平衡状态。在国际上，一些从事生态学和生态经济学研究的科学家还组织了一个“韧性联盟”（Resilience Alliance），认为韧性的含义有三层：系统可以吸收扰动的水平，系统自组织的能力，系统建设、增强学习能力与适应能力的程度。在公共危机管理领域中，韧性主要是指一个社会“快速、有效地对灾害进行响应、从灾害中复原的能力”②。在公共危机预防的过程中，必须着眼于未来防灾减灾的需要，增强灾区的韧性。其主要途径是：增强灾区对未来灾害的控制力和承受力。为此，就需要采取以下措施：实现人与自然、人与社会、人与人之间的关系和谐，减少引发公共危机的致灾因素；推行对自然的适应而非征服的理念，避免在灾害易发区建设房屋或基础设施；对于不能规避、不得不建在灾害易发区的建筑或基础设施，需要实行更加严格的设计与建筑安全标准，严把建筑施工的质量关，增强其抗毁损的能力，并采取严密的防护性措施；增强

① KLEIN R J T，NICHOLLS R J，THOMALLA F. Resilience to natural hazards：how useful is the concept. Environment Hazards，2003（5）：35.

② McENTIRE D A. Disaster response and recovery：strategies and tactics for resilience，John Wiley & Sons Inc.，2007：27.

应急响应能力，完善应急救援体系，在公共危机发生后有效应对，尽可能减轻灾害的影响；建立良好的应急保障体系，确保灾后恢复重建的人力、物力、财力等资源充裕。

9.2.2 公共危机管理中的准备

公共危机管理中的“准备”是指发展应对各种公共危机的能力，如制定应急预案、建立预警系统、成立危机管理指挥中心、进行灾害救援培训与演练等。充分的应急准备可以提升应对危机的能力，有利于在公共危机发生后保护公众的生命和财产，有利于社会快速地恢复到正常状态。准备活动的核心是事先必须制定周密、详尽、具体的应急预案，确定具有可操作性的程序，储备充足的应急资源。公共危机的准备主要包括以下四个方面：

第一，应急救援队伍的建设。应急救援队伍是公共危机管理的基本要素，为了有效地应对公共危机，应急救援队伍建设需要体现这样几项原则：（1）综合应急的原则。具体措施是：建立综合性应急救援队伍，实现部门性专业救援队伍的一队多能，促进专业救援队伍与兼职救援队伍的有机结合。（2）分工合作的原则。具体措施是：打造具有特色专长的专业救援队，突出其在专业领域里的优势，同时锻造其多种应急救援能力。在公共危机的处置过程中，应当以一个部门性专业队伍为主力，其他部门专业性队伍形成补充，综合性应急救援队伍为总预备队，兼职救援队伍为外围。（3）军民结合的原则。具体措施是：发挥军队、武警、民兵预备役部队在抢险救灾、处理突发事件、维护稳定中的巨大作用，开展应急救援技能训练。（4）社会参与的原则。具体措施是：政府扶植企业特别是大型国有企业的专业救援队，鼓励以志愿者为主体的兼职应急救援队伍的发展。

第二，应急预案的编制。通俗地讲，应急预案就是处置公共危机的应急计划。它是危机管理者和相关社会公众在应急管理活动中的行动方案。应急预案的基本内容包括：（1）对紧急情况或事故灾害及其后果的预测、辨识、评价；（2）应急各方的职责分配；（3）应急救援行动的指挥与协调；（4）应急救援中可用的人员、设备、设施、物资、经费保障和其他资源，包括社会和外部援助资源等；（5）在发生紧急情况或事故灾害时保护生命、财产和环境安全的措施；（6）现场恢复；（7）其他，如应急培训和演习规定、法律法规要求、预案的管理等①。编制应急预案的主要意义在于：首先，明确公共危机管理相关主体的责任范围和角色期待与分工，保证公共危机管理活动有条不紊地进行。因为，公共危机管理的主体是多元化的，如果没有预案，各相关主体就可能发生角色冲突或推诿扯皮，贻误战机。其次，有助于我们辨识潜在风险，避免或防止公共危机扩大或升级，以求最大限度地减少危机给社会公众的生命、健康和财产造成的损失。再次，有助于将公共危机处置与响应的步骤与措施“格式化”，提高应对效率。最后，有利于培养全社会居安思危的忧患意识，塑造预防为主的安全文化氛围。当然，其前提是让社会公众参与预案的制定或向社会公众广泛宣传预案。当然，应急预案建设不能等同于危机管理的全部，不应过分夸大应急预案的作用。这是因为，公共危机管理是危机管理者与

---

① 刘铁民．应急体系建设和应急预案编制．北京：企业管理出版社，2004：21.

危机之间的博弈，它需要危机管理者有较高的临机决断水平，表现出较强的创新能力。一方面，没有预案就没有行动指南，我们必须加强应急预案的建设；另一方面，完全照搬预案也很难奏效，危机管理者要被赋予一定的临机决断权力。

第三，应急保障体系建设。依法治国的理念是我国政府的一项基本理念。在塑造法治政府、责任政府的过程中，我们必须依法应急。因此，我们必须建立强有力的应急法律体系，以求应急行为有法可依、有法必依、执法必严、违法必究。目前，我国已经站在国家安全与公共安全的高度出台了一部公共危机管理的“基本法”——《突发事件应对法》，它标志着我国公共危机管理法制化进程取得了巨大进步。长期以来，我国危机管理的相关法律、法规多是调整某个单一灾种的部门法，如《消防法》《防震减灾法》等，不能适应现代危机管理对多灾种综合性应对的要求。《突发事件应对法》的颁布和实施扭转了这一局面，因为它既规定行政部门在紧急状态下可以行使行政紧急权，又维护了公民自由，防止政府滥用紧急行政权，力求在二者之间形成一种平衡。《突发事件应对法》能够综合性地应对自然灾害、事故灾难、公共卫生事件和社会安全事件，而不是调整其中的某一类公共危机。

第四，加强公共安全教育。公共安全教育是公共危机管理的一项重要工作。社会公众能否采取及时、有效的逃生行动，能否做到临危不惧、临危不乱，在很大程度上取决于他们对于风险的认知程度，取决于他们是否有足够的自救、互救意识和技能。因此，开展公共安全教育对于应对公共危机来说是不可缺少的。这是因为公共安全教育可以：(1) 增强忧患意识。公共安全教育可以向社会公众传授有关公共危机的知识，使大家增强防范公共危机的意识。(2) 提升风险认知能力。因为人是受意识支配的动物，如果不能对风险有正确的认知，人就不会采取正确的避险行动，公共安全教育可以使人树立正确的风险意识。(3) 提高自救与互救技能。公共安全教育可以培养社会公众危机状态下自救与互救的技能。(4) 增强公众批判力。公共危机发生期间，各种流言蜚语很容易滋生，如果社会公众缺少公共安全教育，就很容易听信流言或谣言，甚至采取非理性的响应过度的行为。(5) 塑造公众良好的心理素质。公共危机发生后，人最需要的是镇定、信心和勇气，镇定、信心和勇气不是与生俱来的，而是与公共安全教育分不开的。只有接受了适当的公共安全教育，社会公众才能做好应对危机的心理准备，关键时刻才能急中生智。

9.2.3　公共危机的响应

对于公共危机而言，所谓“响应”，是指采取行动以挽救生命、减少损失，如激活应急预案、启动应急系统、提供应急医疗援助、组织疏散与搜救等。一般认为，公共危机响应始于危机发生之时，其活动主要包括：确保受公共危机影响区域的安全，对受公共危机影响威胁的地区进行疏散，对危机现场进行搜索和救援，对伤者提供应急医疗救助，为被疏散者及其他社会公众提供应急避难场所。在危机响应阶段，我们必须同时兼顾三个目标：最大限度地保障社会公众的生命健康安全，最大限度地减轻危机所造成的财产经济损失，严防次生灾害的发生。

公共危机响应是公共危机管理的核心环节。这是因为，有时即使采取了严密的防范措施，也不能完全避免公共危机的发生。当公共危机发生后，危机管理需要建立在精心准备的基础上，根据危机的性质、特点和危害程度，及时组织有关部门，调动各种应急资源，对危机进行有效的响应与处置，以降低社会公众生命、健康与财产所遭受损失的程度。响应行动既要减少危机的初始影响，也要减少危机有可能引发的二次影响。

公共危机响应遵循的原则是：(1) 以人为本，减轻危害。公共危机会产生多种威胁，造成多种损失。处置与响应可能会面临多重价值目标的选择。在应对时，需要坚持“先救人，后救物”的原则，把挽救生命与保障人们的基本生存条件放在首要位置，而不是舍本逐末。同时，突发事件现场安全情势往往是很不稳定的，这就要求必须高度关注应急救援人员的人身安全，有效地保护应急响应者，避免次生、衍生灾害的发生。(2) 统一领导，分级负责。公共危机响应需要跨部门甚至跨地域调动资源，因而必须形成高度集中、统一领导与指挥的指挥系统，实现资源的整合，避免各自为战，确保政令的畅通。同时，公共响应要坚持分级负责的原则，即按照危机的分级及应急预案要求，由相应级别的应急指挥机构做出果断决策，具体进行处置。(3) 社会动员，协调联动。公共危机往往因其涉及范围广、社会影响大，超出了某个政府部门甚至某级地方政府的控制能力，需要开展社会动员实现协调联动。一是需要整合政府、企业和第三部门的力量，形成共同治理突发事件的网状化格局，发挥整体效能；二是危机发生地政府同周边地区政府应当建立相应的应急互助伙伴关系，统筹调动人力、物力、财力资源；三是要充分发挥武装力量在应急救援中的突击队作用，体现军民结合、平战结合的精神。(4) 属地先期处置。不论发生哪一级别的危机，属地政府都要及时地展开先期处置，以防止危机事态进一步扩大、升级，尽可能地减少危机给社会公众生命、财产和健康安全所带来的损失。属地是危机事发地，当地政府较为熟悉当地的环境情况，属地也能够在第一时间内赶赴危机现场，有助于把危机消除在初始状态。(5) 依靠科学，专业处置。在响应过程中，公共危机管理者应充分利用和借鉴各种高科技成果，发挥专家的决策智力支撑作用，避免不顾科学地蛮干。同时，也要充分利用专业人员的专业装具、专业知识、专业能力，实现公共危机的专业化处置。公共危机的救援可以是综合性的，但处置必须尊重科学，体现专业处置的原则。否则，突发事件的危害就有可能进一步扩大，甚至伤及应急救援者。(6) 鼓励创新，迅速高效。由于危机的演化瞬息万变、不确定性强，这就要求公共危机管理者根据实际需要，打破常规，大胆创新，务求响应的迅速和高效。在一定情况下，公共危机管理者可以行使行政紧急权，特事特办，简化应急处置程序，以迅速控制事态发展，挽救更多的生命和财产损失。当然，公共危机管理者必须既要维护公众秩序、保证公共安全，又要维护公民权利、保障基本人权，防止行政紧急权力的滥用。

公共危机响应程序包括十个重要环节：

(1) 接警与初步研判。危机管理部门及“110”“119”“120”“122”等单位的值班人员在接到事发地有关部门或社会公众的报警后，应详细询问、记录有关情况，其中包括事件发生的时间、地点、性质、规模及人员伤亡或财产损失情况。之后，接警人员应视危机的严重程度，向相关部门及时报告。有关部门在接到报告后，应尽快组织相关工作人员，对危机的级别和管辖范围进行初步的研判。在危机超出自身管辖权范围时，应迅速向上级机关报告。

（2）先期处置。不论是哪一级的突发事件发生，事发地在迅速上报的同时，应派人员迅速赶往危机现场，核实、观察有关的情况和发展态势，并就近组织应急资源进行先期处置，防止危机扩大升级。与此同时，现场工作人员应当边处置、边汇报，不断将危机的最新信息传递给管理部门。

（3）启动应急预案。危机的级别被确定后，按照分级响应的原则，拥有相应管辖权的部门应启动应急预案，调集应急救援队伍、应急救援物资，派出应急协调人员和专家赶赴突发事件现场，并成立危机管理现场指挥部。交通部门应全力保障救援队伍和救援物资到达事发现场。当然，在危机继续扩大、升级的情况下，所启动预案的级别应相应地做出调整。

（4）现场指挥与协调。现场指挥部应由有关部门、军地领导、专家学者联合组成，履行对危机处置进行协调的职能。指挥部选址应遵循安全、就近的原则。现场指挥部应根据危机的现状和趋势，科学、合理、果断地确定应急救援方案。现场指挥部一经确定，就必须被赋予现场救援的完全管辖权。

（5）抢险救援。在应急救援的过程中，各相关部门应各司其职、密切协作，有关队伍服从指挥、相互配合。警察应封锁现场，设立警戒区域，进行交通管制，维护现场秩序，确保道路交通的畅通，并防止刑事犯罪的发生；医疗卫生部门应派出医护人员赶赴现场，救治、转运伤员；环保部门应对事故现场进行环境监测；专业救援队伍应携带专业救援装具赶赴现场救援。必要时，武装力量也可投入应急救援之中。

（6）扩大应急。在进行危机处置时，如果事态恶化、难以遏制，危机现场指挥部应启动扩大应急机制，及时向上级政府请求支援，加大应急救援队伍、物资、装备、资金等方面的投入力度，防止危机的进一步恶化。

（7）信息沟通。危机管理现场指挥部应将危机的发展情况和处置的信息及时上报给有关政府部门，并建立新闻发言人制度，将处置的最新信息发布给社会公众，以避免谣言和流言，做好社会舆论的引导工作。

（8）临时恢复。救援活动结束后，环保部门也要对受危机影响地区进行监测，卫生防疫部门要对疫病的流行进行监控，防止次生、衍生灾害的发生。同时，有关部门要清理现场和废墟，进行人员清点和撤离，解除警戒，开展善后处理和事故调查等。

（9）应急救援行动结束。现场指挥部撤销，应急预案关闭，应急救援行动结束。当公共危机的威胁和危害得到控制或消除后，履行统一领导职责及组织处置工作的管理部门应当即刻停止已采取的应急处置和危机响应措施。

（10）调查评估。对公共危机的起因、性质、影响、责任、经验教训等问题进行调查评估，并依法追究相关责任人的责任。特别需要强调的是，调查评估主要是一个学习的过程，而不是一个责任追究的过程。我们应防止“重问责、轻学习”的倾向。

9.2.4 公共危机后的恢复

公共危机管理中的“恢复”具有两重内容：一是指按照最低运行标准将重要生活支

持系统复原的短期行为；二是指推动社会生活恢复常态的长期活动，如清理废墟、控制污染、提供灾害失业救助、提供临时住房等。恢复开始于危机响应行动即将结束时。恢复的近期目标是：恢复灾区的基础设施。基本的基础设施包括供水、电力、燃料、电信和运输系统。最终目标是：使危机影响区域的生活质量恢复到灾前的同一水平。公共危机的发生干扰了社会生产、生活秩序，给社会公众的生命、健康和财产造成了巨大的损失。当危机事态得到有效控制后，公共危机管理也就从抢险救灾为主的阶段转为以恢复为主的阶段。一般而言，恢复主要包括四个方面的活动：其一，最大限度地限制灾害结果的升级；其二，弥合或弥补社会、情感、经济和物理的创伤与损失；其三，抓住机遇，进行调整，满足人们对社会、经济、自然和环境的需要；其四，减少未来社会所面临的风险。也就是说，恢复就是要尽量减轻灾害的影响，使社会生产生活复原，推动社会进一步发展，提高社会的公共安全度。

概括起来，公共危机管理中的恢复应主要包含以下内容：

第一，消除公共危机的社会影响。公共危机管理中的恢复是要使社会生活重新获得秩序，为社会公众提供基本的民生保障，使整个社会呈现常态运转的态势，如修复卫生设施、为灾民提供临时住宅和必要的生活物品等。在此过程中，要注意以下问题：一是严防次生灾害的发生，确保灾区公众的安全，如在拆除受损的建筑物时设立警戒线；二是保障灾后需求将突然膨胀的重要物资的供应，如药品等；三是特别关注老人、儿童、残疾人等弱势群体，满足其特殊的需要。

第二，减轻公共危机造成的环境影响。危机的环境影响可分为两类：人工环境影响和自然环境影响。从人工环境的角度看，恢复要完成的任务包括：修复或重建居民住房，尽快使灾民安居乐业；修复或重建商业设施或工业生产设施，确保商业和工业生产运转的持续性，保持受灾地区的经济活力和发展的连续性；恢复或重建农村基础设施，保证农业生产的顺利进行；恢复或重建关键性的公共设施，特别是从功能及象征意义两个角度看特别重要的设施，如灾区的地标性建筑；恢复或重建“生命线”设施，使水、电、气、热、通信、交通等基础设施及服务支撑系统的问题优先得到解决。从自然环境的角度看，危机的影响主要包括生物多样性和生态系统受到严重影响，灾难或灾害可能会使一些珍稀动物失去栖息地和赖以维持生命的食物，污染事件可能会损坏地方的生态系统，令某些物种濒临灭绝。此外，废物的处理及污染的管理是一个必须面对的挑战。特别是在恢复的初期，危机及其应对活动所产生的废物和污染问题必须妥善加以解决，严防大灾引发大疫。

第三，降低公共危机的经济影响。危机对经济的直接影响非常大，间接影响更是难以评估。危机的经济影响可以从个人、企业、政府三个层面加以审视。个人在恢复重建中需要得到支持和帮助以维持生计，如确保就业安全等。同时，公众也可以通过购买行为，拉动地区消费来为灾区地方经济的增长做出贡献。在恢复重建中，有关部门要帮助企业尽快恢复或重建生产设施，最大限度地保护企业的财产，也要为企业提供有关决策与规划的信息，还可以通过刺激消费者信心增长的方式帮扶企业。此外，政府在恢复重建过程中要发挥对宏观经济的调控作用，对灾区企业实施税收减免政策，为个体经营者提供小额贷款。同时，中央政府还可以为灾区企业积极拓展海外市场创造条件。

第四，消除公共危机的心理影响。危机往往会给一定数量的社会公众造成负面的心理影响，甚至造成严重的心理创伤。对此，有关部门在恢复的过程中，要为这部分社会公众提供心理咨询服务，开展心理危机干预，进行心理辅导。

9.3 中国的应急管理体系

9.3.1 中国应急管理体系的演进历程

如前所述，公共危机管理与应急管理在学术层面上并无实质性区别，对它们的使用更多出自学术习惯或实践习惯。中国学术界在一段时期内更习惯使用公共危机管理的概念，而在《突发事件应对法》颁布后，由于法律淡化了危机的概念，更强调在操作层面上的应急处置，学术界也开始更多使用应急管理的概念。以不断完善的法律规范为基础，中国逐步建立起了一个完整的应急管理体系。从历史来看，这一体系的形成经过了一段漫长的历程，大致可分为以下四个阶段[①]。

1. 第一阶段：以政府为主体、分类管理、单灾种的应急管理体系（1949—1978年）

新中国成立初期，应急管理对象比较单一，主要是地震、洪涝、干旱等自然灾害，以及工矿企业安全事故和以血吸虫病、肺结核、鼠疫等传染病疫情为代表的公共卫生事件。为此，党和政府按照职能部门分类管理的原则，从中央到地方建立了地震、水利、林业、气象、卫生、民政等专业性职能机构，负责各自职能管辖范围内的不同类型的突发事件。同时，该阶段实行高度集中的计划经济体制，社会结构比较单一，政治动员成本较低，维护公共利益、保护公共财产是主流的社会价值观，因而应急管理主要通过政府自上而下的政治动员，以统一制定政策、集中全国资源的形式开展，且主要以灾害救助为主，工作重点是应急处置与救援，由此形成了以分类管理、条条为主、单灾种应对、事中应急为主要特征的应急管理体系。

该阶段应急管理体系的主要特征是：在应急管理理念方面，强化人民群众的主体地位。新中国成立初期，党和政府依靠政治动员的方式，在集中彰显社会主义政治体制“集中力量办大事”优越性和合法性的基础上开展应急管理，以履行对人民群众主体地位的政治承诺。在应急管理体制方面，以分类管理为主，按照突发事件的类型设置职能部门，即不同职能部门负责应对不同类型的突发事件。同时，为了加强应急管理的跨部门、跨区域协调，成立了若干常设的跨部门协调机构以及少数由高层领导牵头的临时性非常设议事协调机构，如中央防疫委员会、中央救灾委员会、中央地震工作小组等。在应急管理机制方面，纵向上实行党和政府一元化领导，中央政府是应急管理的唯一责任主体，依靠中央政府权威，应急协调机制能够有效运行，纵向层级间指挥联络和协调运转比较顺畅；横向上应急管理相关职责分属多个职能部门以应对不同类型的突发事件，各职能

① 张玉磊．中国公共危机治理模式的发展演变与变革取向：基于应急管理体系发展史的考察．江汉学术，2021（4）．

部门的专业化程度较高。该阶段由于国家应急资源比较缺乏，特别强调人民群众在应急管理中的主体作用，提倡生产领域中的灾害要自救互救。

2. 第二阶段：由议事协调机构和临时机构牵头协调的应急管理体系（1978—2003 年）

党的十一届三中全会后，中国的经济社会结构发生了显著变化，与之相伴随的是社会风险的不确定性与复杂性日益彰显。特别是生产安全、交通事故和社会治安问题突出，事故灾难类、社会治安类突发事件，以及因国企改革和土地拆迁为诱因的群体性事件增加迅速，其造成的破坏性影响和后果不断扩大，社会面临的公共安全形势日益严峻。

为适应当时公共安全形势的发展变化，应急管理体系开始进行改革：一方面，开始在生产安全监管、食品药品安全监管、社会治安综合治理等突发事件领域组建新的分类管理职能部门；另一方面，中央开始向地方放权，越来越强化地方政府的属地责任而不是一味强调中央政府的作用。同时，国家开始打破应急管理中政府的大包大揽，加强多元主体协同。另外，由于需要进行跨界协调的突发事件日益增多，国家开始不断设立非常设议事协调机构，各类应急资源保障逐步增强，以“减灾、防灾、抗灾、救灾”为基础的灾害管理制度体系开始建立，灾害管理的综合协调能力、灾害救助能力以及灾害管理工作的水平明显提高，形成了“单一灾害管理＋部门协调”模式。

该阶段应急管理体系的主要特征是：在应急管理理念方面，“稳定压倒一切”思想牢固树立，在此思想下设立中央社会治安综合治理委员会（1992 年）、中央维护稳定工作领导小组办公室（1998 年）等。在应急管理体制方面，在强化分类管理的基础上，承担跨部门协调任务的各类议事协调机构数量大量增加，特别是加强了安全生产监管机构和社会治安综合治理机构的建设，如成立国家安全生产监督管理局等。同时，恢复或新设了一大批应急管理议事协调机构。在应急管理机制方面，借助于议事协调机构的发展势头，依托议事协调机构的应急协调机制逐渐形成。

3. 第三阶段：以“一案三制”为核心的应急管理体系（2003—2018 年）

2003 年的“非典”事件严重暴露了中国在公共卫生应急管理体系建设中存在的不足和短板，也反映了整个应急管理体系存在的弊端。单灾种、临时性、非程序化的应急管理体系无法有效应对更加复杂的公共安全形势，因而“非典”成为中国应急管理体系向现代化转型的关键事件，以“一案三制”为核心内容的现代化应急管理体系逐步建立。在此期间，我国应急管理体系的重大变化就是精简优化了应急管理议事协调机构，同时部际联席会议制度迅速发展。随着 2012 年提出的总体国家安全观将应急管理纳入其中，应急管理体系建设上升到了一个新的战略高度。

该阶段应急管理体系的主要特征是：在应急管理理念方面，2009 年修订出台的《安全生产法》首次提出了“安全发展”的理念，2007 年颁布实施的《突发事件应对法》强调预防为主、标本兼治的安全发展理念，安全发展理念成为应急管理体系建设的指导理念。在应急管理体制方面，针对权责不清、缺乏协调、职责交叉和管理脱节等弊端，对各类“功能型”应急管理议事协调机构进行精简优化，而承担综合协调职能的应急管理办事机构迅速发展，特别是从国务院到各级政府办公厅、办公室设立了专职应急管理的综合协调机构——应急办。2013 年 11 月，中央国家安全委员会成立，各级党委书记成为第一责任人，实行党政同责的制度，逐步形成了“国家安全委员会＋党政同责＋部门协调”的应急管理体制。在应急管理机制方面，由主办部门牵头、以自愿合作为基础的部际联席会议制度发展迅速，形成了由议事协调机构和部际联席会议制度共同构成的应急管理协调机制。

4. 第四阶段：以大部制、综合化为导向的应急管理体系（2018年之后）

党的十九大以后，基于习近平总书记“坚持把防范化解国家安全风险摆在突出位置”的要求[①]，为实现应急管理体系和能力现代化的目标，国家开始重构应急管理体系，其最根本的措施就是遵循行政体制大部制改革的方向，通过整合与应急管理相关的11个职能部门和议事协调机构的13项职责，组建了应急管理部。应急管理部的组建，标志着我国开始建立由一个强力核心职能部门进行总牵头、各相关职能部门协调配合的应急管理体制，进而形成了以大部制、综合化为导向的应急管理体系。

该阶段应急管理体系的主要特征是：在应急管理理念方面，以总体国家安全观为统领，坚持群众观点和群众路线，打造共建共治共享的应急管理格局，加快建立公共安全治理体系。在应急管理体制方面，加强党的集中统一领导，“党政同责、一岗双责”成为应急管理工作的基本原则，通过组建应急管理部加强综合协调，同时强化地方政府的属地管理责任。在应急管理机制方面，加强跨部门、区域间协调联动机制建设，协调方式更加多样，协调手段更加多元，自愿式协作开始兴起。同时，加强应急管理的全流程管理，强调风险的源头治理和危机的全过程管理。另外，该阶段开始重视应急管理保障体系建设，加强了基础设施、救援物资、信息等应急资源的优化管理和统筹调度，并整合了应急救援力量，构建了由财政资金、金融资金、保险资金和捐赠资金共同组成的财力投入保障体系。在应急管理方法方面，人工智能、大数据、物联网、卫星遥感监测等现代科学技术与应急管理紧密结合，强化应急管理装备技术支撑和关键技术研发，着力建设国家应急管理信息网络体系，大幅提高了应急管理的科学化、智能化、精细化水平。

9.3.2 “一案三制”的基本内容

“非典”之后，痛定思痛，中国按照应急预案、应急管理体制、应急管理机制、应急管理法制（简称“一案三制”）的次序，循序渐进地开始了综合应急管理体系的建设。在应急预案方面，已制定出台以《国家突发公共事件总体应急预案》为总纲，25件国务院专项预案、80件国务院部门预案、31个省区市总体预案以及企事业单位应急预案和重大活动应急预案等六个部分组成的应急预案体系。在应急体制方面，明确国家建立统一领导、综合协调、分类管理、分级负责、属地管理为主的应急管理体制，指出国务院是全国应急管理工作的最高行政领导机关，国务院各有关部门依据有关法律、行政法规和各自职责，负责相关类别突发公共事件的应急管理工作，地方各级人民政府是本行政区域应急管理工作的行政领导机关，负责本行政区域各类突发公共事件的应对工作。在应急机制方面，初步形成了统一指挥、反应灵敏、协调有序、运转高效的应急管理机制，实现社会预警、社会动员、快速反应、应急处置的整体联动，建立起突发公共事件预测

---

① 习近平．习近平谈治国理政：第4卷．北京：外文出版社，2022：391．

预警、信息报告、应急响应、恢复重建及调查评估等机制。在应急法制方面，初步形成以《突发事件应对法》为基本法，《防震减灾法》《传染病防治法》《水法》《安全生产法》《消防法》《食品卫生法》《国家安全法》《破坏性地震应急条例》等四五十部单行法与之并存的全方位、多层级、宽领域的应急法律体系①。

1. 应急预案

应急预案是应急管理工作中的一个核心内容，它规定了在紧急情况发生之前、发生过程中以及刚刚结束之后，谁要做什么、何时做、需要哪些资源以及相应的授权等。应急预案是在辨识和评估潜在重大危险、事故类型、发生的可能性及发生过程、事故后果及影响严重程度的基础上，对应急机构职责、人员、技术、装备、设施、物资、救援行动及其指挥协调等方面预先做出的具体安排。预案管理的目的是通过事前准备，使应急管理主体具备预见和分析的能力，能够预测事情的发展趋势，模拟事件的可能变化，制定消除其不利影响的方案，并通过必要的人、财、物的储备，使方案能够在事件发生后有效执行，以控制事态的发展。

在内容上，应急预案管理包括以下几个方面：第一，应急预案的编制；第二，应急预案的批准、备案与发布；第三，应急预案的更新与修订；第四，应急预案的宣传、培训和演练。其中，预案编制是预案管理的核心，预案管理甚至应急管理的整个流程都建立在预案编制的基础上。要做好预案编制，须同时考虑预案的形式结构与内容要素两个方面。

（1）应急预案的形式结构。应急预案的编制是一种标准化的活动，目的是为应急管理活动提供一套标准化的流程，因而，它也包含一种标准化的结构，主要由基本预案、应急功能设置、特殊风险管理、其他支持附件几方面构成。第一，基本预案是应急预案的整体描述，主要包括最高领导承诺、基本方针政策、主要职责分工、任务与目标、基本应急程序等。第二，应急功能设置是对各应急主体分工的一种具体化，通常以矩阵表的形式将应急管理过程中相关部门应承担的责任和目标直观呈现出来，并通过部门间签署的协议来予以落实。第三，特殊风险管理是在公共安全风险评价的基础上提出一些不可接受风险，针对每种风险的应急需要，划分相关部门的主要负责、协助支持和有限介入三类具体职责。第四，标准操作程序表现为操作指令检查表，一旦应急预案启动，应急活动执行部门按照该指令检查表逐项落实应急行动。第五，其他支持附件包括应急救援的有关支持保障系统的描述及相关附图表②。

（2）应急预案的内容要素。应急管理包含一系列复杂的活动，应急预案必须把这些活动以操作化的方式组织起来，这种组织方式就构成了应急预案的内容要素。具体来说，这些要素包括：第一，方针与原则，它确立了应急救援的优先方向、政策、范围和总体目标，是所有应急管理活动的纲领。第二，应急策划，它包括危险分析、资源分析、法律法规要求三方面，功能分别是识别存在哪些危险情况及其具体表现、明确为做出有效的应急处置所需的应急资源及其配置方式、找到开展应急处置活动所需的法律法规依据和授权。第三，应急准备，它包括各应急组织及其职责权限的明确、应急队伍的建设和

① 刘霞，严晓．我国应急管理“一案三制”建设：挑战与重构．政治学研究，2011（1）．

② 杨月巧．应急管理概论．北京：清华大学出版社，2016：116－118．

人员的培训、应急物资的准备、预案的训练、演习、公众的应急知识培训、互助协议的签订等。第四，应急响应，它涵盖应急响应级别、应急响应行动、信息报送和处理、指挥和协调、应急处置、信息发布、应急结束等具体内容。第五，善后工作，包括善后处置、社会救助、责任追究、后果评估等方面。

2. 应急管理体制

根据《突发事件应对法》，我国实行统一领导、综合协调、分类管理、分级负责、属地管理为主的应急管理体制。

（1）统一领导。我国实行党中央、国务院统一领导应急管理的体制。在各级党委领导下，在中央，国务院是突发事件应急管理工作的最高行政领导机关；在地方，各级政府是本地区应急管理工作的行政领导机关。地方政府在国务院领导下具体实施应急管理的领导，即由党委和政府共同负责，并承担管理责任，同时，接受国务院和上级政府的指导。

（2）综合协调。一是指政府对所属各有关部门，上级政府对下级各有关政府，政府与社会有关组织、团体的协调；二是各级政府突发事件应急管理工作的办事机构进行的日常协调。应急管理是一种综合性的活动，单靠传统科层分工难以做出有效的应急处置，因而综合协调是一种重要的体制安排。

（3）分类管理。分类管理是按照自然灾害、事故灾难、公共卫生事件和社会安全事件四类突发事件的不同特征实施应急管理。分类管理的关键在于分类负责，即要明确每一类突发事件的责任主体，并据此进行相应的资源配置。

（4）分级负责。分级负责是根据突发事件的影响范围确定由相应层级的政府负责。一般来说，一般和较大的自然灾害、事故灾难、公共卫生事件的应急处置工作分别由发生地县级和设区的市级人民政府统一领导；重大和特别重大的，由省级人民政府统一领导，其中影响全国、跨省级行政区域或者超出省级人民政府处置能力的，由国务院统一领导。社会安全事件由于其特殊性，原则上由发生地的县级人民政府组织处置，但必要时上级人民政府可以直接处置。

（5）属地管理为主。一是突发事件应急处置工作原则上由地方负责，即由突发事件发生地的县级以上地方人民政府负责；二是法律、行政法规规定由国务院有关部门对特定突发事件的应对工作负责的，就应当由国务院有关部门管理为主。

在2018年的党和国家机构改革中，中国将应急管理相关职能部门和议事协调机构的职责进行整合，组建应急管理部；公安消防部队、武警森林部队退出现役，成建制划归应急管理部，组建国家综合性消防救援队伍；国家安监总局、国务院应急办、国家抗震救灾指挥部、国家防汛抗旱总指挥部、国家森林防火指挥部和国家减灾委的相关职能进行整合；公安部的消防管理职责、民政部的救灾职责、国土资源部的地质灾害防治、水利部的水旱灾害防治、农业部的草原防火、国家林业局的森林防火职责均移交至应急管理部。在应急管理部成立之后，中国的应急管理体系在体制上主要体现为以应急管理部为牵头组织的多主体协同网络①。

① 张海波．新时代国家应急管理体制机制的创新发展．人民论坛，2019（3上）．

2019年11月，党的十九届四中全会通过的《中共中央关于坚持和完善中国特色社会主义制度 推进国家治理体系和治理能力现代化若干重大问题的决定》指出，要“构建统一指挥、专常兼备、反应灵敏、上下联动的应急管理体制”，标志着中国特色应急管理体制建设进入新的阶段。2021年12月，十三届全国人大常委会第三十二次会议审议《中华人民共和国突发事件应对管理法（草案）》，该草案也明确规定“国家建立统一指挥、专常兼备、反应灵敏、上下联动的应急管理体制”。这意味着，未来一段时期，中国将围绕这四个方面建立起更适应新时代应急管理需要的应急管理体制。同时，原体制中的“综合协调、分类管理、分级负责、属地管理为主”并未被抛弃，而是被调整为“工作方针”，表明新体制并不是要否定旧体制，而是对旧体制的进一步发展，主要是要解决应急管理部成立后的指挥协调问题。

3. 应急管理机制

2003年，党的十六届三中全会通过的《中共中央关于完善社会主义市场经济体制若干问题的决定》第一次以党的决定的形式明确提出，“建立健全各种预警和应急机制，提高政府应对突发事件和风险的能力”，应急管理机制建设驶入快车道。党的十八大以来，习近平总书记多次强调要健全风险防范化解机制，我国应急管理机制建设不断完善。根据应急管理的过程，应急管理机制主要包括以下方面：

（1）预测预警机制。预测预警的效果可以用一个公式来表示：预测预警的效果＝及时性×准确性×全面性。换言之，预测预警的效果与其及时性、准确性和全面性成正比。预测预警越及时、越准确、越全面，则预测预警的效果越好。所以，预测预警必须依靠科学。在实践中，预测预警的主要内容是预警级别判定和预警信息的发布。预警级别依据突发公共事件可能造成的危害程度、紧急程度和发展态势，一般分为四级：Ⅰ级（特别严重）、Ⅱ级（严重）、Ⅲ级（较重）和Ⅳ级（一般），依次用红色、橙色、黄色和蓝色表示。

（2）应急处置机制。第一，信息报告。特别重大或重大突发公共事件发生后，各地区、各部门要立即报告，最迟不得超过4小时，同时通报有关地区和部门。第二，先期处置。突发公共事件发生后，相关地区或部门根据职责和规定的权限启动相应应急预案，力图在事件初期控制事态。第三，应急响应。对于先期处置未能有效控制的特别重大突发公共事件，根据突发事件分级确定响应机制，由相应部门开展应急处置。第四，信息发布。信息瞒报会削弱政府的应急处置能力和加剧公众的不信任，所以，信息发布是有效的应急处置的基本要素。第五，应急终止。当灾害后果已得到有效控制，应急资源出现了闲置，且公众反应已趋于正常，相关部门就应做出终止应急响应的明确决定，帮助社会恢复常态。

（3）恢复重建机制。第一，善后处置。对伤亡人员、应急处置人员以及紧急征调的人财物资源，按照规定给予抚恤、补助、补偿或援助。有关部门做好疫病防治和环境污染消除工作，并督促保险机构做好理赔工作。第二，调查评估。对突发事件的起因、性质、影响、责任、经验教训和恢复重建等问题进行调查评估，一方面还原事件真相，另一方面总结应急处置的经验教训。第三，灾后重建。对在灾害或灾难中受损的设施进行重建，帮助受灾地区恢复正常社会功能。这种重建既包括物质层面，也包括心理层面，心理重建对于受灾地区能否恢复社会常态也非常重要。

4. 应急管理法制

我国从1954年首次规定戒严制度至今，已经颁布了一系列与应急管理有关的法律、行政法规、部门规章，各地又根据这些规范性文件颁布了适用于本区域的地方立法，初步形成了一个从中央到地方的应急法律制度体系。2003年的“非典”事件后，全国人大将紧急状态法纳入立法规划，后确定为《突发事件应对法》，并于2007年通过实施，《突发事件应对法》成为我国应急管理实践最重要的法律依据。目前，该法律已经进入修订阶段，随着修订的完成，将成为更适应当前实践需求的应急管理基础法律。

随着党的十八以来全面依法治国在各领域、各环节的深入推进，应急管理领域也更加强调坚持依法管理，运用法治思维和法治方式提高应急管理的法治化、规范化水平。国家组织制定、修订了《国家安全法》《网络安全法》《安全生产法》《反恐怖主义法》《生产安全事故应急条例》等法律法规，中共中央、国务院印发了《关于推进安全生产领域改革发展的意见》《关于推进防灾减灾救灾体制机制改革的意见》等政策性文件，应急管理的法制化水平进一步提升。

5. “一案三制” 的关系

“一案三制”共同构成应急管理体系不可分割的重要组成部分，四个核心要素之间相互作用、互为补充，共同构成一个复杂的人机系统。总的来看，体制是基础，机制是关键，法制是保障，预案是前提。体制属于宏观层次的战略决策，相当于人机系统中的“硬件”，具有先决性和基础性。体制以权力为核心，以组织结构为主要内容，解决的是应急管理的组织结构、权限划分和隶属关系问题。机制属于中观层次的战术决策，以运作为核心，以工作流程为主要内容，解决的是应急管理的动力和活力问题。机制相当于人机系统中的“软件”。通过软件的作用，机制能让体制按照既定的工作流程正常运转起来，从而发挥积极功效。法制属于规范层次，具有程序性，它以程序为核心，以法律保障和制度规范为主要内容，解决的是应急管理的依据和规范问题。法制类似人机系统中的各种强制性规范、程序以及对人和机器的使用、管理、运行的各项规定和指南，好的制度应确保战略执行到位。预案属于微观层次的实际执行，它以操作为主体，以演练为主要内容，解决的是如何化应急管理为常规管理的问题，主要是要通过模拟演练来提高应急管理实战水平。预案具有使能性，相当于人机系统中通过模拟实验得出的紧急应对方案，如对各种外部入侵响应的行动方案，主要是通过日常的模拟演练来不断加强系统应对真实场景的性能①。

9.3.3 突发事件分类与分级

1. 突发事件分类

突发事件的类型学是非常复杂的理论问题。不同国家对突发事件做了不同的分类。在我国，突发事件按照发生原因、机理、过程、性质和危害对象的不同而被分为四大类，

---

① 钟开斌．“一案三制”：中国应急管理体系建设的基本框架．南京社会科学，2009（11）．

即自然灾害、事故灾难、公共卫生事件和社会安全事件。

一是自然灾害，主要包括五小类：干旱、洪涝、台风、冰雹、沙尘暴等气象灾害，地震、山体滑坡、泥石流等地震地质灾害，风暴潮、海啸、赤潮等海洋灾害，森林草原火灾，农作物病虫害等生物灾害。由于所处的自然地理环境和特有的地质构造条件，我国是世界上遭受自然灾害侵袭最为严重的国家之一。应急管理改革后，应急管理部门主要应对的是气象灾害、地震地质灾害、森林草原火灾，不包括海洋灾害、生物灾害。

二是事故灾难，主要包括铁路、公路、民航、水运等交通运输事故，工矿商贸等企业的安全生产事故，城市水、电、气、热等公共设施、设备事故，核与辐射事故，环境污染与生态破坏事件，等等。在事故灾难中，应急管理部门主要应对生产安全事故和城市火灾，而不包括核与辐射事故、环境污染与生态破坏事件等。

三是公共卫生事件，主要包括传染病疫情、群体性不明原因疾病、食物与职业中毒、动物疫情及其他严重影响公众健康和生命安全的事件如食药安全事件。在应急管理改革中，原属于国家安监总局的职业卫生管理职能移交国家卫健委。国家卫健委在卫生应急领域有两大职责：一是主责应对公共卫生事件，二是为其他三类突发事件提供紧急医疗救援。在自然灾害与事故灾难的应对中，医疗救援不可缺位。

四是社会安全事件，主要包括恐怖袭击事件、经济安全事件、民族宗教事件、涉外突发事件、重大刑事案件、群体性事件等。在我国，社会安全事件与政治安全特别是制度安全和政权安全联系更加直接与密切，由国安委、政法委及其下属的公安部门负主责，必要时协调国安、检察院、法院、司法等部门共同处置。如果社会安全事件造成人员被困或伤亡，则需要应急救援队伍开展现场搜救、医疗救援人员开展救护。当其他三类突发事件发生时，公安部门要协同配合，如封闭道路、维持秩序、打击犯罪等①。

尽管《突发事件应对法》规定了公共突发事件有四类，但在实际管理中却分成了五类，即：对付自然灾害用减灾机制，对付事故灾难用安监机制，对付社会安全事件用维稳机制，但在对付公共卫生事件时出现了困难，因为公共卫生事件内含的疾病传染病和食品安全之间的差异实在太大，不得已分别采用了疾控机制和食安机制。后来的运行表明，相较于减灾、安监、疾控和维稳，食安机制的运转绩效令人很不满意。由于食品安全事件面广、量大，原因错综复杂，涉及多个行业部门，由高层来抓效果并不好，即使是分管农业、工业、卫生的领导共同来抓，也不行。后来，改变了食品安全的管理体制，食药分离，从基层做起，将食监、质检与工商合并，组建市场监督管理局，这样一来，食品安全变成了常态的市场管理，同打击假冒伪劣、维护市场秩序等一样，归市场监督管理局直接管理，不再属于应急管理的范畴。2018 年中央和国家机构改革中，又把疾控留给了卫健委，维稳留给了政法委，剩下减灾和安监两大职能，涉及国务院的 13 个部委机构，统统整合到一起，组建国家应急管理部。可见，其实质就是专管自然灾害和事故灾难，以“全灾种管理”上适度的“退”，去真正实现对自然灾害和事故灾难的“全过程管理”②。

---

① 王宏伟．应急管理新论．北京：中国人民大学出版社，2021：7－8.

② 童星．中国应急管理的演化历程与当前趋势．公共管理与政策评论，2018（6）.

2. 突发事件分级

按照《国家突发公共事件总体应急预案》的规定，各类突发事件均分为四级，即Ⅰ级（特别重大）、Ⅱ级（重大）、Ⅲ级（较大）和Ⅳ级（一般）。《突发事件应对法》规定事件的分级仅针对自然灾害、事故灾难和公共卫生事件，未包含社会安全事件。

突发事件的分级标准是该事件的“社会危害程度”和“影响范围”，在实践中一般体现为下列几项具体标准：

第一，死亡（或生命受到威胁）、失踪、重伤、中毒的人数。这是最常见的分级标准，其中最为常见的划分方法是：死亡、失踪30人以上，或重伤、中毒100人以上为特别重大事件；死亡、失踪10～30人，或重伤、中毒50～100人为重大事件；死亡、失踪3～10人，或重伤、中毒50人以下为较大事件；死亡、失踪3人以下为一般事件。一般自然灾害、突发地质灾害、突发环境事件、安全生产事故、铁路行车事故、城市地铁事故、森林火灾、突发环境事件等均适用这一分级标准。

对于部分特殊的突发事件，此类标准有所变通。例如，对于地震灾害，由于其破坏性较大，因此其分级标准高于一般突发事件：以造成300人以上死亡（或失踪）为特别重大事件，造成50～300人死亡（或失踪）为重大事件，造成20～50人死亡（或失踪）为较大事件，造成20人以下死亡（或失踪）为一般事件。

第二，经济损失。经济损失（包括直接经济损失和间接经济损失）也是较为常见的分级标准之一，通常的划分方法是：间接经济损失1亿元以上或直接经济损失1 000万元以上的为特别重大事件，间接经济损失5 000万元～1亿元或直接经济损失500万元～1 000万元的为重大事件，间接经济损失500万元～5 000万元或直接经济损失100万元～500万元的为较大事件，间接经济损失500万元以下或直接经济损失100万元以下的为一般事件。突发地质灾害、突发环境事件等适用这一分级标准。

部分容易造成重大财产损失的突发事件的分级标准更高。例如，铁路行车事故、城市地铁事故、安全生产事故等以直接经济损失1亿元以上为特别重大事件。另外，也有以其他方法表示经济损失以划分突发事件的，如直接经济损失占某省（区、市）上年生产总值1%以上的地震为特别重大地震。

第三，需转移、安置、疏散的人数。许多突发事件发生之后，需要对受灾人员进行转移、安置或疏散，因此，需转移、安置、疏散的人数也是突发事件的重要分级标准。对于这一标准，由于不同突发事件对附近居民的影响差异较大，因此不同事件的分级标准也很不统一。例如，一般自然灾害、铁路行车事故、城市地铁事故、安全生产事故等以需要转移1万人为特别重大事件，突发环境事件以转移5万人为特别重大事件，地质灾害则以转移1 000人为特别重大事件。

第四，其他特殊分级标准。由于各种突发事件的损害对象并不完全相同，因此许多突发事件并不完全适用上述分级标准，而适用自身特有的分级标准，或者在适用常用标准的同时以某些特有的分级标准为辅助。例如：（1）多数自然灾害以房屋倒塌数量为分级标准；（2）地震灾害使用震级作为分级标准；（3）森林火灾以受害森林面积和火场持续未得到有效控制的时间为分级标准；（4）铁路行车事故以繁忙干线中断行车时间为分级标准；（5）大面积停电事故以减供负荷达到事故前总负荷的比例为分级标准；（6）环境突发事件以区域生态功能丧失程度和濒危物种生存环境受污染程度为分级标准；（7）突发公共卫生事件以疾病的类型、性质和发病范围为分级标准；等等。

突发事件的四级划分法并不是绝对的，部分突发事件根据法律、行政法规或国务院的规定，可能采用其他分类方法。例如，森林火灾划分为一级、二级、三级响应，大面积停电事件分为一级、一级响应；核电厂事故分为应急待命、厂房应急、场区应急和场外应急四级；其他核设施事故一般分为应急待命、厂房应急、场区应急三级；等等①。

9.3.4 中国应急管理体系的局限与发展方向

虽然中国的应急管理体系建设已经取得巨大成就，但在具有高度复杂性、高度不确定性的自然现实与社会现实面前，这一体系仍然存在不少局限，也有着进一步完善的空间。

第一，从总体来看，由于我国现有行政体制的特点，突发事件应急管理过程中的部门分割、条块分割问题还没有得到彻底解决，资源整合能力与快速反应能力有待进一步提高。这导致了一系列消极后果：应急信息共享不足、沟通不畅，影响了应急决策与处置的效率；应急机构水平参差不齐，彼此间的合作、协同程度低；应急救援物资的储备缺少统筹安排，既不利于集中使用、统一调配，又造成了重复储备的现象。组建新的应急管理部，只是搭建了大国特色应急管理体系构建的“四梁八柱”，如何进一步发挥应急管理部的综合优势、力量优势，使其与其他部门的专业优势相衔接，还需要进一步深化改革。

第二，我国突发事件的应对存在着“重救轻防”倾向，需要进一步突出“风险管理”和“综合减灾”的理念。这主要表现在以下方面：缺少突发事件的综合性风险指标评价体系，预测预警机制尚不健全；应急演练的频度与力度不够，应急预案的可操作性和有效性尚且需要检验；各级财政应急准备金制度还需要进一步完善，应急工作经费的保障力度不够；等等。这与防范化解重大风险的要求还存在一定的差距。

第三，我国政治动员能力强、社会动员能力弱，尚未建立起一个能够有效组合政府、企业和第三部门力量应对突发事件的社会动员机制，没有形成网络状的应急管理体系，需要进一步构建共治、共建、共享的新格局。

第四，我国突发事件的应对合作还需要加强。主要表现在以下方面：应急管理部与媒体的合作需要规范化，信息披露与发布制度尚不健全，这不利于传播权威信息、控制谣言和流言、稳定公众情绪、避免过度的社会恐慌；应急决策部门与专家尤其是社会科学专家缺少长期、稳定的合作关系，导致“外脑”作用受到限制，应急决策的科学性、可行性减弱；应急的军民合作潜力需要深入开发，特别是军事技术在应对恐怖袭击等突发事件中的应用价值极大；相邻省市的应急区域合作尚未全面、有效展开，缺少实质性效果；应急管理的国际合作有待加强，中国在参与国际非传统安全合作的同时，应注重借助国际资源为我所用，提高突发事件应急管理的效能。

为了构建统一指挥、专常兼备、反应灵敏、上下联动的中国特色应急管理体制，我

---

① 杨月巧．应急管理概论．北京：清华大学出版社，2016：11－12.

国应在巩固、深化改革成果的基础上，借鉴国外综合性应急管理的理念，增强整合性，强化各部门之间的协调联动，形成一个全社会共同参与、各要素无缝对接的应急网络，加强应急管理的系统性。同时，我们需要深化应急管理的各项建设，加强应急管理的薄弱环节，如应急管理的保障体系建设。此外，我们需要实现应急管理的转型升级，从政府主导型向全民参与型、从重救轻防型向预防为主型、从结果导向型向风险导向型、从各自为战型向综合协调型转变①。

关键术语

风险　公共危机　突发事件　危机预防　应急准备　危机响应　灾后恢复　"一案三制"　应急预案　属地管理　自然灾害　事故灾难　公共卫生事件　社会安全事件

复习思考题

1. 公共危机的概念是什么？
2. 如何理解公共危机与突发事件的关系？
3. 公共危机的类型有哪些？
4. 公共危机的传播特征是什么？
5. 公共危机管理的基本原则是什么？
6. 试述公共危机管理的四个阶段。
7. 如何理解预测与预警的关系？
8. 公共危机响应包括哪些重要环节？
9. 公共危机恢复的内容与过程是什么？
10. 试述"一案三制"的内容及其关系。
11. 如何看待中国应急管理体系的发展方向？

---

① 王宏伟．应急管理新论．北京：中国人民大学出版社，2021：30－31.

第 10 章

电子政务与数字政府

电子政务与数字政府建设是由科学技术进步推展出来的时代课题，反应了公共行政的新特征。在某种意义上，重塑了公共行政模式，改写了人类社会治理的方式、方法，也构成了人类社会治理发展史上的一块界碑，意味着公共行动的发展进入一个新的阶段。电子政务是指在信息化条件下政府运用电子计算机以及电子通信手段处理政府事务的方式、方法的总和。电子政务正在改变着政府，使政府的管理具有了新的特征。在技术支持系统的保障下，电子政务经历了 20 多年的发展，已经得到了广泛应用。在电子政务建设中，安全问题成为阻碍其发展的重要因素之一。电子政务是建立在互联网这个平台上的，而互联网也通过电子政务而变得丰富多彩和证明了自身的价值。我们已经进入一个网络民主的时代，正是互联网进入了人们的社会生活并对政治领域产生深刻影响，造就了网络民主。对网络民主的规范必须建立在促进其发展的基点上，即推动它朝着健康的方向发展。电子政务发展的新方向是数字政府，数字政府是得到数据赋能的政府，它的出现表明了大数据技术对政府及其社会治理的深刻重塑。

本章重点问题

- 电子政务的模式
- 电子政务的特征
- 电子政务的应用
- 网络舆情与网络民主
- 数字政府与数据赋能

10.1 电子政务的兴起

10.1.1 信息技术与互联网

信息社会是指人类社会实现了高度工业化之后进入的一个新的历史阶段，对于这个阶段，也有人称为“知识社会”“后工业社会”等。之所以有不同的称谓，是对这个社会基本特征的把握的侧重点有所不同，实际上所指的是同一个历史阶段。信息社会的发展主要依赖于智力资源，大多数人的工作不是与实物形态打交道，而是从事信息工作，价值的增加主要靠知识，它是使人类智能和创造能力得到普遍开发的社会。这个社会的外在表现就是在社会生活中广泛应用现代化通信技术、计算机终端设备以及把这些方面结合起来去开展活动。

在与工业社会相比较的意义上，信息社会的特征可以概括为以下几个方面：（1）信息社会发展的基本技术是计算机，其主要功能是代替和增强人的脑力智能；（2）电脑的发展带来了信息革命，产生了大量系统化的信息和科学技术知识；（3）由信息网和数据库组成的信息公共事业取代了工厂，并成为社会的象征；（4）信息社会中的主导生产部门是“智力工业”；（5）在信息社会中，“目标原则”成为社会活动中的基本原理，主要的社会体系是志愿性的，人类知识将属于全社会所有；（6）信息社会以实现“时间价值”为目标；（7）信息社会发展的最高阶段是大量地生产知识，增进社会福利，满足社会需要；（8）信息社会是分散的社会，人们可能在家中生产、学习、办公和娱乐。

信息社会的形成得益于互联网的飞速发展。信息技术与互联网对于优化公共行政的管理手段、提高行政效率、打破组织壁垒和优化行政决策等方面产生了积极影响。

第一，借助于信息技术与互联网，如电信、机器办文和办事、远程会议等，打破了时空限制，行政人员可以看到、听到、触到以前无法感知的事物，可以完成以前由体能无法完成的工作。互联网提供了获取信息的极大便利，方便地获取国内外的最新发展动态，让“秀才不出门，便知天下事”，并能真正“运筹帷幄，决胜千里”。信息技术节约了原来靠人脑和文件处理信息所消耗的大量时间与精力，使人的活动跨越时空，特别是降低了信息传输的时间成本和人力成本。

第二，信息技术与互联网的发展，对于提高决策的有效性以及行政的效率有着重要影响。信息技术的发展改变了人类的生活环境，要求行政决策者在决策的过程中一切以公共产品消费者的满意为决策的根本目标，决策过程广泛地接纳公众参与，从而在实现民主、公开、公正方面得到了巨大改观，也使公共行政的效率追求体现在提供公共服务的过程之中，并通过信息支持而保证社会公平的实现。

第三，信息技术与互联网打破了决策者与执行者之间的严格界限。信息技术的发展使从事公共行政活动的每个人都能及时获得所需要的信息，能够在工作现场做出必要的决策，无须事事先向上司汇报。同时，信息反馈和行为互动也都能够即时做出，使决策者与执行者的空间分隔变得模糊了起来，而且，使决策行为本身也处于一个互动过程之中，使决策者同时也成为执行者。

第四，信息技术与互联网可以实现在适当的时候把适当的信息提供给适当的管理者，从而改善了决策者根据有限理性进行决策的状况。例如，政府通过互联网发布灾情预警信息，可以避免更大的人员伤亡和经济损失；电子政务的出现，使决策者可以在广泛了解决策所需信息的前提下进行决策，避免了靠经验决策和决策信息不完备导致的决策盲目现象，从而提高了决策的科学性和合理性，并向最优决策的方向递进。

第五，信息技术与互联网的发展使决策支持系统（DSS）、电子会议系统（EMS）、远距离控制、分布式工作的统一协调、动态网络计划等成为可能。我国在1999年开启的“政府上网工程”就采用了一整套全新的管理方法（如人民银行网上支付、海关总署报关单和外汇联网的外汇核销系统、工商局红盾信息网企业查询数据库、国税总局增值税发票稽核系统和电子报税等），这些方法大大提高了管理效率，也降低了管理成本。

信息技术与互联网对组织形式的变革也产生了重要影响，使组织呈现出新的结构形态。我们知道，官僚制组织的科层结构的优点是效率高，但其弊端则是对外部环境变化的适应能力差，而且压抑组织成员的全面发展。信息技术与互联网的发展为组织结构的变革提供了支持：其一，使组织的中间管理层得以大大地缩减。庞大的中间管理层是通信技术落后的产物，它承担着“上传下达”的任务。中间管理层的膨胀既减缓了信息传递的速度，还易造成信息的严重失真。信息技术与互联网通过加强操作层与决策层的直接沟通，逐步缩减了中间管理层。其二，使管理幅度增大。信息技术使管理者及其下属可以随时了解对方的状态和意图，而且仅占用很少的精力和时间。这样一来，一个管理者能够指导更多的下属人员，从而拓宽了管理幅度。信息技术实际上促进了管理信息系统的建立和健全。组织的沟通是通过管理信息系统进行的，管理者是通过管理信息系统来了解组织的运行状况的，管理者的命令、指示等也是通过管理信息系统传达下去的，先进的管理信息系统使信息传递迅速、准确，增强了管理者的控制能力，从而使他的管理幅度大大增加。其三，使组织绩效得到改进。信息技术的发展极大地提高了工作效率，使得一个组织要完成与过去同样的工作量所需的人员大为减少，从而使组织更加精干高效。不过，需要指出的是，信息技术使得人们获取信息更加便捷，但也造成了“信息过剩”的问题，人们需要在众多信息中进行甄选，鉴别出那些有价值的信息。这样一来，如果组织成员不具备信息选择的能力，就会降低组织的绩效水平。信息技术如同其他科学技术一样，是一把双刃剑。这就要求组织建立、健全有关信息收集、加工、传递、存储等方面的制度，并且通过培训提升组织成员的信息选择能力。

在当前的社会信息化过程中显现出来的是对行政管理的挑战，正是这种挑战，为社会治理体系的变革带来了机遇，表明了从原先政府的管理向公共管理转变的必然性。回顾人类社会信息化的进程，大致是从20世纪60年代开始的，到了20世纪80年代，信息化问题已经引起了全世界的关注，它对社会发展的影响也相应地引起了重视。一般认为，信息化是人类社会向信息社会前进的动态过程，它反映了从有形的物质产品起主导作用到无形的信息产品起主导作用的根本性转变，进而促进了人类社会生产方式和生活方式由传统模式向网络化生存模式的转变。这一转变为各社会主体共同分享信息资源、提高劳动生产率和生活质量提供了前所未有的空间。事实上，与信息化进程相伴随的是整个社会的结构发生了根本性变化，在社会治理上，则促进了政府、非政府组织及个人之间的网络化互动关系的生成。

在国际竞争中，信息化突出了国家自主创新的重要性。因为，信息化使国际竞争的性质发生了改变，从降低生产成本的竞争转变为增强创新能力的竞争。同时，信息化又为创新提供了一个新平台，改变了国际竞争的规则。信息化令时空距离大大缩短，知识以难以想象的速度传播，传统工业因此而得到了改造，新兴产业不断涌现，信息、资本以及专有知识的流动打破了国与国之间的界限。信息化使得领先者与追随者的差距变得很小，尤其是在与信息技术相关的领域中，许多发展中国家正从仿制者逐渐向创新者转化。信息化已经成为先进生产力的标志，它加快了产业升级，促进了资源优化配置，加速了经济全球化的进程。信息化也关系到经济、社会、文化、政治和国家安全，已经成为社会发展的战略制高点，事实上，信息化水平已经成为一个国家和地区的国际竞争力、现代化程度、综合国力以及经济成长能力的重要标志。

10.1.2　电子政务与互联网的关系

互联网是 20 世纪的一项重大的基础性的科技发明，它引发了人类社会生产方式和生活方式的深刻变化，对世界经济、政治、文化、社会发展产生了重大影响，将人类社会带进了前所未有的信息化时代。现在，所有的文字、声音、影像都可以转化成数字形式，并突破时空限制，经由网络而在瞬间让全球所共享。我国是世界上网民人数最多的国家，互联网的普及率也在不断上升，已经被认为是一个互联网大国。信息技术与互联网的普及为我国电子政务的发展打下了良好的应用基础，互联网以其即时性、交互性、便捷性、海量容纳性、全球性等特性而为电子政务的发展提供了广阔的平台。移动互联网的较高普及率和便携性更有助于电子政务系统被访问者广泛使用和方便使用。

电子政务就是通过接入因特网的政府网站、手机政务应用、小程序和公众号等进行行政管理和提供公共服务的活动。在电子政务发展初期，它的主要载体是政府网站。随着移动互联网的兴起和流行，电子政务的载体开始转向手机政务应用、小程序和公众号。出于信息安全的需要，今天，越来越多的政府网站在用户登录环节要求通过手机进行实名认证，这在客观上引导用户更多地直接使用手机政务应用、小程序或公众号。同时，手机的拍照和实时上传功能也便于用户在使用政务服务时提供证明材料。对政府来说，手机有着比个人电脑更加丰富的信息收集功能，更便于相关部门为用户提供更加精准的政务服务。这些都刺激了移动电子政务的迅速发展。

无论电子政务的载体为何，这些政务平台的功能都主要包括三个方面：政务公开、在线办事、政府与公众互动。从各类政务平台的实际应用看，它首先是政府公布和发布信息的地方，也是用户检索和利用信息的场所。迄今为止，政府公布和发布信息及用户检索和利用信息是政务平台的基本功能，也是电子政务其他各个方面的内容得以展开的基础。在信息和知识成为社会发展的最重要资源的当代，公众有越来越强烈的获取真实、完整、可靠和及时信息之需求，政府在满足用户的信息需求方面负有主要责任，政府既承担着统筹规划、组织协调、统一制度、监督指导等国家信息资源的宏观管理职能，同时也承担着具体的信息服务的任务。政府机关具有向社会提供信息的责任，而通过政务平台向社会公布和发布信息是一条有效的信息服务途径。

通过政务平台向社会公布和发布政府信息有许多优势：其一，受众面广泛。政府信息在网络平台上公布，用户就是全世界的网民，极大地提高了信息的传播范围，相比其他信息公布办法，可以收到事半功倍的效果。其二，信息范围广、种类多。从信息变动情况来看，政务平台公布的信息主要有静态信息和动态信息两种。静态信息主要包括文件法规、审批事项、组织结构、政府报告、重大项目、指南手册等，动态信息主要有通知、展览、办事程序、人事任免、联络方式等。其三，实时性强。政府机关要在广播、电视、报纸等媒体上公布信息，必须先向这些媒体传递，但是，由于这些媒体登载政府信息要受到节目档期或出版周期的限制，因此会有一定程度的延时。如果张贴公告，也还需要事先印刷多份，费时费力去加以张贴。政务平台为政府机关所有，可以在第一时间内将最新的消息提供给用户，具有较强的实时性。其四，效益/成本比高。政府信息在网上公布，只需要实现信息的一次输入，就可以多次输出。用户可以随时随地利用信息，而不必在指定时间内到指定地点去查阅或咨询，还可以将信息下载进行灵活的处理。这使得政府信息的提供方和利用方均可实现较高的效益/成本比。其五，查询方便。用户通过政府网站提供的导航系统和搜索系统，可以非常快捷地找到所需信息，超文本组织而成的结构也使得每一个用户都能按照自己的方式去安排浏览信息的顺序，因此用户查询信息是比较方便的。

电子政务的深入发展必须以服务民众为宗旨，所以政务平台的应用也必须具备在线办事的功能。随着电子政务外延的扩展和内涵的深化，政府公共服务中越来越多的事项和内容都可以在网上进行。我国电子政务平台主要以用户服务需求为导向重组业务流程，给予公众政务审批、公共服务等的"一条龙服务"，有效避免了"门难进、脸难看、事难办"的弊端，也减少了办事者在部门之间来回跑和重复提交资料的低效行为。我国政府政务平台的在线办事，一般有行政事项审批、个人办事、单位办事等多种功能，且越来越提倡"一站式"服务。"一站式"网上办公给用户带来了极大便利，他们在一个网络渠道上即可完成所有相关业务手续的办理。这是政务平台背后的政府各部门打破传统的利益观念、加强部门间协同合作的结果。如果没有后台信息与服务的整合，前台的"一站式"服务也是不可能的。

电子政府具有政府与公众互动的功能，只要在政务平台上建立互动设置，用户就可以通过平台向政府反映情况，而政府则能够收集公众的反馈信息和了解民情。我国各省区市政府都在政府与公众的网络互动方面进行了探索，这些特色栏目为政府与公众的互动提供了新渠道，密切了政府与群众之间的联系，这种"接地气"的互动方式增强了政务平台的实用性。政务平台的发展还有很大空间，特别是公众的参与度还需要进一步提高，只有当公众积极参与到与政府间的互动中来，政务平台的功能才能得到充分的实现。总之，互联网所搭建起来的是一个无限广阔的平台，而每一个网络平台都是互联网上的一个节点，政务平台通过互联网而使自己的身形和声音得到无限的放大，也使自己提供公共服务的能力得到极大的增强。电子政务是建立在互联网这个平台上的，互联网也通过电子政务而变得丰富多彩和证明了自身的价值。

10.1.3　电子政务的模式与特征

简单地说，政务就是政府中的以及由政府所承担的管理事务。但从广义上讲，政务又不仅是指与政府相关的事务，也指非政府组织以及其他社会组织所承担的公共事务。在现阶段，我们在使用“政务”一词的时候，更多的是指与政府相关的事务。因此，电子政务也就是指在信息化条件下政府运用电子计算机以及电子通信手段处理政府事务的方式方法的总和。

1. 世界各国电子政务发展的三种模式

电子政务的广泛开展大致是在 20 世纪 80 年代，但是，电子政务的理念一经提出，就引起了世界各国的重视，而且发展速度极快，可以说电子政务的发展是人类历史上的任何一项技术都难以相比的。学者们在总结世界各国电子政务发展时，认为形成了三种模式。

（1）以电子行政（E-administration）为核心的模式。这种模式把电子政务看成是现代信息和通信技术在行政管理活动中的应用以及由此带来的政府流程再造乃至行政管理方式和制度的变革。按照这个思路所提出的电子政务战略就是要求政府不断地采用先进的信息和通信技术，并在此基础上推动行政管理变革，以提高政府绩效。这一模式的关键是“电子化”，而目标则是通过电子化去推动行政管理的变革。就当前而言，世界上大多数国家所采用的是这一模式。在日常的文献和媒介中，这种战略也被称为“政府流程再造”。其主要措施包括减少传统的管理层次、压缩职位分类、创建工作团队、开发行政人员的综合技能、缩短和简化各种业务流程、使管理流水线化等。在企业流程再造的启发下，西方一些国家的政府开始利用信息技术改变传统的工作流程，进行政府流程再造，并取得了一些成功。

（2）以电子服务（E-service）为核心的模式。这种模式的特征是：把电子政务看成是行政管理和服务方式的创新，即认为现代信息和通信技术是提供公共服务的一种新途径，其目的是通过政府的电子化去弥补传统行政管理和服务的不足，以实现行政管理和服务的改革与创新，从而提高政府的管理水平和服务质量。事实上，这一模式在提高政府服务质量、改善政府形象等方面已经显示出了良好的效果。首先，政府应用信息技术和通过信息网络改变了政府服务的窗口形象，降低了老百姓进政府办事的“门槛”。多种形式电子通道（如个人计算机系统终端、公共计算机系统终端、电视机顶盒、手机等）的应用，使公众可以方便地进入经过精心设计、有亲和力的政府网站，享受了便捷而高效的政府服务。其次，由于政府公共服务的信息化，政府工作人员的观念发生了转变，知识层次不断提高，综合素质逐步提升，服务意识得到增强。再次，由于公共服务信息资源在网络平台上实现了共享，公共服务的成本大幅下降。最后，政府为社会提供服务的质量和效率不断提高。

（3）以电子社会（E-society）为核心的模式。这种模式将电子政务视为国家信息化的一个重要领域，是政府及其活动领域的信息化，与社会事业信息化、国民经济信息化一起构成国家信息化的完整体系。因此，这一模式要求把发展电子政务纳入国家信息化的整体战略之中，从国家信息化的整体战略高度来规划和建设电子政务。应当说，政府是社会系统的一个构成部分，政府的发展也自然反映了社会的发展，政府与社会处在一个互动的过程中，离开了国家与社会，政府的信息化无论在何种意义上都很难取得持续的进展。中国政府的电子政务建设在一开始就采用了这一模式，是把电子政务的发展作为国家信息化战略的组成部分加以推进的，并在国家信息化这个战略平台上实施。

2. 我国电子政务发展的几个阶段

我国电子政务建设可以追溯到始于20世纪70年代的办公自动化，并经历了如下发展阶段：

（1）办公自动化阶段。作为行政管理信息化的基础和重要组成部分，办公自动化（office automation，OA）是对现代办公过程和组织重新整合、完善和数字化的再造过程，是建设电子政务的必经阶段。1985年，面对信息革命浪潮所带来的挑战和机遇，中国政府启动了以政务信息化为主要内容的“海内工程”，开始利用计算机技术辅助实施一些最基础的政务活动，如文件处理、档案管理等，并且成立了专门的领导工作组，划拨了专门的编制和经费。那时还没有电子政务这个概念，当时的建设目标是：在中央政府开展办公自动化建设，逐步实现决策与政府行政管理信息网络化。20世纪90年代中期以后，随着信息网络技术、通信技术、数据库技术、多媒体技术、虚拟现实技术等的飞速发展以及政府转变职能的需要，办公自动化的发展进入快车道，开始突破部门和地域限制，向交互性和互联网的方向发展。

（2）“三金”工程阶段。随着我国经济体制改革的深化和市场机制的建立，跨部门、跨地区的信息通信与交换变得日益频繁，信息网络成为现代社会重要的基础设施。在这种背景下，1993年3月，中国提出了建设“三金”工程，即“金桥”“金关”“金卡”工程。金桥工程是“三金”工程的启动工程，它属于信息化的基础设施建设，是中国信息高速公路的主体。金桥网是国家经济信息网，它以光纤、微波、程控、卫星、无线移动等多种方式形成空地一体的网络结构，建立起了国家公用信息平台。金关工程是国家经济贸易信息网络工程。1993年，国务院提出实施“金关”工程，目的是推动海关报关业务的电子化，以取代传统的报关方式，从而节省单据传送的时间和成本。2001年，“金关”工程正式启动。金关的核心包括海关内部的通关系统和外部口岸电子执法系统。金卡工程是以电子货币应用为重点而启动的各类卡基应用系统工程。

（3）政府上网阶段。1999年初，40多个部委（办、局）的信息主管部门共同倡议发起了政府上网工程。政府上网工程计划分三步进行：第一步，实施“政府上网工程”，在公众信息网上建立各级政府部门正式站点，提供政府信息资源共享和应用项目，初步目标是在1999年实现60%以上的部委和各级政府部门上网；第二步，政府站点与政府的办公自动化网联通，与政府各部门的职能紧密结合，政府站点演变为便民服务的窗口，使人们足不出户即能完成政府办事的程序，从而构建电子政务；第三步，利用政府职能启动行业用户上网工程，如“企业上网工程”“家庭上网工程”等，实现各行各业、千家万户接入网络。通过网络，既实现信息共享，又实现多种社会功能，形成“网络社会”。1999年5月17日，我国正式开通了政府上网工程主站点（http：//www. gov. cn）。这个站点是我国政府网站的导航中心和服务中心，它既为我国各级政府部门上网提供了全面的宣传和服务，也为国内外企业和个人通过网络了解和接触中国政府各级部门提供了重要途径。

（4）“三网一库”建设阶段。2000年5月，国务院办公厅下发了《关于进一步推进全国政府系统办公自动化建设和应用工作的通知》，通知中首次提出了“三网一库”的概念。“三网”是指政府机关内部的“办公业务网”（又称“内网”），与内网有条件互联、实现地区级政府涉密信息共享的“办公业务资源网”（又称“专网”），以互联网为依托的“政府公众信息网”（又称“外网”）；“一库”是指政府系统共建共享的信息资源数据库。建设“三网一库”，旨在实现政府机关信息资源的共享和快速传递，从而逐步实现网络化、协同化办公，节省人力、物力与财力，提高工作质量和工作效率。

（5）数字城市与城市信息化试点阶段。为了积极探索城市信息化建设的规律和做法，研究制定国家推进城市信息化的有关方针、政策和措施，更好地分类指导城市信息化建设，我国有关部门确定了一批信息化建设试点城市。这些试点城市既有地处东南沿海的经济发达地区（如南海、广州等），也有欠发达的西部地区（如包头、贵阳等）。试点内容也各有侧重，既有综合性试点，也有侧重以信息化带动工业化、农业产业化、电子政务、电子商务的尝试。各试点城市都具备一定信息化基础和条件，能够把城市信息化和本市经济相结合，探索出符合各自情况的信息化发展道路。这对于促进全国城市信息化建设具有典型示范意义。

（6）中国电子政务应用示范工程阶段。2002年8月，经国家科技部批准，由国务院办公厅和科技部共同组织实施的国家十五重大科技专项——电子政务试点示范工程正式立项。电子政务试点示范工程是我国电子政务建设中的一项重大应用工程，共包括23个子课题。除了综合性、专题性研究如电子政务战略研究、电子政务地理信息系统等外，还涉及中央和地方16个试点示范单位。在电子政务应用示范项目启动的过程中，电子政务示范领导小组根据该项目的特点，决定组建由信息技术、系统工程、行政管理等多方面的专家组成总体专家组，承担电子政务示范工程的总体方案的制定。

经过上述工程建设，我国电子政务建设取得了阶段性成果，但是，在电子政务建设上也存在一些问题，如对建设电子政务的重要性认识不够，电子政务系统存在“条块分割”现象，重内部管理、轻外部服务等。针对上述问题，电子政务的发展方向主要是整合与服务两个方面：第一，整合，是在充分利用现有的网络基础设施和资源的基础上进行跨部门的业务、资源与服务的整合与集成。第二，服务，是通过电子政务建设来改善公共服务。随着政府职能的转变，我国电子政务建设由注重加强政府内部管理、提高政府效率、降低行政成本转向注重社会服务，以公众为中心全面建设服务型政府正在成为我国电子政务发展的主线。

3. 电子政务的特征

电子政务真正作为一个独立的概念出现是在计算机网络技术相对成熟和普及之后，只有在网络技术出现之后，大量政务信息的实时共享和双向交流才有可能，才能使传统的政务方式发生根本性的改变。从这个意义上说，电子政务的物质基础是计算机网络。电子政务建设绝不是一种将现有的行政管理、运作框架简单地搬到网络上，更不是将电子手段加诸传统的行政管理方式。就电子政务建设而言，它虽然是与技术密切联系在一起的，但其核心并不是技术，而是借助技术来实现政府的再造，即按照社会和经济发展的要求，对现行的行政管理职能、组织以及行政流程进行全方位的调整和改革。

（1）电子政务把现代网络信息技术应用于行政管理和服务的各个环节中，从而使政府具有更强的信息获取与社会控制能力。网络信息技术具有可复制性、高速运算、全球接入和工作流程集成化等特征，它不仅使政府可以通过建设数据库、聚集信息资源而达到共享，还可以建立一张包罗各级政府以及各行各业在内的电子政务超级大网。一方面，它能够加速政府对公众需要的回应，同时，也可以让公众更快捷、更方便地了解政府；另一方面，它还能在一个政府网站内集成各种各样的服务，在统一的信息平台上实现政府各部门、各行业的数据共享和交换。

（2）电子政务为公务人员提供了现代化的办公手段和应用工具，降低了信息传输的时间成本和人力成本，节约了传统行政管理中靠会议与文件传递信息所消耗的大量时间和精力。同时，网上办公、远程会议、虚拟机关的产生，打破了政府工作的时空界限，加强了政府部门之间及政府与企业和公众之间的双向互动，网上在线服务可以让沟通在网络平台上实现，从而使政府及其行政管理更加精干、高效、快捷。

（3）电子政务造就了建立在网络平台上的“虚拟政府”，使很多原先需要由具体的政府部门提供的服务转变为以虚拟的方式实现，而且这种服务是全天候的服务，可以解决生活中的许多问题。比如，电子纳税、电子审批等诸多服务都可以由公众自己在网络上进行，这不仅提高了行政效率，也提高了公众的满意度。如此一来，传统行政管理的实体管理和实体服务开始实现虚拟化，原先行政管理功能中的很大一部分都会转化为由网络提供的相对应的“虚拟”功能，从而使公共服务可以在很大程度上脱离物理空间和时间的限制。

（4）电子政务把行政管理和决策建立在数字信息平台上，提供明确、具体的数字信息基础，政府的运行表现出一个数字化的过程，政府的行为过程因此更为精确化。电子政务借助现代信息技术手段搭建基础信息平台，通过建立起群体决策支持系统，全方位收集、整理、分析、存储和输出信息，确保政府在全面、迅速、及时、准确地掌握信息的基础上进行科学决策和科学管理，这就避免了依靠经验或由于信息不完备而导致的盲目决策问题，从而提高了行政管理的科学化水平。

（5）电子政务促进了行政管理规范化。电子政务的主要目的就是运用信息技术打破政府人为的界限，实现行政管理的电子化规范。当行政管理以电子政务的形式出现后，大量的日常事务都可以通过设定好的程序而在网上实施，这就避免了“人为操作”“暗箱操作”，从而增强了业务的可靠性、安全性、开放性、实用性和程序性。同时，电子政务的发展也要求政府通过网络平台实施政务公开化、透明化，这又会使那些公共信息资源应公开不公开的做法无处遁形。

（6）电子政务为行政管理确立起了全球化视野。全球化对各国政府特别是发展中国家政府的职能、权力和能力都提出了新的更高的要求，因而，电子政务不可能不打上全球化的烙印。传统的行政管理具有很强的封闭性，很少受到外部环境的影响。而电子政务管理所利用的是对外开放的网络平台，这使得电子政务带有了全球化的特征，行政管理和服务的对象已不限于国内公众，在许多方面还要受到外部环境特别是国际环境的影响，需要按国际规则来处理相关事务。

上述几个方面是电子政务给行政管理带来的正面影响。但是，电子政务也可能会引发一些新的政府伦理问题。在 1998 年的美国公共行政学会（ASPA）年会上，克劳德（Claude）提交了题为《密码学以及有关的伦理问题和对互联网中的公告：对政府规章的新挑战》的论文。该文主要探讨了政府信息被滥用的问题。克劳德指出，在电脑时代，互联网是“用户控制”的，而不是由政府掌握主动权，由此带来了对政府规章的挑战。门泽尔（D. C. Menzel）在 1998 年发表了《www. Ethics. Gov：摆在公共管理者面前的问题与挑战》一文，针对美国大部分公共机构上网后所面临的伦理问题提出了自己的看法。在门泽尔看来，存在两个方面的伦理问题：一方面，公共行政人员方面存在伦理问题。当通过网络与公众打交道时，由于非“面对面”式的接触，行政人员很有可能在回答公众的问题时采取人为的方式去避免那些“不愿意的社会接触”，也就是只选择对自己便利的“接触”。在信息共享方面，也同样存在伦理问题。门泽尔认为，组织中的高层领导人和一线工作人员都不情愿让大家分享自己的信息，中层管理者之间也同样难以发挥团队精神。因为，如果大家都获得了同样的信息，他们在同事中得到升迁的机会就会大大降低。因此，门泽尔认为，有必要在组织中建立良好的伦理环境，只有当组织中的行政人员对外界有更多的了解，尤其是对其他组织中的同行有更多的了解后，他们才会对自己所从事的工作有更加深刻的认识，才能做出更富有创造性、更合乎行政伦理的行为。另一方面，在如何防止政府数据库的信息被滥用方面也存在伦理问题。门泽尔认为，对在“财政紧张”的压力下政府部门利用自己的网页来做“广告”的非道德行为的出现，以及在政府机构上网后政府内部的业务沟通是否也要公开等问题，都需要通过伦理法则的确立来加以解决，即防止政府上网后出现政府整体行为的非道德性问题。

总的说来，电子政务正在日益显示出它在行政管理中的技术优势，由于电子政务的开展，原先许多人工处置的事务正在逐渐地为电子系统所取代，这不仅提高了行政管理工作的效率，同时也大大降低了成本。最为重要的是，电子政务的客观性使政府形象得到了大幅改善，公众原先在与政府工作人员打交道时经常产生对官僚主义态度的不满情绪，现在由于电子政务的实施而不再需要直接地与官员个人正面接触，从而使这一问题得到了缓解。不仅如此，还使公众对政府的满意度得到了提升，增进了公众对政府的信任感。对于政府自身的管理而言，电子政务提高了政府部门之间的沟通能力，增强了政府的公开性和透明化，在促进政府勤政、廉政和抑制腐败等方面也发挥了重要作用。特别是电子政务把行政管理过程置于公众的视野之中，使公众能够有效地监督政府及其官员，产生了很好的效果。随着技术的进步，相信电子政务的发展也会有更为良好的前景。

10.2　电子政务与治理变革

10.2.1　电子政务与政府治理模式转型

电子政务所依靠的是信息技术，这方面的任何一项技术创新的积极进展都会推动电子政务走上一个新的台阶，但二者的关系又不完全是线性的。对此，简·芳汀论证道："互联网会导致一系列可以预见的变化，其中包括日渐消失的等级界限、不断增长的跨功能团队、更加合作的文化以及更加容易跨越的组织边界。最后一点将导致组织间网络的进一步使用。然而，20 多年的技术和组织研究至少表明：遵循某种技术逻辑而发展的这些预见，一般说来不会得到验证。20 世纪 50 年代李维特（Harold Leavitt）和维斯勒（Thomas Whisler）预言信息技术将导致中间管理层的消亡。办公室的自动装置能够轻松地完成许多原本属于中层管理者的程序性的工作，这一点即使在 50 年前也是显而易见的。但是，信息技术毋庸置疑的逻辑并没有带来所期望的组织变化，这种状况一直延续到 80 年代中期。从那时起，各种组织开始进行结构重组，以应付经济的衰退、全球竞争的加剧以及导致经济大幅缩小规模的政治文化。"① 甚至，"在很多时候，因特网没有导致制度变革，而是被用来加强现状"②。比如，沙特阿拉伯的皇家政府，运用全世界最复杂的一些过滤技术，执行着更为苛刻的社会控制。其实，在美国也有针对外国人的电子指纹档案库、政府迫使民航提供乘客名单等控制手段，信息技术越来越多地被用来实施控制。显然，信息技术是一把双刃剑。信息技术终究还是技术，具有工具的性质，可以被用来增强公众的自由，也可以被用来实施对公众的控制；可以被用来从善，也可以被用以行恶。

这说明，信息技术只是电子政务发展的必要条件，而非充分条件，电子政务的发展还会受到政府改革、经济和社会发展、法律法规的变动以及领导能力、业务需求、管理手段和信息安全状况等各个方面的影响。尽管如此，电子政务的发展已经引起了政府及其提供公共服务的方式和路径上的变革，并将进一步推动治理变革的进程。而且，要求治理变革的速度会越来越快。事实上，电子政务正在改变着政府，使政府的管理具有了新的特征。因为，电子政务的本质就是通过信息技术改变传统的行政管理方式，及时地把政府的决策、服务内容、工作程序和办事方式向社会公布，为公众提供公开透明、高效便捷的公共服务，并自觉接受社会监督。可以相信，电子政务可以成为技术创新与政府创新相结合的典范，实现对传统行政管理模式的深刻变革。

（1）电子政务推动了政府内部信息传递方式的改变。传统的政府金字塔组织结构采取逐级管理的方式，下级直接听命于上级，信息只能是"自下而上"或"自上而下"地逐级传递，信息在传递过程中常常会出现失真、扭曲和滞后。电子政务恰恰改变了这种信息的传递方式，能够清晰、及时、准确地将顶层决策者的信息传递给底层操作人员。同理，底层人员也可以直接向顶层决策者反映最真实的情况，实现了顶层与底层的直接互动，形成了"扁平化"的新型政府组织结构。

（2）电子政务建设推动了政府管理创新。就服务信息搜集和服务获得机制而言，以前是用户自己去各部门寻找对自己有用的信息和服务，而现在是政府根据用户的需求将各部门的相关信息和服务都打包起来提供给用户。随着电子政务建设的不断深化，电子政务对政府创新的作用和重要性正在进一步增强。事实上，电子政务与政府创新已经构

---

① 芳汀．构建虚拟政府：信息技术与制度创新．北京：中国人民大学出版社，2004：12.

② 同①11.

成一种互为促进的关系。日益显现出来的一个重要趋势就是，电子政务发展的推动力已经不是主要靠技术，而是取决于政府的全面管理创新。一方面，政府的管理创新需要电子政务来做支撑；另一方面，电子政务的发展也需要政府通过其管理上的不断创新来推动。随着公众的信息技能的不断提高，对电子政务的期望和需求也不断地被提到新的高度。尽管各国电子政务建设仍在不断推进，但与公众的预期还有一定距离。各国政府意识到造成这种差距的原因虽然是多方面的，但政府自身能力无法满足新的信息技术环境和公众的需求是一个非常重要的方面。也就是说，增强政府在信息化条件下的管理能力以及加快政府的管理创新是各国电子政务建设亟待解决的问题之一。近年来，众多国家政府已经把建设电子政务作为推进政府创新的一项重要国策，通过开展电子政务进行政府体制创新和机构重组。

（3）电子政务建设推动了政府部门之间跨部门的合作交流。电子政务建设不断地得到新的信息技术（例如云计算技术）的支持，为解决政府部门之间信息共享提供了一种可行的方案。建立信息共享的“服务云”，可以汇集分散在政府部门间孤立的数据，从而能够从全局出发建立共享管理机构，制定统一、规范的共享政策、信息交换标准与协议，设计共享的各种制度要素；同时，云计算环境下的信息共享将以服务的形式提供，各级政府部门可定制所需信息服务，并基于大数据技术进行深层加工利用，提升共享预期收益；云计算还提供了安全可靠的运行环境、低成本的 IT 基础设施，降低了信息共享的安全风险和共享成本，使影响部门间信息共享的不利因素得以改善和优化，大大提升了政府运作效率。

（4）电子政务正在促进公共服务整合朝着新的方向发展。随着电子政务建设的不断深化，公共服务的整合已经取得了积极进展。纵观电子政务建设促进公共服务发展的历程，可以发现，在电子政务建设初期，各国关注的焦点主要是对服务前台的集成，即建设“一站式”服务网站等，通过集成的前端系统去为公众提供各种服务。随着电子政务建设的推进，公共服务网站逐步完善、成熟，公众对电子化公共服务的需求也在发生变化，政府开始根据公众对公共服务的要求而对政府后台系统进行整合，以便为公众提供更好、更快捷的服务。因此，电子政务的重心逐步转向后台建设。随着公众掌握的信息技术技能不断提高，随着公众对电子政务服务的需求水准不断提高，一些电子政务建设比较先进的国家逐渐意识到，即使通过综合的服务门户网站为公众提供综合的政府服务，也不再能够充分满足公众的需求了。所以，很多国家开始把“以公众为中心”的原则作为电子政务建设的首要原则，采取了一些新的措施去为公众提供更多的所需服务。

（5）电子政务建设将进一步促进民主行政的发展。随着电子政务建设的深入，公众对政府的期望值会不仅仅停留在对政府办事程序和服务信息的了解上，还会要求借助于现代通信技术更多地与政府进行交往互动，在获得服务的同时，也表达自己的意见及观点。事实上，越来越多的国家和组织开始在电子政务建设中增加民意调查，利用在线方式让民众更多地参政议政，如采用了开设在线论坛、开通专门的民意征询网站、针对具体规划发出征询稿等方式，让民众积极地参与讨论，讨论的话题也涉及国家大政方针的制定、地方政府的绩效、具体政策的出台等各个方面。可以预见，“以公众为中心”的电子政务建设必将对社会治理民主起到越来越大的推动作用。

在信息化的时代，一个国家信息化程度的高低，直接决定着这个国家的国际竞争力和未来发展潜力。随着信息化建设的逐步深化和成熟，它对于提升国家竞争力的重要影响也愈加明显。一方面，信息化和信息社会建设本身是各国竞争的焦点；另一方面，借助信息技术提高自己的整体竞争优势也是各国考虑的问题。现在，互联网已经渗透到经济社会的各个领域，发展电子政务已成为全球行政改革的重要内容。发展电子政务实质上是改造传统工业社会形态下的政府组织模式与工作方式，使之能够适应虚拟的、全球的、以知识为基础的数字经济，同时也适应社会的根本转变。传统的行政管理模式不再能适应当前日益复杂化、多样化、信息化和全球化的社会事务与经济事务，这从根本上冲击着传统的政治理念和行政管理模式，并呼唤着新的理论和实践。电子政务必将加快政府职能转变，提高行政效能，增强政府监管和服务能力，促进政务的公开透明以及政府决策的科学化、民主化，并逐步建成高效的政府，进而引领社会经济又好又快地发展和提升国家的整体实力，增强国家在国际社会上的竞争力。电子政务建设水平已经成为衡量国家竞争力水平的显著标志之一。所以，电子政务的发展既提出了改革政府的要求，同时又是政府改革的一项重要内容。

我国电子政务建设已经取得了重大进展，但也还存在许多问题，重“电子”轻“政务”、重“建设”轻“使用”、重“务”轻“政”、重“管理”轻“服务”等是最为突出的问题，这些都需要在电子政务建设中去自觉地加以纠正。当然，电子政务建设本身也存在诸如信息安全等问题。事实上，对于电子政务而言，信息安全是一个需要格外关注的问题。信息安全虽然是一个技术性问题，但也是电子政务建设中的一项重要内容。电子政务关系国家安全和政府工作的正常运转，同时也关系接受电子政务公共服务的公众和企业的切身利益，积极采用安全技术、认真研究防范措施、预防病毒感染和黑客入侵等，都是政府所要关注的问题。

10.2.2 网络舆情对公共行政的影响

舆情即“舆论情况”，它是存在于社会之中的，是较多的社会成员对某一或某些事情所表达的信念、态度、意见和情绪等的总和。互联网的发展已经造就了一个“虚拟世界”，人类社会中的许多方面被投射或复制到了这个虚拟世界中，所以，在互联网上也会出现各种各样的“舆论情况”。

传统的社会舆情存在于大众的思想观念和日常的街谈巷议之中，舆情的获取往往需要通过对社会的明察暗访、民意调查等方式进行，获取效率较为低下，样本少了还容易失之偏颇，而且耗费巨大。随着互联网的发展，大众往往以信息化的手段发表各自的看法，从而形成了网络舆情。对于网络舆情，可以采用网络自动抓取等技术手段获取，它显得极其方便，而且效率高、信息保真（没有人为加工）度强，覆盖面也非常完整。网络舆情形成迅速，对社会影响巨大，会随着互联网而在全球范围内迅速扩散。现在，网络媒体已被公认为是继报纸、广播、电视之后的“第四媒体”，网络成为反映社会舆情的主要载体之一。网络舆情信息的主要来源有：新闻评论、BBS、博客、聚合新闻（RSS）、微信等。网络舆情表达快捷、信息多元，还会以互动的方式出现，具备了传统媒体无法比拟的优势。

网络的开放性和虚拟性决定了网络舆情具有以下特点：其一，直接性。通过新闻点评、微博转发、短视频评论等，网民可以立即发表意见，下情直接上达，民意表达更加畅通。其二，突发性。网络舆论的形成往往非常迅速，一个热点事件的存在加上一种情绪化的意见，就可以成为点燃一片舆论的导火索。其三，偏差性。由于发言者身份隐蔽，并且缺少规则限制和有效监督，往往会出现一些网民利用网络发泄情绪。网民在现实生活中遇到挫折时、对社会问题有了自己的认识时，都可能会利用网络宣泄情绪、表达观点。因此，在网络上也存在一些庸俗、灰色的言论。对于网络舆情的这些特点，行政人员应了然于心，如果行政人员对现实中出现的各种网络舆论能做出及时反馈，就会防微杜渐和防患于未然。因此，必须利用现代信息技术对网络舆情予以分析，从而进行控制和引导。由于网上的信息量十分巨大，仅依靠人工的方法难以应对网上海量信息的收集和处理，这就需要加强相关信息技术的研究，形成一套自动化的网络舆情分析系统，以便及时应对网络舆情，把被动的防堵转化为主动梳理、引导。

我国大多数网络舆论事件的发源地都在基层，但解决路径却依赖高层；对于事件的处理，网民大都对党政高层存在较高期待，而对基层则持失望和不信任的态度，表现出显著的舆论落差。近年来的网络舆论事件，越来越表现出走出虚拟世界而影响现实世界的趋势，此时尤其需要畅通的民意表达渠道。如果常规的体现政府公信力的民意表达渠道出现阻塞，民意表达就会被“挤压”到行政约束、社会秩序约束相对薄弱的网络世界中，从而以网络舆论事件的形式释放出来。

我国传统意义上的民意表达渠道大致分为几个层次。一是人大代表、政协委员通过采集民意形成提案议案，对有关部门进行咨询、质询等方式来传达群众的关切。二是通过群众写信、上访、领导干部下访接访等形式收集群众对某些具体问题的呼声。三是通过各种形式的听证会，就某一事务听取利益相关方的意见。此外，传统媒体也是表达老百姓心声、愿望的重要渠道之一。在网络时代，各政府网站也纷纷开设了市长信箱去实现与公众的沟通。但是，在现实生活中，依然客观地存在民意表达渠道不够畅通的问题，以至于网络舆论焦点不断出现，而且一些热点会持续升温。如果现有的民意表达渠道得到充分利用，通过网络表达意见的热度就不会像现在这样高，也就不会出现网络舆论事件。

所有这些，对于行政人员来说是具有警示意义的，对于政府工作的改进以及公共行政体系的完善，也都具有促进作用。应对网络舆论事件，“堵”往往是无效的，只能疏导。目前紧迫的任务就是，疏通常规的民意表达渠道，解决这一渠道畸重畸轻的问题，多种形式、多管齐下地满足不同社会群体的意见上达需求。当然，要从根本上解决情绪化的网络舆论问题，还是需要行政人员提高社会责任感，公平公正地提供公共服务，只有这样，才能从根本上消除公众的不满情绪。对于政府来说，则需要进行多方面的战略性规划，以求消除发展中的不充分、不平衡等问题，只有这样，消极的网络舆论才会减少，积极的网络舆论才会逐渐增多。

10.2.3 网络民主的兴起

互联网作为一种新的媒介，正在深刻地影响着我们的生活，它从技术上突破了传统媒介民主形式的局限，为民主政治注入了新的活力，也给现实政治生活带来了前所未有的改变，“网络民主”就是由互联网技术衍生出的话题。在中国，虽然理论界对网络政治表现出极大的热情，并在现实中可以深刻地感受到网络给民主以及整个政治生活带来的影响：如网络政治表达、网络政治交流、网络政治监督等现象的出现都引起了学者们的广泛关注，但对于网络民主这一形式的理解却显得比较模糊。总的说来，目前我们有关网络民主的理论研究远远滞后于网络民主发展的实践，处于相对滞后的状态。关于网络民主的认识基本上可以概括为：公民借助网络技术，以直接参与为主要形式，以网络空间为载体，培育、强化和完善民主的过程，目的是要达到现实政治生活中的民主均衡状态。

网络民主兴起于互联网已经进入人们的社会生活并对政治领域产生深刻影响的时代，它的基本历史背景可以概括为以下三个方面：

首先，传统政治生活媒介的功能异化及民主危机。传统大众媒介曾经被认为是西方民主的一个重要基石，是公民知情权、表达权、参与权的重要实现途径，具有相对独立性是它发挥民主功能的前提和关键。同时，传媒的自由竞争可以提高效率、减少成本，也促使它能够更好地与公众的口味相吻合，还能带来竞争之后多元化选择的优势。然而，到了 20 世纪后期，西方媒体普遍受到了官僚政治的控制，一些强势利益集团也把媒体作为自己的喉舌。在这种情况下，普通大众的声音是很难见诸媒体的，媒体往往对社会中那些代表最广大人民的利益诉求视而不见，政治谎言和低级趣味的东西却反而充斥媒体。所以，媒体所担负的民主功能丧失了。不仅如此，由于媒体的引导，大众被引向了对消费娱乐性内容的关注，以致政治冷漠不断增强。互联网的出现，使媒体结构发生了变化，而且，互联网所提供的是一个互动性的平台，这一点是任何传统媒体都无法比拟的。同时，互联网给人们带来了进行政治表达的新的途径，任何一个声音，只要它是有着实质性内容的，是对政治生活以及社会治理有价值的，都可能通过互联网而得到无限放大，从而使人们空前地感受到参与政治生活、参与社会治理的希望。这就是媒体的变化引起的民主再生。

其次，互联网的发展突破了代议制民主的框架。西方资产阶级革命后建立起来的民主制度是一种代议制民主，虽然在几百年的时间内不断地有各种各样的民主理论被提出，但是，在实践中，代议制民主的框架一直未被突破。而且，长期以来，民主被看作政治生活的范畴，在由政府实施的社会治理活动中，民主一直存在操作上的困难。20 世纪后期虽然出现了民主行政的理论，其后又通过参与治理的设计而将其付诸实施，可是，由于传统的参与途径往往对参与者有诸多限制，公众即使有参与热情，也很难真正参与到治理过程中来。所以，公众依然是在政治生活中通过投票以及其他途径去表达意愿和选择自己的代表，而实际的治理过程还是交由政府去承担的，公众并不能真正地直接参与到政府的治理实践中去。互联网的出现，解放了公众的表达自由，让公众可以自由地表达他对社会治理的意见，特别是对政府的日常治理活动，可以进行有效的监督，这对于改进治理方式、杜绝权力的滥用等发挥了巨大作用。因此，网络民主体现了很强的互动性，实现了公众对社会治理的有效参与。

最后，互联网的出现激发了人们的参与热情，重新唤醒了人们对民主的追求。作为一种新媒介（传播媒介和参与媒介），网络整合了传统媒介的许多优点，又具备了诸多传统媒介所不具备的优势，有利于民主生活的开展。与电视、广播等传统电子媒介相比，网络作为一种新兴媒介，其互动结构、参与结构和控制结构发生了根本性改变。网络不但是信息瞬间生成、瞬间传播、实时互动、高度共享的传播媒介，还是一种新的生活方式。网络的隐蔽性特点还使参与主体完全抛弃了现实中的身份藩篱，在网络参与中，谁也不比谁的机会多，谁也不比谁的机会少。网络的交互性特点决定了它不处于某种静止的状态，也不是某种单向信息流动状态，而是动态的、多元化的相互作用状态。在网络中可以形成一对一、一对多、多对多的互动关系。某个事件一经发生，就可以借助于网络的快捷性、交互性特点得到迅速传播，并在很短的时间内激发网民的参与热情，聚集相当规模的网络民意，最终呈现“星火燎原”之势。

如果说民主这个概念在一开始的时候是作为集权的对立面而出现的，是反对集权控制的，那么网络满足了民主的这一形式要求。因为，网络具有控制结构上的隐蔽性。网络建设之初，出于保障隐私的目的，就没有设定有效身份鉴别的功能。一组代码、一个角色符号，就成为一个网民身份的标识。因此，网络具有再造隐蔽的功能，能够把网民身份随意进行修饰涂抹，使网民完全可以掩盖其自身的真实身份、性格、年龄、职业乃至在社会中所扮演的角色。网络的隐蔽性特点使得网民能够以“匿名人”的身份在网上参与社会治理活动，大大减少了现实中政治参与的不安全感，也使得传统的政治控制变得困难起来。

同样，民主的过程是建立在人的自由平等权利得到承认的时代，而网络以一种新的方式展现和保障了这种权利，它以参与结构上的平等、参与行动的自由而对人的权利形态做出新的诠释。通过网络参与社会治理活动，在方式上是十分便捷的，它与依赖报纸、电台、电视等信息传递渠道的参与有着根本的区别，更不同于通过其代表而进行的意见表达。在网络时代，网民们对社会治理的参与更加直接，无论在哪里，人们只要点一下鼠标，就能马上对各种公共事务进行投票、参与讨论、发表见解，使公众和政府实现没有中间环节的直接和平等的沟通。此外，网络还具有离散性的、无中心的结构模式和运作特征，基本消除了身份歧视，实现了地位平等。在网络上，无论人们在现实社会中的身份、地位、贫富状况如何，只要达到法律允许的条件和一定的物质条件，就能够上网，就可以自由地参与。在网络中，不论是平民还是国家元首、穷人还是富人，都可以发表自己的见解，参与讨论，可以根据自己的认识和觉悟去对政府的政策品头论足。

信息技术的广泛使用，也会产生“数字鸿沟”（digital divide）问题，导致政治参与权利的两极分化。“数字鸿沟”的概念最先是由美国国家远程通信和信息管理局（NTIA）于 1999 年在名为《在网络中落伍——定义数字鸿沟》的报告中提出的，该报告对“数字鸿沟”的定义是：“在那些拥有信息时代的工具的人以及那些未曾拥有者之间存在的鸿沟。”由于网络参与主体之间存在经济条件、教育程度、个人偏好等方面的差别，从而出现信息富有者与信息贫乏者的区别，信息富有者更多地利用网络工具，更方便地参与政治生活，而信息贫困者永远只是网络政治参与的旁观者。这样一来，就导致了理论上平等的网络参与权利实际上可能呈现出分布上的严重不平衡状态。因此，由互联网拓展的政治参与之路，不仅没有为弱势群体的政治参与带来益处，可能还会强化他们的弱势地位。

我国也存在“数字鸿沟”问题，其影响主要体现在两个方面：首先，会加剧城乡发展不平衡。我国互联网发展的地域性差异较大，互联网普及率较低的地区，能够获得的信息相对较少，竞争力相对较弱，往往处于劣势。其次，对政府科学决策造成影响。主要反映在政府通过互联网和电子政务得到的基层情况可能具有片面性，从而导致政府决策更多地偏向能够运用互联网高层次的人，而那些远离网络的底层弱势群体的需求就可能被忽视。这些都是在进一步推进网络民主建设时需要着力解决的问题。

10.2.4 网络民主的规范

“网络民主”使民主的形式和内容都得到了极大的扩展，网络所具有的互动性、即时性、开放性等都是不同于传统媒体的特性，网络把人们带入了一个广泛参与的治理空间，使公平、公正、社会正义等价值得以张扬。但是，网络的上述特性也决定了网络民主的双重性。那就是，网络民主也完全可能演化成网络上的噪音，亿万网民可以发出亿万种声音，展现出的是网络无政府状态。还有一种可能，那就是出现一种失控的“技术进步”，把人变成技术的奴隶，特别是信息泛滥可能会让人表面上拥有无数信息，却失去了思想，把分析和判断信息的能力拱手让给技术专家甚至电脑本身。网络的无国界特征意味着，非常容易使网络成为他国敌对势力干预一国内政的工具，而且，即使在一国内部，也可能会有不法分子利用网络煽动起不利于国家民族利益以及不利于公共利益的舆论。因此，如何引导公众有序地利用网络参与社会治理，使“网络民主”和网络时代的公共生活朝着科学化、理性化的方向发展，是当今各国政府不容忽视的问题。也就是说，网络民主不应是一种随意的“任性”，而应当是有规可循的。

秩序、规范和法治应当成为“网络民主”得以健康发展的前提，而这又需要政府去为网络确立秩序、建立规范和实施法治。所以，在电子政务发展中，促进和引导网络民主朝着健康的方向发展也是一项重要内容。

首先，政府应当承担起对网络的管理责任，力求把网络上的一切活动都纳入秩序的范畴中来。网络已经进入了人们的生活，成为人们开展社会生活的基本途径，也是人们的社会生活的重要构成部分，因而应当成为政府社会治理活动中的一项重要内容。政府如果简单地对网络上的言论进行屏蔽是达不到确立网络秩序的目的的，因为互联网是没有国界的，不可能设想一国政府能够屏蔽所有来自国外网站的信息。政府必须转变传统的舆论控制思维，适应网络时代的要求，遵循“以疏代堵”的原则，采用“以网治网”的方式去达成治理的目标。具体地说，政府应当通过加强电子政务建设为公众从政府网站上获取信息和服务提供方便，降低信息收集和传播的成本，让公众能够更加方便地在政府网站上表达意见和建议。如果政府网站“办活了”，能够真正成为政府与公众直接交流的平台，能够为网络民主提供充分的自由表达空间，那么，发表消极信息以及恶意言论的网站也就会相应减少。公众对社会治理问题发表意见，目的是要使问题得到解决，当政府网站成为意见表达的场所，而且能够直接地得到政府相关部门的回应，公众也就不会借助于其他的网站去表达意见了。可以相信，当政府网站成了健康的网络民主生活场所的时候，其他网站即使出于竞争的需要也会主动地去办得更好。这样一来，一个健康的网络民主秩序就会在政府网站的引导下确立起来。

其次，政府需要自觉地加强和促进网络生活道德建设。网络民主是网络生活的一部分，在网络已经构成了一个虚拟世界的时候，在绝大多数社会成员开始在这个虚拟世界中开展社会生活的时候，这个世界就理应成为道德规范发挥作用的世界。人类社会生活中的道德是在数千年的历史发展中积淀下来的，而互联网作为一个虚拟世界则是一个新生的社会，由于虚拟世界中的生活具有自主性、开放性、多元性以及匿名的特征，人类社会中的道德及其价值观念并不能被完全复制到这个世界中来。在这种情况下，政府担负着为虚拟世界建立新的道德体系的任务。本来，互联网是一项技术成就，但它毕竟是人类社会文明进步的象征，它包含着对人类社会中的道德文明加以吸收和提升的可能性。然而，互联网发展的实际情况并没有证实这一点，相反，网络上的暴力、煽动、辱骂、攻击和非理性等随处可见。这说明虚拟世界中的道德建构工作是缺位的，所以，要求政府在这方面发挥作用，甚至需要通过技术创新而为促进网络道德的生成提供支持。只有当网络道德成了规范虚拟生活的重要因素的时候，网络民主才能得到相应的规范。

再次，政府需要加强网络法治建设。社会治理中的法治文明是在工业社会这一历史阶段中取得的最伟大成就之一，即使在后工业社会的治理体系中，这一文明成就也需要得到充分的吸纳。在此意义上，网络虚拟世界也需要体现出法治文明的特征。而在当前，政府正是推进网络法治的基本力量，需要在充分考虑网络虚拟世界特征的情况下积极地为网络立法并切实地强化网络执法。就网络是一项技术而言，技术进步是不可阻挡的，而且任何力量都无法阻碍技术进步，这就要求在实现网络法治的过程中必须尊重技术进步的规律，以促进网络健康发展为目的而实施网络法治。网络法治不仅要有强制性，还应该具有激励性，应该在制裁网络不法行为的同时又不束缚信息的传播和应用，既要有威慑力又要有推动力。同时，网络法治还要考虑到现实的可操作性。因为网络技术日新月异，它要求把网络法治与网络技术的发展衔接起来，使制定出来的网络法律能够被有效地、低成本地贯彻实施，并真正成为符合网络特点的法律。一旦实现网络法治化，网络民主也就会被纳入法治的范畴中来了，不仅可以为社会治理提供支持，而且它本身就是社会治理的一部分。

最后，加快信息化建设，克服“数字鸿沟”造成的公民网络参与不均衡态势。在我国，由于区域发展不平衡，各地互联网普及率不同，因此，在中西部地区、农村地区和贫困地区加快网络基础设施建设，普及网络知识，进行网络操作技能培训，都是非常必要的。在此过程中，应当注重鼓励社会力量加入信息化建设中来，调动各种社会力量促进更多的人熟悉互联网，习惯于通过政府门户网站收集信息和获得公共服务。

从网络的最初设计思路来看，它是在指挥中心遭到破坏的时候保证网络内各节点之间的沟通仍然可以顺畅进行，所以网络被设计成了一个分散的却又连为一体的体系，它的这一结构决定了不需要某个中央集权去对它进行控制。所以，网络上的每一个节点都是自由、平等的，在网络上活动的每一个人也都是自由、平等的。所以说，网络天然就具有自由、平等、民主和开放的特点。随着网络在世界范围内的发展和普及，它为大众参与社会治理过程提供了便利的技术支持，尤其是在进入 21 世纪以后，网络技术不断得到刷新，正在开拓出网络民主生活的新天地，而且其发展具有难以想象的广阔空间。

总体看来，网络作为一种新兴的信息传播和交换媒介，已经引发了信息传播从单向流动向相互交流的根本性变化。网络中的信息不再是沿着线性路径传播的，而是以网状的方式分布和流动，呈现出个性化的趋势。由于网络中的利益表达更加自由，有相同兴趣爱好的人们在网络上即使进行跨国界的交流和聚会也变得相当容易，不必提交申请或支付有形的管理费。公共生活变得如此方便和容易，也激发出了空前的公众参与治理热情。正是这样，创造出了网络民主这一全新的民主形式。当然，网络民主还是一个新生事物，它有许多缺陷和不完善的地方，所以，如何对它加以规范也是一个需要探讨的问题。特别需要注意的是，在控制思维的主导下，政府也可能对网络民主进行过度管控和规制。信息技术的工具性，使它除了可以用来传播自由和平等的价值观之外，也可以用来执行最严苛的社会控制，甚至会出现政府滥用信息技术的问题。因此，对网络民主的规范必须是建立在促进其发展的基点之上的，必须在尊重网民公民权益的基础上促进它朝着健康的方向发展。

10.3 数字政府及其治理

10.3.1 从电子政务到数字政府

21 世纪以来，信息技术驶入了加速发展的轨道，也更加全面地重塑了政府的存在形态，推动各国政府开启了朝向数字政府的转型，而不再限于对政务服务的电子化改造。从文献来看，20 世纪 90 年代，英文中已经出现电子政务（electronic government）和数字政府（digital government），它们均是当时西方政府与 IT 企业合作的各种创新的概括。2012 年以后，西方国家政府在概念上转向使用“数字化”或“数字政府”。比如，美国 2012 年发布了《数字政府——构建更好服务美国人民的 21 世纪平台》（Digital Government: Building a 21st Century Platform to Better Serve the American People）的报告，同年英国政府也推出“政府数字战略”（government digital strategy）。在学术文献方面，1998 年发表的《21 世纪的数字政府》一文指出，数字政府就是政府利用 IT 技术尤其是互联网改善为公众提供的信息服务。美国学界成立了“数字政府协会”（Digital Government Society），并从 2000 年开始组织年度“数字政府研究国际会议”。

在中文文献里，“数字政府”最早出现于学术刊物，即 2001 年第 1 期《中国行政管理》开设的国内首个“数字政府”专栏，由此出现了一批相关学术文献。总体上，有关电子政务的文献从 2002 年开始呈爆发式增长，到 2008 年达到顶峰，截至 2019 年年底总计超过 3.2 万篇；而有关数字政府的文献截至 2019 年年底总计 341 篇，2018 年之前不足百篇。在政策方面，根据对历年国务院政府工作报告的检索，2002—2016 年提及电子政务共 8 次，而数字政府尚未提及。截至 2019 年，《国务院公报》所转载文件中提到电子政务的共计 156 篇，最早是 2001 年国家发展计划委员会主任曾培炎在九届全国人大第四次会议上所作的报告；同期提及数字政府的文献仅为 2 篇，首篇是 2018 年 6 月李克强总理在深化“放管服”改革会议的讲话。可以发现，2002 年、2008 年和 2018 年是三个关键时间节点，这与三个重要的政策节点高度相关：2002 年中国出台首个国家电子政务总体规划；2008 年机构改革将原国务院信息化工作办公室的职责整体并入新成立的工信部；2017 年年底习近平总书记提出“加快建设数字中国”，“要运用大数据提升国家治理现代化水平”。

数字化发达地区率先启动了数字政府改革。早在 2001 年，广东省江门市下辖开平市即启动全国首个数字政府项目，主要内容包括政务管理系统、行政文件归档系统、文件中心等十个应用系统和硬件建设。之后，河北省邯郸市、北京市海淀区等也曾立项数字政府项目。这些早期的地方工程未在全国形成影响力，直至 2017 年年底中央提出“数字中国”战略，“数字政府”才重新在实务界流行起来。

2018 年，《广东省“数字政府”建设总体规划（2018—2020 年）》（粤府〔2018〕105 号）被视为首个地方数字政府规划的文件，开篇指出“数字政府是对传统政务信息化模式的改革”，可以理解为超越传统电子政务的新模式。该规划既继承了电子政务的传统内容，又有新的方案，囊括了近十年来尤其是党的十八大以来地方政府运用的新技术概念和应用模式，同时在体制机制上也有所创新。另一个数字化大省浙江省则通过“深化‘最多跑一次’改革，推进政府数字化转型”，其“政府转型”的内涵比广东的信息化模式创新又进一层。浙江省在 2014 年率先建设“政务服务网”，提出到政府办事要像“网购”一样方便。这个网站第一次打通全省政务机构，实现所谓“政务服务”的整体化，为后来中央和各地建设“互联网+政务服务”提供了借鉴。

依托本地大型互联网企业优势，地方数字政府建设提出了平台化概念，与英国政府提出“政府即平台”（government as a platform）概念类似。比如，广东省提出“大平台、小前端、富生态”集约建设新模式；围绕浙江省政务服务平台，作为系统开发商的阿里巴巴提出了“政务中台”的技术概念。平台的理想目标是让政府机构像电子商务一样在政府平台上可以直接开“店”，无须关注技术实现。其技术基础是在业务之间共享服务级的“能力库”，诸如人脸识别、在线支付、统一登录等独立功能模块可以经过配置并配以简单定制开发即可“组装”成新的业务应用。在 2020 年年初抗击新冠疫情中，浙江省在企业支持下于 1 月 25—27 日的 48 小时内快速开发出小应用程序支持防疫工作，展现出了强大的数字化治理能力①。

① 黄璜．中国“数字政府”的政策演变：兼论“数字政府”与“电子政务”的关系．行政论坛，2020（3）．

10.3.2 数字政府的建设维度

随着数字政府建设目标的提出与行动的开启，当代政府进入了比电子政务时代更加彻底的数字化转型。基于当前数字政府建设的现实，我们可从以下维度来理解数字政府建设的方向①。

第一，核心目标从转变政府职能向治理现代化提升。电子政务在目标上以“政府职能转变”为基本出发点和立足点，侧重于政府行政管理信息化。新时代数字政府建设在核心目标上提升为服务于国家治理体系和治理能力现代化，是对领导人提出“运用大数据提升国家治理现代化水平”的落实。“最多跑一次”“不见面办事”等形象地概括了各级各地政府“以人民为中心”运用新技术完善治理体系、提高治理能力的具体模式和方法。

政府机构决策的科学化、运转和服务的高效化都是治理能力提升的重要表现，政府职责体系的优化更是治理能力提升的重要保证。党的十九届四中全会把“建立健全运用互联网、大数据、人工智能等技术手段进行行政管理的制度规则，推进数字政府建设”作为落实坚持和完善中国特色社会主义行政体制、优化政府职责体系的重要抓手。国家大数据战略将大数据作为提升政府治理能力的重要手段，要求建立国家宏观调控数据体系，推动政府治理精准化，推进商事服务便捷化，加快民生服务普惠化。

第二，顶层设计从流程范式向数据范式转变。政府决策者越来越重视数据价值。流程范式是通过流程来组织数据，数据范式是通过数据来组织流程。如果说流程范式更多侧重于规范化、标准化，强调管理者思维和项目思维，那么数据范式则更加侧重于个性化、精准化，强调服务对象思维和整体思维。在推进治理现代化的执政理念和执行力的驱动下，数据的资源化为实现政府数字化转型提供了可能。

过去的大部分信息系统是围绕业务流程开发的，即基于流程导向的。这意味着数据虽然重要，其框架是根据业务流程的功能需求而设计的，参与其中的人与事物都以流程的运转为目标，这其中反映出一种面向管理者的思维，或者说是以服务者的逻辑来组织系统的设计与开发。与流程导向的设计不同，数据导向的设计从根本上来说是面向服务对象的，或者是按照服务对象的逻辑来展开的。如果说数字政府软件本身是管理者所掌握的工具，那么这些软件所操控的绝大部分数据则是管理对象的数字化标识——包括人（公众、企业或政府公务员）、自然物和人工物（比如城市部件），或者说是管理对象属性的数字化。换言之，社会大数据的价值仍然根源于人的价值。对于数字政府而言，无论是决策、管理或服务，数据范式或数据导向的思维就是要以人或者服务对象为中心来创造价值。

第三，政策议题从“用数据治理”向“对数据治理”扩展。“用数据治理”将数据视为治理手段，“对数据治理”将数据视为治理对象，既包括政府内部的数据治理，比如数据共享开放，也包括对市场数据（活动）的治理，比如促进数据产业发展，为网络空间

---

① 黄璜．数字政府：政策、特征与概念．治理研究，2020（3）．

提供秩序。随着数字经济的发展，新的议题日益增多，已经成为地方网信部门、大数据机构的重要职责。

政府对数据的治理在新时代超越了内部数据治理的范畴，对市场和社会中各类数据资源和“活动”的治理也被列入政策议程。一个方面的议题是促进和推动大数据、人工智能、区块链等数据产业的发展。比如，2015 年国务院印发《促进大数据发展行动纲要》，明确指出数据是“国家基础性战略资源”，把政府数据开放共享、产业创新发展和安全保证并列为三大主要任务。地方政府设立的大数据发展机构，多数把制定大数据战略、统筹推进大数据产业发展和促进政府数据共享开放列为主要职责。另一个方面的议题则主要是为网络空间的正常运行提供某种秩序，比如对互联网内容、互联网平台的治理，对跨境数据流动、数据交易、数据安全、网络隐私的治理，对诸如金融科技等依托于互联网的新业态监管，以及对社会信用的治理等。

第四，治理架构从分散化模式向平台化模式转变。平台化在数字政府建设中正在成为一种趋势。在体制层面，地方大数据治理机构实现了机构的“平台化”。中央层面对电子政务的管理体系几经调整，除网络基础设施建设外，形成中央网信办、国办和国家发改委为核心，垂管部门负责全国行业系统，非垂管部门负责本级电子政务建设的治理模式。传统以工程化为主要思路的分散治理模式在中央决策层面尚且可行，但是地方政府由于直接面向公众和企业，迫切需要打破部门之间的数据壁垒，实现政务协同。

从技术实现方式上看，地方数字政府的平台化模式可以分为三个类型：第一类是借助市场化的新媒体平台比如政务微博、政务微信等发布政务信息。在 2009 年之前，政务信息在线发布主要通过政府网站和传统新闻媒体，前者需要政府自己保证开发和运行，后者则在回应性、时效性方面仍有所不达。通过新媒体平台，政府只需要借助平台的既有功能就可以快速并直接地面向社会提供信息服务。第二类是政府网站推行集约化平台。2017 年，国务院办公厅发布的《政府网站发展指引》（国办发〔2017〕47 号）规定，原则上只在各省（区、市）建设本地区政府网站集约化平台，地市级和县级政府门户网站、地市级政府部门网站、实行双重管理部门的网站，要部署在省级平台或经批准建设的地市级平台；平台应统一提供诸如站点管理、栏目管理、内容发布、统一身份认证、运维监控、安全防护等一系列功能。第三类是数字政府“中台”模式。大型业务系统内部非常复杂，开发、维护和改造效率都很低，新业务就不得不重建系统。“中台”的基本思路就是用一套体系化的方法，将已建系统中相对独立的重要功能模块“沉淀”下来变成开放、标准的“能力”（capacity）资源，比如电子表单、人脸识别、在线支付等。由此，如果新系统与旧系统之间只有 10%的差异，那么只需要建设 10%甚至更少的新模块，其他功能则直接从中台的“能力”中调用配置，从而可以对业务需求做出快速响应。

第五，技术基础从信息化向智能化升级。新时代数字政府对技术的政策注意力正在从过去以个人计算机、办公自动化、管理信息系统、互联网为代表的信息化技术体系转向以人工智能、大数据、云计算和移动通信为代表的智能化技术体系，其应用也相应地从人机合作计算模式转变为机器自主计算模式，后者为治理现代化创新提供了更大空间。

人工智能、5G、工业互联网、物联网在 2018 年年底被中央定义为“新型基础设施建设”（简称新基建），之后到 2020 年 3 月，中央八次提及推进“新基建”。“新基建”代表以智能化为代表的新一代数字技术成为国家发展战略的核心和提高综合国力和国际竞争力的关键。与此相适应，智能化也成为数字政府建设的核心技术需求，在数据、算法、算力和通信四个方面推动政府的数字化创新和转型：数据从结构化运算转向跨平台、多类型、非结构化运算；算法从过去线性的管理系统逻辑转向复杂的机器学习逻辑，机器对业务的支持从管理上升到决策；算力从自运营的计算机房转向集中式的云计算中心，为算法的复杂化提供了基础设施；通信从桌面计算机转向移动终端，办事从“足不出户即可办理”变成“随身听”“随身看”“随身办”。

10.3.3 数据赋能的政府治理

在某种意义上，从电子政务向数字政府的转型是大数据兴起的一个结果，因为正是数据让政府与它所面对的活生生的人之间产生了有机联系，从而不仅使政府的存在获得了数字化的形式，而且使政府的治理活动也得到了数据的赋能。基于当前的实践，数据赋能的政府治理主要有以下几方面的构成要素①。

第一，扁平沟通的互动理念。传统政府的沟通以横向分工和纵向命令结合的等级制为基础，属于单一的、强制的、自上而下的命令式传达。这种等级制沟通理念，使得信息资源在政府层级间经过重重加工与利益解读之后，才能到达处于信息接收底层的大众社会。智能化时代数字政府治理的扁平沟通互动理念则打破官僚制的层级固化，以相互联系的网络 IP 连接成扁平沟通网络，实现多方位的、交互式的主动沟通。现实中每位公民通过移动终端享有表达个人意愿的权利，社会内部开始高频率的互动，形成纵横交错的信息网络结构。这样的信息沟通在相当大程度上克服了传统政府层级沟通结构中信息传递出现的偏差和不畅等问题。应用沟通理念的转型，使得治理协商和政策探讨不再局限于政治精英之间，权力开始慢慢扩散至社会网络的各个触角端。同时，多年的电子政务建设有效提升了民众的数据获取和处理能力，从而提高了民众参与治理过程的能力，也驱使政府更多通过平等沟通来寻求民众的支持。

第二，政务数据的协同共享。信息化时代的传统政府电子政务采取以部门为中心的方式来搜集保存数据，这样不仅固化了数据信息流动的渠道，形成数据相互割裂、条块分布、彼此独立的不良状态，而且由于数据之间无法互通，进而失去数据原有的治理价值。面对上述数据孤岛难题，智能化时代数字政府将数据协同互通作为重要建设内容。数字政府的共享协同职能将各管理部门、各领域公民的所有信息资源加以有机融合，整合后的信息资源由于剔除重复收集的信息，从而增强了整个数字政府信息资源体系的弹性与包容性。一体化政务平台建设、数据库的汇集统一为数据协同降低了治理难度，区块链更是用“分布式账本”的技术要义解决数据孤岛的核心问题，实现了底层数据库间的互联互通。由此，社会本身获得了一种总体性的数据化存在，每个政府部门都能够通过这种数据化存在来更好地认识它的管理对象与服务对象，来更精准地开展管理和服务的活动。

---

① 沈费伟，诸靖文．数据赋能：数字政府治理的运作机理与创新路径．政治学研究，2021（1）．

第三，精准服务的优化供给。工业化时代按职能分工原则组成的政府各部门，尽管体现了效率原则，但也产生了政府间公共服务供给的碎片化问题，无法快速有效应对公民的需求。在智能化时代，数字政府通过打造一体化一站式的服务平台，形成线上线下一套服务标准和一个运行系统，从而实现政务服务平台、移动终端、实体大厅、政府网站和第三方互联网入口等服务渠道同源发布，有助于公民从统一入口办理各项事务。数字政府治理通过上述服务流程整合优化，有效规避了公民重复申请、提交材料等烦琐重复的流程，在为公民提供便捷、高效、精准服务的同时，也激发了公民参与公共事务治理的自主性和积极性。简言之，数字政府治理的精准服务供给正是基于这样一种政府内部与外界社会信息共生的生态发展方式，从而有效满足公民的需求。

第四，科学决策的有效输出。传统政府决策者主要依靠日常经验来决策，尽管也遵循着固定的决策流程，但主要还是体现为人治的色彩，因而经常出现公共部门的决策失灵问题。智能化时代的到来助推政府决策方式由原先的“出现问题—逻辑分析—因果解释—制定方案”的被动响应转化为“数据搜集—量化分析—明确联系—方案预备”的主动预测。实践中，互联网媒体的畅通为社会意志的表达与呈现提供平等包容的平台，为科学决策提供更为丰富的民意资源。数字政府将信息系统与通信技术、区块链等先进技术运用于决策过程，一方面保证政府、企业、社会组织等多元主体能共同参与政策制定过程，输出科学化决策；另一方面政府可以通过数字技术的算法设置，并依据目前掌握的内容，判断原有的决策是否需要变更，以此来预防社会可能出现的风险事件。

总之，得到数据赋能的政府是一种有极大潜力实现良政善治的政府，因此，在当前以及未来相当长的一段时间内，数字政府建设都将成为各国行政改革的一个基本主题。根据习近平总书记在中央全面深化改革委员会第二十五次会议上关于“把数字技术广泛应用于政府管理服务，推动政府数字化、智能化运行，为推进国家治理体系和治理能力现代化提供有力支撑”的要求，数字政府建设将为我国国家治理体系和治理能力现代化做出更大贡献。

关键术语

电子政务　信息社会　信息技术　政府门户网站　网络舆情　网络民主　数字政府　用数据治理　对数据治理　数据赋能

复习思考题

1. 简述信息社会的特征。
2. 简述信息技术对公共行政产生的影响。
3. 论述电子政务与互联网的关系。
4. 论述电子政务的特征。
5. 论述电子政务与政府治理模式转型的关系。
6. 论述电子政务的应用。

7. 简述网络民主兴起的历史背景。
8. 简述我国地方数字政府建设平台化模式的主要类型。
9. 简述数据赋能的政府治理的构成要素。
10. 简述数字政府建设流程范式与数据范式的区别。

第11章

行政改革的实践

我们处在一个变革的时代，通过自觉的改革去适应社会发展的要求已经成为我们这个时代的基本特征。在一切自觉性的社会改革行动中，行政改革处于中心地位。这是因为，政府在社会发展中扮演着引导者的角色，政府担负着协调和促进社会发展的使命，政府的特殊地位决定了政府的行政改革是全部社会改革行动的先导。自20世纪80年代以来，全球都处于一场持续的行政改革过程之中。概括起来，世界各国行政改革的内容基本上都是以精简机构为切入点的，其目标是实现政府职能的根本性转变，以求建立起适应人类社会新的历史阶段的职能体系。就行政改革的本质而言，是要从根本上改变政府与社会、政府与公众以及政府部门之间的关系，以求形塑出全新的社会治理关系和建立起全新的社会治理结构。在全球性的行政改革过程中，各国基于自身的条件而探索出了不同的改革路径，采用了不同的改革方式，总结各国的改革路径和方式，发现其经验和教训，是有利于今后改革的进一步开展的。中国改革开放以来，也进行了持续40多年的行政改革，取得了丰硕成果，总结中国行政改革的经验，对于今后的改革有着至关重要的意义。

本章重点问题

- 行政改革的含义
- 行政改革的外部动因
- 行政改革的内部动因
- 当代西方行政改革的基本特点
- 改革开放以来的中国行政改革

11.1 行政改革概述

11.1.1 行政改革的含义

根据一种有影响力的观点，行政改革是有意识地改变行政组织的结构、功能和行政人员的行为方式的行动，目的是增强行政效能以适应环境变化和要求。也就是说，第一，行政改革是一种有目的、有意识的理性活动；第二，行政改革着眼于改变行政组织的结构、功能以及人员的行为方式；第三，行政改革的目的是增强行政效能，以适应变化着的环境所提出的变化着的要求。概括地说，所谓行政改革，就是指为了适应行政环境的变化和行政系统内部的要求而对公共行政的组织、人员、技术、制度和观念等所进行的有意识的创新、发展和调整的过程。也就是说，行政改革：首先是一种有意识的行动。所谓有意识，主要体现在行政改革的目标、计划和自觉性上。其次是一种主动的适应过程。行政环境的变化、行政要素的发展，都对行政系统提出了新的要求，行政改革正是人们为了适应这种要求而进行的自我调整、自我适应的行动。最后是一种综合性的系统化的自觉调适过程。行政改革的对象，不仅包括人员、机构和技术，而且包括行政制度和观念、文化；不仅包括这些要素自身的变革，而且包括这些要素之间的关系的变革，因而行政改革措施具有综合、全面和配套完整的特征。

从学理上看，可以对行政改革做出以下几个方面的辨识和理解：

（1）行政改革与行政变革。行政变革也是指涉行政系统变化的概念，但其内涵更加广泛，既包括人们主动进行的有计划的变革活动，也包括行政系统的自然演变过程。从这一点看，行政变革的概念也包含着行政改革的内涵，而行政改革无非是行政变革的一种形式，是指其中的一种自觉促进行政变革的过程。

（2）行政改革与行政创新。熊彼特曾将“创新”定义为一种从来没有过的生产要素和生产条件的新组合。按照这一看法，行政创新是人们引用新的行政要素（如信息技术）或进行新的要素组合的过程。行政改革实际上就是行政创新的过程，它既包括引入新的要素而对行政体系及其过程进行新的组合，也包括对原有的要素或要素组合进行新的调整。当然，行政创新所指的是具体的行政改革行为，而行政改革则是行政创新的“连续统”，是包含着一系列行政创新的行为的总的过程。

（3）行政改革与机构改革。机构改革是在中国行政改革实践中经常使用的概念，我们在使用这个概念的时候，所指的其实就是行政改革。但是，如果对概念进行辨析的话，可以发现，机构改革只是行政改革的一部分，它往往是行政改革的切入点。机构改革的本意主要是指对机构进行精简和对机构的组合方式进行调整，行政改革则包含着更为广泛的内容，不仅包括对行政机构的精简和调整，也包括行政技术、行政体制和行政文化等方面的改革。

（4）行政改革与行政发展。行政发展是 20 世纪五六十年代西方学者经常使用的一个概念，系由行为主义组织理论中的组织发展概念转化而来的。用在行政学中，指的是运用组织和行政的基本知识（尤其是行为主义的知识）对行政组织实施有计划的干预，以求完善行政组织并提高行政组织效能。可见，行政发展概念主要指的是行政组织的发展。但是，广义地看，行政发展的概念应当是指行政体系及其过程的一切方面的进步，一切行政改革或变革都可以看作行政发展的具体环节。

在中国的行政改革实践中，也经常性地使用行政体制改革或行政管理体制改革等提法。确切地说，行政体制改革所要突出强调的是自觉推动行政体制方面的变革，在此意义上，它是行政改革的一部分。同时，中国的行政体制改革的现实语境又决定了这一提法所指的是“体制改革”总体工程的一部分，是与经济体制改革、政治体制改革等相对应的一项改革，主要是针对传统行政体系中的那些体制性障碍所进行的调整，突出强调的是行政体制因素的改革。应当将其看作行政改革的一部分，因为它并不能涵盖行政改革的全部内容。

根据改革的目标、程度和方式等的不同，行政改革可以分为不同的类型。在一般意义上，行政改革的程度和实现方式通常有两种情况：一种是激进式的改革，在较短时间内集中力量对整个行政系统进行全方位的彻底的改革，甚至包含着行政系统根本性质或目的的转变；另一种是渐进式的改革，通常是在不触动原有政治体制和行政系统根本结构的前提下，小规模地、缓慢地进行微调。从世界各国行政改革的目标和路径来看，也有学者将其划分为调试型、转轨型和发展型三种类型。西方发达资本主义国家的行政改革基本上都属于调试型改革，第三世界国家的行政改革往往属于发展型改革，而中国则可以归于典型的转轨型改革。就改革的取向而言，我们还可以将行政改革分为回应性改革和前瞻性改革。回应性改革是基于行政系统无法满足现实的各种需求而被动地做出回应，局限于“刺激-反应”模式，完全是现实主义取向的，具有一定的消极回应特征。前瞻性改革则是基于社会发展的未来趋势和要求而在行政系统尚未出现大的缺陷和发展困境的情况下所进行的富有预见性的和主动的改革，并试图通过行政系统的完善来引领社会发展和促进社会进步，具有积极的战略性规划的内容。从某种意义上讲，这是一种未来主义取向的改革。

11.1.2　行政改革的动因

1. 外部动因

行政改革是由行政环境的变化和内部要素的发展所提出的新的要求引起的，因此，也可以把行政改革的动因分为外部动因和内部动因两个方面。

外部动因是指行政环境因素的变化对行政体系及其过程造成了一定的客观压力，引起或促使行政改革，以求通过这种改革去适应环境的变化。在这种情况下，外部环境的变化是以改革动力的形式出现的，所以，被称作行政改革的外部动因。行政环境因素包括政治、经济、文化、社会以及自然地理等方面，本来，行政体系的建立和行政过程的设计都是根据对它们的认识进行的，反映和适应了它们的综合性要求，但当这些环境因素发生了变化的时候，就会置行政体系于不适应的地位上，就会要求通过行政改革去重新适应它们的要求。所以，行政环境的变化是推动行政改革的重要力量。行政改革的外部动因主要包括以下几个方面：

（1）经济。经济是政治（包括行政）的基础和集中体现。行政必须与经济运行和发展的状况相适应，经济发展中的重大的、根本性的变化必然会对行政管理提出新的要求，从而促使行政体系及其过程做出相应的调整。当一个社会原有的行政体系不能有效地促进和保护经济的发展时，行政改革就开始了。从经验上看，作为行政改革动力的经济环境变化在发挥作用时可分为三个阶段：第一阶段是在原有的行政模式下，政府不对自身做任何改革，只调整经济管理政策；第二阶段是经济政策的调整已经到了能够发挥作用的极限，出现了政策工具失灵的状况，从而要求改革行政机构去提高行政人员的素质和办事效率，并要求引进新的行政管理方法、技术等；第三阶段是机构改革带来的经济发展潜力已经完全变为现实，已无法实现进一步促进经济的功能了，政府必须对自己的职能模式进行改革，更新自己的干预战略，即深入行政体制的层面。到了第三阶段，不仅要对行政管理体制进行根本性的调整，而且需要引进或培育新型的行政文化，需要形塑新型的行政行为模式。这三个阶段是周而复始、循环往复的，是一个动态性的行政与经济调适的过程。从理论上说，这三个阶段也构成了一轮行政改革的完整过程。

（2）政治。行政是政治的一部分，在很大程度上，行政体制也可以看作政治体制的组成部分，行政的本质是为了保障政治生活的顺利开展，政治因素必然会渗入行政的各个环节、各个层面。因此，政治是行政改革的最为基本和最为主要的外部动力。从世界各国的行政改革实践来看，虽然行政改革发生在政府内部，却是作为一个政治过程呈现出来的，不仅行政改革需要在政治领导下进行，而且政治部门的推动和支持本身，就是行政改革能否得以启动和取得成效的决定性因素。可以说，一切行政改革都直接地由政治因素所驱动，政治力量格局的调整决定着行政决策的目标和方向的变化，政治意识形态的起伏影响着行政的价值理念和评价标准。一国政治上的任何变化，都会立即反映到行政过程中来，要求通过行政变革与其相适应。其实，在许多国家，行政改革本身就是被作为政治改革的一部分来看待的。

（3）文化。文化是社会系统中处于较深层次和具有较强稳定性的社会构成因素。相对于经济和政治的发展而言，文化的变迁总是显得相对滞后。文化的影响是深远而持久的，一般说来，一个社会即使在政治、经济等方面发生了重大变化，也提出了行政改革的要求。但是，文化的因素可能依然会对旧的行政体系的维系提供支持，使行政改革的进程无法启动。文化的稳定性并不意味着文化在社会发展中处于一种静止的状态，它也处于发展变化的过程中，一旦文化的发展提出了行政改革的要求，那么这种要求必然是极为深沉的。在这种情况下，如果因为政治上的原因而阻碍了行政改革的话，这个社会就极有可能以一种激烈的形式提出行政改革的要求。所以，文化作为行政改革的外部动力具有双向功能：其一，文化的因素可能妨碍行政改革的启动，由于这个原因，改革的设计师和领导人往往都是从倡导改革的理念入手，希望用改革的理念去冲击既存的文化；其二，文化的因素可能会以极其激进的方式提出行政改革的要求，可能会把行政改革导向与政治、经济的要求相去甚远的方向上去，因而改革的设计师和领导者又总是努力干预文化的发展方向，以求它能够在正确的方向上实现变迁，并对行政改革发挥积极的促进作用。

（4）技术。技术是社会系统中最为活跃的因素，人类社会发展的进程，基本上都是首先由于技术的进步而引发了其他社会构成要素的变化，并最终推动社会进步。技术总是走在社会发展的最前列，技术的进步往往首先引起经济的发展，所以人们也往往把技术看作与经济直接相关的社会因素。从逻辑进程来看，可以说技术引起经济的发展，经济的发展又引发了生活方式的变革和思想观念的变化，进而促进了政治的发展和引起了行政改革。不过，就技术对行政改革的影响而论，是不能看作行政改革的充分条件的，技术本身是不能促动行政改革的，至多，它仅仅为行政改革提供了条件。比如，人们可以说信息技术的应用促进了电子政务的发展，而电子政务又促进了行政流程的变革，但那只是一种现象层面的变化。因为，任何一种类型的政府都有可能援用信息技术，却不对行政的性质和目标进行调整。所以，技术虽然是最为活跃的因素，但它需要在引起了其他因素的变化时才能够对行政改革提出要求，并成为行政改革的动因。也就是说，技术不是行政改革的直接动因，而是间接动因。

2. 内部动因

行政改革的内部动因所指的是那些存在于行政体系内部的引起行政改革的因素。与外部动因相比，内部动因对行政改革的影响会显得更为直接。当然，在不同的行政层级中，外部动因与内部动因的影响会显现出不同的情况。就国家层面的行政改革而言，一般说来，受到外部动因的影响较大，即使是由政府自身的问题所引起的，也往往是因为政治部门对政府的现状无法容忍了，通过一种政治压力而迫使政府去进行改革；就政府部门的基层或地方政府的行政改革而言，往往更多地受到内部动因的影响，是主要由内部动因引发的。行政改革的内部动因是非常复杂的，概括起来，主要包括以下几个方面：

（1）行政组织的演化。行政组织是行政体系最为基本和最为重要的构成部分，组织是实体，行政体制、行政过程和一切行政行为都是由行政组织所承载的。行政组织是行政体系中较为稳定的因素，但行政管理过程中的一切问题也都会首先反映到组织上来，并要求通过组织的调整去适应解决新的问题的要求。所以，行政组织又是处于变动之中的，组织的各个部门往往会在权力和资源分配上去因时因事做出一定的调整，组织的结构也会因新的技术的引进而发生变化。行政改革总是以机构改革为切入点，就是首先对行政组织进行改革。行政组织既是行政改革的内容也是行政改革的经常性动因。这是因为，行政组织具有自我生长的能力，它所掌握的公共权力、它所处的财政软约束环境、它在行政管理过程中与社会间的信息不对称等，都支持它的自我膨胀。一旦行政组织的膨胀达到了某个临界点，就会引起财政危机、人浮于事、效率低下等问题，从而引发人们的不满。这时，就必须通过行政改革去改变这种状况。

（2）组织分工-协作方式的变化。近代以来的整个社会就是一个分工-协作体系，特别是在生产领域中，是通过分工-协作的方式去处理一切复杂问题的，分工可以把复杂事务简单化，可以在一切个人能力不及的地方把事务化解为一个个小的单元，由许多人去共同处理。政府也是一个分工-协作体系，官僚制组织就是一个典型的规范化的分工-协作体系。一般说来，政府所面对的是一个复杂的对象，而且政府自身也是一个复杂体系，它在面对复杂的对象时，需要通过分工-协作的方式去处理事务，而政府自身如果能够以一个整体的面目出现，也需要以严密的分工-协作体系的形式存在。但是，政府所面对的整个社会都是处在不断变化之中的，政府的任务也不断地发生着变化，这些都会反映到政府的分工-协作体系中来，要求对分工-协作的方式不断做出调整。每一个细小的调整都会被积累起来，并最终促使分工-协作的方式发生改变。这既是行政改革的动因，也是行政改革的过程。

（3）行政权力的异化。近代以来，随着行政体系公共性的生成和增长，行政权力被赋予了公共权力的性质，应当用来为人民服务、促进公共利益的实现和增长。但是，在现实的行政权力行使过程中，存在行政权力滥用和以权谋私的问题，而且随着行政环境和行政事务的日趋复杂化，理论上作为行政权力主体的人民群众在行使对行政权力的监督权时，就变得越来越困难。因此，经常性地出现行政权力异化的问题，使行政权力丧失了维护和促进公共利益、服务于人民和社会的功能。这经常性地引起人民群众的不满。为了解决行政权力异化的问题，就需要通过行政改革去健全行政权力的运行机制，完善对行政权力运行的监督和制约，防止和消除行政权力的异化。

（4）行政文化的僵化。广义的行政文化包含着行政思想、行政观念和行政心理，也包含着行政人员的行为习惯。在行政体系的运行中，往往会形成一定的固定的行政思想、观念和意识，它们会作用于行政人员的行为，以一种稳定的行为模式出现。就这些行政文化的内容及其行为模式的生成而言，是适应行政管理活动的需要而产生的，但随着时间的演进，行政文化稳定的心理结构就会以行政人员行为的惰性呈现出来，产生人们常常所批评的所谓官僚主义作风，对行政效率、行政创新等都有严重的危害。对于政府而言，即使通过一场思想运动去冲击旧的行政文化，也无法避免旧的行政文化以“潜规则”的形式存在。所以，需要通过行政改革去铲除旧的行政文化赖以存在的土壤。

11.1.3 行政改革的模式

行政改革的模式主要是指在行政改革理论和经验的基础上形成的相对固定的行政改革的方式。20 世纪以来，世界各国在行政改革的实践中大致形成了以下几种行政改革模式：

（1）以组织为中心的改革和以技术为中心的改革。这是根据组织发展理论对行政改革模式所做的分类。其中，以组织为中心的改革着眼于行政组织的规模、结构、人员编制以及组织权力的集中和分散方面。这是常见的行政改革模式，主要目标是行政组织的合理化和科学化。以技术为中心的改革往往着眼于行政方法的改良，注重新兴科学技术的引进和运用，更多地体现在行政流程的简化与再造方面，属于策略性调整的范畴。事实证明，在提高行政组织效能方面，改进行政方法和技术能够发挥很大的作用。20 世纪 50 年代以来，西方推行的项目规划预算制度、计划评审技术、零基预算、目标管理、全面质量管理、电子政府等，均属于此类改革。近些年来，我国在注重以组织为中心的改革的同时，也逐渐地把重心转移到了以技术为中心的改革上来。

（2）以外延为主的改革和以内涵为主的改革。这是根据行政改革的内容所做的分类。以外延为主的行政改革侧重于行政实体的外部规模和技术特征，包括政府规模的大小、行政机构的增减与合并、行政组织幅度和层级的扩展与缩小、行政人员的补充与裁减等。20 世纪八九十年代的中国行政改革可以归入这一类型。其优点表现出了易于推行，政治效应强，在一定程度上对促进行政效率的提升发挥了很大作用。但是，其成果不易巩固。所以，存在着学者们所讲的“精简—膨胀—再精简—再膨胀”的问题。以内涵为主的行政改革则侧重于行政职能的调整、行政权力结构的调整、行政体制的改革等。1998 年中国提出的建设与社会主义市场经济体制相适应的行政管理体制，20 世纪 80 年代后西方国家提出的“回归小政府”、联合治理等，均属于此类。这种行政改革的内容广泛，能够切实地推动行政的发展，然而，其难度较大，所需要的周期较长。近些年来，中国行政改革确立了服务型政府建设的目标，这意味着以内涵为主的行政改革的全面启动。

（3）以理性为典范的改革和以民主为典范的改革。这是根据价值取向对行政改革所做的分类。以理性为典范的改革表现为以“效率”的全面提升为行政改革的目标，试图通过官僚制的调整和完善去提高行政组织的能力，其内容主要包括官僚组织的重组、流程的重塑、设备的更新、技术的进步和人员技能的提高。当今绝大多数国家（尤其是发展中国家和欠发达国家）的行政改革均属此类。以民主为典范的改革则以推进“民主”进程为行政改革的目标，试图通过限制官僚的权力、增强官僚的职责、提高行政参与、加强行政监督、限制行政的自由裁量空间等去促使官僚更好地服务于民，主要表现为政府与政治、与社会、与企业之间关系的重建和全面改善，力求保证官僚与群众之间沟通渠道的畅通，促进行政责任制度的完善，实现行政的法治化，大力推进行政伦理和道德的建设等。近些年来，我国在推行行政问责制、行政承诺制和政务大厅建设方面取得了积极进步，表明我国在这一改革模式方面取得了良好的进展。

（4）出于建构需要的改革和基于调适要求的改革。这是根据行政改革的思维特征所做的分类。出于建构需要的改革表现为以理论为指导，以专家为主要设计者，在改革之初制定科学而完备的方案，并付诸实施。这种改革的特点是将行政改革视为有着预期未来的可控制过程，强调理性和理论的作用，以是否达到设计目标为改革是否成功的标准。其优点在于理性较强，改革的目标明确，周期较短，可以一举革除原有弊端，成果易于评估。但是，它对于改革条件的要求比较苛刻，改革的代价比较大。基于调适要求的改革所指的是以协商为基本机制，以政治家、专家和群众的综合意见为依据，在实践中不断地调整改革内容和改革方向，表现为一种渐进的、持续推动的行政改革。其特征是将行政改革看作政治问题，强调改革意见的折中和改革方案的边际调整，在改革是否成功的问题上，不再有一个明确的标准，而是取决于政治主体的满意程度。这一改革模式体现出了实务性强、民主程度高、易于操作等优点，但其缺点也比较明显，那就是改革的周期长，容易出现反复，成果难以衡量。

11.2　西方国家的行政改革

11.2.1　政府内部的机构重组

在很大程度上，行政改革是对行政关系的调整。从西方国家的行政改革史来看，这种调整经历了一个从内部行政关系的调整到外部行政关系的调整的发展过程。在 20 世纪 70 年代以前，西方国家的行政改革主要着力于政府内部的机构重组，试图通过机构重组来理顺内部行政关系，提高政府内部各机构的行政效率。70 年代以后，这种调整逐渐转向了政府与社会之间的行政关系，试图通过政府与社会之间的职能划分来提高社会治理和公共服务的效率，而不仅仅是政府机构的工作效率。这是我们把握西方国家行政改革的一条基本线索。

就机构重组而言，其改革又经历了从行政集权向提高行政效率的发展。以我们最熟悉的美国为例，19 世纪末 20 世纪初，美国的政治结构就像威尔逊在《国会政体：美国政治研究》中所说的那样，是一种“国会常设委员会主席的政府”[①]，由于总统行政机构的孱弱，国家的所有大权都掌握在国会及其内部各种常设委员会的手中，导致行政部门无法自主开展行动，更不用说追求行政行动的效率了。为此，自“进步主义”时代起，美国历任总统都试图通过机构重组来加强行政部门的权力，促使国家机构的权力中心从国会转向白宫，并最终在罗斯福“新政”中实现了这一目的。

1937 年，由罗斯福任命的“总统行政管理委员会”发布了著名的《布朗洛报告》。有鉴于总统备受国会掣制的现实，该报告呼吁“总统需要帮助”，以使其能够带领美国走出危机。为了提供这种帮助，又要求对美国政府从以下几个方面进行行政重组：（1）扩充白宫工作人员；（2）加强和发展政府管理机构，特别是那些处理预算、效率研究、人事和计划问题的机构；（3）上下左右地全面推广功绩制，包括所有非制定政策的岗位，重新组建文官制度；（4）彻底检查整个政府行政部门，使所有行政活动各得其所；（5）按照最好的政府管理和私人企业管理方法广泛修正财政制度[②]。

具体说来，该委员会建议设立总统行政办公室，它由从财政部分离出来的预算局与一个新的白宫办公室组成，其人员由总统任命，并且无须参议院批准。根据《布朗洛报告》的建议，罗斯福提出了一个行政重组计划并制订了法案，于 1939 年获得国会批准。该法案主要有两大条款：第一，批准设立 6 位被古利克称为“匿名英雄”的总统助理；第二，批准总统在适当限制下重组行政机构。该法案设定了有效期限，授予总统的重组权威有效期为两年。法案通过后，罗斯福在布朗洛等人的帮助下提出了第一和第二重组方案。其中，第一方案宣布成立总统行政办公室，随后，罗斯福颁布第 8248 号行政令，定义了总统行政办公室的目标、角色与职责。在总统行政办公室的协助下，罗斯福及其继任者们推出了一系列重组措施，大大增强了行政部门的领导能力。在 1939—1973 年间，6 位总统一共提出了 105 份重组计划，其中 83 份获得了通过[③]。

总统行政办公室的成立是美国行政史上的一个标志性事件，随着它的建立，美国政府机构间的原有平衡出现了有利于行政机构的倾斜。总统行政办公室实际上成了总统的立法咨询机构，通过这样一个机构，总统夺取了原属于国会的许多立法权力。后来，经

---

① 威尔逊．国会政体：美国政治研究．北京：商务印书馆，1986：58.

② 布朗洛，梅里亚姆，古利克．总统行政管理委员会的报告//彭和平，竹立家．国外公共行政理论精选．北京：中共中央党校出版社，1997.

③ SUNDQUIST J L. The decline and resurgence of congress. Washington, D. C.: The Brookings Institution, 1981: 54.

济顾问委员会、国家安全委员会和中央情报局这样的枢要机构也并入了总统行政办公室，大大加强了总统对整个国民生活的控制力。行政部门如此强势的扩张自然会引起其他部门的反击。在“新政”中，最高法院与罗斯福展开了较量，裁定国会授予总统的特别权力违宪，罗斯福则提出《最高法院改组计划案》，要求扩大最高法院的规模，以在人事结构上对最高法院实施“掺砂子”。这一提案虽然未获国会通过，却为后来总统与最高法院的关系奠定了基调，从此，“最高法院再也没有推翻过任何一项新政法律。事实上，自 1937 年起，最高法院从来没有宣布过任何调节经济的重大联邦法令无效，也没有（1996 年的《划线项目否决法》（Line Item Veto Act）例外）再判决任何将国会权力授予总统的法律违宪。大多数阻挠国家和总统权力的司法障碍都已经失落”①。自这个时候起，美国就变成了今天人们所说的“行政国家”。

在“国会政体”的背景下，由于政府的一举一动都受制于国会，政府必然是低效的。在这里，政府的无效率不是政府本身的问题，而是国家机构间关系不合理的结果。随着“行政国家”的形成，在行政部门已经在国家权力体系中获得了中心地位的前提下，行政机构如果仍然是低效的，其原因就只能在政府内部去寻找。由此，行政改革的重心就转向了政府内部，转向了对政府内部行政关系的调整和重组，其目的是通过这种调整来使政府内部的机构设置更加合理，从而提高整个政府的运行效率。这种改革直到今天所表现出来的依然是采取“大部制”改革的形式。

“大部制”又称“大部门体制”，是通过机构整合组建大部门而形成的一种政府组织模式。从实践来看，目前市场经济较发达的国家基本上都实行大部制，有的转轨国家，如俄罗斯、乌克兰等也采取大部制，一些发展中国家，如阿根廷、秘鲁等，也采取大部制。中国政府从 2008 年开始也提出了大部制改革的目标。

大部制的基本改革思路是合并相同或相近职能，减少机构重叠，降低横向机构间的沟通成本，从而达到提高行政效率的目的。虽然西方国家大都采取了大部制的机构设置方式，但不同国家之间在大部制的具体设置上则呈现出了不同的模式。具体包括以下几种②：

（1）政策局＋执行局模式。这种模式的特点是在部门内部分别设立政策局和执行局，政策局负责协助部长制定政策，执行局专门负责政策执行；执行局相对独立，在人事、经费、管理等方面有较大的自主权和灵活性；部对执行局采取“适距控制”，实行契约管理、绩效管理、项目管理。英国是这一模式的代表，澳大利亚、加拿大、丹麦、荷兰、挪威、瑞典、新加坡等国都有类似的做法。

（2）职能司局＋独立行政机构模式。这种模式的特点是沿用传统科层的组织模式，在各部内仍设立职能司局作为骨干框架，同时由直属的独立行政机构，或者由归口管理的独立行政机构负责相关政策法律的执行。独立行政机构一般依法设立，由部长直接领导或节制，人员属公务员体系，可相对独立地开展工作。部属独立行政机构只负责某个方面的政策法律执行，部门决策并不是完全靠独立行政机构来执行。德国和法国是这种

① 米尔奇斯，尼尔森．美国总统制：起源与发展．上海：华东师范大学出版社，2008：297.

② 沈荣华．国外大部制梳理与借鉴．中国行政管理，2012（8）．

模式的代表。

（3）职能司局＋相对独立模式。这种模式的特点是内阁各部由内设职能司局组成，但许多职能局实际上是相对独立的，不仅具有行政许可权和执法权，而且在形式上独立对外开展工作，从事行政管理和提供服务，地位和功能相当于英国的执行局。例如，美国国土安全部整合进来的移民归化局、海岸警卫队海关总署、联邦紧急事务管理署等机构，都有很大的独立性，主要从事执行性、管理性工作。美国农业部共设 20 多个内设司局，其中许多职能局是相对独立的，主要承担执行职能，并在地方设派出机构。

（4）职能司局＋外局＋独立行政法人模式。这种模式的特点是在内阁各部内设立职能司局，同时设有部属外局或者独立行政法人，设置了部门机构多样化部属外局作为部的职能机构，相对独立，但受部的领导。独立行政法人是内阁部设立的具有独立法人地位的公共机构（相当于中国部委的直属事业单位）。与英国部内的公共机构相比，独立行政法人在性质和地位上大体相似，区别在于主要承担研究、咨询、技术、服务等职能工作，不包括行政、监管方面的机构。这种模式以日本为代表。

与传统的政府机构设置方式相比，大部制具有明显的优势。首先，大部制将同类职能归并到一个部门统一管理，可以避免传统体制下职能交叉、政出多门等问题，整体效率更高。其次，大部制将原来平行部门间的外部协调变为部门的内部协调，在同一部门里，各部门利益趋同，目标相同，协调便利，有利于克服传统体制下推诿扯皮、争权夺利的现象。因此，20 世纪 70 年代以来，大部制成为世界主要国家纷纷采取的机构设置方式。但是，由于职能范围极大，大部门能否完整履行其所承担的职能也是一个备受争议的问题，尤其是在改革之初，其内部机构间的整合往往非常困难，需要耗费大量的公共资源。同时，经验证明，大部制往往导致严重的官僚主义和低效率。所以，大部制并非政府机构重组的终极方案，为实现不断提高行政效率的目标，各国政府也在不断地探索机构重组的各种可能性。

11.2.2 政府与社会关系的重组

政府的所有机构改革都是以提高行政效率为目的的，且这些改革都暗含了一个基本假设，即政府是可以有效率的，因而才有必要通过机构重组来提高政府的效率。反之，如果从根本上就认为政府是无效的，那么，就没有必要把行政改革的重心放在政府内部的机构重组上了。正是这一点，成了 20 世纪 70 年代以来的“新公共管理”运动所遵循的逻辑。新公共管理运动以新自由主义经济学为指导，认为只有市场才是一种有效的社会机制，政府则在根本上就是无效的，因此，把提高公共事务处理的效率寄托在政府自身的改革上是不切实际的，对公共事务的处理也应当像对私人事务的处理一样交给市场。根据这一思路，西方各国尤其是经合组织国家纷纷开展了以放松政府规制及公共服务市场化、私有化为取向和内容的行政改革。同时，这种改革也激活了基层社区与社群的行动能力，激发了普通公众的参与意识，从而使公众参与和民主行政成为当今行政改革中一个不可忽视的主题。这两方面的发展共同促使政府与社会关系的重组，以至于取代了政府内部的机构重组而成为当代行政改革的基本内容。

在政府与社会关系重组改革的不同阶段，西方各国所采取的改革战略和行动方式各不相同。美国政府在里根时代主要实行私有化方案；到了克林顿时期，则着力于以企业家精神来重塑政府。英国政府在撒切尔夫人执政时期展开了以雷纳评审为先导的政府绩效改革；到了布莱尔政府时期，则更加关注公共服务的公民导向。其他如澳大利亚的大部门制改革、新西兰的文官制度改革等都各具特色。但在总体方向上，西方各国的行政改革又表现为某些趋同的特征。这些改革趋势既超越了意识形态，又超越了政党派别和政府体制。有学者将这些西方国家的行政改革概括为市场式政府模式、参与式政府模式、弹性化政府模式以及解制型政府模式①。

（1）市场式政府模式。这一模式是针对传统公共部门的结构弊端提出来的。公共部门传统结构的弊端主要是行政管理过分依赖垄断性、缺乏外部监督制约的官僚机构。这种机构几乎完全忽略了市场信息，得不到外部环境的监督和指导，主要是通过规章制度和权力对政府行为做出协调。同时，对这种机构的行政管理行为在质量和效率上也无法进行准确的评估、考核。就其目的是要革除公共部门结构的这些弊端来看，该模式的改革特征是：第一，实现政府部分机构市场化，引入竞争机制，下放决策和执行权力。该模式主张把庞大的政府公共部门分解为若干可以相互竞争的运作部门，把大量的服务职能下放给低层机构，甚至转让民营部门承担，其目的是要迫使公共部门无法进行垄断性控制。这一改革模式在组织结构上的表现是减少政府的机构和结构层次，使多层次的金字塔式的结构逐步变成层次少而扁平化的结构。第二，对政府官员实行合同聘用制和个性化的绩效工资制。目的是要打破终身雇佣制和官员按章办事的行为模式，主张仿效企业雇用经理的做法聘用政府部门主管人员，并在雇佣合同中明确官员的绩效标准。个性化的绩效工资制其实是对“功绩制”原则的进一步拓展，它尽力打破公务员的岗位和职位限制，根据公务员在市场上可能获得的收入来确定工资收入，贡献（绩效）突出的给予高收入，贡献（绩效）不明显的给予低收入，以此来调动公务员的工作积极性，提高行政效率。第三，在政府与公众的关系上，以公众为中心，政府围绕公众需求转。传统官僚体制是由政府来规范公众行为，而企业家政府模式则视公众为“顾客”。就像企业要根据顾客的需求来生产产品一样，政府也要根据公众的要求来提供服务。

（2）参与式政府模式。这也被称作“授权模式”，该模式认为，传统的官僚制组织结构和管理方式是影响行政效率的主要障碍。因为，官僚制把行政只看成是对政治决策的执行，而执行又是以按层级逐级发指令为行为特征的，到了组织结构的底层，就只能完全按指令和规章办事了，这既不能调动低层公务员的勤政积极性，又抑制了他们创造潜能的发挥，最终导致行政效率低下，并引起社会公众的不满。因此，该模式主张放权于基层，把被排斥在决策过程以外的基层团体、政治力量吸收到政府管理活动中来。同时，在与行政管理对象之间的关系上，给服务对象更多的权利，从而形成一个有效地吸收基层公务员、社会团体和公众参与行政管理、共商行政决策大计的政府模式。由此可见，授权模式反映了政府重视并激励公民参与行政管理的价值理念。在决策上，授权模式不赞成依据传统的自上而下的集权方式进行决策，而是主张通过自下而上的分权方式进行

① 彼得斯．政府未来的治理模式．北京：中国人民大学出版社，2001.

决策，充分发挥低层机构和人员在政府中的积极性和创造性。同时，鼓励公众通过成立多种多样的委员会或通过咨询、公民投票等方式参与政府决策，以求行政管理最大限度地体现和满足公众的利益。在体制结构上，授权模式极力反对传统金字塔式的组织结构，主张控制体系宽松，减少中间层次，尽可能地缩短组织高层与低层的沟通路径，以使信息快速准确地传递，给低层组织更多的根据具体环境机动灵活决策的权力，不必凡事准奏，其最终目的是提高行政管理的质量和效率。在管理上，授权模式推崇内部参与管理，尤其强调给低层公务员更多参与权力分配的机会。在信息管理方面，强调自下而上的信息获取途径，以此来增加行政决策的有效信息量。在业务管理方面，提倡全面质量管理并强调以群体（小组或集体）为单位进行评估和奖惩，通过增强团体协作意识去提高整体行政质量和效率。

（3）弹性化政府模式。该模式主要表现为要求革除官僚制带来的政府僵化等弊端，强调政府机构的灵活性。该模式主张在组织上建立临时性机构，诸如建立一些一般性的和特别的工作委员会、工作小组或项目小组等，完成一些日常事务和专门性的特别任务。在人事上增加短期的或临时的雇员，任务完成后即解雇。在权力上根据地缘管理原则下放权力，使权力也具有灵活性和多样性。最为重要的是，这一模式特别强调：在政府内部应不断创新组织结构，即通过取消过时、僵化部分的机构和建立临时性的充满活力的机构来不断整合、创新政府组织机构，以避免传统科层体制下常设机构普遍存在的僵化问题，同时，又保持了应对瞬息万变的社会经济环境的快速反应能力，还可以起到降低行政管理成本、减轻财政负担、提高行政管理效益的效果。显然，这一改革模式对政府所提出的要求是较高的。首先，需要依据行政工作量去合理地确定和安排公务员数量，公务员的投入既不能不足也不可过多，否则会影响行政效率和效益。其次，临时雇员的制度安排会产生一些负面影响，临时雇员可能会因为其“临时”性而缺乏献身精神，甚至会丧失道德准则和职业感，产生行政管理的短期行为。同时，有些临时雇员也可能工作生疏，专业知识不够丰富，从而影响行政管理的局部质量。

（4）解制型政府模式。解制型政府模式又称“放松政府管制模式”，它通过废除公共部门众多的束缚公务员及公众办事手脚的规章制度，依靠公务员的责任心和能力来从事新的创造性工作，从而提高办事效率和增进社会的整体利益。这一模式的主要思想就是改变官僚制下的官员严格按章办事、循规蹈矩的传统，让政府官员尽可能发挥出潜能和创造力，以令社会各阶层满意和创造性地开展工作。解除政府管制主要包括这样几个方面的内容：第一，在管理决策方面，强化官员的决策作用，认为经过严格考核选拔的公务员专业理论知识丰富，又直接跟公众打交道，既有理论又有实践，理应让他们做出更多的决策，在执行规章制度时，也应给他们更多的灵活性。第二，在组织结构方面，淡化行政组织结构，强化有效行动的能力。这一模式要求赞同政府官僚机构的高层决策者依靠一定的行政文化来调整、规范整个机构的行动，即要求政府官僚机构的高层决策者依赖个人的价值观念、伦理道德来实现管理目标。第三，在公共利益方面，要求协调好各方面的利益关系，促进社会整体福利水平的提高。该模式认为，通过取消政府内部限制公务员积极性、创造性发挥的规章制度，充分调动公务员的积极性和创造性，充分发挥政府的管理协调功能，处理好各种社会利益关系，以促使整个社会福利水平的提高。

上述四种模式是对当代西方行政改革的概括，从现实来看，在行政改革的过程中，有的国家可能更侧重于某一种模式，而有的国家则可能兼具多种模式的特征。此外，从不同的视角看，对于西方国家的行政改革，实际上是可以划分出更多的类型的，如效率驱动型、追求卓越型、公共服务取向型等，但不管做出怎样的划分，西方国家的行政改革在总体趋势上仍然是具备了某些共同点。

11.2.3 当代西方行政改革的基本特点

尽管西方各国的政治体制和文化传统各有不同，改革的出发点和目标也存在一些差别，但就行政改革本身而言，存在许多相似之处。其一，行政改革都是计划性的、渐进式的。在推行改革之前，都会拟定详细的实施方案，通常是分阶段、分步骤进行的，体现了渐进调适的特点。其二，依法改革，并辅以立法配套。在西方国家的行政改革中，法律既是依据也是保障，几乎所有的改革都遵循现有的法律规范，并严格按照法定程序推行，对既有的改革成果，又通过立法加以肯定和巩固。其三，广泛的社会参与。从改革方案的拟定、改革措施的落实到改革成效的评价，充分考虑到了社会的普遍参与，形成了自上而下和自下而上的良好互动。其四，实行改革领导班子专任。从改革初期就成立专门的改革领导小组或委员会，甚至由行政首长亲自负责，具有高度的权威性和专业性。其五，对改革绩效进行评估。建立起专门的考评体系，对改革的效果和影响进行全面评价，并及时地加以总结和反馈。除了在行政改革的形式方面具有这些相似性特点，在改革的具体做法和内容上，当代西方国家行政改革也体现出了以下几个方面的共同特征：

（1）政府职能的市场化。主要包含两个方面的内容：第一，政府职能收缩。根据市场经济的要求重新确立政府的行政职能，将原来由政府承担的部分社会职能和经济职能推向市场，从而减轻了政府负担，缩小了政府规模，精简了政府人员。政府职能的市场化主要表现在：压缩社会福利项目，以市场化的安排来代替政府的安排；放松对企业进出口及价格的管制，市场定价代替了政府定价；推行国有企业私有化改革。第二，公共服务的市场化。在公共服务供给领域引入市场机制，其实质就是整合政府权威制度与市场交换制度的功能优势，在改革中形成了一种新的公共服务供给制度安排。具体内容包括：其一，通过竞争性招标，在不扩大政府规模、不增加公共财政支出的情况下，将原先政府垄断的公共产品的生产权和供给权向私营公司、非营利组织等机构转让，完成公共服务提供的“准市场化”供给，进而改善公共服务的质量。其二，以政府特许或其他形式吸引中标的私营部门参与基础建设或提供某项公共服务，在政府的规制下，私营部门通过向消费者收费来收回成本和追求回报，从而实现了公私合作。其三，让使用者付费，主要是让家庭、企业和其他私营部门在消费政府提供的具有消费可分割性的服务和设施（如学校、医院、公园等）时支付一定的费用，以显示公众对公共服务的真实需求，从而达到合理配置资源的目的。其四，通过建立凭单制度，即政府对某些特定集团的人购买某些特定的货物或服务发放一定的有价证券，主要存在于政府提供的食品补助、医疗补助、教育补助和住房补助等领域。

（2）公共服务的社会化。在行政改革中，西方各国政府除了充分利用市场机制之外，还努力借助社会的力量提供公共服务。其一，让非营利组织通过自主筹资、捐款或税收优惠等途径获取资金，与政府部门合作提供公共服务。近些年来，随着改革的逐渐深入，形成了非营利组织在提供公共服务上逐渐与政府、市场鼎足而立的格局，成为支持社会稳定发展、弥补政府和市场失灵的重要社会力量。其二，政府以授权的方式鼓励社区建立老人院、收容院、残疾人服务中心等公益机构，解决一些政府未能提供或不便提供的公共服务。这是一项依据受益者所居住的地域或从事的行业而提供公共服务的做法，其成本的补偿往往通过自愿或由社区委员会依据民意的方式征收。这种方式是把公共服务的提供范围缩小到一个以生活或工作为纽带联系起来的小团体之中，它更容易获得有效率的生产，也更容易将消费者的偏好与生产数量联系起来。其三，鼓励志愿者参与到公共服务的供给行列中来，表现为让个体志愿者或志愿者组织无偿提供公共服务，或者以捐赠、互惠等方式寻求代理去提供公共服务。

（3）行政权力的分散化。西方国家在行政改革过程中，大都着力于缩小政府行政管理的范围，努力分散政府行政权力。这既表现为中央政府与地方政府之间的分权，又表现为政府行政组织内部层级间的分权。从中央政府与地方政府之间的分权来看，它体现为中央政府将若干权力如项目管理权、法规制定权等下放给地方政府，使地方政府较以前拥有更大的权力。一般说来，西方国家推行分权的做法表现为“财权相对集中，事权相对分散”。20 世纪 80 年代以来，从政府行政组织内部层级之间的分权来看，它主要体现为“压平层级，授权一线”。此外，西方国家在改革政府机构、调整行政权力的过程中，把一些政府经济部门改组为准政府机构或者干脆独立出去而以社会组织的形式出现。其中，以英国的“下一步行动方案”最为典型。该方案旨在把原政府部门内的中下层组织转变为具有独立性质的单位，从根本上实现了决策权与执行权的分离。

（4）内部管理的企业化。所谓“政府企业化”，就是用企业家所追求的讲效率、重质量、善待消费者和力求完美服务的精神去重塑政府。这一方面的改革被新公共管理运动加以广泛推荐，并在一定程度上被提升到了理论高度，美国学者戴维·奥斯本和特德·盖布勒在《改革政府——企业家精神如何改革着公营部门》一书中就大力主张以企业家精神来重塑政府，并归纳出改革的十个方面：第一，起催化作用的政府，掌舵而不是划桨；第二，社区拥有的政府，授权而不是服务；第三，竞争性政府，把竞争机制注入提供服务中去；第四，有使命的政府，改变照章办事的组织；第五，讲究效果的政府，按效果而不是按投入拨款；第六，受顾客驱使的政府，满足顾客的需要，而不是官僚政治需要；第七，有事业心的政府，有收益而不浪费；第八，有预见的政府，预防而不是治疗；第九，分权的政府，从等级制到参与和协作；第十，以市场为导向的政府，通过市场力量进行变革。

（5）管理方式的信息化。面对信息技术和信息社会的挑战，西方各国均注重运用信息技术来对政府进行改革，以求借助于信息技术来提高政府服务效率和治理质量，并通过构建电子化政府去谋求国家竞争力的提升。在美国，1993 年，由副总统戈尔所领导的国家绩效评估委员会发表了题为《运用信息技术改造政府》的报告，试图通过信息技术改善政府的效率、产品与服务的品质，强调一个现代化的“电子化政府”应给予民众更多机会，让民众以最有效的方式取得政府所提供的服务。在美国的影响和带动下，许多西方国家也都把构建电子化政府作为其国家发展的一个战略性任务，制定并开始实施政府治理电子化的规划。2016 年，丹麦政府推出“数字政府战略 2016—2020”，并在财政部下设数字化机构，指导丹麦的数字化发展；澳大利亚颁布了《数字化转型战略 2018—2025》，提出要在 2025 年成为世界前三的数字政府国家；英国在 2012 年颁布了《数字政府战略》，并借助行为公共管理的理念实现了政务服务的“默认数字化”；新加坡在 2015 年发布“智慧国家 2025 计划”，提出“大数据治国”的理念，希望通过建设覆盖全岛的数据收集、连接和分析基础设施平台，预测公民需求，提供精准化的服务。

11.3　改革开放以来中国的行政改革

11.3.1　中国行政改革的进程

改革开放之后，中国社会发展进入了一个全新的历史转折时期，在 40 余年的改革开放进程中，政府也先后进行了九次较大规模的行政改革。

（1）1982 年的行政改革。“文化大革命”结束后，从 1977 年开始，国务院很快恢复了部门管理体制，至 1981 年，国务院设部委机构 52 个、直属机构 43 个、办公机构 5 个，机构总数高达 100 个，达到了新中国成立以来的最高峰。机构大量膨胀不仅使国务院机构林立、职责不清、人浮于事、运转不灵，而且导致了严重的官僚主义问题。对此，邓小平尖锐指出，这个问题不解决，不仅“四化”建设没有希望，而且可能要亡党亡国。在这种背景下，党和政府做出重大决策，下决心进行领导体制和管理制度的改革。1982 年 1 月 13 日，邓小平在中共中央政治局讨论中央机构精简的会议上指出，精简机构是一场革命，是对体制的革命。2 月 22 日至 3 月 8 日，五届全国人大常委会举行第 22 次会议，通过了《关于国务院机构改革问题的决议》。这是改革开放后第一次行政管理体制改革，重点是对各级政府机构进行较大幅度的精简，提出了干部队伍革命化、年轻化、知识化、专业化的“四化”标准，大批年轻知识分子走上领导岗位。此外，还打破了领导职务终身制，开始建立正常的干部离退休制度。这次改革是在党和国家工作重心全面转移到社会主义现代化建设上来所进行的首次行政改革。

（2）1988 年的行政改革。在认真总结经验教训和深入分析机构状况及存在问题的基础上，1988 年再次进行了机构改革。这次改革是在经济体制改革刚刚铺开的背景下开展的，党的十三大提出了政治体制改革的整体思路，提出了机构改革必须抓住职能转变这一关键。转变职能实际上成了 1988 年改革指导思想上的一次重大突破。在转变政府职能思路的引领下，此次改革按照政企分开的原则把政府部门直接管理企业的职能剥离转移出去，强化政府宏观调控、行业管理和监督的职能。这次改革调整了国务院机构的总体格局，强化了综合部门、经济调节部门、监督部门和社会保障部门，适当弱化了专业经济管理部门。也就是说，强化了实行间接管理的部门，弱化了进行直接管理的部门。改革前，国务院有部委机构 45 个、直属机构 22 个、办事机构 4 个，再加上国务院办公厅，共 72 个常设机构。改革后，设部委机构 41 个、直属机构 17 个、办事机构 7 个，再加上国务院办公厅，共 66 个常设机构。非常设机构从 75 个减少到 49 个。在精减人员方面，有 31 个部门弱化了职能，减少了 13 900 人；有 35 个部门增强了职能，增加了 6 000 人。改革前实有 52 800 人，改革后为 44 800 人，减少了 8 000 人。

（3）1993 年的行政改革。随着政治体制、经济体制改革的深化，根据八届全国人大一次会议关于机构改革的决议，我国从 1993 年起进行了新一轮机构改革。1992 年党的十四大所提出的建立社会主义市场经济体制的目标为此次机构改革指明了方向。此次改革的指导思想是：适应社会主义市场经济的要求，按照政企职责分开和精简、统一、效能的原则，转变职能，理顺关系，精兵简政，提高效率。这次改革对政府不同部门的职能转变提出了不同的要求：综合经济部门重点是加强宏观调控体系；专业经济部门重点是由部门管理转向行业管理，打破部门界限和所有制界限，实行以经济、法律手段为主的间接管理；流通部门重点是发展统一、开放的市场，逐步打破部门分割和地区封锁，制定市场法规，规范市场秩序；社会保障的有关部门重点是逐步建立和完善社会保障体系，以利于企业转换经营机制，维护社会稳定；其他部门也要结合本部门特点，转变职能，简政放权。通过这次改革，国务院各部委和直属机构做了若干调整。改革后，国务院部委和直属机构、办事机构减为 59 个；85 个非常设机构得到清理和调整，改为 29 个议事协调机构和临时机构，精简 66%。国务院各部门内设的司局机构精简 8%。机关行政编制原有 5 万多人，经过 1988 年改革精减后再精减到 3 万人，完成了八届全国人大一次会议确定的精简任务。

（4）1998 年的行政改革。这次机构改革以 1998 年 3 月举行的第九届全国人民代表大会所通过的中国国务院机构改革方案为标志。1997 年召开的党的十五大提出了依法治国、建设社会主义法治国家的治国方略，使 1998 年的机构改革体现了国家机构组织、职能、编制、工作程序法定化的指导思想。这次改革的目标是：建立办事高效、运转协调、行为规范的行政管理体系，完善国家公务员制度，建设高素质的专业化行政管理干部队伍，逐步建立适应社会主义市场经济体制的有中国特色的行政管理体制。这次改革的具体做法是：第一，加强宏观调控部门。将经济综合部门改组为宏观调控部门，其主要职责是：保持经济总量平衡，抑制通货膨胀，优化经济结构，实现经济持续快速健康发展；健全宏观调控体系，完善经济、法律手段，改善宏观调控机制。第二，调整和减少专业经济管理部门。为适应社会主义市场经济的要求，必须取消政府与企业之间的行政隶属关系，专业经济部门不再是企业主管部门，不再对企业的合法经营活动进行任何行政干预。企业实行自主经营、自负盈亏、依法经营、照章纳税。第三，适当调整社会服务管理部门。政府社会服务管理部门的任务是提供公共服务，包括教育、卫生、文化、体育以及社会保障与社会福利。第四，加强执法监督部门。按照行政决策立法与行政执法监督分开的原则，行政决策机构制定市场运行规则，执法监管机构建立综合执法队伍，实行市场与社会的统一执法监督。同时，机构也得到了大幅精简。

（5）2003 年的行政改革。2003 年 3 月，十届全国人大一次会议审议通过了新一轮的国务院机构改革方案，启动了改革开放以来第五次大规模的行政体制改革。这次改革的目的在于解决行政管理体制中的一些突出矛盾和问题，以求通过这次改革为促进改革开放和现代化建设提供组织保障。改革涉及七个方面：深化国有资产管理体制改革，设立国务院国有资产监督管理委员会；完善宏观调控体系，将国家发展计划委员会改组为国家发展和改革委员会；健全金融监管体制，设立中国银行业监督管理委员会；推进流通管理体制改革，组建商务部；加强食品安全和安全生产监管体制建设，在国家药品监督管理局基础上组建国家食品药品监督管理局，将国家经济贸易委员会管理的国家安全生产监督管理局改为国务院直属机构；将国家计划生育委员会更名为国家人口和计划生育委员会；不再保留国家经济贸易委员会、对外贸易经济合作部。

（6）2008 年的行政改革。2007 年 10 月，党的十七大明确提出加快行政管理体制改革，并要求推进政府机构改革，加快建立职能有机统一的大部门体制。2008 年 2 月召开的党的十七届二中全会审议通过了《关于深化行政管理体制改革的意见》和《国务院机构改革方案（草案）》。其中，机构改革方案草案经 2008 年 3 月 15 日十一届全国人大一次会议第五次全体会议表决通过，这标志着改革开放以来的第六次行政体制改革拉开了帷幕。这次改革的主要任务是，围绕转变政府职能和理顺部门职责关系，探索实行职能有机统一的大部门体制，合理配置宏观调控部门职能，加强能源环境管理机构，整合完善工业和信息化、交通运输行业管理体制，以改善民生为重点加强与整合社会管理和公共服务部门。这次改革突出了三个重点：一是加强和改善宏观调控，促进科学发展；二是着眼于保障和改善民生，加强社会管理和公共服务；三是按照探索职能有机统一的大部门体制要求，对一些职能相近的部门进行整合，实行综合设置，理顺部门职责关系。

（7）2013 年的行政改革。此次改革包含以下四方面的内容：第一，机构整合。根据十二届全国人大一次会议通过的《国务院机构改革和职能转变方案》，国务院机构改革重点围绕转变职能和理顺职责关系，稳步推进大部门制改革，实行铁路政企分开，整合加强卫生和计划生育、食品药品、新闻出版和广播电影电视、海洋、能源管理机构。第二，职能整合。机构整合是以职能有机统一或职能整合为基础的。党的十七大对“大部门体制”改革是这样表述的：“加大机构整合力度，探索实行职能有机统一的大部门体制，健全部门间协调配合机制”。这次改革涉及的职能转变都是关乎国计民生的重要领域，涉及经济调节、市场监管、社会管理和公共服务等，职能转变和整合的基本方向是创造良好的发展环境、提供优质公共服务、维护社会公平正义。第三，制度整合。除机构整合和职能整合外，还着力于国务院各部委政策过程的有机整合和跨部门协调配合，以增强国务院跨部委调动政务资源的能力，其基本精神是要构建合理的制度结构，把逐渐转移到市场、企业、社会以及地方政府的职能和资源置于中央的宏观管理体系中。第四，技术整合。这次改革在现行电子政务体系建设基础上加大了政务服务信息化平台整合力度，把分散的政务服务平台整合集成起来，建立起整体化、网络化、一站式公共服务平台。从这个意义上说，这是一次信息化驱动的整合式改革①。

（8）2018 年的行政改革。2018 年 2 月，党的十九届三中全会审议通过《中共中央关于深化党和国家机构改革的决定》和《深化党和国家机构改革方案》，首次提出了“党和国家机构改革”的概念，在“把制度优势转化为治理效能”的命题下进一步推进行政改

① 吕志奎．渐进整合式改革：2013 年国务院机构改革述评．中国行政管理，2013（5）．

革。2018 年的政府职能定位是，着眼于转变政府职能，加强和完善政府经济调节、市场监管、社会管理、公共服务、生态环境保护职能，加快建设人民满意的服务型政府。所以，2018 年行政体制改革的重点是以“五位一体”为轴心构建政府治理体系。20 年前的 1998 年的机构改革是“破”字当头，破除政企不分的组织基础，撤销了几乎所有的工业专业经济部门；2018 年的改革是“立”字当头，“破立”结合，立的是现代政府治理体系、现代政府治理方式，“破”的是制约市场在资源配置中起决定作用、影响发挥政府作用的体制机制弊端。在 2018 年国务院机构设置中，除国务院办公厅外，国务院设置组成部门依然有 26 个。其中，组建自然资源部、生态环境部、农业农村部、文化和旅游部、国家卫生健康委员会、退役军人事务部、应急管理部共 7 个部委，重新组建科学技术部、司法部，优化水利部、审计署职责。组建、重新组建、优化，都是“立”字当头。2018 年启动的党和国家机构改革是在推进国家治理体系和治理能力现代化的大格局当中统筹推进党和国家机构改革。综合治理、系统治理、源头治理、依法治理、绩效治理是中国政府治理现代化的应然治理方式。经过几十年改革，中国行政体制改革已经汇入推进国家治理体系和治理能力现代化的历史进程①。

（9）2023 年的行政改革。党的二十届二中全会通过了《党和国家机构改革方案》，深化国务院机构改革是其中的一项重要任务。为适应统筹推进“五位一体”总体布局、协调推进“四个全面”战略布局的要求，适应构建新发展格局、推动高质量发展的需要，本次改革重点是加强科学技术、金融监管、数据管理、乡村振兴、老龄工作、知识产权等重点领域的机构职责优化和调整。具体内容包括：科学技术方面，重新组建科学技术部，原属科学技术部的部分职能划入农业农村部、国家发展和改革委员会、生态环境部、国家卫生健康委员会、工业和信息化部、人力资源和社会保障部等；金融监管方面，组建国家金融监督管理总局，不再保留中国银行保险监督管理委员会，深化地方金融监管体制改革，中国证券监督管理委员会调整为国务院直属机构，统筹推进中国人民银行分支机构改革，完善国有金融资本管理体制，加强金融管理部门工作人员统一规范管理；数据管理方面，组建国家数据局，将中央网络安全和信息化委员会办公室、国家发展和改革委员会承担的相关职能划入国家数据局；乡村振兴方面，优化农业农村部职责，不再保留单设的国家乡村振兴局；老龄工作方面，完善老龄工作体制，将全国老龄工作委员会办公室改设在民政部，中国老龄协会改由民政部代管；知识产权方面，完善知识产权管理体制，将国家知识产权局由国家市场监督管理总局管理的国家局调整为国务院直属机构；信访工作方面，将国家信访局由国务院办公厅管理的国家局调整为国务院直属机构。改革后，除国务院办公厅外，国务院设置组成部门仍为 26 个。本次改革进一步突出了机构改革服务于党和国家重点工作的需要，为落实党的二十大精神提供了有力支撑。

11.3.2 中国行政改革的前进路径

改革开放是一个复杂的历史过程，它承载着中国社会的全方位转型，然而，由于计

---

① 宋世明．中国行政体制改革 70 年回顾与反思．行政管理改革，2019（9）．

划经济时期政府主导着中国社会生活的方方面面，这种转型又是以行政改革为路径的。行政改革是改革开放中“改革”的核心，也是中国社会转型的关键。同时，虽然中国社会的转型是全方位的，但不同社会领域的转型也必然存在一个逻辑上的顺序，总是从易到难先后发生的，因此，中国的行政改革在改革开放的不同阶段也承担着不同的使命，这些不同的使命又共同构成了中国行政改革的前进路径。如果说改革开放是一场革命的话，这场革命的对象实际上就是政府，具体说来，是对计划经济体制中形成的全能型政府的革命。只有首先完成了政府的革命，才能实现社会的革命。要让政府革自己的命无疑是很难的，所以，改革开放虽然以行政改革为驱动，但最初的行政改革却不是以改革政府而是以解放市场为目标的。在这个意义上，中国的行政改革是一场“倒逼”式的改革，虽然这场改革最终是为了实现政府的革命，但由于缺乏必要的动力，改革本身则是从解放市场开始的，并在市场经济取得了长足发展之后倒逼政府开展进一步的改革。事实上，改革开放以来的行政改革可以分为三个阶段，这三个阶段共同构成了中国行政改革与改革开放本身的前进路径。

从 1982 年到 2002 年是中国行政改革的第一阶段。在这一时期，改革的基本出发点是适应市场经济的发展需要，转变政府职能，减少政府对市场的不当干预，改革的中心任务是解放和培育市场，解放和发展生产力。为此，各级政府撤销了机械、纺织、化工、煤炭、电子等专业经济管理部门，增强了宏观调控、社会保障和环境保护职能，行政效率也有较大提高。这一时期的改革主要有三方面的成就：

第一，精简行政机构和人员，减少政府对微观经济活动的干预。1982 年行政改革后，国务院的工作部门从 100 个精简为 61 个。国务院副总理从 13 人精简为 2 人，新设国务委员 10 人。1988 年行政改革提出以转变政府职能为关键，确立了政企分开、提高行政效率的改革原则。1998 年行政改革后，国务院的工作部门从 59 个减少为 53 个，公务员精简了 47%。2003 年行政改革后，国有企业不再隶属于具体的行政部门，国家分别设立了国务院、省和市（地区）三级国有资产管理委员会，分别负责监管中央政府所属、省级政府所属和市（地区）级政府所属的国有企业。

第二，政府职能有进有退，宏观经济管理职能得到强化。1988 年以来，历次行政改革都十分强调转变政府职能，实现政企分开，扩大企业经营自主权。总结起来，职能转变的成效主要表现为以下四点：（1）政府计划管理的产品比重不断减少。从 1979 年到 2005 年，实行计划管理的工业产品产值在全国工业总产值中的比重由 95%下降到 10%。在全社会商品和生产资料中，政府定价的产品种类已不足 8%。（2）国有企业在国民经济中所占比重减少，国有企业经营自主权不断扩大。（3）非公有制经济在国内生产总值（GDP）中所占份额逐渐增大。（4）政府的宏观调控和社会管理职能明显增强。从 1994 年开始，中国政府重建了中央银行体系，同时将四大专业性银行改造为国有商业银行。从 1998 年开始，中国政府设立劳动和社会保障部，将原来由多个行业部门分别管理的社会保障职能合并后交给这个部门统一管理。

第三，地方分权激发了地方活力，地方政府间竞争格局已然形成。20 世纪 80 年代以来，为适应经济和社会发展的现实需要，中央政府启动了地方分权改革。随着中央政府大量下放经济和社会领域的管理权力，地方利益和地方意识开始抬头。由于地方与中央存在着利益差别，它们往往与本地区的居民和企业站在一起。不仅如此，围绕着吸引投资、人才和技术，地方政府之间已然形成了竞争局面，纷纷出台优惠政策和改革措施，企业和居民的“用脚投票”机制开始发挥作用。总结起来，中国行政改革在第一阶段的标志性成就在于，它瓦解了由政府这一驾马车驱动国家发展的单中心治理局面，开启了由政府与市场两驾马车联合驱动的双中心治理格局。

从2003年至2012年是中国行政改革的第二阶段，在市场经济的倒逼下，这一阶段的任务是重塑政府。从2003年以来，中国行政改革推出了新的路线图。第二阶段行政改革提出了新的改革宗旨，即“以人为本、执政为民”，它不再仅仅着眼于适应社会主义市场经济体制，转而以提高政府治理能力、提高人民群众的满意度作为改革目标。2004年3月，国务院对政府职能做出了新的界定，提出各级政府的主要职能是经济调节、市场监管、社会管理和公共服务，各级政府在继续抓好经济调节、市场监管的同时，要更加注重社会管理和公共服务。第二阶段行政改革已经实施的重大举措主要包括：2003年8月，全国人大常委会制定了《行政许可法》，自2004年7月1日起施行。该法规范了行政审批行为，明确了行政权力的边界。根据该法，凡是公民、法人和其他组织能够自主决定或自律管理的，市场纠正机制能够有效调节的，可以不设立行政许可。对于必须设立行政许可的事项，要依法实行规范化管理。2004年，国务院制定并发布了《全面推进依法行政实施纲要》，确定用十年左右时间基本实现建设法治政府的改革目标。该纲要提出，行政管理要做到合法行政、合理行政、程序正当、高效便民、诚实守信、权责统一。2005年4月《公务员法》颁布，为加强对公务员的管理提供了法律规范。《公务员法》规定，录用担任主任科员以下的非领导职务公务员，采取公开考试、严格考察、平等竞争、择优录取的办法。它奠定了国家公务员队伍“凡进必考”“竞争上岗”的管理框架。2007年4月，国务院公布了《政府信息公开条例》。该条例规定，行政机关应当及时、准确地公开政府信息。对于涉及公民、法人或者其他组织切身利益的政府信息，需要社会公众广泛知晓或者参与的政府信息，反映本行政机关机构设置、职能、办事程序等情况的政府信息，行政机关应当主动公开。行政机关不履行信息公开义务的，公民、法人或者其他组织可以依法举报、申请行政复议或提起行政诉讼。第二阶段行政改革通过促进政府与市场互相补位以弥补“政府失灵”和“市场失灵”，逐步形成了政府与市场彼此合作的伙伴关系。

中国行政改革的第三阶段大致可以视为自2013年开始，这一阶段的任务是培育社会，即通过培育成熟的社会来完成中国社会的全面转型。2013年11月，党的十八届三中全会通过《中共中央关于全面深化改革若干重大问题的决定》，对全面深化改革的诸多问题做出了系统规划。其中，关键的一点是提出了要“改进社会治理方式”“激发社会组织活力”，要求“鼓励和支持社会各方面参与，实现政府治理和社会自我调节、居民自治良性互动”。“适合由社会组织提供的公共服务和解决的事项，交由社会组织承担。支持和发展志愿服务组织。限期实现行业协会商会与行政机关真正脱钩，重点培育和优先发展行业协会商会类、科技类、公益慈善类、城乡社区服务类社会组织，成立时直接依法申请登记。”这表明中国政府已经认识到并试图承担起培育社会的责任。未来，进一步解放市场与重塑政府仍将是中国行政改革的基本主题，但这两方面的改革都是服务于培育社会这一目标的。我们解放市场不是为了换取一个时时使我们陷入经济危机的市场，而是一个可以促进社会经济生活和谐有序的市场。我们重塑政府也不是为了获得一个对社会放任自流的政府，而是一个可以让社会得到良好治理的政府。培育社会是解放市场与重塑政府的总原则，也是中国行政改革的总目标。

要培育社会，就要约束政府。所以，自党的十八大以来，新一届中央政府围绕以行政审批制度改革为重点的行政改革，按照"放得彻底、管得到位、服务得好"的要求，主要在以下几个方面取得了重要进展：一是建立权力清单制度。权力清单制度是指各级政府部门按照法定权力事项，以列表清单形式公开，主动接受社会监督，以促进依法行政。权力清单制度包括权力清单、责任清单、负面清单、服务清单四个方面。建立权力清单制度的目的是划定权力边界，规范权力事项，从而为行政审批制度改革确定依据。二是取消下放行政审批事项。2013 年初到 2018 年分 10 批取消，从 1 692 项减少到 632 项，各部门设置的职业资格许可和认定事项，削减比例达到 70%以上。至此，非行政许可审批全部取消，法外审批成为历史。在审批事项取消下放的同时，撤销或调整相关机构和职能。三是以企业和公民需求为导向，通过优化审批流程，建立集中审批、审管分离、审批服务一体化的审批体制与机制，形成透明公开的审批流程，为企业和公民项目审批提供便捷高效的服务。在各级地方政府建立服务大厅实行集中审批的基础上，一些地方政府借助网络公开平台，通过推进政府部门间的信息共享和流程再造，探索实行"互联网+审批"和"最多跑一次"的行政审批模式。四是在取消下放行政审批事项的同时，加强事中和事后监管。国务院相继制定了公平竞争审查制度、政府信息公开和数据开放制度，建立国家企业信用信息公示系统和失信联合惩戒机制，建立投资项目在线审批监管平台，并积极推进"双随机、一公开"监管和综合执法改革，运用大数据、云计算、物联网等信息技术实施在线动态监管，确保"线上""线下"政府监管落到实处①。

11.3.3　当前中国行政改革的方向

西方国家的行政改革包括政府内部的机构重组及政府与社会关系的重组两个方面，虽然这两方面的内容在不同时期会有所侧重，但二者并不具有替代关系，而是并行不悖的。西方政府既需要通过对内部行政关系的调整来提高自身的运行效率，也需要通过对外部行政关系的调整来促进社会的良好治理。中国政府也是如此。在几十年的行政改革中，中国政府从以机构改革为主逐渐转向了侧重于对其与社会之间关系的调整，但在相当长一段时间内，机构改革仍然是中国政府转变职能和提高国家治理能力的基本手段。所以，对当前中国行政改革的方向，我们仍需从这两个方面来进行把握。

就机构改革而言，作为 20 世纪后期以来得到广泛采用的机构设置方式，大部制自 2008 年以来正式提上了中国政府的改革议程，也将是未来一段时间中国政府的工作重心之一。中国原来的政府管理体系中存在条块分割现象，每个层级都存在职能交叉问题，据国务院官方统计，在 2008 年，国务院有 80 多项职责存在交叉。在地方上，由于复杂

---

① 周光辉．构建人民满意的政府：40 年中国行政改革的方向．社会科学战线，2018（6）．

的条块关系交织，职能不清的情况更多，在基层甚至出现了“上面千条线，下面一根针”的情况，导致政出多门、责任不清、效率低下。进行大部制改革，能有效减少职能交叉，整合政府职能，促进行政机制的进一步完善；有助于厘清各部门之间的权责关系，形成决策、执行、监督权相互协调、制约的权责体系；有利于健全部门之间的协调机制，降低行政成本；更可在整体上重构中央与部门之间的利益分割，打破部门之间各自为战的封闭格局。

2008 年，国务院进行了大范围的机构调整。改革后的国务院形成了 27 个大部委，相比 2003 年减少了 4 个正部级单位，15 个部门进行了调整。具体内容包括如下：国家民用航空局、国家邮政局、交通部重组为交通运输部，国家公务员局、人事部、劳动和社会保障部重组为人力资源和社会保障部，建设部重组为住房和城乡建设部，国家环境保护总局重建为环境保护部，国防科工委、信息产业部、国务院信息办重组为工业和信息化部。

2013 年，国务院大部门制度改革取得了更为突出的进展，主要包括：撤销铁道部，组建国家铁路局，由交通运输部管理，逐渐构成大交通部，统筹规划铁路、公路、水路、民航发展，加快推进综合交通运输体系建设，同时组建中国铁路总公司，实行铁路部门的政企分开；撤销卫生部、国家人口和计划生育委员会，组建国家卫生和计划生育委员会，整合卫生部职责、人口计生委的计划生育管理和服务职责，国家人口和计划生育委员会的研究拟定人口发展战略、规划及人口政策职责由国家发展和改革委员会承担；撤销食药监局，单设国务院食品安全委员会办公室，组建国家食品药品监督管理总局；撤销广播电影电视总局和国家新闻出版总署，组建国家新闻出版广播电影电视总局，整合国家新闻出版总署、广电总局的职责；撤销国家电力监察委员会，重组国家能源局，由国家发展改革委员会管理，整合国家能源局、国家电力监管委员会的职责；重组国家海洋局，设立高层次议事协调机构国家海洋委员会，整合现国家海洋局及中国海监、公安部边防海警、农业部中国渔政、海关总署海上缉私警察的队伍职责。通过本轮行政组织改革，减少了 4 个正部级机构，国务院组成部门减少 2 个，更重要的是通过组织机构改革，进一步促进了政府职能的转变。

习近平总书记指出，“深化党和国家机构改革是对党和国家组织结构和管理体制的一次系统性、整体性重构。”[①] 2018 年的机构改革从以往的“合并同类项”式的职能组合走向了党政职能、机构性质、机构职能和党中央决策议事协调机构的重构，这样从整体性和全局性的高度进行党政军群的统筹改革，极大促进了政府职责的理顺，将政府职责体系置于国家治理体系中进行优化，这一点在党的十九届四中全会的改革决定中体现得更为突出。近年来，随着“放管服”改革的深入推进，数字政府建设成为厘清部门职责和促进部门间政务协作的重要突破口。地方探索方面比如浙江省的“最多跑一次”改革就是典型例子，它被称为一场“刀刃向内”，在“以人民为中心”理念指导下，利用“互联网＋政务服务”技术，以“一窗受理”“一网通办”为主要手段的针对政府自身的改革。行政服务中心“一站式服务”的背后需要打破政府部门“数据孤岛”的现实，加强部门

---

① 习近平．习近平谈治国理政：第 3 卷．北京：外文出版社，2020：105.

间的政务数据共享，从而倒逼部门间以服务为导向的协作。各级政府应以此为契机，推动各职能部门的职责梳理，在政务服务协作和配合的基础上逐渐健全部门协同的制度安排，使政府各部门在政府的统一领导下实现卓有成效的协同①。

就政府与社会的关系而言，公共服务的市场化与社会化仍将是未来一段时间的改革重点。21 世纪以来，中国政府在公共服务市场化与社会化方面已经做出了一些尝试，取得了初步成效。

一是在公共基础设施建设和投融资体制方面，逐步放宽了外商以及国内民营企业直接投资基础项目的限制，进行了建设—经营—移交（BOT）和政府与社会资本合作（PPP）等项目融资方式的试点和推广。2002 年 12 月底，建设部下发了《关于加快市政公用行业市场化进程的意见》，明确规定开放市政公用行业，鼓励社会资金、外国资金参与市政公用设施建设，对供水、供气、供热、公共交通、污水处理、垃圾处理等经营性项目，采取向社会公开招标的形式选择经营单位。2014 年，在财政部关于 2014 年中央和地方预算草案的报告中，中国官方首次使用了 PPP 的概念，明确提出要推广运用 PPP 模式。截至 2017 年 3 月末，按相关要求审核纳入项目库的项目，共计 12 287 个，累计投资额 14.6 万亿元，其中，已签约落地项目 1 729 个，投资额 2.9 万亿元；库内国家示范项目共计 700 个，累计投资额 1.7 万亿元。虽然此后一些项目发生了风险，但根据财政部 PPP 中心数据，截至 2021 年 9 月末，储备清单项目累计 3 466 个，投资额 3.9 万亿元，PPP 仍然是地方政府的一种常态化的投融资工具②。

二是在科技、教育、卫生、文化、体育、环境保护等领域部分地引进市场机制，如在教育、卫生、文化领域吸收社会资金，出现了民办学校、民办医院等；通过发包方式选择园林绿化和环境卫生等非经营性项目的日常养护单位和承包单位，城市环卫所与城市清洁作业单位分离；房管所改制，在商务大楼、居民区和公用事业单位都引进了物业管理公司，负责清洁、绿化和安全等工作。同时，需要注意的是，在这些领域，市场应当发挥的是一种补充性的作用，而不是主导性的作用，当这些领域主要受到市场原则的支配时，可能意味着社会公共利益的受损。以教育为例，2021 年，中共中央办公厅、国务院办公厅印发《关于进一步减轻义务教育阶段学生作业负担和校外培训负担的意见》，对市场化的校外培训机构采取了强有力的监管措施，表明中国政府认识到市场机制在这一领域中的作用已经超出了其应有的边界，因而开始重新调整市场与政府在这一领域中的关系。

三是推行公司制改造，打破垄断，促进竞争。电力、电信、铁路、公路、航空等领域，将原来的部门进行公司化改造，使其走向市场化。例如，将电力工业部先后改制成国家电力公司、国家电网公司和现在的国家电网有限公司，将铁道部先后改制为中国铁路总公司和现在的中国国家铁路集团有限公司。又如，在电信领域，以政府主管机构改革为基础，先后拆分出多家电信公司，并在今天形成了移动、联通、电信三大运营商相

---

① 包国宪，周豪．从转变职能到优化政府职责体系：中国行政体制改革的视角转换与分析框架．理论探讨，2022（2）．

② 杜涛．2022 年的 PPP，会走向何方？．经济观察网，2021－11－11．

对稳定的竞争格局。

四是推进政府审批制度改革，优化营商环境。2004 年实施了《行政许可法》，各地政府的审批项目大幅削减，平均减幅达到 50%左右。党的十八大之后，全面推行“放管服”改革，在进一步削减事前审批事项的同时，加强事中事后监管，并借助新技术不断提升政务服务水平，实现了营商环境的持续优化。

五是在社区服务上，采取了政府购买服务的方式。社区服务一直以来都是政府部门直接提供的，不仅投入高、成本大，而且满足不了社区居民日益增加的需求。现在，越来越多社区开始采用政府购买服务的方式，委托第三方提供服务，服务范围涵盖从幼儿养育到养老护理的方方面面。

党的十八届三中全会明确提出了“加大政府购买公共服务力度”的要求，公共服务市场化与社会化的步伐得到前所未有的加快。不过，在肯定公共服务市场化是改善公共服务品质的一种重要途径的同时，也需要看到，由于市场的特性，公共服务市场化也会带来一些问题：（1）公共责任问题。市场化的公共服务提供者可能在最高效率和最低成本的指导下忽略社会责任和公共利益，出现“掠夺性”经营的问题。（2）特权与贪污。市场化可能为不法的官商勾结提供便利条件，出现贪污或假公济私等问题。（3）公共服务的不公正。在公共服务市场化后，使用者的付费能力将决定其获得服务的数量和质量，付费能力低者或无能力付费者往往只能得到较低的服务，导致公共服务等级化。（4）管理问题。在市场化过程中，因信息不对称等原因，政府部门往往缺乏对被委托者的有效监控，在此情况下，便容易出现“逆向选择”和道德风险的问题①。上述现象在我国公共服务市场化过程中都不同程度地存在，因而需要在加大政府购买公共服务力度的改革中加以矫正。

在前期改革的基础上，从党的十八届五中全会的“构建全民共建共享的社会治理格局”到党的十九大“打造共建共治共享的社会治理格局”，再到党的二十大“健全共建共治共享的社会治理制度”，体现出政府不断鼓励和引导社会力量参与社会治理的趋势。相关改革措施主要包括三个方面：培育和发展社会组织、创新基层社区治理和政府购买社会服务。2021 年 7 月 11 日，中共中央、国务院印发的《关于加强基层治理体系和治理能力现代化建设的意见》进一步提出“坚持共建共治共享，建设人人有责、人人尽责、人人享有的基层治理共同体”，并明确要求“创新社区与社会组织、社会工作者、社区志愿者、社会慈善资源的联动机制”。这意味着，在政府与社会关系层面，中国行政改革已经进入了共同体建设的新阶段，政府将更加全面地从社会的管理者转变为社会治理共同体的促进者。

关键术语

行政改革　回应性改革　前瞻性改革　财政危机　政府信任危机　官僚制困境　市场式政府模式　参与式政府模式　弹性化政府模式　解制型政府模

① 王乐夫，李珍刚．论中国政府职能社会化的基本趋向．学术研究，2002（11）．

式　市场化　社会化　企业化　大部制

复习思考题

1. 简述行政改革的基本含义。
2. 简述行政改革的外部动因。
3. 简述行政改革的内部动因。
4. 试述行政改革的主要模式。
5. 试述西方政府机构内部重组的发展。
6. 试述大部制的内容与模式。
7. 试述西方政府与社会关系调整的几种模式。
8. 分析评价西方行政改革的基本特点。
9. 简述改革开放以来中国行政改革的进程。
10. 分析当前中国行政改革的方向。

第 12 章
公共行政（学）的新理论

20 世纪后期以来，公共行政（学）出现了后现代主义者所说的“非正典化”的趋势。所谓“非正典化”是指理论上的偏离，展现的是一个理论维度。但是，实践上的这种偏离“正典”的状况也是与理论相一致的。20 世纪后期，由于全球化、后工业化的挑战，人类在近代以来所建立起来的适应于工业社会的治理体系感到压力巨大，世界各国都是通过行政改革的途径去适应社会发展中出现的新情况的，即通过政府自身的改变去寻求解决新问题的方案。行政改革本身就是传统的改变，是一个“非正典化”过程。然而，近代社会的发展证明，一切实践上的要求都会首先反映到理论上，在行政改革的进程中，在政府面对全球化、后工业化压力的情况下，公共行政学也进行了新的探索，形成了各种各样的理论。事实上，20 世纪后期以来，公共行政的研究变得非常活跃，产生了各种各样的新理论，它们对传统的公共行政理论及实践做出了反思，提出了一些新的主张。虽然这些新的理论尚未形成广泛的影响，但在这些理论叙述中，我们可以看到它们有一些共同点，那就是自觉或不自觉地从全球化、后工业化的时代背景中去进行思考和提出公共行政变革的建议。可以相信，随着时间的推移，这些新的理论会不断地显示它们的理论魅力和实践价值。

本章重点问题

- 民主行政理论的不同流派
- 网络治理理论的基本内容
- 反传统公共行政理论的主要构成
- 合作治理理论的基本主张

12.1 民主行政理论

12.1.1 民主行政理论的思想源流

20 世纪后半叶，特别是 80 年代以来，在世界性的民主化浪潮和行政改革浪潮的相互激荡下，民主话语进入公共行政领域已经成为一个不可阻挡的趋势，一个国家的民主化程度，不再局限于代议制等传统政治领域，而是更多地体现在公共行政的民主化状况上。正如沃尔多所预言：如果行政确实是政府的核心，那么 21 世纪的民主理论必须拥抱行政①。

民主行政理论是以对政治-行政二分的批判为前提的。在 20 世纪中期的公共行政"战后反思运动"中，学者们对政治-行政二分的传统观点做出了集体性的否定。比如，阿普尔比（Paul Appleby）认为，政治与行政总是高度紧密地结合在一起的，二者相互作用、相互影响，构成了一个政治与行政的完整体系。列维坦也认为，政治-行政二分只是一种理论预设，二者在现实中是不可分离的，他还主张将民主带入行政，认为"民主政府不仅意指立法民主，同时也意指行政民主。行政机制设立的最高目的在于实现立法中所包含的民主精神与意识形态"②。随着政治-行政二分成为受到批评的众矢之，民主行政的观念开始得到承认并逐渐流行了起来。在 1939 年版的《公共行政导论》中，怀特直接使用了民主行政（democratic administration）的概念，并认为"民主行政必须建立在公众之间的一种实质性同意的基础上"③。此外，蒂德（Ordway Tead）在 1945 年出版的著作直接将"民主行政"用作书名，1946 年出版的《公共行政要素》一书也辑录了普莱斯（Don Price）所著的《民主行政》一文。

事实上，作为一种政治价值，对民主原则在公共行政中的适用性问题的思考必然会指向对政治-行政二分的否定；反过来，如果坚持政治-行政二分的观念，则会拒绝民主行政的可能性。这一点在韦伯身上有集中的体现。其实，在公共行政正典确定的时期，官僚制的提出者韦伯就提出了"民主制行政"的两条标准：其一，它建立在所有人都原则上具有相同的领导共同事务的资格的前提上；其二，它把命令权力的范围降低到最低的程度上。当然，在韦伯那里，这些标准对于组织的权力关系和效率追求是负面的，所以，他不是把"民主制行政"看作替代官僚制行政的理想选择，而是认为它只适用于"地区性的、参加人员有限、任务比较简单和稳定的"的场合，是一种"类型上的边缘状态"，而不能被视为"任何典型的（或者普遍的）发展进程的历史性出发点"④。

---

① WALDO D. Development of theory of democratic administration. The American Political Science Review，1952，46（1）.

② LEVITAN D M. Political ends and administrative means. Public Administration Review，1943，3.

③ WHITE L D. Introduction to the study of public administration，New York：The Macmillan Company，1939：564.

④ 韦伯．经济与社会：下卷．北京：商务印书馆，1998：271.

显然，韦伯的观点是得到威尔逊认同的，所以，当威尔逊提出要对政治与行政做出明确区分时，目的就是在美国建立起官僚制行政。随着官僚制行政从20世纪中期开始暴露出越来越多的弊病，特别是在鼓励公民参与成为“伟大社会”运动中的一项官方举措时，官僚制行政受到了越来越多学者的反对。比如，奥斯特罗姆认为，美国社会具有典型的多元性特征，也正是在这种多元性特征的基础上，形成了美国的民主政治体制。作为这种民主政体的结果，美国也形成了自己的民主行政体制，这就是体现在《联邦党人文集》之中并由托克维尔观察到的、区别于当时欧洲官僚行政体制的独特存在，其基本特征在于：“一是每个人都有资格参与公共事务处理的平等至上主义的假设，二是所有重要的决定都留给所有社群成员以及他们所选择的代表考虑，三是把命令的权力限制在必要的最小的范围，四是把行政机关的地位从主子的行政机关变成公仆的行政机关。”① 然而，自19世纪晚期起，美国人集体拒绝了其土生土长的民主行政，而将欧洲大陆的官僚行政作为其建构现代国家的范型，结果，这一范型一直支配了20世纪前2/3时期的美国历史，并将美国的民主政府也不可避免地变成了一个官僚政府。在奥斯特罗姆看来，这样的结果是令人惋惜的，它对美国的政治进化造成了难以估量的损失。

在整个80年代，行政改革的实践更多地钟情于新公共管理运动的理论，但以“黑堡学派”为代表的一批规范研究者仍然坚持畅想民主行政的“书院”式活动。从20世纪90年代中期开始，新公共管理运动导致了越来越多的现实问题，特别是它对民主的威胁与损害，成了公共行政辩论中的一个重要主题。比如，特里指出：“新管理主义版本的公共企业家需要得到检讨。在民主治理的层面上，由于烦人的责任问题，公共企业家对民主构成了一种严重的威胁。”② 斯蒂福斯也认为，市场神话过于强调公共企业家在社会治理中的作用，忽视了公民对于社会治理过程的影响，而事实上，一种民主的社会治理过程与行政过程只能以公民的积极参与为前提。由此，斯蒂福斯提出了公共行政中的积极公民（active citizenship）角色概念，用以区别于市场神话中的公共企业家，并认为公共行政应当通过培育积极公民来推进行政的民主化，而不是以效率为名放任公共企业家的独断统治。在斯蒂福斯的影响下，“黑堡学派”在将《黑堡宣言》扩展并以《重建公共行政》为名于1990年出版时，加入了不少公民参与的内容，而到1996年，当“黑堡学派”再次集体发声时，他们径直将其著作的名字由《重建公共行政》改为《重建民主公共行政》，进一步强调了民主参与的重要性，甚至将民主行政作为该学派的旗帜。

《重建民主公共行政》的观点得到了登哈特夫妇的认同。登哈特夫妇认为：“公共行政官员在其管理公共组织和执行政策时应该着重强调他们服务于公民和授权于公民的职责。换言之，将公民置于首位，（鉴于公民处在最前线，所以）强调的重点不应该放在为政府这艘航船掌舵或是划桨上，而应该放在建立明显具有完整性和回应性的公共机构上。”③ 在登哈特夫妇看来，这种以公民为本的行政理念与运动就是“新公共服务”。“新

① 奥斯特罗姆．美国公共行政的思想危机．上海：上海三联书店，1999：87.

② TERRY L D. Administrative leadership, neo-managerialism, and the public management movement. Public Administration Review, 1998, 58 (3): 194-200.

③ 珍妮特·V. 登哈特，罗伯特·B. 登哈特．新公共服务：服务，而不是掌舵．北京：中国人民大学出版社，2004：21.

公共服务”试图整合几大规范性理论，包括民主公民权理论、组织人本主义与新公共行政以及后现代公共行政等。登哈特夫妇认为，这些规范性理论存在许多相同点，包括：服务于公民而不是服务于顾客；追求公共利益；重视公民权胜过重视企业家精神；思考要具有战略性，行动要具有民主性；承认责任并不简单；服务而不是掌舵；重视人而不只是重视生产率①。换言之，他们主张通过一种民主的方式开展行政。由此，在“新公共服务”的旗号下，登哈特夫妇重申了民主行政的主张，并对这一主张做出了一种更加全面和系统的论证，也对新公共管理运动做出了有力的反击。

12.1.2　民主行政理论的不同流派

1. 组织人本主义

组织人本主义来自企业行政和工业心理学，学术路径是由企业管理中的私人行政进入公共行政领域，强调内部民主参与以打破管理层级制和行政权力的线性运行方式。组织人本主义对于民主行政的理解是从官僚制和行政系统内部来探讨民主问题的，论域既包括公共行政也包括私人行政。他们试图改造传统的权威概念，引入员工参与和组织协作等民主方法，创造出一种协调与合作的精神。在组织人本主义的研究中，有学者已经明确提出了“民主行政”或“行政民主”的相关概念和观点。蒂德认为，在行政中，民主必须被看作一种积极的、挑战性的哲学和一个实践性的项目，民主行政意味着“组织的方向是以这样一种方式来完成它的目标，即它的政策、方法和整个的运作，都是为了在绩效上有效地、经济地实现这一目标，并且这种方式对于所涉及的人来说是融洽的、令人满意的”②。为了达成民主行政，他提出了两个初步原则：利益代表原则与合作原则。弗利斯从实用主义哲学出发主张发展行政民主，认为在一个技术化的世界里，政治和立法程序并不能单独地确保民主。这并不意味着不可能走向行政民主，它能使自治比以往任何时候更有意义。然而，只有当公共行政人员和管理者都清楚地看到参与式自我管理——实验性的、自治的民主这种新的替代性选择时，这种可能性才能变成一个不断增长、不断丰富的现实。作为科学管理运动最重要的挑战者，福莱特认为，民主的本质不在于机制，而在于将人们组织起来。民主只有一个唯一的任务，就是解放人们的创造精神。这种解放通过群体组织完成，民主是一种促进人们意志发展的方法和科学的技术。

2. 公共选择理论

公共选择理论强调小政府的逻辑和重叠管辖权的分权思想，主张用多中心的治理结构来替代传统官僚制，在公共行政领域中的主要代表人物是奥斯特罗姆。奥斯特罗姆认为：“民主制行政理论并不排斥官僚制行政理论。但是接受民主制行政理论，的确意味着拒绝这一观点，即官僚制行政理论对于所有类似的政府都是唯一良好行政的理论。”③ 在

---

① 珍妮特·V. 登哈特，罗伯特·B. 登哈特. 新公共服务：服务，而不是掌舵. 北京：中国人民大学出版社，2004：40-41.

② TEAD O. New adventures in democracy. NewYork：McGraw-Hill Book Company，1938：76.

③ 奥斯特罗姆. 美国公共行政的思想危机. 上海：上海三联书店，1999：116.

某种意义上，民主行政与官僚行政都不是唯一的选择，而是应当成为“公共选择”的对象。民主行政虽然是官僚行政的一种替代方案，但选择了民主行政也并不意味着完全取消官僚行政的存在，“我们可以指望官僚制行政体制的要素，但我们不指望发现这些因素在民主体制中成主导性的特质。我们不指望发现充分整合的命令结构，而指望发现权威充分分散并且有许多不同的命令结构。合法强制工具的控制和使用，并不为单一权威结构所垄断。民主制行政的特质是多中心而不是单中心的”①。这种多中心的行政体制也对学者提出了新的要求，“在这样的体制中，学者的任务是设计一种结社的学问，它能使人类社群设计组织安排，适当地运用个人的自利作为增进人类福利的行动规则”②。在奥斯特罗姆看来，这种“结社”的学问就是“政治经济学”，就是“公共选择理论”，它的使命在于为公民提供公共服务上的不同选择，从而通过赋予公民选择公共服务的权利来保障民主行政的实现。

3. 新公共行政

如果可以把公共行政研究分为“公共”与“行政”两大阵营，那么 20 世纪 60 年代以来，新公共行政就成了“公共”阵营的象征，成了公共行政研究中的政治理论代表，也成了关于民主行政的主流观点。就论题而言，民主行政其实并不是明诺布鲁克会议上的核心议题，但由于民主行政本身所具有的号召力，此后，由明诺布鲁克会议所催生的各种理论流派都对民主行政发表了自己的见解，也都将对民主行政的关注视为新公共行政运动的重要遗产。沃尔多是“公共”阵营的旗帜，也是最早指出民主行政观点重要性的学者之一，他直接影响了新公共行政运动的许多参与者对民主行政的关注。与其他流派不同的是，以新公共行政运动继承者自居的学者们往往是到美国的政治结构中去寻找民主行政的来源的，这使得这一流派关于民主行政的主张呈现出了“宪政主义”的浓厚特征。比如，黑堡学派认为，公共行政应以一个国家的“政体价值”为基础，而在美国，所谓政体价值就是宪法价值，其中最重要的因素之一就是民主。在这个意义上，这一流派的民主行政观点代表了宪政主义对管理主义的一种反击。如邓纳德所说：“公共行政并不完全是在世纪之交随着威尔逊的管理公告而形成，而是在我们国家的建立时期就种下了根源。这些根源暗示着公共行政除了由管理主义所激发的身份以外还存在其他身份的可能性。就像它从中获得合法性的宪法一样，公共行政能够在变化的环境中获得新的意义与目标。这种宪法关联，并非仅仅将公共行政具体化为政府的另一个权力结构，而可以赋予公共行政一个用以发展一种不同的、更民主的身份的生成性基础。”③

作为新公共行政运动继承者的民主行政流派将公民参与视为民主行政的核心。比如，斯蒂福斯认为，一种民主的社会治理过程与行政过程只能以公民的积极参与为前提，并提出了公共行政中的积极公民角色概念，认为公共行政应当通过培育具有参与能力和参与意识的积极公民来推进行政的民主化，而不是以效率为名放任公共企业家的独断统治。另一方面，全钟燮所谓的“公共行政的社会建构”也就是通过公民参与而进行的民主建

---

① 奥斯特罗姆．美国公共行政的思想危机．上海：上海三联书店，1999：87．

② 同①134．

③ DENNARD L F. The maturation of public administration：the search for a democratic identity//WAMSLEY G L，WOLF J F，et al. Refounding democratic public administration：modern paradoxes，postmodern challenges. Thousand Oaks：Sage Publications，1996：296．

构，“如果没有广泛的公民参与，政府官员是无法完成这些项目的。可见，众多的成功和失败也许都能被归为高层政策制定者、专家、行政管理者、私营组织和公民之间互动的社会建构”①。事实上，20 世纪 90 年代以来，“黑堡学派”、登哈特夫妇与弗雷德里克森等新公共行政运动的继承者都将视线转向了公民参与。无论黑堡学派的“重建民主公共行政”、登哈特夫妇的“新公共服务”，还是弗雷德里克森所倡导的“公共行政的精神”，其核心都是公民参与，即通过公民参与来实现公共行政的民主化。可以说，公民参与构成了关于民主行政的一种最广为人知的理解。

12.1.3　民主行政的主要观点

在今天，民主行政被视为新公共行政运动的一大遗产，虽然新公共行政运动的理论重心是要扭转传统行政学过于重视“效率”和忽视社会回应的局面，但这一运动所提倡的公众参与、伦理意识、价值多元化、重视回应与沟通等主张，都为民主行政的追求打下了理论根基。新公共行政运动的民主行政观所包含的是一种“公平至上”的理念，其逻辑在于：以代表性为原则的民主政治造成了社会中“多数”对“少数”的排斥——如白人对黑人的排斥，导致了人民主权的失败，因而需要通过以公平为原则的民主行政来予以矫正。这一民主行政观主要体现在以下五个方面：（1）社会公平。强调全体公民拥有平等的政治和社会机会。（2）代表性。官僚机构在人员构成上需要具有代表性，以保证在政治代表过程中受到排斥的少数族群能够在政府体系中获得代表。（3）回应性。政府需要更多地回应公众的需求。（4）公众参与。鼓励公民以个体或集体的形式广泛地参与公共行政。（5）社会责任感。政府中的工作人员应有道德意识，应以公共利益为准绳，切实地履行他们的誓言和民事责任。

在新公共行政运动对这五个主题的关注中，显然包含着对政治-行政二分原则以及官僚体制的拒绝，包含着对社会公平和民主价值的追求。因为，政府的“代表性”和“回应性”必然要在与公众的互动中去实现。进而，行政组织也就不可能是封闭的了。这样一来，在官僚这里，必须从对行政组织的自我完备和运转效率的关注转移到对公众的利益、社会道义和责任的关注上来；对政府而言，必须寻求公众对行政以及公共事务的参与。这个思路的逻辑结果就是，原先的单中心权威体制被突破，而管辖交叠、权威分散的行政体制则得以生成。其中，公众参与则是破解一切行政难题的钥匙，也就是说如果公众参与被置于公共行政的中心地位，那么它也就是民主的行政了。

进入 70 年代，奥斯特罗姆对民主行政进行了系统阐述。在《美国公共行政的思想危机》一书中，他通过分析制度价值与公共组织现实之间的矛盾，指出“威尔逊-韦伯”模式由于过于关注行政过程中的效率和通过集权控制的机制来追求效率而造成了公共行政学的“知识危机”，在此分析的基础上，他要求以“交叉重叠的职权”“权威多中心”为特征的民主行政模式来取代原来的“官僚制行政模式”。

奥斯特罗姆是一位把民主行政作为一种行政范式来加以建构的学者，在他看来，现

---

① 全钟燮．公共行政的社会建构：解释与批判．北京：北京大学出版社，2008：18.

代政治经济学和早期民主理论家的著作中都包含着民主行政的学说，其基本思想可以概括为这样几个方面：(1) 在政治与行政制度的分析和设计中，不应对人性有理想化的假设，而应把人看作理性的“经济人”。(2) 公民私有权与官员的公共权力都要受到民主宪法的约束，并相互制约。(3) 公共权力尽管是行善之所需，却可能被用于作恶，因此，权力必须分立并相互制约，以恶制恶、以权力对抗权力，确保公共权力服务于公共利益的需要。(4) 公共行政属于政治的范畴，公共物品和服务都需要以政治决策民主为其提供保障。(5) 需要破除政府行政组织的垄断，采用多种多样的组织形式提供公益物品和服务。也就是说，政府组织应当与公益组织、企业组织、社会团体和公民开展协商合作，共同治理公共事务，政府与其他组织之间的关系可以包括互利性的交易和协议、竞争性的对抗、裁定冲突以及有限等级的命令权力。(6) 单一权力中心的行政体制不仅会削弱行政系统对公民多样性偏好的回应能力，而且会削弱其应付各种环境条件的能力。这是因为，公民有权要求其个性化需求得到政府的重视并予以满足，同时，社会环境也是处于不断变化之中的，如果一味秉承官僚行政范式，势必会忽略公共行政的民主责任，忽略对民众需求的回应。(7) 行政改革的方向不应是完善官僚行政体制的行动，而应是行政管理的民主化。单一权力中心的官僚行政体制在实质上是反民主、反效率的，因而行政改革应致力于多中心的权力结构设计、多样化的治理结构安排和切实可行的民主参与制度设计。(8) 根据地方自治和民主决策的原则建立适合民主自治的政府规模和多中心的权力决策体制，奥斯特罗姆将此称为“复合共和制”，认为这一体制可以彰显和提高公民个体和非政府组织的决策在公共政策选择中的地位。

以《黑堡宣言》为标志的“黑堡学派”的民主行政主张主要体现在重建民主式的官僚体制上，所提出的是一种改造官僚制的方案。也就是说，黑堡学派并不试图摒弃官僚制，而是希望改进其技术主义的路线，要求行政官僚以其专业知识和经验传承而成为公共利益的保证和民主治理的参与者。黑堡学派认为，民主国家的公共行政须有民主式的官僚体制，应使民主的哲学融入行政组织中，服务于公共利益。

黑堡学派的观点可以概括为这样几个方面：(1)《黑堡宣言》要求美国的政治对话改变鄙视公共部门的心态，呼吁美国必须纠正政治文化中鄙视与苛责公共部门与常任文官的风气。(2) 黑堡学者抨击了 20 世纪 70 年代末兴起的崇拜市场机制、以企业为师的新公共管理风潮，指出公共行政与企业管理不同。这是因为：首先，常任文官是与政治过程中的其他参与者竞逐辖区、正当性与资源的，而不是追求利润的市场主体；其次，公共部门与其对象的关系是不同于私人部门的消费者与供货商间的关系的，它们对行政体系的效能各有特殊的认知与期待；最后，行政体系运行所需的技能、所关注的焦点以及工作的特质等都与私人部门不同，公共行政不但要在较复杂的政治环境中进行管理工作和展现管理能力，更要有能力维持机关观点和维护公共利益，保证治理过程合于宪法规范。(3) 尽管行政体系的部门划分会在各部门之间产生不同的立场与观点，而且它们也都有对这些立场和观点加以表达的权利与正当性，但行政人员是各部门知识、经验、智能与共识的受托者，所应关注的是公共利益。尽管公共利益的实质内涵无法明确界定，但它在行政人员的思维决策中有重要的实用价值。因此，行政人员应在具体的语境里，以动态的、更全面的观点考虑决策结果，从更长远的观点考虑决策的利弊得失，从更多元的立场去衡量问题及决策，搜集更丰富的知识和信息，培养良好的决策习惯，以期在行政实践过程中体认公共利益。（4）政治与行政的关系有三个层次，在最高的治理层次上，不可能对政治与行政做出区分；在中层次的治理过程与行动过程中，可以对政治与行政做出区分；在参与者的层次上，统治者（民选人员与政务人员）与治理者（文官）应有所区别。治理是以社会整体为名的奖罚机制，包括政治与管理，治理的格局与层次大于也高于行政或管理，它意味着运用权威来掌管船舵与提供方向。公共行政是社会中唯一能运用强制力进行奖罚与分配的制度，是治理过程的一部分，而权威是治理过程中不可或缺的要素。（5）选举并不是治理权威正当性的唯一来源。文官集团在政策制定与执行过程中与民众的偏好较为相近，可能更具有代表性。公共利益是是非对错的最高和最终裁决标准，而文官的正当性则来自宪法、人民和专业性。因此，常任文官应扮演执行与捍卫宪法的角色、人民受托者的角色、贤明少数的角色、平衡轮的角色和分析者与教育者的角色。

12.1.4　民主行政的实践

20 世纪的公共行政发展在职业化、专业化的路径上飞速前进，从而使公共行政成了一个专业领域。与其他各种各样的专业化领域一样，公共行政也有自己的保密性和组织的相对独立性。其结果是，公民与公共行政机构之间产生了巨大的距离，以至于公共行政成了民主政治条件下的一个集权体系，进一步加大了政府与公众之间的隔膜，使公民与政府处于一种紧张、陌生甚至误解的状态中。这种形势的发展既损害了公共利益，也降低了政府工作的威信与效率，同时也是对公共行政精神的否定。民主行政的主张就是在对这些问题的反思中提出的，所反映的也是一种改革政府、重理政治与行政关系的要求，在本质上，所代表的是一种不同于新公共管理运动的行政改革之路。可能由于其可操作性不强，民主行政的主张对 20 世纪后期的行政改革并没有发生多大影响。然而，进入 21 世纪后，基于民主行政理论而提出的许多方案受到了各国政府的重视，特别是许多能够把公众参与落实到行动中去的方案得到了采纳。

早在民主行政的观念刚刚萌生的 20 世纪 40 年代，美国的地方政府就做出了一些民主行政的实践。海纳曼列举了这方面的四种发展：第一，公民投票与民意测验的发展，比如美国公共舆论机构（AIPO）的成立，其职能是专门负责向行政部门传达民意。第二，农业部设置了用来讨论农村问题和改善公共政策与农村公共需要之间关系的委员会制度，建立起了一条直接面对行政部门的正式表达渠道。第三，利益集团在行政组织中的代表渠道迅速增加。第四，听证等调查方法的应用，以及行政官员对调查结果的回应①。在当时，公共行政民主化的这些发展产生了许多不可低估的影响，它使“官僚制被所有利益集团视为了寻求代表的一个主要渠道，以至于国会都确实地感到了它是自己

① HYNEMAN C S. Review：executive-administrative power and democracy. Public Administration Review，1942，2（4）：332－338.

的一个竞争对手”①。这可以被视为新公共行政运动主张代表性的现实基础。

从20世纪后期以来的行政改革进程看，新公共管理运动的主张在改革前期所占据的是主导性的地位，随着行政改革的深入，民主行政的主张开始逐渐得到更多的认同，因而民主行政所倡导的公众参与在改革实践中越来越多地被落实到制度安排之中来了。比如，公共行政中的“听证会”制度就是公众参与的直接体现。从“听证会”制度出发，我们看到了关于建设“透明政府”的要求，因为公众只有在其知情权得以实现的条件下“听证”才是有意义的。知情权一旦得到实现，公众就不会满足于通过“听证会”这样一种方式参与行政活动，而是会要求通过各种各样的途径去参与行政活动。其结果是，对整个公共行政体系造成冲击，即打破公共行政中的固有集权，即使在那些允许集权存在的地方，也会要求强化行政监督而去保证权力行使的正当性、合理性。

民主行政的主张推动了决策民主化。从20世纪公共行政的发展来看，由于凯恩斯主义政府干预模式的兴起，威尔逊关于政治-行政二分的原则已经被抛弃，行政不再是严格的执行部门，而是承担起了大量的决策任务，即通过公共政策的途径去实现社会治理。在官僚体制未受到触动的情况下，行政决策是政府自己的事情。民主行政的主张却改变了行政决策的理念，使公众参与行政决策的理念得到广泛认同，而且也确实建立起了公众参与行政决策的民主决策机制。

在行政决策过程中，公众的意愿表达受到重视，并影响了决策过程。在政治-行政二分的条件下，政治民主与行政集权构成了公众意见表达的两个阶段。在政治的阶段中，依据代表性结构，公众的意见表达是自下而上地进行的，通过民主机制的整合，公众的意见被转化成国家意志，然后由行政部门加以执行。这样一来，如果说公众的意见作为国家意志的实质性内容的话，所走的是一条自上而下的路径。也就是说，公众的意见表达在政治的意义上是走了一条“上行”的路线，而在行政的意义上则走了一条“下行”的路线。民主行政的主张改变了公众意见表达的路径，使公众的意见表达得以通过两条路径进行：一是在传统的路径上通过代表性结构进行意见表达；二是直接地向政府表达。公众直接面向政府的意见表达主要体现在行政决策的过程中，形成了公众参与行政决策的机制。从近些年来的情况看，政府的行政决策越来越注重听取公众的意见，咨询、协商、公示、听证等方式得到了广泛的应用，在获取决策信息、均衡各方利益、寻找决策依据等方面都显示出了积极的成效。这不能不说是得益于民主行政的主张。

一般认为，集权是有效率的，而民主则是没有效率的，然而，公众参与行政决策恰恰提高了政府的行政效率。这是因为，公众参与行政决策保证了社会问题能够及时地转化为政策问题。在政府是一个集权体系的情况下，它与社会之间的关系是疏离的，政府表现出很强的封闭性，在觉察社会问题方面表现得非常迟钝，妨碍了社会问题向政策问题的转化，以至于许多社会问题被搁置起来和积累起来，直至引发社会冲突和群体性事件。公众参与决策改变了这种情况。也就是说，由于公众参与行政决策的机制生成了，公众可以通过制度化的渠道将自身关注的或与自身利益相关的问题及时地表达出来，并反映到政府的行政决策层，从而使社会问题迅速地转化为政策问题，并及时地引起决策

① LONG N E. Power and administration. Public Administration Review，1949，9（4）：257－264.

层的注意。由此可见，当政府以行政执行的方式开展社会治理时，集权也许是更为高效的，但当政府需要通过政策手段去实现社会治理的时候，民主则比集权更有效率。所以，民主行政的主张在公共政策途径成为社会治理的基本路径的条件下显示出了其实践意义。

公众参与的结构性基础是非政府组织，虽然非政府组织并不是因为民主行政主张的提出而生成的，但非政府组织的出现使民主行政的主张得到了社会构成因素的支持。也就是说，在 20 世纪后期的行政改革过程中，在全球化、后工业化的进程中，新生的非政府组织对民主行政的主张提供了充分的支持，使公众参与有了组织化的主体，放大了公众参与的力量。非政府组织的出现意味着，拥有共同价值观的人们通过组成社会组织的方式参与到原先由政府垄断的社会治理过程之中，不仅在行政决策方面向政府提供咨询和政策建议，而且在更广泛的社会治理领域与政府开展合作。

12.2 网络治理理论

12.2.1 网络治理的兴起

到了 20 世纪 90 年代，人类社会的发展出现了新的情况，网络以及运用信息科技的生产方式改变了时间与空间的概念，无论是在虚拟网络中的联结还是在实体生活的联结方面，都呈现出绵密的网络形态，在全球化的条件下，网络社会隐然成形。从社会变迁的角度看，作为组织人类活动最重要因素之一的政府，在适应社会变迁的要求中也形成了不同于以往的治理形态和做出了不同于以往的制度选择，网络治理理论也正是在这一背景下生成的。

“网络治理”的概念最先出现在经济学和工商管理学中，是与网络、网络组织以及网络社会等概念联系在一起的。网络（network）可被界定为联结一组人、物或事件的特殊关系形式。存在于网络中的一个人、事物或事件可被称为行动者或节点（actor or node）。“网络组织”是指由一群地位平等的“节点”依靠共同目标或兴趣自发聚合起来的组织，这种组织以平等、开放、分权为特征。也就是说，网络组织中的每一个个体的地位都是平等的，不同于“层级组织”或“金字塔组织”，网络组织中不存在必然的上级和下属，只有独立的“节点”。网络组织是一种开放性成长的组织，所有游离在网络之外的人都可以自愿加入组织。和传统的封闭型组织不同，网络组织中具体的“节点”个数可能无法统计，因为它们随时都在变动。网络组织中的行动者的行为是由模式化的关系所界定的，每一个行动者在网络中的社会角色都是由其社会凝聚力决定的。网络中的联结关系是不对称的关系，直接与间接的联结关系是同时存在的。

“网络社会”的概念是由曼纽尔·卡斯特（Manuel Castells）提出的，他在《网络社会的崛起》一书中，结合后现代社会中的两股力量——全球化与信息化而对现代性进行了论述，认为信息时代的特征表现为网络社会的生成，这一社会以全球经济的力量彻底动摇了以固定空间领域为基础的国家或任何组织形式。在卡斯特看来，人们以往思考社会的知识范畴在信息化的社会中已经变得过时了，在全球化与信息技术发展两股浪潮的冲击之下，人类社会产生了巨大的、彻底的变化，使整个世界变成一个单一体系，国家与国家间的界限变得愈来愈模糊，知识或信息透过信息技术所建立的网络进行传递。卡斯特的研究产生了巨大影响，推动了不同学科对网络社会及其治理问题的关注。

网络组织理论首先在经济学领域产生。20 世纪 80 年代以来，网络组织理论已经成为经济学家分析经济全球化与区域经济创新现象时经常运用的理论了。网络组织理论认为，网络组织是处理系统创新事宜时所需要的一种新的制度安排，是一种在其成员间建立有强弱不等的、各种各样联系纽带的组织集合。它比市场组织稳定，比层级组织灵活，是一种介于市场组织和企业层级组织之间的新的组织形式。根据网络组织理论，无论是在市场之中还是企业内部，市场机制和组织机制都是共同存在的。也就是说，市场和企业不是相互对立的，而是相互联结、相互渗透的。这种相互联结和相互渗透导致了企业间复杂易变的网络结构和多样化的制度安排。因此，在公司治理的过程中，企业外部的环境因素与企业内部的动因相互作用而促使网络组织的生成。

就网络组织生成的外部因素而言，社会、经济和技术构成了网络组织形成的三个基本平台，即社会平台、经济平台和技术平台。从企业内部来看，由于信息技术对组织变革产生了巨大影响，迫使企业组织扁平化，同时，业务流程重组（BPR）、企业资源计划（ERP）、供应链管理（SCM）、精益生产（LP）、准时生产制（JIT）、客户关系管理（CRM）等管理技术和组织技术也应运而生，极大地推动了组织网络化的进程。所以，在企业与市场的互动中，实际上是以网络组织为经济活动载体的。而且，网络组织的出现也把组织内部和组织间的合作推到了前所未有的高度，使传统的单一竞争进化为既竞争又合作的复合形式。

网络组织、信息技术的快速发展，扩展了公司的生存空间与发展环境，促使公司的治理形式发生了变化，从以科层治理（hierarchical governance）为主导的公司治理结构向网络治理（network governance）的治理形式发展。美国学者琼斯（Cadence Jones）等对交易费用经济学理论进行扩展，在《网络治理的一般理论》中引入任务复杂性这一维度，对网络治理做了界定，认为网络治理是有选择的、持久的和结构化的自治企业（包括非营利组织）的集合，这些企业以开放契约为基础而从事生产和服务，以适应多变的环境而协调和维护交易。其他一些学者则运用网络治理的理念对联盟与网络、战略网络进行研讨，并从企业家精神、治理效率、投票权占少数的董事利用网络治理的效应等角度，发展了网络治理的相关理论。同时，企业间网络、联盟网络、小区网络的不断发展，也为网络治理理论提供了实证基础。特别是在战略联盟、企业集团这些以网络为基础的组织形式中，企业间的交易不仅有价格机制所发挥的作用，而且企业间的契约也发挥着效力。因此，在企业与市场之间出现了一些“中间组织”，它们不是对企业与市场的替代，而是以兼有企业与市场特性的杂交形式而存在的。就企业间的网络而言，这些中间组织形态表现为企业间复杂多样的制度安排。

对于企业来说，由于治理环境的变化，治理任务所依赖的路径也发生了变化，从而引发了治理方式的改变，原先那种以官僚制组织为基础和以股东会、董事会与经理层为主体的治理结构开始向以中间组织状态为基础的网络治理方向演化。这是因为：首先，科层治理结构在快速变化的环境中显得反应滞后。面对环境的快速变化，科层治理结构在信息的获取、传输、利用与反馈上都呈现出严重滞后的状况，因而影响了决策及其实施，而股东会则由于科层治理模式中的定期会议制度所限，难以与董事会、经理层进行及时的信息交换与沟通，也削弱了治理的整体效应。其次，科层治理结构所提供的选择性渠道是非常小的。在科层治理结构中，股东会、董事会与经理层之间的关系是相对固定的，会议的定期制或预定制以及股权与层级的限制，使科层治理的范围与程度都显得狭窄，不仅对小股东以及内部职工的治理行为造成诸多制约，外部的非股东个体与群体参与治理的可能性也非常有限。最后，科层治理结构中的股东行为往往具有被动性与消极性。由于治理渠道较为狭窄以及信息的不对称，股东、非股东个体与群体参与治理的成本会大大提高，股东也往往只能采用被动与消极的行为——“用脚投票”的方式来参与治理，而非股东的个体与群体要么是通过改变游戏规则来强制性地影响治理（如政府），要么是利用变更合约或“毁约”来退出治理（如银行、供货商）。网络组织的出现改变了这种状况，由于信息透明度的增强、信息流动的高速化，信息的对称性也得以提高，从而使治理者能够进行及时的信息交换、反馈和共享。同时，多种社会因素的嵌入也为行为主体提供了多种多样的治理行为选择途径和机会，而且能够节约治理成本，方便治理行为。这样一来，大大地提高了公司内部治理者、股东群体、外部的非股东个体与群体参与治理的主动性与积极性，并取得良好的治理效果。

具体到公共治理领域，网络治理最早由斯蒂芬·戈德史密斯和威廉·埃格斯提出，他们认为，网络治理是指一种全新的通过公私部门合作，非营利组织、营利组织等多主体广泛参与提供公共服务的治理模式①。国内学者也对公共部门的网络治理进行了初步的界定，认为网络治理是为了实现与增进公共利益，政府部门和非政府部门（私营部门、第三部门或公民个人）等众多公共行动主体彼此合作，在相互依存的环境中分享公共权力、共同管理公共事务的过程。在 20 世纪，等级式的政府官僚体制是用来提供公共服务和实现公共政策目标的主要组织模式。通过命令属下出色地完成虽专业但不需要判断力而只需整齐划一的日常工作任务，公共管理者可以赢得喝彩和认可。现如今，日益复杂的社会却迫使公共官员不断开发各种新的治理模式。在许多方面，21 世纪的挑战和应对挑战的方式都要比以往更加复杂。当权力分散、组织界限变得越来越不固定的时候，各种问题也会变得越来越全球化、越来越地方化。当多元流动的人群日益反对用简单统一的方式处理复杂问题的时候，一方治百病的模式就必须让位给那些个性化的特制模式。然而，传统的等级政府模式根本就不能满足这一复杂而快速变革的时代需求。靠命令与控制程序、刻板的工作限制以及内向的组织文化和经营模式维系起来的严格的官僚制度，尤其不适宜处理那些常常要超越组织界限的复杂问题②。等级式政府管理的官僚制时代正面临着终结，取而代之的是一种完全不同的模式——网络治理。在治理结构类型的系谱中，我们可以比较清晰地把握网络治理的偏好，如表 12-1 所示。

---

① GOLDSMITH S，EGGERS W D. Govrening by network：the new shape of the public sector. Washington D. C.：The Brookings Institution Press，2004：5.

② 戈德史密斯，埃格斯．网络化治理：公共部门的新形态．北京：北京大学出版社，2008：6.

表 12-1　治理结构的类型

	科层治理	市场治理	网络治理
规范基础	雇佣关系	契约—财产	互补关系
组织形式	正式组织、权威结构	分散、独立的正式与非正式组织	正式与非正式组织、复杂网络
弹性程度	高度	低度	中度
行动基调与氛围	正式的、官僚体制的	精确计算与（或）怀疑的	开放的、相互有利的
行动者的自由度	低度	高度	中度
行动者的偏好	依从的	独立的	相互依赖的
沟通工具	例行惯例	价格	关系
参与态度	疏离	计较	积极
参与者的自愿度	低度	中度	高度
相互间的承诺程度	中度	低度	高度
信息分析的程度	低度	中度	高度
凝聚力量的基础	奖惩制度	管理要求	满足信任
解决冲突的方法	行政命令—管理监督	争论议价—诉诸法庭	互惠的规范—信誉的考量

资料来源：何植民，齐明山．网络化治理：公共管理现代发展的新趋势．甘肃理论学刊，2009（5）．

12.2.2　网络治理的基本内容

从形成来看，网络治理理论与新公共管理运动是有着一定的渊源关系的。例如，英国被称作威斯敏斯特模式的政府改革就从新公共管理转向了地方网络治理范式，而欧盟的多层级治理模式则被看作跨国网络治理的典型。根据学者们的一些论述，网络治理可以被概括为一种复合中心的治理形式，具有自我组织的特征，表现出对政府干预的抵制，能够制定自己的政策并构建自己的环境。也就是说，网络治理意味着治理主体能够按照相互达成的博弈规则和信任进行资源交换、妥协以及博弈式互动。网络治理与传统的行政控制不同，它是由政府部门和非政府部门（私营部门、第三部门或公民个人）等众多行动主体彼此合作而开展的治理，众多参与治理的行动者在相互依存的环境中分享公共权力，共同管理公共事务，因而被认为是最能够实现和增进公共利益的一种新的治理形式。

网络治理理论是围绕着“相互依赖”“促进协调”“协商”“妥协”“信任”“合作”等概念展开的。协调与合作是建立在社会资本基础之上的。随着经济复杂性和技术密集性的不断增加，社会资本不仅不会变得微不足道，反而会变得更加重要①。如果我们不把网络视为一种正式的组织，而是把它看作社会资本，我们对网络的真正经济功能就会有更深的了解。依照这种看法，网络就是一种道德关系：网络是一群个体行为人，他们除了共同拥有市场交易的一般规则外，还共同拥有非正式的规范或价值观②。比如，关于

① 福山．大分裂：人类本性与社会秩序的重建．北京：中国社会科学出版社，2008：247.

② 同①254.

府际关系的研究，网络治理理论就认为，府际的联结以及分享目标而开展的行动就是基于网络进行的，表现出府际网络关系。在分析政府与社会间的关系时，网络治理理论也把其网络治理称作“共同治理”，认为今天的治理已经与传统的治理不同了，政府与市场都不再单独行动，而是一道行动，是在参与者都看到了集体行动的好处并认识到了集体行动的收益远大于自己单独行动的收益的条件下所开展的共同行动。网络治理理论相信，网络治理是一种提升集体问题解决能力与促进政策发展的领航（steering）形式，这是与传统的参与者出于个人利益需要的策略运用根本不同的。因为，为了在相互依赖的情境中达成目标，参与者必须运用各式各样的途径以影响政策，也同时把依赖其他参与者的效果融入自己的策略中。总之，网络治理的目的就在于通过协商和协调去达成结果，参与者行为的调整是通过协商而展开的互动过程，这不仅与传统的政治、科层体系的协调不同，而且也与个人独立选择的市场协调不同。

关于网络治理的定位问题，目前学术界存在三种主张。第一，认为网络治理是一种新的治理工具。一些学者看到，在网络的环境系统中，每一位网络成员都拥有一定程度的领导能力，这就使管理者如何去影响其他行动者成了一个重要问题，而网络治理正是基于解决这一问题的需要而建构起来的。学者们认为，网络治理是对传统的、自上而下的单一行动者领导方式的改良，而不是对它的全盘推翻重组。因为网络治理所实现的改良依然严守单一领导原则，并以目标导向的方式来影响其他行动者或利益团体。如果说网络治理与传统的领导方式之间存在差异的话，也主要是把网络关系突出了出来，因而不再将管理者视为绝对的权威。根据这种主张，网络治理其实是在传统的管理框架下增强了领导的诱导性、交往的沟通性和管理过程的契约性，所以是一种经过改良了的管理工具。第二，突出强调行动者间的互动关系的重要性。一些学者认为，网络治理与传统管理的根本不同就在于它是一种以共同行动为特征的治理活动，因为网络治理的目的不在于目标的达成，而是着重于规划出最适当的方法以助共识的达成和集体行动的产生。所以，网络治理的关键就在于行动者间关系的建立，而行动者间关系的建立又是基于影响力的运用而不是通过控制力的实现去达成的。所谓影响力的运用而不是控制力的实现本身就是一个互动过程，是在一切行动者间的互动之中达成共识和开展集体行动的过程。第三，认为网络治理是制度层面的重新设计和安排，是在制度层面重视网络机构的多重目标以及网络组织内部制度安排的结果，即在制度层面体现出了网络的特性并根据这一特性而把行动者、关系、资源以及组织等安排到网络结构之中去，从而取得治理效果。

有荷兰学者指出，网络是治理的新兴形式，在国家与私人部门相互依赖性不断增强的情况下，市场或官僚制都被认为不是治理的恰当形式。由于国家与社会的区别已经消解，有必要催生一种新的治理形式。官僚制建立在系统的剥削基础之上，结果造成了系统的不稳定；市场缺乏协调，不能克服和防止市场失灵①。相比之下，网络通过水平的、谈判的自我协调而避免了其他治理形式产生的问题。谈判可以产生正和博弈的结果，使所有人都受益。因为经常的互动、共享的价值和信任可以形成一种解决问题的能力，行

① KLINJIN E H. Analyzing and managing policy processes in complex networks：a theoretical examination of the concept policy network and its problems. Administration & Society，1996，28（1）.

动者不再只是狭隘地关注自我利益。同时，网络提供了有效协调市场失灵的方式。基于此，在一个日益复杂和动态的环境中，官僚制协调已经非常困难，由于市场失灵，解除管制也变得非常有限，治理也表现出只有在政策网络中才显得比较可行。在网络中，公共的和私人的集体行动者在资源方面相互依赖，以一种非科层的形式连接起来协调利益和行动。总之，网络治理模式认为，在一个复杂和动态的环境中，官僚制的协调方式已经开始不适应，而源于市场的失败，放松管制的可能性也受到限制，以至于治理活动只有在政策网络中才显得可行。这是因为，网络提供了一个相互依赖的行动者的互动和利益水平协调的框架。当然，由于不同的历史、传统和制度的路径依赖的影响，各个国家对网络治理这种互动形式的政治信奉和依赖各不相同。在许多欧洲国家，网络治理的形式已经被普遍认可，成为一个复杂的、多层的、碎片化的社会中一个有用的治理机制①。

尽管学者们对网络治理的定位存在分歧，但在探讨网络治理的问题时，一般都是从网络的成员、资源、规则与认知四个方面入手的，而且在关于网络成员互动关系、资源配置形态、规则的渐进调适以及价值规范整合等方面都能够取得大致相近的见解。概括起来，网络治理理论对于网络治理的功能做出了如下描述：

首先，网络治理表现为对行动者互动关系的调整。网络治理对网络成员互动关系的调整既包括经由推介而引进新成员也包括计划性地排除现有成员，无论是新成员的加入还是对现有成员的排除，都是一种改变网络成员构成的方式，目的是通过这种方式去改变既有网络成员间的互动形态与模式。这是因为，环境处于不断变化之中，组织成员的利益偏好与组织资源也必然会发生变化，已经结构化了的网络互动关系可能会显得不再适应新的情势，所以需要加以调整。引进新成员和计划性地排除现有成员就是最好的调整策略。新成员的加入对网络结构的改善有着积极的正面作用，同时对现有成员的排除也不应过度，不会造成对既有网络结构产生损害的结果。所以，网络治理对于新成员的引进需要考虑到利益偏好与组织立场的相容性，应当能够达到增益于组织和补充组织之不足的效果。同时，网络治理可以分为经营管理和网络构建。前者是指对现有网络结构内的关系进行管理，常常需要政府通过妥协去创造出共同决策的环境；后者则指改变或参与网络结构的努力，这包含更多的介入式参与，要求改变行为主体之间的关系，转变资源分配方式，寻求政治上的变动。新的成员被引入网络中并被授予合法性和资源，政府为它们提供影响政策过程的机会并推动产生其他可能的结果②。

其次，网络治理表现为对资源配置形态的调整。一般说来，在网络关系中，资源拥有相对占优势的成员会经常占据网络核心的位置，资源拥有相对较弱的成员只能在边缘徘徊，问题在于资源拥有的相对优势者并非总能够提供与它拥有的资源相对应的服务与贡献，这样的话，就会使网络运作的成效呈现递减的趋势。为了解决这个问题，网络治理就必须有效地实现对资源配置形态的调整，给予贡献较大的却是劣势的资源拥有者较多的资源，以提高其在网络中的地位，同时，最为根本的是要扭转网络结构中资源配置不均衡的状况，强化网络在资源配置上的灵活性，以求均衡地在网络成员间配置资源，

① 鄞益奋．网络治理：公共管理的新框架．公共管理学报，2007（1）．

② KICKERT W J, et al. Managing complex networks: strategies for the public sector. London: Sage, 1999: 46.

避免资源不均的分配状况。

再次，网络治理表现为对规则的渐进修正与调适。在网络系统中，规则的主要目的只在于协助网络关系的稳定和网络的正常运行，但是，由于网络不存在强制性的控制力，经常是在网络成员所形成的共识的基础上制定规则，所以规则往往只能依靠网络成员间的自愿来遵守。如果网络系统中的这种规则是有助于网络成员间的互动以及网络的正常运行的话，要取得网络成员的同意与共识而对细部规则进行修正和调整是不困难的，在此条件下，网络治理所应做的一项重要工作就是对这种细部规则进行修正和调整。当然，这种细部规则的修正工作需要采取渐进式的调整方法，一方面，根据网络成员关系和网络正常运行的需要进行规则调整；另一方面，又应当通过这种调整而促进网络成员间的互动关系形态朝着积极健康的方向变化。所以，对于网络治理者而言，如果发现网络的运行出现了不良情况，又无法取得全体成员的共识而大幅修正网络规则，这时，就需要积极规划未来网络运行的体制，同时研究网络成员所能接受的变化幅度，以便采取细节修正的方法而达成渐进调适网络结构互动机制的目标。

最后，网络治理应当关注价值规范认知的整合问题。从事社会治理的网络是由不同的次级结构（如政府、非政府组织、专业市场等）结合而成的，由于这些不同的次级结构在价值认知和观点上存在差异，因此会导致对网络机制的认知也呈现出多元、复杂的情形，进而出现彼此竞争领导地位的状况。如果这种情形持续存在又无法相互包容的话，就会使网络无法和谐运行并妨碍共同目标的实现。因此，网络治理者有必要营造一个自由的对话空间，开放不同的价值观点，使其有相互说服与包容的机会，至少也应拉近彼此间的规范认知距离，凝聚网络结构间的共识基础。

总之，网络治理需要掌握个体层次上的事务管理和总体层次上的结构管理。前者的重点在于保证网络成员间的互动顺畅，后者的重点则在于健全网络结构。只有当这两个层面的管理都合乎网络治理的要求，才能使网络成员的服务承诺和资源投入都得到保障，才会出现真正的网络成员间的平等、互惠与信任关系。健全的网络治理通过建立制度性的沟通协调机制，通过提供可行的沟通渠道，能够大大地提升网络成员间的互动品质，从而减低成本和创造共赢的局面。因此，荷兰学者威廉·科克特区分了网络治理的两大管理战略：经营管理与网络构建。经营管理是指对现有网络结构内的关系进行管理，网络构建则是指改变网络结构的努力。在经营管理的问题上，往往需要政府为网络成员间的妥协创造共同行动环境。比如，一个政府机构可以为一项新规制的通过召集所有的利益相关方进行对话，以保证一项新规制是有益于网络成员各方的利益的。在网络建构的问题上，则包含着更多的介入式干预，因为它要求改变行为主体之间的关系、转变资源分配方式和寻求政治方向上的变动。

英国学者格里·斯托克认为，网络治理的全部目标都在于实现“公共价值”。根据斯托克的意见，关于公共价值管理的叙述是与网络治理的视角最为匹配的范式，公共价值管理在很多方面都带来了深刻的启示，它要求我们考虑如何在公共领域运用不同的方式，要求我们重新思考那些过去可能已经有过诸多回应的问题，即如何实现效率、责任与公平。所以，在斯托克看来，网络治理同时超越了传统公共行政和新公共管理，如表 12-2 所示。

表 12－2　传统公共行政、新公共管理与网络治理比较

	传统公共行政	新公共管理	网络治理
关键目标	政治输入、官僚组织监督下的服务	管理投入和产出，确保经济和对顾客需求的回应	从服务传送向系统维持扩展
管理者的角色	确保遵守规则和程序	协助绩效目标的制定与完成	在网络的方向掌握中扮演积极角色，保持系统的整体能力
公共利益的界定	由政治家/专家等精英来界定，很少通过民众	个体偏好的加总，在实践中表现为资深政治家或管理者对消费者选择的捕捉	经由一个复合的互动过程反映个体与公共之偏好，其中包括对输入和机会成本的审议
关键的推动力	权威、规范所强加的规则和指导意见	对个人及组织完成目标的激励	因相互关系和认同而建立起的共同使命感、互相学习的承诺
偏好的服务传送体系	层级节制的部门或自我规制的专业组织	私营部门或严格限定的公共机构	多项选择式菜单，根据实际进行弹性选择

资料来源：STOKER G. Public value management：a new narrative for networked governance？. American Review of Public Administration，2006，36（1）：41－57.

12.2.3　网络治理的实践

目前，网络治理理论尚未成形，也就是说，还在成长之中，但作为一个基本的理论框架应当说已经出现，特别是作为一个理论热点也吸引了越来越多学者的关注。从当前已经取得的成果看，较多的研究成果集中在政策网络分析上，而且关于政策网络分析的理论成果也已经被应用到了实践之中。

所谓政策网络，是指政策制定过程中政府与不同的社群团体、非政府组织以及其他的行政参与者之间所形成的互动关系形态，主要表现出了三个方面的特征：其一，存在多元的行动者和多元的政策目标；其二，行动者之间存在相互依赖的关系；其三，在行动者之间有着持续性的互动。由于当代社会的复杂性和不确定性都达到了很高的程度，政府已经无法独立承担社会治理的任务，因而必须联合次级系统的能力与资源去进行共同治理。所以，政策网络被视为一种既不同于科层权威体系也不同于市场的新型治理模式，它的运行既不沿袭传统的政府形态，也不复制市场的交易机制。也就是说，它既不把传统的权威和命令、指挥作为协调的原则，也不把极大化个体利益作为原则，而是由政府广泛地动员公私部门中的资源和接受公众的广泛参与，努力去开展平等的合作，以解决传统政府形态的“反功能”问题，也同时消除市场中存在的负面效应。因此，政策网络被看成是某一特定政策领域内所有参与政策制定与执行的行动者的结合体。按照传统的标准，行动者之间的关系可能会被判定为非正式的，但是，他们所追求的利益却是相互依赖的，他们必须协力合作，以非层级化的集体行动去解决问题和达成目标。网络治理理论认为，政策网络应当是一种相对稳定与持续的关系网，它能够动员与汇集广泛分布于公私部门的资源，能够通过平等协商而形成政策共识，能够通过集体协力的行动去解决问题。

网络治理理论认为，政策网络的出现反映了国家与社会关系的变迁。国家与社会间

的边界不再被严格地加以区分，政府组织也不再是政策过程中的唯一主体，从政策的形成到公共服务的提供再到各项社会管理活动等，都不再集中于拥有科层权威体制的官僚政府那里，而是分散于公私部门中广泛的行动参与者那里，是通过公私部门间协力合作、资源联合、平等协调而达成共识并行动的，而且能够顺利地解决公共问题。然而，网络治理理论在政策网络上的这些观点也受到了批评，一些学者指出，如果官僚行政无限制开放竞争，允许各种利益集团竞争决策主权，必然会导致断续渐进的政策弥漫，国家权威会因此遭到严重的割裂与分离，甚至有可能导致基本治权的合法性与正当性难以存续的问题。这一对网络治理理论的批评也表明，"如何节制网络中的竞争性局面"和"如何建构合理性的合作结构"两个方面是通过政策网络而实现治理的两个必须解决的难题。

由于政策网络内部存在多元行动者，每一个行动者都有自身的利益偏好和目标追求，他们会凭借自身所拥有的资源随时与对手进行策略性的互动，以求自身目标与利益的实现，这必然使政策网络中产生结构殊异、动态复杂的紧张关系。网络治理理论认为，网络政策的制定与执行是政策网络成员间资源互动的结果，这种结果并非问题的解决，而是要在一定的结构内运作，受到某种程度行为规则的限制。然而，结构规则却无法限制可能结果的发生，成员间的竞争议价以及妥协在结果上往往是难以预期的。由于结果是无法预期的，网络成员间的行动便有可能危及集体共识和目标的达成。因此，网络治理的重点便在于如何选择行为者的参与，正确地进行资源动员、规则的互动以及共同意向的描述。换言之，政策网络的治理重点在于整合其成员的行为、资源、规则与认识，使网络成员能够朝着一致性的目标行动。

其一，在成员的选择性参与问题上，网络治理有必要了解网络成员可能的政策参与偏好与贡献程度，以便在不同的政策行动者中吸纳适当的成员，同时技巧性地排除可能的负面贡献者。其二，在资源动员的问题上，由于不同的政策场域会吸引资源各异的参与偏好者，形成特殊的资源供需图谱，因而要求参与者能够贡献本身的专业专才资源，并从其他参与者的资源贡献中弥补自己的不足。但是，在现实的政策网络运行中，总会出现有些资源供给是垄断的、支配性的，是供给者不愿轻易释放的资源，也会出现一些资源需求者无视自己的可能贡献而过度索取资源的问题。因此，网络治理需要正确评价网络成员间资源供需的紧张关系，科学地动员特殊资源供给者的领导角色，弱化资源需求者的诉求。其三，在规则的运用问题上，由于网络成员的参与是建立在平等的基础上的，往往带有强烈的志愿色彩，所以，规则的设计是建立在互信和共识的前提下的，不具有强制性的作用。但是，如果网络规则得不到其成员的诚意遵守，又会让成员间的互动关系缺乏基本的操作规范，流于"各自为政"的情形，无法整合出共同目标。因此，治理者需要正确掌握规则设计的精神与原则，在紧张关系的缓和与目标达成之下权宜性地扩张或收缩对规则的解释，使规则因为其弹性而保证网络成员们自愿遵守。其四，在联合意向的形成问题上，由于政策网络的成员们各有不同的利益偏好与特殊立场，对于同一政策目标的诠释会因为认知上的不同而有差异，甚至集体共识和目标也会在执行上有手段与方法上的分歧。因此，网络治理有必要清楚地了解网络成员的特殊利益偏好与立场，积极地协调冲突，在成员间的认知差异中寻求积极的妥协方案，促进联合意向与认知的形成，开创共赢的局面。

除了以政策网络为途径的网络治理之外，作为公共行政的延伸或者说作为公共行政的替代形式的网络治理也在实践上迅速发展，并取得了一定的可供考察的实践经验。总的说来，作为公共行政替代形式的网络治理更多地表现出了"自组织"特征。"自组织"的网络治理是在行政改革和全球化的过程中产生的。行政改革在各国的表现多是以分权为特征的，出现了中央政府权力下移到地方的情况，而且在此过程中，政府权力也出现了相对于社会的弱化，特别是政府权力的弱化为社会的成长提供了更大的空间，出现了各种各样的社会自治组织，并在社会治理过程中发挥了越来越重要的作用，而且已经形成了政府的社会治理也需要得到它们的参与的治理结构。全球化不仅使原先存在的国际组织发挥了越来越重要的作用，凸显了世界贸易组织、世界银行、国际货币基金组织等的地位，而且在诸多国际冲突问题的解决上，也越来越倚重于国际合作。在全球化的条件下，一国的国内政策也越来越多地具有国际成分，甚至决策过程也呈现出了从国家向国际流动的迹象。总之，形成了一个从国际到国内、从中央到地方、从政府到社会的复杂的治理网络，造就了网络治理模式。

在一些具有网络治理理论主张的学者那里，英国的地方治理是被作为典型案例来看待的。由罗兹（W. Rhodes）领导的一项研究认为，英国通过 20 年的改革建立起了网络治理模式。罗兹的研究发现，20 世纪 80 年代以后，英国逐渐实现了国家空心化（hollowing out of the state），对"民营化"的持续坚持减少了公务员数量并缩小了政府规模，政府的公共服务被分割到了各机构并被外包。结果，建立在政府官僚模型基础上的权威控制失去了存在的合理性，跨部门作业、府际管理等具有协调性质的工具得到越来越多的运用。出现在英国的这种府际管理，使管理者的控制角色转化成了网络治理者的角色，他们不再追求自己目标的达成，而是扮演协调、整合和促进的角色。根据罗兹的总结，英国在府际管理中已经形成了包括统合、咨询协商、交易、规避、诱导、劝服等一系列网络治理工具。当然，官僚制组织依然是英国重要的治理结构，但行政命令不再像以往那样存在于所有领域，甚至行政命令有的时候会引起回避或抗拒的行动。府际的网络治理不同，它表现出了比官僚制组织更为优越的问题解决优势。

欧盟被学者们看作多层次网络治理的典型，被认为是"时间与空间镶嵌的区域治理"典型模型。欧盟的网络治理主要表现在两个方面：第一，欧盟设有欧盟委员会（European Commission）、部长会议（Council of Ministers）、欧洲议会（European Parliament）与欧洲理事会（European Council）四个政策制定机关，其中，部长会议握有决策的最后决定权，但所有立法权操之于欧盟委员会手中。尽管欧盟委员会垄断立法权，但如果部长会议不支持也毫无用处，所以，在法案草拟时就必须与部长会议进行密切互动，通过咨询委员会（Consultative Commission）去协商法案。此外，欧盟的决策制定渐趋惯例化与去政治化，议题网络提供了巨大的决策制定空间，使部长会议的专业工作团体扮演着举足轻重的角色。第二，欧盟各国具有结构互嵌的相互信赖关系，会员国在参与欧盟决策过程中会考虑到这个政策的制定对后续的国内政策的影响，会员国彼此相互依赖，欧盟集体的利益受到各会员国代表的考虑，在伙伴关系的前提下，通过欧盟政策而将国家、国家中的公私部门以及利益团体结合起来。

总的说来，网络治理的兴起对传统的公共行政提出了挑战，也吸引了许多当代学者展开热烈讨论，甚至被一些人奉为公共行政的新典范。不过，也有一些学者对其做出了激烈的批判：第一，认为政策网络运用到国内或欧盟的政策过程，都明显地偏向多元与自愿参与的方向，忽略了权力与制度的讨论；第二，认为政策网络只不过是结合了多元论方法论的个人主义，在实质上是一个"领航悲观论"（steering pessimism），过于天真和高估了政府的调解能力；第三，对政策网络的民主合法性提出了质疑，认为政策网络是一个不透明的、难以渗透的利益代表结构，可能会阻碍公共政策改革，甚至会威胁到公共部门的效能、效率以及民主的合法性。当然，这些批评主要是针对现实中的政策网络，而不是直接针对网络治理理论做出的，而持有网络治理理论观点的学者则认为批评者所指出的这些缺陷是可以在网络治理的充分发展中得到解决的。

12.3　反传统的公共行政理论

12.3.1　现象学派及其公共行政理论

在《行政国家》中，沃尔多向我们描述了他所谓的公共行政的"正统学说"（orthodox ideology）："在'正统'思想的中心是这样一个假定，即真正的民主与真正的效率是同义或至少是可调和的，在这一假定的周围则是许多为实现这种调和而提出的原则。另一种重要的学说是政治-行政二分的原则，认为政府工作可以被分成决策与执行两部分，而执行（行政）是或者可以成为一门科学。对正统学说而言，'科学'意味着发现事实、拒绝理论也许还有实用主义，认为存在一些具有科学与伦理上的有效性并可以通过科学研究得以发现的'原理'的观念仍然是一个正统信条。此外，行政研究者仍然普遍持有这样的观点，认为美国企业的价值与实践可以不受太多限制地应用于政府行政。"① 在很大程度上，沃尔多对"正统学说"的这番描述已经构成了今天公共行政学界关于传统公共行政理论的一般性理解，当人们提到传统公共行政理论时，所指的就是这种在政治-行政二分的前提下，以效率为目标、以科学为取向的研究路径。自新公共行政运动以来，这一传统路径在公共行政研究中受到了集体性的抵制，在模仿和借鉴现象学、后现代主义、女性主义等哲学思潮的基础上，一大批公共行政学者对传统公共行政研究发起了激烈的批判和挑战，向我们描绘出了一幅反传统的公共行政理论图谱。

现象学是 20 世纪西方的一支重要哲学流派，这一流派对近代以来西方科学主义、理性主义哲学传统做出了大胆颠覆的尝试，进而催生和激发了 20 世纪后期的许多哲学流派与思潮。因此，当公共行政学者试图对抗和颠覆沃尔多所说的"正统学说"时，也很自然地把现象学作为了他们的理论资源和武器。

1966 年，一位在欧洲接受过现象学教育的巴西学者拉莫斯（Alberto Guerreiro Ramos）作为难民逃入美国，并受时任南加州大学公共行政学院院长舍伍德（Frank

① WALDO D. The administrative state：a study of the political theory of American public administration. New Brunswick：Transaction Publisher，2007：206 - 207.

Sherwood）的邀请而获得了任教的机会，讲授现象学课程。按照当时也在南加州任教的哈蒙（Michael Harmon）的说法，拉莫斯很快成为当时正在南加州大学攻读博士学位的全钟燮（Jong S. Jun）、柯克哈特（Larry Kirkhart）、维尔米尔（Richard VrMeer）、比勒（Robert Biller）等对 20 世纪后期的美国公共行政学产生了深远影响的学者们的精神教父，至于刚参加工作不久的哈蒙本人，也很快变成了拉莫斯的门徒①。1968 年，在拉莫斯到来之前已经在南加州大学获得博士学位并进入锡拉丘兹大学任教的弗雷德里克森根据沃尔多的安排筹备了一场“年轻人的会议”，并向柯克哈特、哈蒙和比勒发出了邀请，从而将南加州大学的现象学运动带到了著名的“明诺布鲁克会议”，进而扩散到了整个公共行政学界，逐渐形成了一支强大的现象学派。

会后，柯克哈特毕业进入锡拉丘兹大学工作。在南加州大学工作过也被邀请参加了明诺布鲁克会议的奥林·怀特（Orion White）后来也加入了锡拉丘兹大学。由此，拥有历史最为悠久、最负盛名的公共行政（事务）学院的锡拉丘兹与南加州这两所大学都成为现象学派的大本营。同时，现象学派也开始向外扩展。毕业之后，全钟燮与维尔米尔进入加州州立大学，帮助建立了该校的公共行政学系。70 年代初，哈蒙进入乔治·华盛顿大学，并在那里结识了他后来的合作者卡特隆（Bayard Catron），而卡特隆在加州大学伯克利分校攻读学位时师从的是也曾在南加州大学任教且也参加了明诺布鲁克会议的拉波特（Todd LaPorte）。南加州大学现象学运动的另一位参与者比勒则在毕业后进入加州大学伯克利分校任教，后来回到南加州担任公共行政学院院长。1973 年，亚当斯（Guy Adams）进入乔治·华盛顿大学攻读博士学位，并在卡特隆指导下完成了一篇现象学的博士论文。同时，他还与他当时的同学、后来的合作者杰伊·怀特（Jay White）一道成立了一个旨在反对客观主义的学术团体，与哈蒙、卡特隆等人共同从事着现象学派的团队建设工作。1976 年，亚当斯毕业，进入了全钟燮与维尔米尔所在的加州州立大学。由此可以看到美国公共行政研究中的现象学传播图谱。

1969—1970 年，明诺布鲁克会议文集中半数左右的学者开始参加 ASPA 会议，但他们的“理论”取向一直不受重视，ASPA 不给理论问题开辟专门的会场，即使在弗雷德里克森当上主席之后，情况仍然未有改观。在 1978 年的凤凰城年会后，理论研究团体对于 ASPA 失去了耐心。在亚当斯的召集下，公共行政理论网络（Public Administration Theory Network）成立，并开始出版非正式刊物《对话》（*Dialogue*），公共行政理论网络与刊物都由亚当斯负责。1983 年，《对话》发表了著名的《黑堡宣言》（执笔者之一奥林·怀特已从锡拉丘兹大学转任弗吉尼亚理工大学），开始获得更广泛的学术关注。1992 年，全钟燮与维尔米尔接手公共行政理论网络诸项工作，并将《对话》改版为《行政理论与实践》（*Administrative Theory & Praxis*）杂志，成为美国公共行政理论研究者最重要的学术交流平台。2006 年，《行政理论与实践》推出了拉莫斯纪念特辑，标志着现象学派开始走向成熟，并自觉地梳理自身的理论渊源和谱系了。

如《行政理论与实践》杂志的名称所示，现象学派的核心概念是“praxis”这一古希

---

① HARMON M. PAT-Net turns twenty-five: a short history of the public administration theory network. Administrative Theory & Praxis，2003，25（2）：157－172.

腊语中的“实践”概念。现象学派认为，praxis 与 practice 代表了两种不同的实践观，其中，practice 是与理论相分离的实践，praxis 则是与理论合一的实践。比如，奥林·怀特认为，praxis 意味着理论对实践的一种承诺，或者说责任，而这种承诺和责任的内容就是对实践的整合，即理论研究需要通过承认其对价值的关注来处理包含着价值内容的实践问题。同时，实践者也需要认识到他的行动包含了价值取向，他对任何理论的接受都体现了他的价值取向，以及他的价值取向与这种理论的价值取向间的一致。所以，当学者与实践者都从 praxis 的观念出发来思考和处理现实的行政问题时，就可以实现理论与实践的统一。登哈特（Robert B. Denhardt）与哈蒙也对理论与实践的关系做出了类似的分析，并提出了要通过 praxis 的概念来重新整合公共行政理论与实践间关系的观点。这其实是现象学派的首要理论主张。

现象学派的第二大理论主张是在区分行动（action）与行为（behavior）的基础上用行动主义取代行为主义。这一主张主要是在哈蒙的《公共行政的行动理论》及其与卡特隆合作的几篇论文中得到阐述的。行动理论认为，行为主义“（1）不加批判地采纳一种关于人类行动的决定论途径；（2）把发现行为的原因当作其使命，而出于‘不科学’的理由拒绝考虑行为动机与意向；（3）因此把对大量人类经验——反思、判断、决定、质疑、批判、追寻与解决等大量其他自觉的和有意识的人类活动——的严肃探讨视为‘心灵主义的’和不相干的而加以拒绝。尽管行为主义已经取得了某些解释权力，并且在某些领域范围内无疑是合法的与重要的，但它完全无法对人类与人类经验给出一个合理的解释”。反之，“行动理论的途径关心的是对行动的动机与意向的理解，而不是寻求发现行为的原因。当然，大多数行动的确拥有行为上的表现，而且更重要的是，我们大多也是通过他们的行为来理解他人的意向的。……对行动理论家来说，重要的是意义的模式”[①]。所谓行动的意义，也就是现象学和后来的心灵哲学所说的意向（intention）。所以，行为主义关注的是因果性，行动主义关注的则是意向性。正是在此意义上，哈默尔（Ralph P. Hummel）又把行动主义称为意向主义，并认为：“行为主义与意向主义都聚焦于个体与行动，但行为主义对个体自我理解的洞察受制于一种相对的主体性，而意向主义则贯穿着一种激进的主体性。意向主义科学希望对行为的作者有一个由内到外的完整理解，就像他看待自己一样；行为主义科学则渗透着与观察者有关的那些主体性的部分。”[②] 换句话说，行为主义是一种观察者的科学，意向主义则是一种行动者的科学。观察者的科学是客观的，却不一定是真实的，行动者的科学是主观的，因而被行为主义斥为不科学，但它却具有真实性，并因为这种真实性而具有了更高的科学性。所以，行动主义或者说意向主义是比行为主义或者说实证主义更加科学的一种理论，这是现象学派向我们提供的他们关于行政科学的理解。

现象学派的第三大理论主张是要用社会建构主义取代理性主义。在一系列作品中，杰伊·怀特与亚当斯等人对技术理性在公共行政研究中的支配地位做了激烈的批判：第

---

① CATRON B L，Harmon M M. Action theory in practice：toward theory without conspiracy. Public Administration Review，1981，41（5）：535－541.

② HUMMEL R P. The new science of public administration. Dialogue，1983，5（3）：2－10.

一，认为技术理性狭隘地将理性界定为对手段进行协调以达到目的，几乎不允许对目的本身进行任何理性讨论，缩窄了我们对专业化的理解，严重降低了专业人士进行社会倡议和变革的能力；第二，认为技术理性信奉所谓普遍的客观的宏大历史叙事，不能为我们的生活提供意义。全钟燮也认为，隐藏在主流公共行政理论背后的理性把其关注的焦点放在经济、效率、绩效、目标维持和冲突管理上，以为这样的思路能够满足为公众提供更好的服务之需求，然而，恰恰是这种理性摧毁了公民、商业组织、非政府组织和草根组织等行动者，排斥了它们所能够发挥的作用，导致公共问题不得不依赖于行政机构，以至于最终无法得到解决。鉴于此，公共行政研究需要引入社会建构主义，增强行政过程的社会化程度，通过让行政过程得到社会化的行动者的建构的方式来解决理性主义的行政方式解决不了的问题。在某种意义上，这是对现象学所说的“生活世界”的一种运用，通过社会建构，公共行政从一个封闭的“系统”转变成开放的“生活世界”中的一个部分，自然也就需要从关注系统运行的效率和理性转向关注生活的价值和意义。

凭借其成员的大量学术成果以及公共行政理论网络的组织影响力，现象学派对 20 世纪后期美国的公共行政研究产生了非常深远的影响。在美国的公共行政规范研究群体中，沃尔多、弗雷德里克森、罗尔（John Rohr）和罗森布鲁姆等人代表的是经验主义的研究路径，他们都从美国的基本政治结构中去寻找公共行政理论的叙事基础。因此，他们虽然也对传统公共行政研究提出了许多批评，但由于传统公共行政研究是根植于美国的基本政治结构的，以至于他们并不反对传统公共行政理论，甚至在宽泛的意义上，他们也属于传统公共行政理论的一部分，他们仍然是在传统公共行政理论的基本框架下展开叙述的。在这一点上，他们与所谓“正统学说”是一致的，二者的区别只是观点上的区别，而不是认识论上的区别。与上述学者不同，现象学派所代表的是非经验主义的规范研究路径，这一路径试图跳出传统公共行政理论的基本分析框架，而是用一些更加学理化和哲学化的概念来重新理解行政现象，并通过这样一种认识论的重构而表达出了强烈的反传统倾向。不过，当奥林·怀特与罗尔在弗吉尼亚理工大学聚首，并与其他三位合作者共同完成了被评论为具有高度现代性的《黑堡宣言》时，却标志着上述两种路径达成了某种妥协，甚至可以说开始走向融合。也正因为这种融合，弗吉尼亚理工大学才成为了 20 世纪 80 年代以来最重要的规范研究人才培养基地。到今天，是否具有现象学背景，已经不再是公共行政规范研究的一种重要的学术标识了。但是，现象学派向我们呈现出的反传统的勇气和能力，无疑成了今天规范研究者们所拥有的一笔重要的遗产。

12.3.2 后现代公共行政理论

“后现代主义”是 20 世纪后期最为重要的哲学思潮，也是一场影响广泛的文化运动。当这股思潮渗入公共行政的研究中后，也对公共行政理论的发展产生了深刻影响。作为一种反传统主义——亦即反现代主义——的文化取向，后现代主义对工业社会的社会建制与话语体系进行了全面解构，其中也包含着一些求新精神，对于人们重新审视近代以来的理论与实践提供了富有启发意义的新视角。尽管后现代主义主要反映在思维活跃的哲学和文化领域，但其影响却遍布整个社会科学体系，渗透到了社会科学的每一个领域的研究之中，成为社会科学研究中的一种反传统的方法和路径。

公共行政的研究大致是在20世纪90年代初期开始受到后现代主义的影响，很快地，就形成了一场声势浩大的学术运动。当然，公共行政研究长期以来是理性精神最为坚定的领域，当后现代主义渗入这一领域后，公共行政的研究者对后现代主义的接受程度表现出了很大的差异。总的说来，在公共行政研究中，后现代主义并没有像在其他社会科学领域中那样大获全胜，行政学者有保留地运用了后现代主义的理论和方法。公共行政研究中的后现代主义特征主要反映在以“话语”为主题的讨论和著述之中，公共行政研究领域中的后现代主义运动也更多地被称作“话语运动”（Discourse Movement）。

公共行政研究的“后现代转向”是从“黑堡学派”内部发起的。1990年，马歇尔与奥林·怀特发表了论文《黑堡宣言与后现代论辩》，将《黑堡宣言》归入现代主义的范畴之中，并认为它在后现代主义的语境中受到了根本性的挑战，已变得不再切题。马歇尔与怀特对《黑堡宣言》所进行的后现代反思在黑堡学派内部引起了强烈的反响。1996年，在他们出版的第二部集体性著作《重建民主公共行政》中，黑堡学派就将后现代的概念放入了书名的副标题中。在这里，我们再次看到了经验主义与非经验主义两种路径的冲突，这种冲突虽然在《黑堡宣言》中得到了暂时的调解，却在后现代主义思潮中更激烈地爆发了出来，并从黑堡学派内部生出了后现代公共行政的研究取向。

后现代公共行政理论反对传统公共行政理论的普遍主义主张。传统公共行政理论在科学的名义下以“普通话”自居，主张其对所有公共行政实践的普遍适用性。而从后现代主义的视角来看，传统公共行政理论则仅仅是一种“方言”，是一种产生于特定语境的特殊理论，当它不分对象地四处言说时，却发现很难与听者——既包括实践者，也包括被视为“他者”的其他公共行政研究者——达成真正的理解，最终就只能被束之高阁。在这样的背景下，后现代公共行政理论要使自己成为一种真正有用的理论，就必须抛弃现代公共行政理论的普遍主义立场，需要在反对现代主义的过程中使自己真正得到他者的接受。

后现代公共行政理论反对“环式民主”，要求用基于“公共能量场”的话语民主取而代之。从后现代主义的视角来看，在环式民主中，所谓公共对话其实仅仅是一种“独白”，是一种单向度的语言，只能满足粉饰控制的需要。与之相反，在公共能量场的基础上，公共行政可以培育出真正的对话，并在这种对话的基础上实现民主。在能量场中，公共政策的制定呈现出一个源头多元化的公共氛围，犹如太阳黑子，可以从任何的和所有的点上燃烧起来。因此，以公共能量场为基础的话语将成为一种真正的对话，并且，这种对话是符合罗尔斯所说的“重叠共识”的，是“一些人的对话”，显然优于可能导致“多数人的暴政”的“多数人的对话”，也能够防止可能带来专制统治的“少数人的对话”，因而可以成为民主的真正保障①。

后现代公共行政理论反对自由主义、资本主义和平等主义等现代主义的正义方案，认为这三种方案之间存在内在的矛盾。比如，自由主义在现实中破坏了平等，而平等主义则扼杀了资本主义的发展。在后现代公共行政理论看来，所谓正义不过是一种社会建

① 福克斯，米勒．后现代公共行政．北京：中国人民大学出版社，2002：143.

构，因而需要随着社会本身的变化而变化。“后现代状况”的出现造成了社会的符号化，相应的，正义的观念也需要发生符号化，变成一种符号正义（semiotic justice）①。符号正义通过对所有既存建制的符号化而打破了社会中各种不平等的结构，打破了中心与边缘之间的对立，从而使这些流动着的符号更趋近于平等，也更趋近于正义。当然，由于这些符号的流动是不可预知的，所以这种正义也是未有定论的。

后现代公共行政理论强调“他在性”（alterity）的价值，要求根据“他在性”的要求来对公共行政进行重建。与现代性以理性的自我意识为中心不同，后现代性则要求正视“道德的他者”，面向他者开放，并承受这种开放可能带来的不理性的后果。具体地说，后现代性的他在性包含四个要素：向他者开放，偏爱差异性，反对元叙事，颠覆已建立的秩序。因此，从他在性出发去思考公共行政，就会提出如下四个要求：第一，它意味着反权威主义，要求所有的决策向共同体开放，突出地方共同体的自主行动，甚至走向一种无政府主义；第二，它偏爱差异性，不承认优先意义的存在，也就是不承认任何既定建制的优先价值；第三，反对元叙事，这意味着正义根本不存在基础，道德控制也不存在基础；第四，颠覆已有的建制②。显然，所有这些要求都是站在现代公共行政的对立面的，因而根据这些要求所建构起来的行政模式就应当是一种“反行政”。反行政是一种多元主义的行政理念，它反对任何单一性价值的霸权地位，反对所有形式的一元论与二元论，而是要求在开放的对话中探索公共行政的各种可能性。

后现代公共行政理论反对理性主义和实证主义，突出了“想象”和“解构”的方法论地位。想象是对工业社会理性思维的一种叛逆，“从一个否定的角度看，想象是一种行政精神，一种不依赖于规则的制定和程序的执行——如同在现代性中——的行政精神。从一个肯定的角度看，想象是这样一种行政精神，它赋予想象的运用首要的地位。公共行政思考的一个任务就是要探究这些特征”③。换句话说，想象是一种非规则化的思维方式，它要求我们挣脱一切理性规则的束缚。同样，解构是把科学还原为话语，也就是要解构所有以科学为名而建立起来的话语霸权。对学术研究来说，它意味着不承认任何认识论上的特权话语，不承认存在通向真理的所谓“唯一最优途径”（one best way）。对实践来说，解构则意味着破除对官僚制和效率的迷信，而且解构本身也应当是可以进行解构的，也只有这种解构才能在根本上使公共行政摆脱对官僚制和效率的依赖。在此意义上，解构之解构就是要解构现代公共行政的语言，进而解构在这种语言基础上建立起来的概念体系与实践模式。在这里，语言既是解构的工具，进而也是解构的对象。只有当每一种语言都经受了后现代主义的解构，不再拥有任何结构化的特权之后，公共行政才能拥有一种后现代性的语言，进而也就能在这种语言的基础上建立起后现代性的话语体系与实践模式。

总之，后现代公共行政理论在现象学派的基础上又前进了一步，对传统公共行政实

---

① ABEL C F. SEMENTELLI A J. Justice and public administration. Tuscaloosa：The University of Alabama Press，2007：105－106.

② 法默尔．公共行政的语言：官僚制、现代性和后现代性．北京：中国人民大学出版社，2005：372－373.

③ 同②262.

践与理论做出了全面的解构。当然，与哲学和文化研究领域以及其他社会科学领域中的后现代主义相比，被称作“后现代公共行政”的学术运动在思维方式上远未达到后现代主义的水准，公共行政研究中的一些所谓后现代主义观点还略显幼稚。尽管如此，公共行政的研究中毕竟呈现出了后现代主义语境，也使得人们获得了把握公共行政概念的一个新的视角。

12.3.3　女性主义公共行政理论

女性主义是 20 世纪后期兴起的另一种重要哲学思潮。正如福克斯与米勒所说，“后现代主义作为一种思维模式或一种观点（而不是我们所称的后现代的历史时期），是对‘他性’和‘差异’的承认与合法化”[①]。在这个意义上，作为“她性”——相对于“他性”——之理论表述的女性主义与后现代主义可以说有着千丝万缕的联系。当然，女性主义并不等于后现代主义，在女性主义者自身看来，也不属于后现代主义，因为女性主义对社会性别的解构并不局限于现代性及现代社会，而是贯穿于人类社会之始终的，即认为人类社会历来就存在性别问题。但与后现代主义一样，它们都是一种反霸权主义、反一元论的学说，而且，在女性主义看来，后现代主义所反对的科学霸权、理性霸权其实都是男性霸权的表征，这样一来，又可以说女性主义与后现代主义之间具有逻辑上的一致性，特别是在公共行政的研究中，它们都体现了一种反传统的理论取向。

女性主义公共行政理论经历了三个发展阶段，即从女性主义经验论到女性主义立场论再到后现代女性主义。20 世纪七八十年代的经验论持改良倾向，揭示与批判主流公共行政学中的性别歧视现象，强调性别公平，但这种取向还是在男性确立的标准下探讨性别平等问题的，因而也就无法撼动公共行政学中的男权根基。90 年代，经验论转变为革命性的立场论，认为必须彻底打破和颠覆公共行政研究传统中的主流男性话语，建构起女性主义公共行政理论的知识图景。但这种激进的努力忽视了女性内部的群体差异和个体差异，且因其所暗含的“女性优越论”而备受诟病。21 世纪初，后现代女性主义对传统公共行政学中的支配性价值与概念发起了彻底的挑战，开始倡导性别多元、身份解构和话语重构[②]。比较而言，经验论与立场论在理论性上都有所欠缺，而后现代女性主义则因为其与后现代主义的联系而表现出了更强的理论性特质，也贡献了更多理论观点。

关于女性主义公共行政理论的基本观点主要来自斯蒂福斯，来自她对“机关男人”与“社区女人”的著名区分。斯蒂福斯认为，公共行政的性别形象与公共行政的价值取向之间有着内在的联系，或者说，在公共行政中，男性与女性代表了不同的价值。具体而言，男性属于机关，女性属于社区，“机关男人”所偏重的是工具理性，“社区女性”则偏重于价值理性。因此，前者对公共行政的支配造成了公共行政中工具理性的支配。“我们的系谱学强调了‘机关男人’的程序改革，他们试图使政府机关以一种有效的方式来运行。虽然进步主义运动直到 20 世纪末一直在为政府责任的增长打下基础，从而形成

---

① 福克斯，米勒．后现代公共行政．北京：中国人民大学出版社，2002：58.

② 王宇颖．公共管理研究的性别视角：美国女性主义公共行政理论评述．中国行政管理，2011（3）.

了一个重要的时代，但是我们却忽略了公共服务的创立与制度化，而当时的妇女则在其中发挥了非常重要的作用。”① 也就是说，在公共行政得以奠基的进步主义运动中，男性与女性都贡献了各自的力量，但由于男性的霸权地位，女性的贡献没有得到承认，结果，公共行政就完全按照男性的价值和要求而被建构了起来，使公共行政呈现出了一种单一的、片面的性别形象，最终造成了公共行政的性别失衡危机。比如，一提到进步主义改革，历史学家就会展开关于威尔逊的宏大叙事，但实际上，像简·亚当斯（Jane Adams）这样的女性改革家在当时也发挥了不可替代的作用，却很少受到历史学家的关注，更不为一般公众所知。需要指出的是，女性主义发展到此所谈论的性别已经不再是自然性别，而是指一种社会性别，一位自然意义上的女性在进入机关后，也可能完全以男性的形象出现。事实上，在机关中，几乎所有的女性都在变成了男性的时候才适应机关环境，才会在官僚阶梯上得到更多晋升的机会。有的时候，机关中的自然女性却是十足的社会男性，甚至比男性更加男性。

在女性主义公共行政理论看来，公共行政的身份危机其实也可以被视作一种性别危机。与日常生活中的性别危机的产生和性别形象的模糊不同，公共行政的性别危机乃是源自男性特征的过于突出。比如，传统公共行政理论所强调的专业知识、领导、掌舵、代理人、客观的科学家和匿名的专家等概念，所反映的都是男性化的价值，而像服务、关怀这样的女性价值则长期被排除在公共行政的核心价值体系之外。“在这种意义上，公共行政不只是男性化和家长化的，它从根本上否认了自己的本质，结果从概念和实践上使自身枯竭了。”② 有鉴于此，女性主义公共行政理论主张否定以男性为中心的一元论，但同时，这也并不意味着要建立一种女性中心主义的公共行政。相反，女性主义者倾向于强调特殊的而不是普遍的、能够容忍矛盾和不同的、尽力接纳二元观点而不是认可某一观点的公共行政。传统公共行政的惯常做法是，总是假设二元观点中的某一种比另一种更为优越，女性主义者则要用不同代替二元，以便为多元观点、为特殊的乃至具体经验的表达留出空间。当女性主义和其他公共行政理论相遇时，女性主义想要与她们所力图改变的概念传统交战，不只是去除一些现存的东西，而是要用它的因素来创造一些更好的东西。换句话说，与后现代主义一样，女性主义想要在公共行政中确立多元价值的平等地位，而不是用女性主义的一元论去替代男性主义的一元论。

在一般女性主义研究中，关怀视角（care perspective）近年来吸引了越来越多的关注，也在公共行政研究中催生了“以关怀为中心的公共行政”（care-centered public administration）的概念。布尔涅（DeLysa Burnier）认为：“关怀视角的假设基础是关系（relationships），在它看来，在公共部门中创建相互关怀的、民主的关系是与追求公共物品和服务提供中的官僚效率或市场效率同等重要的事。各种各样的关系将成为这一领域的学术和实践焦点，包括行政官员与顾客的关系、行政官员与公民的关系、行政官员与

---

① 斯蒂福斯．社区女人与机关男人：为公共行政学建构一种可用的过去//戴黍，牛美丽，等．公共行政学中的批判理论．北京：中国人民大学出版社，2008：48.

② 斯蒂福斯．公共行政中的性别形象：合法性与行政国家．北京：中央编译出版社，2010：59.

民选官员的关系以及行政官员与同事的关系等。”① 也就是说，关怀视角要求公共行政将关注的重心从冷冰冰的效率转向以关怀为中心的人际关系，进而塑造一种更加人性化的公共行政。这也意味着，公共行政需要正视作为个体的行政对象，并以他们的具体需要为工作的依据。女性主义的这一主张也被学术界视作一种“关怀行政理论”或“关怀伦理学”的产生。关怀伦理学截然不同于功利主义的或以理性为基础的传统伦理理论，在后两者中，“政府对抽象的普遍范畴的依赖意味着，它很少或没有关注过普通公民对于‘照顾（take care）好自己或他人’的理解”②。借用黑格尔的术语，如果说传统伦理理论对于政府的界定是“自为”的话，关怀伦理学则要求政府“为他”，它赋予了政府一种“他性”，促使政府更多地根据作为“他者”的普通公民而不是自身的需要来开展行动。同时，关怀伦理学还将这种“他性”注入了政府内部，要求政府在自身的管理方式上也进行相应的变革。也就是说，在政府内部，行政领导也不再表现为基于规则的命令和控制，而同样获得了更多人性化的特征。

作为女性主义公共行政理论中的一个分支，关怀行政理论在将关怀这一具有女性化特质的价值如何应用于公共行政实践和研究上，做出了有价值的探索，也增强了女性主义在公共行政研究中的话语力量。不过，关怀的概念也包含着某种暗喻家长主义的倾向。在实践上，关怀行政也指向了重建福利国家的方向。比如，布尔涅就认为，2008 年以来的金融危机是一种政府的关怀危机，并要求政府通过加强对其公民的关怀来化解这场危机。这实际上就是在重提福利国家的解决方案。就此而言，关怀行政理论又存在一种潜在的危险，即可能通过复兴家长主义而重新建立起一种集权主义，事实上，无论男性主义的家长主义还是女性主义的家长主义都是一种集权主义。这是关怀行政理论在进一步发展时需要加以解决的问题，如果不能解决这一问题，它就可能变成对传统公共行政理论的一种维护而不是挑战。

总体看来，女性主义丰富了 20 世纪后期以来的社会科学研究，但其挑战性的姿态也受到了许多怀疑和反击。在性别平等的政治语境下，女性主义是一种在政治上正确的研究路径，但这种政治正确性也可能束缚女性主义者提出真正有价值的理论观点。随着女性主义的声势日隆，女性主义公共行政理论近年来也在公共行政研究中激起了很大的波澜，并对传统公共行政理论做出了另一番批判和解构。但是，正如关怀行政理论的矛盾和悖论所呈现的那样，女性主义公共行政理论很可能得不到其他理论的承认，如果试图寻找与其他理论的衔接点，又可能落入传统公共行政理论的陷阱。未来，女性主义公共行政理论可能需要从更多具有女性化特质的价值出发思考公共行政重建的可能性，需要在处理好特殊与普遍、单一与多元等矛盾的基础上为我们贡献更多的理论资源。不过，总体看来，生物学上的性别差异是不可否认的，在社会学的意义上，是否存在着男女差异，则是一个有争议的问题。人们在社会行动中对男女作出不同的角色安排，显然是基于生物学而不是社会学的考虑。果若如此的话，那么女性主义致力于诠释的，也许就是一个伪命题。

---

① BURNIER D. Other voices/Other rooms：towards a care-centered public administration. Administrative Theory & Praxis，2003，25（4）：540.

② Ibid.，p. 531.

12.4 合作治理理论

12.4.1 国外的合作治理研究

20 世纪后期以来，作为新公共管理运动的直接结果，政府与市场主体、社会主体之间建立起了广泛的伙伴关系，越来越多地通过组织间以及部门间的合作来实现公共产品与服务的供给，在日益揭示出人类的社会治理朝向合作治理的转型趋势的同时，也催生了大量以合作治理为题的研究成果。

就概念而言，作为一个新的提法，目前学术界关于合作治理的理解具有多元性的特征。比如，崔泰铉（Taehyon Choi）认为，合作治理是指通常来自多个部门的一组相互依存的利益相关者，是为了解决一个复杂的、涉及多方面的公共难题或情境而协同工作并制定相关政策的过程和制度①。邓穗欣等认为，合作治理是指为了解决那些仅凭单个组织或仅靠公共部门无法解决的公共政策难题所采取的建立、督导、促进和监控跨部门组织合作的制度安排，其特征是两个或更多的公共机构、营利和非营利机构的共同努力、互惠互利和自愿参与②。安塞尔（Chris Ansell）等则将合作治理定义为“一个或多个公共部门与非政府部门一起参与正式的、以共识为导向的、商议的、旨在制定或执行公共政策或管理公共事务或资产的治理安排”③。综合而言，更为具体而且涵盖面最广的是把合作治理视为“为了实现一个公共目的，使人们有建设性地参与跨公共部门、跨不同层级政府，或跨公共、私人、公民团体的，公共政策制定和管理的过程和结构”④。总的说来，合作治理被认为是一种利用非政府组织的专业性、规模经济性、灵活性和创造性来达到更大的公共行政成本效益的方法。政府如果能够获得第三方所提供的公共服务，而且成本比自己去做更低，那么政府就不需要去复制第三方的专业技能。社会中的非营利性的及志愿性的机构在公共服务方面可能拥有政府不一定具备的专业技能，即便是营利性组织，它们在向政府承包公共服务时，其营利活动也能通过规模经济降低成本。这些都是政府机构做不到的。

国外关于合作治理的研究具有多学科交叉的特征。在政治学领域，奥尔森为研究合作行为的形成与发展提供了一个比较简单又非常精致的分析框架，阿克塞尔罗德对有利于合作的条件和行为特征进行了阐述。回顾历史，可以看到，威廉·欧齐（William Ouchi）在 1980 年发表的一篇文章中研究了两个问题：第一，集体行为中各行为人在规范

---

① CHOI T. Information sharing, deliberation, and collective decision-making: a computational model of collaborative governance. Doctoral Dissertation of University of Southern California, 2011: 4.

② TANG S Y, et al.. Understanding collaborative governance from the structural choice. Politics, IAD, and Transaction Cost Perspective, 2010: 25-37.

③ ANSELL C, GASH A. Collaborative governance in theory and practice. Journal of Public Administration Research and Theory, 2008, 18 (4): 543-571.

④ EMERSON K, et al.. An integrative framework for collaborative governance. Journal of Public Administration Research and Theory, 2012, 22 (1): 1-29.

上达成的共识；第二，如何对基于市场机制和基于规则的社会协调中的缺陷进行补偿。此外，法团主义的理论和实践以及政府与私人部门关系的病理学研究，也与合作治理有着较高的相关性。在法学领域，弗里德兰（Mark Freedland）尝试为英国的私人融资优先权（Public Finance Initiative，PFI）提供一些分析原则。PFI 是英国政府为了振兴经济，于 1992 年提出的由私人部门融资参与公共建设计划的方案，是公私伙伴关系的一种形式，目的是刺激私人部门投资的意愿，在不增加财政支出的前提下提供足够的公共服务①。弗里曼（Jody Freeman）则在《合作治理与新行政法》一书中探讨了公私合作关系对行政法的挑战，认为有必要根据私人主体已经承担起公共职责的现实而将行政法的规范对象扩展到私人主体，以督促其对合作责任的承担。在经济学领域，有关文献涵盖的主题包括博弈论、交易成本理论、委托-代理理论等。以威廉姆森的研究为代表的那些归属在新制度主义经济学下的诸多概念和分析模型也阐明了跨部门生产行为的结构、功能以及弱点等问题。社会学家倪志伟（Victor Nee）也将研究领域延伸到经济学，并采用威廉姆森和奥尔森所开发的概念来研究组织行为中的规范与网络。

在公共管理领域，与合作治理有关的概念已经成为研究的主流，相关概念包括公私伙伴关系、民营化、网络治理、协作性公共管理等。总体来看，这些研究的学术旨趣主要包括两个方面：一方面，强调“合作治理”的功能——既可以实现“有效治理”，也可以对政治-行政二分的学科源头做出回应，由此使合作治理成为学科建构的新的议题基础；另一方面，打开“合作治理”的“黑箱”，以此为基础讨论实现合作治理的条件、过程及策略，由此拓展本学科新的经验研究空间②。在具体议题上，学者们的研究主要涉及以下问题：对合作治理的案例进行分析，并归纳取得成功或失败的原因；就合作治理过程的某一具体环节进行分析，比如各方合作的动因、信任的建立、领导力的影响、评估及问责等；提出合作治理的理论分析框架③。

国外的合作治理研究在研究路径和观点上都具有多元化的特征，综合来看，可以发现，它们关于合作治理的理解具有以下几点共同之处：首先，合作治理是一个集体的、平等的决策过程。相关研究都强调合作治理参与者具有做出集体决策的实质权力，每一个参与者在集体决策中都拥有平等的机会来反映其偏好，是一个集体平等的互动过程。当需要把少数利益相关者的偏好纳入决策考虑中来时，合作治理就显得尤为宝贵，无论是出于对信息多样化的追求，还是出于决策信息精确化的考虑，抑或出于政治关注的原因，都是非常可贵的。其次，合作治理侧重于用协商的方法来解决跨域、跨部门的公共问题。合作治理是一个协商的过程，理想的情况是，协商的行为表现包括参与者公开地共享解决问题的信息和知识，一视同仁地对待所有参与者的意见，并且在做出集体结论之前周全地考虑所有可获得的信息。协商过程往往以对话为特征，通过协商，合作治理在大多数利益相关者的最重要的问题上能达成集体决策。最后，合作治理以共识为导向。合作治理是一个以共识为导向的决策过程，有助于达成使更多利益相关者满意的集体决

① 田培杰．协同治理概念考辨．上海大学学报，2014（1）．

② 蔡长昆．合作治理研究述评．公共管理与政策评论，2017（6）．

③ 同①.

策。不像官僚层级制那样，往往是信息传达至最上层再由决策者综合信息后选择一个方案；也不同于专家咨询制，各种专家给出不同的信息和建议，并将最后的方案呈献给决策者。合作治理的目标是在众多的参与者之间达成共识，并集体做出决策。合作治理需要以共识为导向，这是因为：第一，假设利益相关者在决策制定过程中具有相对平等的权力，那么共识可能是唯一达成决策的可行办法；第二，共识在决策执行中是一个非常关键的因素。与官僚层级命令或多数投票制相比，协商过程可能需要更多的时间来做出决策，但是，一旦达成共识，那么合作治理的决策执行将是顺利和迅速的①。

12.4.2 中国的合作治理研究

与传统公共行政理论不同，合作治理理论诞生于全球化的进程之中，而中国则是全球化进程中最重要的行动者之一。所以，就在国外合作治理研究方兴未艾之时，中国的合作治理研究已结出了丰硕成果，集中体现在以“合作治理”或“协同治理”为题的大量文献中。尤其是，2017 年，党的十九大报告提出，要“打造共建共治共享的社会治理格局”；2019 年，党的十九届四中全会进一步提出，要“坚持和完善共建共治共享的社会治理制度”。共建共治共享，意味着社会治理不能仅仅依靠党委领导、政府负责，还需要社会协同、公众参与。政府与社会如何协同，又如何激发并引导公众参与社会治理？习近平总书记指出，这要求“建设人人有责、人人尽责、人人享有的社会治理共同体”②。这与学术界关于合作治理的研究相映成趣，共同表明了合作治理的实践与研究的重要性。所以，合作治理研究已成为中国公共行政学界最为重要的研究领域之一。作为全球化的产物，国内外的合作治理研究都是基于 20 世纪后期以来社会治理领域中多元主体的生成而做出的，因而具有许多相同之处。同时，由于中国特殊的国情与中国学者特有的学术抱负，又使国内的合作治理研究呈现出了一些独有的特征。

第一，合作治理研究的后工业化视野。张康之认为，自 20 世纪 80 年代开始，人类进入了全球化、后工业化的进程，在工业社会的历史阶段中建构起来的社会治理模式受到了严峻挑战，已无法满足新形势下社会治理的要求。从 20 世纪 80 年代到今天，已经形成了三种既有逻辑联系又有所不同的社会治理模式，分别是参与治理、社会自治和合作治理。参与治理是在民主行政的理想追求中出现的，社会自治是在非政府组织以及其他社会自治力量的成长中展现出来的，而合作治理则是社会自治力量成长的必然结果，也是对前两种社会治理模式的超越。合作治理是一种正在成为主流的社会治理模式③。参与治理的理论主张依然是在工业社会的治理框架下提出的行动方案，与后工业化的要求相去甚远。后工业化意味着社会关系以及人的共同行动模式都将通过这场社会变革而获得一种全新的形态。在社会关系方面，工业社会建立起来的普遍性协作关系将为合作关系所替代；在共同行动方面，工业社会的协作行动也将为合作行动所替代。所有这些

① 蔡岚．合作治理：现状和前景．武汉大学学报（哲学社会科学版），2013（5）．

② 习近平．习近平谈治国理政：第 4 卷．北京：外文出版社，2022：338.

③ 张康之．论参与治理、社会自治与合作治理．行政论坛，2008（6）．

方面的变革，都最终反映在社会治理方式的变革上，从而使后工业社会的社会治理以合作治理的形式出现。合作治理是多元社会治理主体的共同行动，在合作治理体系中，政府只是多元社会治理主体中的一元，既往的政府垄断社会治理的格局将失去历史合理性，政府的“控制导向”也将为“服务导向”所替代。所以，合作治理也将是一种服务型的社会治理。在这种社会治理中，自治与他治都将获得全新的属性①。

第二，对合作治理的理论解释。张康之与张乾友为合作治理的生成提供了两种解释。在狭义的社会治理的层面上，张康之与张乾友认为，20世纪后期以来，人类社会治理中发生了“民主的没落”与“公共性的扩散”两种相反又相成的演进趋势。一方面，现代民主是建立在政府与社会间不平等的权利义务关系——社会是绝对的权利主体而政府是绝对的义务主体——基础上的，而当公共选择理论要求在政府与社会之间建立交换关系时，就颠覆了民主所赖以存在的前提，尤其当作为交换主体的政府也可以对社会进行问责时，就造成了民主的没落。另一方面，以公共选择理论为基础的市场化改革又带来了治理主体多元化的结果，在客观上使私人主体承担起了公共职能，从而带来了公共性的扩散，为多元治理主体间的合作创造了前提，也使合作治理成为可能②。在更一般的意义上，张乾友认为，20世纪后期以来，随着管理外包成为一种普遍现象，管理——无论公共管理还是私人管理——本身呈现出社会化的趋势，管理正在从一种组织现象转变成一种社会现象，从一个组织过程转变成一个社会过程，结果，管理问题——尤其是大规模的管理问题——已经无法在组织内部得到解决，而必须通过不同组织间的合作去加以治理，从而使合作治理成为一种一般性的管理模式③。

第三，合作治理中的信任整合。在合作治理的条件下，每一个参与治理的主体内部显然都存在行政的问题，因而也都包含着行政权力的持有和运用，即存在权力整合的问题。就此而言，关于行政权力的研究成果都会在合作治理中被完整地保留下来。所不同的是，对行政权力的边界和性质需要加以重新定义。在合作治理的条件下，行政权力的外向功能会大大地削弱，甚至会趋近于无，治理主体不会再依靠权力去直接作用于治理对象。即使单个合作主体的内部行政还会在很大程度上依赖于权力整合，但多元合作主体之间的关系则更多地取决于它们之间能否拥有信任，其整合方式属于信任整合。进而，行政权力服务于抽象的公共利益的状况也会改变，而会紧密地与行政权力持有者的道德意识相关联。然而，在当前中国的基层社会中，却广泛地存在行政吸纳的现象，即行政权力吸引社会组织或个体精英进入公共权力运作的社会过程。这种现象一方面体现了基层社会治理中治理主体多元化的发展，另一方面则表明权力主体仍然试图通过权力手段来整合多元主体间的关系，维护其在治理结构中的核心地位。所以，这样一种现象是不利于合作治理模式的形成的，行政权力的刚性介入会对刚刚生成的合作治理理念产生负面影响，销蚀基层社会中治理主体的自主性和能动性④。要实现基层社会的合作治理，

---

① 张康之．在后工业化进程中构想合作治理．哈尔滨工业大学学报（社会科学版），2013（1）．

② 张康之，张乾友．民主的没落与公共性的扩散：走向合作治理的社会治理变革逻辑．社会科学研究，2011（2）．

③ 张乾友．论管理的社会化及合作治理：对管理外包现象的理论分析．江苏行政学院学报，2014（4）．

④ 何水．协同治理及其在中国的实现：基于社会资本理论的分析．西南大学学报（社会科学版），2008（3）．

必须重建社会信任，变权力整合为信任整合。

第四，合作治理的实践路径。在俞可平看来，当前强调国家—社会合作治理的原因有三个方面：一是官民共治是实现善治的基本途径；二是我国社会发生了深刻的结构性变化；三是重建新的治理秩序的需要。俞可平进而提出，推进国家—社会合作治理的实践路径主要有五个方面：一是确立政治核心价值，重构政治认同；二是改造公民教育，强化公民主体意识；三是强化执政道德，再造政治信任；四是完善制度环境，扩大公民参与；五是创新社会管理，推进社会自治①。桑玉成也认为，从官民合作治理的角度看，促进当代中国社会管理的创新，需要加强民主政治建设，完善公民权利体系；政府要切实端正其公共性角色；要培育多元化的社会自治主体，充分发挥其社会管理职能和作用，形成政府和社会良好互动的格局②。燕继荣则从国家与社会关系的角度切入，从治理结构的方面梳理了善治的逻辑演进，检讨了社会管理实践的误区，继而阐明社会自治是合作治理实践与创新的基础③。杨宏山以城市基层管理为例，分析了其从单位制、街居制走向社区制的制度变迁过程，明晰了政府、市场、社会三者的互动关系，认为只有依靠合作治理方能实现良好的社区服务④。敬乂嘉基于公共服务外包这一政社合作的典型领域，讨论了服务外包促进合作治理的多重机制，即服务外包引致权力分享、服务外包衍生出政社信任关系、服务外包促进外部组织参与地方治理、服务外包孵化了具有治理能力的社会组织等，进而主张服务外包是合作治理进一步发展的现实路径⑤。

12.4.3 合作治理理论的基本主张

第一，构建合作型信任关系。合作治理理论认为，信任与合作是同构的，有什么样的信任类型，就会形构出什么样的合作形态。在广义上，人类的合作包括互助、协作与合作三种形式，分别对应习俗型信任、契约型信任与合作型信任的信任关系。农业社会在习俗型信任的基础上实现了共同体成员间的互助型治理，工业社会在契约型信任的基础上实现了社会成员间的契约型治理，后工业社会则应当通过合作型信任的构建来实现社会的合作治理。合作型信任的构建需要超越契约主义的思维定式。近代社会通过法律规定和制度规范强制性地在人们之间建立起了信任关系，比如通过契约的形式使人们必须遵循既定的意志，让人们在行动中对行动的相关方有信任感。但是，这种物化的强制性的信任关系属于一种间接信任关系，是通过法律制度的中介建立起来的信任，或者说，是对法律制度体系的信任。由于这种信任关系不是直接的信任关系，所以，也不是充分的信任。没有充分的信任，人的行为效率和效能就会大打折扣。在公共管理过程中，如果丧失了信任关系，相关人员就会陷入相互测度的状况，任何行为的回应都会是在测度

① 俞可平．重构社会秩序 走向官民共治．国家行政学院学报，2012（4）．

② 桑玉成．官民协同治理视角下当代中国社会管理的创新与发展．山东大学学报（哲学社会科学版），2011（3）．

③ 燕继荣．协同治理：社会管理创新之道：基于国家与社会关系的理论思考．中国行政管理，2013（2）．

④ 杨宏山．合作治理与城市基层管理创新．南京社会科学，2011（5）．

⑤ 敬乂嘉．合作治理：历史与现实的路径．南京社会科学，2015（5）．

之后做出的。对于合作主义的社会治理模式而言，一切社会治理活动都是建立在广泛的、充分的合作基础上的，在人们相互测度、彼此猜忌的情况下，即使能够产生出合作行为，也是极其有限的。可见，信任使一个群体成为整体，信任使人的一切需要合作的行动及时地得到响应，而真正的信任又根源于道德，是人的持续的道德行为把人们之间的交往关系转化为信任关系。

第二，在道德规范的基础上构建社会的合作秩序。合作治理需要一种合作秩序，而这种合作秩序必然是以道德规范为基础的。如前所述，工业社会中所存在的是一种契约型治理，这种治理模式以法律为基本规范，并通过法律的运行而维持了一种法律秩序。法律秩序是一种普遍化的秩序，也是一种形式化的秩序，或者说，它通过维护形式化的普遍性而为社会带来了一种秩序，使人们能在形式普遍性的基础上彼此协作。然而，自20 世纪后期以来，由于利益集团政治的渗透，学者们越来越多地发现："法律经常体现的是小集团的价值偏好，而不是反映一般性的价值共识……它可能恶化各方的关系，而不是化解争端。"① 也就是说，在利益集团政治的语境下，法律秩序即使对形式普遍性的供给也越来越多地表现出了力有不逮的情况，特别是在全球化的今天，当一个国家可以通过立法来排斥某一个社会群体或外来移民时，表明法律秩序已经走向了普遍正义的反面，变成了实质不正义的帮凶。在这一前提下，就需要从道德规范出发构建一种合作秩序。与其他规范相比，道德规范具有特殊的意义，只有道德规范不仅规范人的行为，而且造就了人们对生存共同体的认同，而其他规范体系，都只满足于对人的行为的规范。站在个人与集体相对立的分析视角上，合作秩序是不可能的，或者说是一种空想，这正是法律秩序无法带来社会合作的根源。然而，由于道德规范可以造就人们的共同体意识，因而可以帮助形塑合作共同体，并在共同体成员的合作行动中实现合作的秩序。

第三，开放行政过程。合作治理是一种开放性的治理形态，其首要表现是行政过程的开放。只有在行政过程充分开放的前提下，多元治理主体间的合作互信才是可能的，基于道德规范的合作秩序也才是可能的。在西方学者中，法默尔最为激烈地表达了公共行政应当"向他者开放"的意见。在法默尔看来，"让公民介入决策过程对于真正的向他者开放而言还不够。后者还意味着不仅要让共同体介入自上而下的计划实施，而且要让它去做自己想做的事，甚至当它的愿望与'来自上面的计划'或行政者的专业判断相冲突时"②。当公共行政作为一个自在自为的行动主体而存在时，它的存在与政治、社会等他者的存在是并立的、对立的甚至是冲突的。一旦公共行政人员接受了他者，变成了与其他他者平等的一个他者时，自我与他者的对立事实上也就消失了，此时，公共行政人员与其他行动主体都作为他者而存在，其结果就是，消除了单纯作为对象的他者，进而，行动主体间的所有不平等关系也都不复存在了——行政不再只是政治的工具，社会也不再只是行政的控制对象。如果说自在性意味着以自我为中心，他在性则绝不意味着以他者为中心，相反，它预示着一种彻底的去中心化。当所有行动主体都把自己视为一个与

---

① SCHWARTZ R D. Moral order and sociology of law: trends, problems, and prospects. Annual Review of Sociology, 1978, 4: 578.

② 法默尔. 公共行政的语言：官僚制、现代性和后现代性. 北京：中国人民大学出版社，2005：364.

他者一样的他者时，任何中心都已无处立足了，所有行动主体都处在了一个平等的社会结构之中，都作为平等的行动主体而相互建构着。通过对他者的开放，公共行政不仅接受了社会的建构，而且也反过来实现了对社会的建构，更重要的是，它与其他社会主体一道，共同参与了对它们所共同面对的行政世界与社会世界的合作建构。在这个意义上，向他者开放将导向合作的行动，在一个普遍向他者开放的世界中，公共行政将与其他行动主体一道合作开展公共行动①。

第四，打破政策目标的单一性。合作治理必然会首先表现在公共政策目标受多元价值因素影响之上，从而以复杂的目标体系的形式出现。反过来，公共政策目标的体系化和复杂化又决定了传统公共行政以政府这一单一主体来组织政策执行的方式不再能够满足政策目标实现的需求。也就是说，政府必须在政策目标实现的过程中与非政府的、非营利的组织甚至与私人组织和普通民众开展广泛的合作。无论对于公共政策的制定还是执行，这种合作都远远超越了以政府为主体的公众参与方案。合作治理理论从根本上排除了任何政府中心主义的取向，不仅拒绝统治型的集权主义的政府中心主义取向，也不赞成旨在稀释集权的民主参与型的政府中心主义取向。合作治理理论把社会自我治理这一新兴现象放在与政府平等合作的位置上来加以考察。可以说，合作治理在行为模式上超越了政府过程的公众参与，它以平等主体的自愿行为打破了公众参与政府过程的中心-边缘结构。相信要不了多长时间，目的与手段的可分离特征将会得到根本性的矫正。在这里，合作的目的和手段是统一的，使“政府避免了民主参与的传统模式的陷阱，因为它消除了使传统模式变得不可能的分歧。传统的参与模式在使手段与目的相适应的问题上（这要求在首先意义上和事件意义上都把目的界定并判断为‘好的’）是失败的，而合作的行为模式（通过否定抽象理论的有效性）则把目的和手段合并为同一个反复地、持续地和永远地表述的问题——‘我们想做什么’。效率的问题整个被巧妙地解决了，因为它被包容在一个可集体地表述的概括性问题之内了。尤其重要的是，合法性问题被完全避免了，因为不再有代表他人去行为的代理人或领导”②。

第五，在社会自治的基础上提升合作水平。后工业社会是自治组织大发展的最佳时代。自组织发展取决于两个因素：等级的消失和自主性的增强。后工业社会的复杂性和多元性恰恰是有利于社会自治组织成长的，是社会自治赖以扩展的巨大空间③。社会自组织的发展得以强化的不再是权利观念，而是社会合作的理念。在合作理念生成与逐渐升华的进程中，治理行为将不再固守于固定的区域边界之内，行动者之间的合作治理行为将形成一种特定的张力结构。后工业化进程中社会自治力量的成长是由于政府公共产品的生产和供给不能满足社会需要的多样性和复杂性所引发的。这是因为，在从工业社会向后工业社会转型的过程中，政府对公共产品供给的垄断正面临着严峻的挑战，产生了政府公共产品的生产和供给不足、质量低劣、缺乏灵活性、官僚主义盛行等问题，而且这些问题越来越成为社会无法容忍的消极因素。在这种情况下，不得不在市场和政府

① 张乾友．朝向他在性：公共行政的演进逻辑．中国人民大学学报，2013（6）．
② 麦克斯怀特．公共行政的合法性：一种话语分析．北京：中国人民大学出版社，2002：130－131.
③ 张康之．行政伦理的观念与视野．北京：中国人民大学出版社，2008：419.